3CZ66

LUTZ-CHRISTIAN WOLFF

Zuwendungsrisiko und Restitutionsinteresse

Schriften zum Bürgerlichen Recht

Band 217

Zuwendungsrisiko und Restitutionsinteresse

Struktur und Rückabwicklung von Zuwendungen, dargestellt am Beispiel von Synallagma und Leistungskondiktion

Von

Lutz-Christian Wolff

Duncker & Humblot · Berlin

Die Deutsche Bibliothek – CIP-Einheitsaufnahme

Wolff, Lutz-Christian:
Zuwendungsrisiko und Restitutionsinteresse : Struktur und Rückabwicklung von Zuwendungen, dargestellt am Beispiel von Synallagma und Leistungskondiktion / von Lutz-Christian Wolff. – Berlin : Duncker und Humblot, 1998
(Schriften zum bürgerlichen Recht ; Bd. 217)
Zugl.: Passau, Univ., Habil.-Schr., 1997
ISBN 3-428-09390-9

Fotoprint: Werner Hildebrand, Berlin
Printed in Germany

ISSN 0720-7387
ISBN 3-428-09390-9

Gedruckt auf alterungsbeständigem (säurefreiem) Papier
entsprechend ISO 9706 ♾

Vorwort

Die Arbeit wurde im Sommersemester 1997 von der Juristischen Fakultät der Universität Passau als Habilitationsschrift angenommen. Nachfolgende einschlägige Veröffentlichungen konnten noch bis März 1998 ohne Anspruch auf Vollständigkeit berücksichtigt werden.

Mein Dank gilt allen, die zum Gelingen des Werkes beigetragen haben. Nur einige können hier erwähnt werden. Ganz besonders hervorzuheben ist Ulrich Manthe. Während der Tätigkeit als wissenschaftlicher Assistent an seinem Lehrstuhl ist die Arbeit entstanden. Ohne seine fördernd anteilnehmende Unterstützung hätte die Aufgabe nie bewältigt werden können. Dank gebührt außerdem Johann Braun für viele anregende Diskussionen und die Erstellung des Zweitvotums. Erwähnt seien weiter meine Freunde und ehemaligen Kollegen Urban Scheffer und Peter Gröschler. Sie waren mir stets genauso kritische wie geduldige Gesprächspartner.

Passau im März 1998 *Lutz-Christian Wolff*

Inhaltsverzeichnis

1. Teil

Theoretische Grundlagen

2. *Teil*
Regelungsstrukturen zur Reaktion auf die Realisierung des Zuwendungsrisikos im deutschen Zivilrecht

1. Teil

Theoretische Grundlagen

A. Einleitung

I. Überblick und Ziel der Untersuchung

Aufgabe der Wissenschaft ist es unter anderem oder sogar in erster Linie, Sachverhalte auf einfache Prinzipien und Strukturen zurückzuführen,[1] um so eine Basis für die intersubjektive Überprüfbarkeit bereitzustellen. Für die Rechtswissenschaft ermöglichen die auf diese Weise gewonnenen dogmatischen Erkenntnisse, vergleichbare Interessenlagen deutlich und damit für Rechtsanwendung und Rechtsfortbildung fruchtbar zu machen.[2] Einzelfragen kann man auf dieser Grundlage klären, indem man sie an den erarbeiteten Strukturen mißt.[3] Die Rückführung unterschiedlicher Normen, Rechtsinstitute und Rechtskonstruktionen auf einheitliche Prinzipien ist auch Grundlage dafür, das vorhandene System kritisch zu durchleuchten, möglicherweise zu vereinfachen[4] und damit geltendes Recht praktikabler zu machen.[5]

Damit ist klar, wie wichtig es ist, leitende Prinzipien, Grundsätze und Wertentscheidungen einer Rechtsordnung herauszuarbeiten und vor allem auch die dahinter stehenden Interessen deutlich zu machen. Im Mittelpunkt dieser Arbeit

---

[1] *Bydlinski*, FS Steinwenter, S. 142; *Canaris*, FS Larenz, S. 860 Fn. 171; *ders.*, Systemdenken und Systembegriff, S. 46, 48, 55; *Raiser*, S. 8 f.; *Larenz*, Methodenlehre, S. 437, 469, 487; *Engisch*, S. 83: „Was die Rechtsordnung implicite birgt, wird von der Rechtserkenntnis explicite entwickelt."

[2] Vgl. *Reuter/Martinek*, § 3 III 1. (S. 53); *Büdenbender*, S. 38 ff.

[3] Vgl. *Larenz*, Methodenlehre, S. 437.

[4] *Wieacker*, DRW 6, S. 62: „... Anforderung nach möglichst ökonomischer und zwangloser Bewältigung der Lebenserscheinungen ..., die an jedes System gestellt ist."; *ders.*, Zum System des deutschen Vermögensrechts, S. 1.

[5] Vgl. *Larenz*, Methodenlehre, S. 234 ff.; *Büdenbender*, S. 38 ff. Abgesehen von diesen praktischen Aspekten hat die Rechtstheorie allerdings immer auch eine rein analysierende Funktion, welche auch ohne weitere Rechtfertigung losgelöst von der Notwendigkeit existiert, der Rechtspraxis Entscheidungshilfen geben zu müssen, *Gernhuber*, FS Larenz, S. 477; *Larenz*, ebd., S. 239 ff.; vgl. auch *v. Jhering*, Jherings Jahrbücher 1, S. 18: „Das ist auch eine von den guten Lehren, die uns die römische Jurisprudenz gegeben hat, daß die Wissenschaft, um practisch zu sein, sich nicht auf das Practische beschränken darf."; *Zitelmann*, S. 4.

soll ein solches grundlegendes Interesse stehen, nämlich das aus der Realisierung des Zuwendungsrisikos folgende Restitutionsinteresse:

Der Mensch ist in aller Regel nicht selbstlos.[6] Meist ist sein Handeln von Motiven geprägt, die an dem Ziel der Nutzenmaximierung ausgerichtet sind. Das gilt auch für Zuwendungen.[7] Wer einem anderen etwas zuwendet, erbringt zwar regelmäßig selbst ein Opfer.[8] Jedoch verfolgt der Zuwendende mit seiner Zuwendung normalerweise auch einen bestimmten, über den unmittelbaren Zuwendungserfolg hinausgehenden, ihm selbst auf irgendeine, zumindest immaterielle Weise vorteilhaften Zweck.[9] Er erbringt sein Opfer also nicht aus uneigennützigen Motiven, sondern erhofft sich einen eigenen Vorteil.

Mit der Zuwendung ist für den Zuwendenden freilich immer die Gefahr verbunden, daß der von ihm angestrebte eigene Vorteil nicht erreicht wird und seine eigene Zuwendung deshalb als nicht gerechtfertigt[10] erscheint. Jede Zuwendung birgt somit das Risiko, das damit verbundene Opfer „umsonst" zu erbringen. Der Zuwendende ist regelmäßig daran interessiert, daß er, falls seine Zuwendung „umsonst" erfolgt ist, sein Zuwendungsobjekt zurückerhält, die Folgen der Realisierung seines Zuwendungsrisikos also korrigiert werden.[11] Diesem (Restitutions-)Interesse[12] hat eine Rechtsordnung Rechnung zu tragen.

Im Rahmen dieser Untersuchung wird der Versuch unternommen, dieses aus der Realisierung des Zuwendungsrisikos resultierende Restitutionsinteresse eines Zuwendenden zu analysieren und die Möglichkeiten seiner rechtstechnischen Umsetzung zu bestimmen. Die gewonnenen Ergebnisse sollen den Boden für die Analyse und Systematisierung der dogmatischen Strukturen des Zuwendungsrechts bereiten, um so auch die interessengerechte Behandlung von Einzelfragen zu ermöglichen.

In der deutschen juristischen Literatur sind zum Zuwendungsrecht viele, vor allem auch grundsätzliche Fragen nicht endgültig geklärt. Eindrückliche Beispiele sind Wesen, Funktion und Zusammenspiel von causa[13] und Synallagma[14]. Es wird sich im folgenden zeigen, daß der gemeinsame Nenner für viele der

---

[6] Vgl. schon *v. Jhering*, Der Zweck im Recht, S. 42: „... es gibt kein Handeln für andere, bei dem das Subjekt nicht zugleich etwas für sich will."; vgl. auch aus soziologischer Sicht *Badelt*, S. 60 ff.

[7] Zum Begriff der Zuwendung vgl. ausführlich unten, 1. Teil B. II. 4.

[8] Vgl. *Oesterle*, S. 59; zum Verhältnis Zuwendung - Vermögensopfer vgl. ausführlich unten, 1. Teil B. II. 4. b) bb).

[9] Zur Bedeutung des Zwecks vgl. ausführlich unten, 1. Teil B. II. 2.

[10] Vgl. dazu im folgenden.

[11] *Büdenbender*, S. 38.

[12] Zum Begriff des Interesses vgl. unten, 1. Teil A. II. 1.

[13] Vgl. unten, 1. Teil C. II. 2. b) bb) (2) (b) und (c).

[14] Vgl. unten, 2. Teil B.

vertretenen Positionen das Bestreben ist, das aus der Realisierung des Zuwendungsrisikos resultierende Restitutionsinteresse des Zuwendenden zu befriedigen, in seinem Interesse also auf die Realisierung des Zuwendungsrisikos zu reagieren. Die Erkenntnis dieser Gemeinsamkeit wird Anlaß bieten, Unterschiedlichkeiten in den Strukturen des deutschen Zuwendungsrechts und in den hierzu vertretenen Positionen neu zu bewerten.[15]

Es kann und soll nicht unterstellt werden, daß die Befriedigung des aus der Realisierung des Zuwendungsrisikos resultierenden Restitutionsinteresses jenes überragende Regelungsziel ist, dem die gesamte deutsche Zivilrechtsordnung untergeordnet ist. Das Bestreben, dem diesbezüglichen Interesse eines Zuwendenden Rechnung zu tragen, dürfte aber einer der Leitgedanken sein, welcher einem bedeutenden Teil des deutschen bürgerlichen Rechts, dem Vermögensrecht, prägende Gestalt verleiht. Das ist Grund genug, die wissenschaftliche Auseinandersetzung aufzunehmen.[16] Das als Regelungsziel erkannte, aus der Realisierung des Zuwendungsrisikos folgende Restitutionsinteresse ist im übrigen als Baustein eines „inneren Systems"[17] deshalb für die Praxis von erheblicher Bedeutung, weil es natürlich bei Rechtsetzung und Rechtsanwendung in der notwendigen Weise zu berücksichtigen ist.

Das von der Realisierung des Zuwendungsrisikos ausgelöste Restitutionsinteresse und seine regelungstechnische Umsetzung sind bislang von der juristischen Literatur noch nicht ausdrücklich thematisiert worden.[18] Andererseits ist angesichts der langen Tradition der deutschen Rechtswissenschaft ohne weiteres klar, daß betroffene Fragenkreise unter anderer Überschrift und in anderem Zusammenhang sehr wohl Gegenstand wissenschaftlicher Auseinandersetzung gewesen sind und auch in der Praxis ihre Umsetzung erfahren haben. Fast alle Diskussions- und Begründungsansätze, die in diese Richtung zielen, haben aber - wie zu zeigen sein wird - gemein, daß sie von bestimmten Einzelproblemen ausgehen und isoliert für den jeweils betroffenen Bereich Lösungen zu finden suchen.[19] Es wird dabei regelmäßig versäumt, die Gemeinsamkeiten herauszu-

---

[15] Vgl. *Kegel*, Gutachten, S. 189.

[16] Vgl. *Bydlinski*, FS Steinwenter, S. 142: „Immerhin bleibt der dogmatischen Konstruktion die wichtige Aufgabe, gegebene Regeln in einer für weitere Überlegungen brauchbaren Weise zu erklären ..."

[17] *Larenz*, Methodenlehre, S. 438 f., 473; *Engisch*, S. 83.

[18] Vgl. *Henssler*, S. 12, der attestiert, daß die Rechtswissenschaft eine vergleichbare Diskussion, wie sie in den Wirtschaftswissenschaften zum Risikobegriff geführt wird, nicht kennt.

[19] Vgl. *Büdenbender*, S. 38 f. Der berühmte Aufsatz von *Ernst v. Caemmerer*, Bereicherung und unerlaubte Handlung, FS Rabel 1954, S. 333 ff., kommt in bereicherungsrechtlichem Zusammenhang beispielsweise u.a. auf Geschäftsführung ohne Auftrag (S. 333, 366), Synallagma (S. 344) und Wegfall der Geschäftsgrundlage (S. 346 ff.) zu sprechen. Trotz aller auch von v. Caemmerer festgestellter Gemeinsamkeiten geht es

stellen und einheitliche Regelungsstrukturen aufzudecken und nutzbar zu machen. Wo - was selten ist - die enge Betrachtungsweise aufgegeben und tatsächlich nach Lösungen auf übergeordneter Ebene gesucht wird, begnügen sich die Erörterungen mit der Diskussion vertraglicher Strukturen[20] oder bleiben im Streit um Begrifflichkeiten stecken.[21]

Anspruch dieser Arbeit ist es, über die (selbstgesetzten) Grenzen der bisherigen Literatur und Rechtspraxis hinaus die Reaktion auf die Realisierung des Zuwendungsrisikos als allgemeines Regelungsziel zu bestimmen und die für die rechtstechnische Umsetzung notwendigen Regelungsstrukturen deutlich zu machen. Diese Untersuchung ist dabei von der Hoffnung getragen, daß ihre Ergebnisse als theoretisches Gerüst für die übergreifende (Neu-)Bewertung des deutschen Zuwendungsrechts dienen können.

II. Methode

1. Der methodische Rahmen

Wir haben im vorangegangenen Abschnitt gesehen, welche Bedeutung der Bestimmung leitender Prinzipien und Wertentscheidungen und der diesen zugrundeliegenden Interessen in einer Rechtsordnung zukommt.[22] Um konkret bestimmen zu können, wie sich diese Bedeutung für Rechtsetzung und Rechtsanwendung auswirkt, welchen Stellenwert also auch die im Rahmen dieser Arbeit angestellten Untersuchungen haben, soll im folgenden kurz das methodische Vorverständnis verdeutlicht werden, das hier zugrunde gelegt wird:

Ziel von Rechtsetzung und Rechtsanwendung ist es, das Funktionieren des sozialen Zusammenlebens zu gewährleisten.[23] Hierfür hat die Rechtsordnung die verschiedenen, oft gegenläufigen[24] Interessen[25] der Rechtssubjekte[26] über ent-

---

ihm vor allem um die Abgrenzung der genannten Rechtsinstitute voneinander. Damit läßt er den Leser, der das Gemeinsame sucht, dann aber doch im Stich, vgl. ähnlich, z.B. *M. Wolf*, S. 123, in bezug auf die Gemeinsamkeiten von Geschäftsgrundlage und Synallagma.

[20] Vgl. etwa *Koller*, Die Risikozurechnung bei Vertragsstörungen in Austauschverhältnissen; *Henssler*, S. 12 ff., 23 („Risikoverteilung als Aufgabe des Vertragsrechts"); *Leser*, Rücktritt, S. 100 ff.

[21] Das gilt z.B. für die causa-Diskussionen, vgl. unten, 1. Teil C. II. 2. b) bb) (2) (b) und (c).

[22] Vgl. oben, 1. Teil A. I.

[23] Vgl. *Jermann*, S. 189 ff. (189); *Kubes*, Vorwort; *Schmidt-Salzer*, NJW 1971, S. 5: „... daß „das Recht" nicht mehr und nicht weniger als einer von mehreren Regulatoren des Sozialablaufs ist ..."; *Zweigert*, FS Rheinstein, S. 493 ff. (498).

[24] *Larenz*, Methodenlehre, S. 384.

[25] Zum Begriff des Interesses, vgl. im folgenden.

sprechende (Ausgleichs-)Regelungen in Einklang zu bringen. In den Fällen einer Interessenkollision ist deshalb die Entscheidung darüber herbeizuführen, welchem von mehreren Interessen in welchem Umfang der Vorrang einzuräumen ist.[27] Das Ergebnis einer solchen Interessenabwägung findet Ausdruck im positiven Recht, in seinen leitenden Prinzipien und Wertentscheidungen.[28] Für die Rechtsanwendung ist die Interessenabwägung bei der Auslegung, insbesondere unter dem Aspekt des Normzwecks, einzubeziehen.[29]

Ein regelndes Eingreifen der Rechtsordnung wird immer dann notwendig, wenn die Verwirklichung eines Interesses (zumindest potentiell) deshalb problematisch ist, weil damit ein anderes beeinträchtigt wird. Führt die Verwirklichung eines Interesses demgegenüber nicht zu einer Kollision mit einem anderen Interesse, besteht normalerweise auch kein Regelungsbedürfnis.[30]

Die Erkenntnis, daß im Mittelpunkt von Rechtsanwendung und Rechtsetzung die Abwägung widerstreitender Interessen steht, geht auf die im ersten Viertel dieses Jahrhunderts entwickelte Interessenjurisprudenz[31] zurück. Die Interessen-

---

[26] Überzeugend betont *Flessner*, Interessenjurisprudenz, S. 60 ff., daß „Interessen" die Existenz von Interessenten voraussetzen, daß also Recht nicht Interessen Rechnung zu tragen hat, die „ganz unabhängig von denjenigen, die sie „haben" können, gedacht und zu selbständigen Größen gemacht werden".

[27] *Schmalz*, Rn. 296: „Das Prinzip der Interessenabwägung - Güterabwägung und Pflichtenabwägung - beherrscht die gesamte Rechtsordnung."

[28] Vgl. BGHZ 17, 266 ff. (276): „Jedem Gesetz liegt eine Interessenabwägung zugrunde."; *Dubischar*, FS Raiser, S. 110 zur Sinnbestimmung von Normen: „... hört die Frage vorübergehend auf, eine „rein" juristische zu sein."

[29] *Schmalz*, Rn. 296.

[30] *Coing*, Rechtsphilosophie, S. 145; *H. J. Wolff*, Verwaltungsrecht, § 24 II. a) 1.; vgl. schon *Kant*, S. 337 ff. (337): „Das Recht ist also der Inbegriff der Bedingungen, unter denen die Willkür des einen mit der Willkür des anderen nach einem allgemeinen Gesetze der Freiheit zusammen vereinigt werden kann." - Differenzierend demgegenüber *Henkel*, S. 316, der in Frage stellt, daß jede Rechtsnorm auf einen Interessenkonflikt zurückzuführen ist. Umfangreiche Regelungen, wie z.B. die rechtliche Normierung von Zweckverbänden (Gesellschaften, Organisationen) regeln nach Henkel nämlich übereinstimmende Interessen. Dieser Ansicht Henkels ist entgegenzuhalten, daß die beteiligten Interessen in den genannten Fällen immerhin latent widersprüchlich sind und der gemeinsame (Außen-)Zweck dies nur überlagert.

[31] Vgl. nur *Heck*, AcP 112, S. 1 ff.; *ders.*, AcP 133/2, S. 60 ff.; *Hubmann*, AcP 155, S. 89 ff. m.w.N.; *Müller-Erzbach*, S. 12 ff.; für den anglo-amerikanischen Rechtskreis, *Pound*, passim; *Fikentscher*, Methoden des Rechts III, S. 98 ff., 187 ff., II, S. 484 weist auf die auf v. Jhering zurückgehenden Wurzeln der Interessenjurisprudenz hin. v. Jhering hatte bekanntlich aufbauend auf die ethischen Theorien der „Utilitarians", insbesondere Jeremy Benthams, vgl. *Coing*, Rechtsphilosophie, S. 49, in seinem berühmten Werk „Der Zweck im Recht" erstmals die bis dahin geltende Begriffs- und Konstruktionsjurisprudenz überwunden und durch eine auf einen naturalistischen Positivismus aufbauende Zweckjurisprudenz ersetzt, vgl. *Henkel*, S. 311. Die Zweckjurisprudenz konnte sich freilich nicht durchsetzen, da Rechtsetzung und Rechtsanwendung als geistige Schöpfungsakte der naturalistischen Kausalbeziehung von Ursache und Wirkung

jurisprudenz hat zu eben der Erkenntnis verholfen, daß rechtliche Regelung die Entscheidung von Interessenkonflikten bezweckt.[32]

In neuerer Zeit übt vor allem Ernst Wolf scharfe Kritik an dem Gedanken der Interessenabwägung.[33] Für ihn ist Interessenabwägung nur ein anderer Ausdruck für willkürliche Fallentscheidung. Da rechtliche Verhältnisse weder Interessen seien noch solche zum Inhalt hätten, sei „Interessenabwägung" schon aus diesem Grund keine mögliche Methode der Rechtserkenntnis. Die Verfolgung eines Interesses könne außerdem rechtmäßig oder unrechtmäßig sein. Hinzu komme, daß ein Interesse begriffsnotwendig subjektiv und daher auch die Interessenabwägung notwendig subjektiv sei. Ein objektive Entscheidung sei damit nicht möglich.[34]

In der Tat hat es die Interessenjurisprudenz nicht vermocht, deutlich zu machen, aufgrund welcher Kriterien einem bestimmten Interesse der Vorzug zu gewähren ist, d.h. wie auftretende Interessenkonflikte in vorhersehbarer Weise zu lösen sind.[35] Man hatte aus den Augen verloren,

> „daß aus dem Sein bestimmter Interessen auf das Geltensollen dieser Interessen kein Schluß gezogen werden kann."[36]

Die Interessenjurisprudenz wurde deshalb zu der sogenannten „Wertungsjurisprudenz"[37] weiterentwickelt.[38] Danach ist die Ermittlung der beteiligten Interessen allein nicht ausreichend, um den Vorgang von Rechtsetzung und Rechtsanwendung zu erklären. Vielmehr sind auch die Werte zu entwickeln, die eine Abwägung der betroffenen Interessen überhaupt ermöglichen.[39] Der methodische Ansatz der Interessenjurisprudenz ist damit um die Erkenntnis seiner rechtsphilosophi-

---

entzogen sind, sich vielmehr in der Freiheit der Entscheidung nach geistigen Kriterien vollziehen, *Henkel*, S. 312 f.

[32] Vgl. *Hubmann*, AcP 155, S. 89 f.

[33] *E. Wolf*, AT, S. 87.

[34] *E. Wolf*, ebd., S. 86; vgl. auch *Müller*, S. 63 zur Güterabwägung des BVerfG; kritisch auch *Ballerstedt*, S. 228.; *Struck*, S. 189: Interessenjurisprudenz sei „jetzt eine Ansammlung leerer Legitimationsformeln."

[35] Vgl. nur *Henkel*, S. 314; *Larenz*, Methodenlehre, S. 119; *Stammler*, S. 447; *Hubmann*, AcP 155, S. 90 ff.; *Bydlinski*, Juristische Methodenlehre und Rechtsbegriff, S. 116 Fn. 283.

[36] *Fikentscher*, Methoden des Rechts III, S. 383; vgl. *Coing*, Rechtsphilosophie, S. 192: „Es sind nicht, wie z.B. die Interessenjurisprudenz meint, die überwiegenden Interessen, die die Entscheidung bestimmen; es sind die Werte, aus welchen eine Regel für den Interessenkonflikt gebildet werden."

[37] Auch: „Junge Interessenjurisprudenz" oder „Wertjurisprudenz", vgl. *Fikentscher*, ebd.

[38] *Schurig*, RabelsZ 59, S. 235; vgl. auch *ders.*, Kollisionsnorm und Sachrecht, S. 186: „... sind Interessen- und Wertungsjurisprudenz kein Gegensatz, sondern bezeichnen zwei verschiedene Phasen ein- und desselben Vorgangs."

[39] *Fikentscher*, Methoden des Rechts III, S. 383; zu den unterschiedlichen Ansätzen und Schwierigkeiten, brauchbare Kriterien zu entwickeln, die eine solche Bewertung ermöglichen, vgl. ausführlich *Fikentscher*, ebd., S. 384 ff.

schen Grundlage erweitert worden.[40] In der Praxis hat die Interessenabwägung immer größere Bedeutung erlangt.[41]

Die für eine Interessenabwägung gebotene Vorgehensweise läßt sich wie folgt skizzieren: auf einer ersten Stufe[42] sind die an dem Konflikt beteiligten Interessen zu identifizieren.

„Interesse“ ist als menschliche (individuelle oder kollektive) Beziehung zu materiellen oder immateriellen Gütern[43] zu verstehen, die der Interessenträger für sich als bedeutsam empfindet oder bei (drohender) Beeinträchtigung empfinden würde.[44] Ein Interesse ist notwendig subjektiv.[45] Für die Methode der Interessenabwägung kann es freilich nicht nur auf das reine Bestreben oder Begehren des Interessenträgers ankommen, vielmehr ist auch der jeweilige Inhalt eines Interesses von Bedeutung. Nur aus dem Inhalt ergibt sich nämlich eine Unterschiedlichkeit und damit die Möglichkeit einer Vergleichbarkeit und Abwägung verschiedener Interessen unter- bzw. gegeneinander.[46]

Gleichfalls auf der ersten Stufe sind diejenigen Faktoren zu identifizieren, die für die Abwägung der Interessen von Bedeutung sind. Hierzu gehören beispielsweise Kenntnis und Erkennbarkeit von Interessen oder einvernehmliche Regelung durch die Interessenträger.[47] Nach Bestimmung der abzuwägenden Interessen und der Abwägungsfaktoren ist unmittelbar auf einer zweiten (methodischen) Stufe die Abwägung selbst vorzunehmen. Erst als Ergebnis dieses Abwägungsprozesses ergibt sich eine Bewertung der beteiligten Interessen, da als einzig möglicher absoluter Maßstab immer nur die jeweils entgegenstehenden Interessen in Frage kommen.

---

[40] Vgl. *Fikentscher*, ebd.; *Bydlinski*, Juristische Methodenlehre und Rechtsbegriff, S. 123 ff.; *Struck*, S. 171 ff.

[41] Vgl. nur die Nachweise bei *Hubmann*, AcP 155, S. 86 ff.; *ders.*, FS Schnorr v. Carolsfeld, S. 173, *Larenz*, FS Klingmüller, S. 235; *Struck*, S. 171 ff.

[42] Vgl. *Flessner*, Interessenjurisprudenz, S. 53: „Das oberste Arbeitsprinzip einer realistischen Interessenjurisprudenz muß sein, Interessen nicht zu leugnen, wo sie real vorhanden sind, und nicht zu erfinden, wo sie nicht zu finden sind.“

[43] Für die synonyme Verwendung von „Interesse“ und „Gut“ vgl. *Larenz*, FS Klingmüller, S. 237.

[44] *Hubmann*, AcP 155, S. 96, bezeichnet Interesse im hier interessierenden Sinne als „Streben nach Gütern und Werten und die Sorge um ihre Erhaltung“. Das ist problematisch. Die in dieser Definition zum Ausdruck kommende Finalität des Interesses, so Hubmann ausdrücklich ebd., wird der Sache nämlich deshalb nicht in vollem Umfang gerecht, weil damit das Bewußtsein des Interessenträgers in bezug auf das Interesse vorausgesetzt wird. Allzu oft sind Interessen aber nur latent vorhanden und werden dem Interessenträger erst bei (drohender) Beeinträchtigung bewußt, vgl. *Henkel*, S. 310.

[45] *Larenz*, ebd.; *E. Wolf*, AT, S. 84.

[46] *Larenz*, ebd., S. 236; *Hubmann*, AcP 155, S. 95; vgl. allg. *Rubinstein*, S. 136: „Das Wort Interesse ist sehr vielseitig.“; *Zöllner*, S. 18 Fn. 3: „Der methodenrechtliche Begriff des Interesses hat noch keineswegs ein wünschenswertes Maß an Klarheit erreicht.“

[47] *Hubmann*, ebd., S. 97, bezeichnet diese Faktoren als „positive oder negative Vorzugsprinzipien“; vgl. auch *Larenz*, Methodenlehre, S. 396; *Münzberg*, S. 293 ff.

Hubmann will demgegenüber, nachdem die im Konflikt stehenden Interessen und weitere für die Abwägung bedeutsame Aspekte identifiziert sind, in einem zweiten Schritt die „einschlägigen Gesichtspunkte" bewerten.[48] Diese Vorgehensweise erscheint jedenfalls in bezug auf die beteiligten Interessen problematisch. Bewertung i.S.v. Hubmann kann nur eine abstrakte Bewertung aufbauend auf objektiven Kriterien sein.[49] Interessen sind aber grundsätzlich subjektiv. Der Wert eines Interesses kann sich deshalb notwendigerweise immer nur aus seinem Verhältnis zu anderen Interessen ergeben, da ein anderer, absoluter Vergleichsmaßstab entgegen Hubmann gerade nicht existiert.[50]

Die Interessenabwägung hat in Form einer Gesamtschau aller Umstände zu erfolgen, die für die beteiligten Interessen im konkreten Einzelfall von Bedeutung sind.[51] Dabei dürfen weder mit Einheitslösungen erhebliche Unterschiede überspielt, noch durch isolierte Betrachtungsweisen Gemeinsamkeiten negiert werden.[52] Warum ein bestimmter Interessenkonflikt so oder nicht anders entschieden wird, warum also Interessen in einer bestimmten Weise und nicht anders bewertet werden, ist allerdings keine Frage rechtlicher Ableitung mehr, sondern Ergebnis „axiomatischer Bindung".[53]

2. Gang der Untersuchung

In dem oben skizzierten zweistufigen Aufbau der Methode der Interessenabwägung ist die Bestimmung des im Mittelpunkt dieser Arbeit stehenden, durch die Realisierung des Zuwendungsrisikos ausgelösten Restitutionsinteresses (lediglich) auf der ersten Stufe angesiedelt. Aus dieser Beschränkung des Untersuchungsgegenstandes folgt, daß andere, u.U. widerstreitende Interessen des Zuwendenden selbst, anderer Rechtssubjekte oder auch der Allgemeinheit nicht umfas-

---

[48] Vgl. *Hubmann*, FS Schnorr v. Carolsfeld, S. 177; ähnlich *Schmalz*, Rn. 299, der eine „Abwägung auf abstrakter Ebene" vornehmen will, wenn das eine Rechtsgut abstrakt unbedingten Vorrang hat. In der Regel sei das allerdings nicht der Fall, ebd.; vgl. auch *Schurig*, Kollisionsnorm und Sachrecht, S. 185; *Flessner*, Interessenjurisprudenz, S. 67.

[49] Vgl. *Hubmann*, AcP 155, S. 97: „Die wichtigste Vorzugstendenz ergibt sich also aus der abstrakten Rangordnung der Güter und Werte."; *Flessner*, Interessenjurisprudenz, S. 67.

[50] *Larenz*, Methodenlehre, S. 389: „... das „Abwägen" und „Gewichten" ist nur ein Bild; es geht nicht um meßbare quantitative Größen, sondern um das Ergebnis von Bewertungen, die - darin liegt die Schwierigkeit - nicht nur an einem allgemeinen Maßstab, sondern zugleich an der konkreten jeweiligen Situation ausgerichtet sein sollen. Denn, daß man zu einer „Güterabwägung im Einzelfall" greift, ist ... die Folge gerade davon, daß es eine feste Rangordnung aller Güter und Rechtswerte, aus der sich das Ergebnis wie aus einer Tabelle ablesen läßt, nicht gibt."; vgl. auch *Fikentscher*, Methoden des Rechts III, S. 231: „Es ist verhältnismäßig leicht, Interessen zu ermitteln, aber schwer, Maßstäbe für den Grad ihrer Schutzwürdigkeit zu finden."

[51] BGHZ 8, S. 142 ff. (145).

[52] Vgl. *Henssler*, S. 18.

[53] *Fikentscher*, Methoden des Rechts I, S. 26.

send berücksichtigt werden können. Auch die Erörterung der auf der zweiten methodischen Stufe erfolgenden Interessenabwägung ist damit nur beschränkt durchführbar. Das folgt schon daraus, daß der Stellenwert eines Interesses sich jeweils erst in dem konkreten Vergleich mit entgegenstehenden Interessen ergibt.[54] Die Erörterung aller denkbaren Konstellationen von widerstreitenden Interessen ist hier unmöglich, weil sich alle im Einzelfall betroffenen Interessen gar nicht abschließend bestimmen lassen.[55] Allerdings wird für die Diskussion der rechtstechnischen Umsetzung des aus der Realisierung des Zuwendungsrisikos folgenden Restitutionsinteresses zu berücksichtigen sein, daß eine entsprechende Regelung überhaupt erst notwendig wird, weil andere Interessen der unmittelbaren Verwirklichung entgegenstehen. Das hat Konsequenzen, wie zu zeigen sein wird.[56]

Für die Vorgehensweise, d.h. den Aufbau dieser Arbeit ergibt sich damit folgendes: zunächst sind im ersten Teil die Realisierung des Zuwendungsrisikos und das daraus resultierende Restitutionsinteresse eines Zuwendenden näher zu bestimmen, um so den Untersuchungsgegenstand in sachgerechter Weise einzugrenzen. Anschließend sind die konstruktiven Möglichkeiten und Anknüpfungspunkte einer rechtstechnischen Umsetzung des besagten Restitutionsinteresses zu analysieren. Im zweiten Teil sollen dann (beispielhaft) Rechtsinstitute des deutschen Zivilrechts in die im ersten Teil erarbeiteten theoretischen Strukturen eingeordnet werden, um die praktische Bedeutung der dort gewonnenen Ergebnisse zu demonstrieren und diese andererseits so auch insgesamt zu verifizieren.

Das Thema dieser Untersuchung ist insofern begrenzt, als nur das aus der Realisierung des Zuwendungsrisikos resultierende Restitutionsinteresse und dessen regelungstechnische Umsetzung erörtert werden sollen. Andererseits ist davon aber das gesamte Vermögensrecht betroffen. Um den Rahmen dieser Arbeit nicht zu sprengen,[57] war deshalb die Darstellung der Bedeutung für das deutsche Zuwendungsrecht auf ausgewählte Beispiele, nämlich auf Synallagma und Leistungskondiktion zu beschränken. Die Auswahl dieser Beispiele erklärt sich daraus, daß die Strukturen dieser Rechtsinstitute und ihre dogmatische Begründung nach wie vor sehr umstritten sind, was eine kritische Auseinandersetzung in besonderem Maße herausfordert. Außerdem bestand die Hoffnung, manche der zu Synallagma und Leistungskondiktion bestehenden Fragen unter dem Gesichtspunkt der Realisierung des Zuwendungsrisikos lösen zu können. Es sei allerdings betont, daß die Wahl der Beispiele willkürlich ist. Ziel dieser Untersuchung ist es gerade, die Reaktion auf die Realisierung des Zuwendungsrisikos als übergreifendes Regelungs-

---

[54] Vgl. oben, 1. Teil A. II. 1.

[55] Vgl. ausführlich unten, 1. Teil C. II. 2. b) bb) (3).

[56] Vgl. ebd.

[57] Vgl. nur zu einem Teilaspekt des hier zu behandelnden Themas *Kegel*, Gutachten, S. 139 (5): „Man kann mit der Frage, wie weit veränderte Umstände die Abwicklung von Rechtsgeschäften ändern, drei Bände füllen, ohne weitschweifig zu werden.“

prinzip aufzuarbeiten. Es hätten deshalb sehr wohl auch andere im deutschen Zivilrecht verankerte, diesem Regelungsziel verpflichtete Institute[58] gewählt werden können, um den Stellenwert des besagten Interesses zu demonstrieren.[59]

Noch kurz zur Zulässigkeit der Vorgehensweise: es könnte problematisch erscheinen, die Untersuchung mit der Bestimmung von Zuwendungsrisiko und Restitutionsinteresse zu beginnen und (vermeintlich) daraus ein allgemeines Prinzip zu entwickeln. Dies scheint auf längst überwunden geglaubte begriffsjuristische Methodik hinzudeuten. Andererseits ist diese Reihenfolge notwendig, um überhaupt erst den Untersuchungsgegenstand zu identifizieren.[60] Die regelungstechnischen Strukturen zur Umsetzung des aus der Realisierung des Zuwendungsrisikos resultierenden Restitutionsinteresses sollen zudem nachfolgend gerade nicht aus Begrifflichkeiten hergeleitet werden. Vielmehr wird der Ausgangspunkt der diesbezüglichen Erörterung immer das Restitutionsinteresse des Zuwendenden selbst sein.

Der Gang dieser Untersuchung mag damit nicht der verbreiteten Methode entsprechen, wonach ein Prinzip zunächst aus konkreten Rechtsregeln abstrahiert wird, um diese Regeln dann wieder an den gefundenen Ergebnissen zu messen („hermeneutischer Zirkel“[61]). An den Ergebnissen und deren Begründung ändert sich durch die gewählte Vorgehensweise aber nichts: auch ein von hinten aufgezäumtes Pferd bleibt letztlich nur ein aufgezäumtes Pferd.

---

[58] Andere Institute, die Regelungsstrukturen zur Befriedigung des aus der Realisierung des Zuwendungsrisikos resultierenden Restitutionsinteresses aufweisen, sind beispielsweise - wie zu zeigen sein wird - die Lehre vom Wegfall der Geschäftsgrundlage, das (vertragliche und gesetzliche) Rücktrittsrecht, der Anspruch auf Wandelung und auf Minderung sowie Bedingung und Befristung, vgl. ausführlich unten, 3. Teil.

[59] Vgl. auch unten, 3. Teil.

[60] Vgl. *H.P. Westermann*, causa, S. 1.

[61] Vgl. *Fikentscher*, Methoden des Rechts III, S. 430: „Auf der Grundlage von bereits Verstandenem erweitert sich die Möglichkeit zu verstehen, und der erneute Versuch, sein Verständnis zu vertiefen, vergrößert das schon Verstandene. So dreht sich der Zirkel weiter.“, vgl. auch ebd., S. 437 ff.; *Larenz*, Methodenlehre, S. 462.

B. Begriffsklärungen: Zuwendungsrisiko und Restitutionsinteresse

I. Grundsatz

Menschliches Handeln ist für den Handelnden immer mit Aufwand verbunden, denn er muß zumindest Energie und Zeit einsetzen.[1] Wenn der Handelnde diesen Einsatz erbringt, ohne daß das Handlungsergebnis seinen Einsatz rechtfertigt, hat sich für ihn ein allgemeines, mit seinem Handeln immer verbundenes Risiko[2] verwirklicht.[3] Wann das konkret der Fall ist, bestimmt der Handelnde selbst. Das Risiko ist nämlich genau dann verwirklicht, wenn er selbst seinen Einsatz als nicht gerechtfertigt empfindet.[4] Die Verwirklichung des allgemeinen Handlungsrisikos bedeutet deshalb, daß der Handelnde das Gesamtergebnis seiner Handlung nicht - oder zumindest so nicht - will. Die Verwirklichung des Handlungsrisikos ist damit etwas höchst Subjektives.[5]

Aus Sicht der deutschen Zivilrechtsordnung ist das allgemeine Handlungsrisiko nicht aus sich heraus von Bedeutung. Das folgt daraus, daß eine Handlung nicht notwendig die Beziehungen zwischen (Zivil-)Rechtssubjekten und damit den Regelungsbereich des Zivilrechts betrifft. Wenn ich beispielsweise meinen Regenschirm aufspanne, weil es zu regnen scheint, der Regen aber schon vorher gestoppt hat, dann ist die Öffnung des Regenschirms nicht gerechtfertigt. Eine zivilrechtliche Bedeutung des Sachverhaltes ist andererseits nicht gegeben.

---

[1] Vgl. (allerdings nur bezogen auf Rechtsgeschäfte) *Henssler*, S. 11.

[2] Unter Risiko wird im allgemeinen eine „Gefahr" oder ein „Wagnis" verstanden, *Meyers*, S. 197; Duden, S. 639; Köbler, S. 345; vgl. *Henssler*, S. 3: „... Gefahr einer planwidrigen Entwicklung."; *Fikentscher*, Geschäftsgrundlage, S. 31: „... „aleatorische" vom Zufall abhängige Entfernungen von einer vorgestellten Wirklichkeit."

[3] Vgl. *Koller*, S. 1: „Die Möglichkeit einer Planabweichung läßt mit anderen Worten - das mit einer zielgerichteten Entscheidung regelmäßig verbundene Risiko entstehen."; *Kegel*, Gutachten, S. 200: „Seinen Zweck verfehlt man als Schuldner, wenn man mehr opfern muß, als man dachte, und als Gläubiger, wenn man weniger bekommt, als man dachte."

[4] Im Interesse des Handelnden kann auch nur dann juristischer Handlungsbedarf bestehen, wenn er selbst seinen Einsatz als nicht gerechtfertigt bewertet. Eine andere Frage ist es, ob und in welchem Umfang eine Rechtsordnung eine solche Bewertung übernimmt, vgl. dazu unten 1. Teil C. II. 2. b) bb) (3).

[5] Vgl. *Kegel*, FS Mann, S. 59: „Die Gefahr, daß der gewünschte Umstand nicht eintritt und ich dadurch Schaden leide (verliere oder nicht gewinne), ist zunächst meine Sache."

Weiter kann das allgemeine Handlungsrisiko auch durch die Frustration reiner Affektionsinteressen verwirklicht werden.[6] Derartige Affektionsinteressen werden von dem wirtschaftlich ausgerichteten deutschen Zivilrecht aber im Regelfall nicht berücksichtigt.[7]

Etwas anderes gilt für die Realisierung des Zuwendungsrisikos. Zuwendungen bewirken grundsätzlich Vermögensbewegungen zwischen (mindestens) zwei Zivilrechtssubjekten auf der Grundlage von Vermögensentscheidungen.[8] Die diesen Vermögensentscheidungen zugrunde liegenden Vermögensinteressen stehen im Mittelpunkt der Regelung des deutschen Zivilrechts. Die Fälle, in denen sich für einen Zuwendenden seine Zuwendung als nicht gerechtfertigt darstellt, haben deshalb eine unmittelbare zivilrechtliche Bedeutung. Es stellt sich nämlich die Frage, ob und wie eine Rechtsordnung auf diese Realisierung des Zuwendungsrisikos reagieren soll.

Eine solche Reaktion liegt im Interesse des Zuwendenden. Mit der Realisierung des Zuwendungsrisikos ergibt sich für ihn nämlich das natürliche Bedürfnis, das Ergebnis seiner Zuwendung so nicht bestehen zu lassen, d.h. es zu korrigieren, die Zuwendung also rückgängig zu machen. Die Realisierung des Zuwendungsrisikos erzeugt ein berücksichtigenswertes Restitutionsinteresse des betroffenen Zuwendenden.

II. Einzelheiten

1. Einleitung

In Einzelfällen können die im vorangegangenen Abschnitt formulierten Grundsätze zu Zweifeln führen. Um die juristische Bedeutung der Realisierung des Zuwendungsrisikos und des daraus resultierenden Restitutionsinteresses bewerten zu können, sind deshalb im folgenden die Fälle der Realisierung des Zuwendungsrisikos näher zu analysieren. Insbesondere stellt sich die Frage, welche Umstände für die Realisierung des Zuwendungsrisikos maßgeblich sind

---

[6] Vgl. aber *Beuthien*, JZ 1968, S. 323 ff. (S. 323 Fn. 1), der im bereicherungsrechtlichen Zusammenhang „Vermögen" untechnisch im Sinne nicht notwendig geldwerter Güter versteht, da Gegenstand des Leistungsbereicherungsanspruchs als Rückabwicklungsanspruch alles sein könne, was Gegenstand einer rechtsgeschäftlich begründeten Leistungspflicht zu sein vermöge; ausführlich zur Zuwendung nichtvermögenswerter Güter unten, 1. Teil B. II. 4. b) dd).

[7] *Oesterle*, S. 59, der auch auf das für diese Sichtweise sprechende „gesunde Rechtsempfinden" verweist; *Esser/Weyers*, S. 415; vgl. *Henssler*, S. 249; *Kress*, Lehrbuch, S. 1; *Hans Josef Wieling*, JuS 1973, S. 401; vgl. aber unten, 1. Teil B. II: 4. b) dd).

[8] *J. Wilhelm*, Rechtsverletzung, S. 73.

und im Zusammenhang mit welchen Zuwendungsobjekten die Realisierung des Zuwendungsrisikos juristischen Handlungsbedarf erzeugen kann.

2. Realisierungsfaktoren

Ob sich ein Zuwendungsrisiko realisiert hat oder nicht, bestimmt sich nach seiner subjektiven Sicht des betroffenen Zuwendenden.[9] Eine Rechtsregel, die auf die Befriedigung des aus der Realisierung des Zuwendungsrisikos folgenden Restitutionsinteresses abzielt, hat daran anzuknüpfen.[10] Im folgenden ist deshalb zu untersuchen, welche Faktoren dafür entscheidend sind, ob ein Zuwendender seine Zuwendung als gerechtfertigt ansieht oder nicht.[11]

Das Ergebnis einer Zuwendung kann zwangsläufig nur nach Vornahme derselben bewertet werden. Ausgehend vom Zeitpunkt einer Zuwendung selbst bestimmt ein Zuwendender also immer nachträglich *(ex post)*, ob er seine Zuwendung als gerechtfertigt ansieht, sich sein Zuwendungsrisiko also verwirklicht hat. Andererseits macht er sich auch immer schon vorher (*ex ante*) bestimmte Vorstellungen in bezug auf das angestrebte Zuwendungs–(gesamt-)ergebnis.[12] Immerhin sind es nämlich diese Vorstellungen, die ihn überhaupt zu der Zuwendung veranlassen, ihn also motivieren. Es liegt deshalb nahe, den Maßstab, anhand dessen der Zuwendende bewertet, ob sich sein Zuwendungsrisiko verwirklicht hat, in genau diesen, die Zuwendung veranlassenden Vorstellungen zu sehen. Um zu bewerten, ob sein Einsatz gerechtfertigt ist, würde der Zuwendende einen *ex post*-Vergleich des tatsächlichen Zuwendungs–(gesamt-)ergebnisses mit seinen *ex ante*-Vorstellungen vornehmen. Die Realisierung des Zuwendungsrisikos wäre bei dieser Betrachtungsweise eine Planabweichung oder Zweckverfehlung.[13]

Das einfache, in der juristischen Literatur vielzitierte Beispiel[14] des Brautmöbelkaufs mag das verdeutlichen: wenn der Vater für die Hochzeit seiner Tochter Brautmöbel

[9] Vgl. oben, 1. Teil B. I.

[10] Vgl. ausführlich unten, C. II. 2. b).

[11] Demgegenüber geht es hier nicht in erster Linie um die Ursachen menschlicher Handlung an sich, die in der Psychologie Gegenstand der im einzelnen umstrittenen Motivationslehre sind, vgl. *Brown/Herrnstein*, S. 24; *Krech u.a.*, S. 15 ff., 48; *Bourne/ Ekstran*, S. 269 ff.; *Thomae*, S. 1. ff.

[12] Dazu im folgenden.

[13] Vgl. *Henssler*, S. 3; *Schmidt-Rimpler*, FS Nipperdey, S. 10; (kritisch) *Koller*, S. 1; S. 20; *Carl*, S. 7: „Zureichender Grund jeder menschlichen Handlung ist, vom Handelnden aus gesehen, der Zweck. Er betrachtet seine Handlung nur dann gerechtfertigt, wenn er mit ihr den gewollten Zweck erreicht.“; *Kupisch*, JZ 1997, S. 220.

[14] Das Beispiel stammt von *Lenel*, AcP 74, S. 225 f.; vgl. auch *Huber*, JuS 1972, S. 57; *Beuthien*, Zweckerreichung und Zweckstörung, S. 185 f.; *Zeiss*, AcP 164, S. 57; *Jung*, S. 106.

kauft, die Hochzeit aber platzt, dann hat sich für ihn sein mit der Zahlung des Kaufpreises an den Verkäufer verbundenes Zuwendungsrisiko verwirklicht. Seine Erwartungen *ex ante* stellen sich im Lichte einer *ex post*-Bewertung als unerfüllt dar.

Die deutsche Zivilrechtsdogmatik mißt dem Gedanken der Zweckverfehlung große Bedeutung bei. Man argumentiert auf folgender Grundlage: bewußtes menschliches Handeln sei ein kausaler Prozeß.[15] Ausgangspunkt („erster Beweggrund") dieses Prozesses sei ein Sachverhalt, welcher bei dem Handelnden den Willen hervorrufe (provoziere), diesen oder einen anderen Sachverhalt zu ändern, um damit ein Mangelgefühl (Unlust) zu beseitigen.[16] Man nennt diese, den Willen und das Denkvermögen in Bewegung setzenden Umstände Motive.[17] Der so „initiierte Wille" sei darauf gerichtet, ein bestimmtes Ziel zu erreichen.[18] Dieses Ziel, welches den Inhalt des Wollens bestimme,[19] sei der Zweck.[20] Der Zweck gebe dem Wollen also die Richtung.[21] Willentliches menschliches Handeln erfolge immer zu einem bestimmten Zweck.[22] Werde der (End-) Zweck erreicht, entfalle die Ursache des Handelns, das Motiv[23] und schließe

> „sich der Kreis, der von der Ursache über die Zwecksetzung zum Erfolg, und damit zur Aufhebung der Ursache führt"[24].

---

[15] *May*, S. 12; *Klinke*, S. 20 f. („Kausalreihe").

[16] *Carl*, ebd.; *Henkel*, S. 309.

[17] *May*, S. 13; *Deneke*, S. 34.; *Carl*, S. 6; *Fricke*, S. 1 ff; *Stadler*, S. 10; vgl. auch aus der psychologischen Literatur, *Brown/Herrnstein*, S. 70: „Motive oder (An-)Triebe sind erschlossene innere Zustände, die für die Variabilität des Verhaltens einzelner Organismen und für die Unterschiede im Verhalten verschiedener Organismen verantwortlich sind."; *Lindworsky*, passim; *Gruhle*, S. 40 ff.; *Brox*, AT, Rn. 110 („persönliche Beweggründe").

[18] *Klinke*, S. 21.

[19] *May*, S. 13; *Klinke*, S. 21.

[20] *Kegel*, S. 57: „Zweck ist ein Tatumstand, dessen Eintritt ich wünsche (Nutzen)"; *Zitelmann*, S. 141 f; *Fricke*, S. 2; vgl. aber auch einschränkend *Zeiss*, AcP 164, S. 54: „... sinnvolles Ziel einer menschlichen Handlung, dem eine Vorstellung über den Verlauf und erstrebten Erfolg zugrundeliegt ..."; *Stadler*, S. 10.

[21] *May*, S. 13.

[22] Vgl. *May*, S. 12, 19; *Deneke*, S. 6, 28, 33; *Baus*, S. 1; *Weitnauer*, Zweck und Rechtsgrund der Leistung, S. 29; *Ehmann*, Gesamtschuld, S. 130; *v. Jhering*, Der Zweck im Recht, S. 1 f.(1): „Freiheit des Willens in dem Sinn, daß der Wille sich spontan ohne irgend einen treibenden Grund in Bewegung versetzen könne, ist der Münchhausen, der sich selber beim Schopf aus dem Sumpf zieht ...", S. 7, 9 ff. (9): „... eine Handlung ohne Zweck ist ein solches Unding wie eine Wirkung ohne Ursache ...", S. 14.; *Carl*, S. 11; *Oesterle*, S. 29; *Huber*, JuS 1972, S. 57; vgl. *Schnauder*, AcP 187, S. 145; *ders.*, Grundlagen, S. 21; einschränkend *Henkel*, S. 251; vgl. auch *Krech u.a.*, S. 14. Bewußtes Unterlassen kann demgegenüber auch zwecklos und nur motiviert sein: Ich helfe beispielsweise einem Freund nicht, weil er sich selbst zu helfen weiß. Bewußtes, zweckgerichtetes Unterlassen läge demgegenüber vor, wenn ich dem Freund nicht helfe, weil er lernen soll, sich selbst zu helfen.

[23] *Deneke*, S. 34; *Carl*, S. 6; *Klinke*, S. 21.

[24] *May*, S. 12; *Deneke*, S. 34, 36. In der psychologischen Literatur liest sich das wie folgt: „Motiviertes Verhalten läuft in drei entscheidenden Phasen ab: Es gibt einen Triebzustand, bei dem eine Art Regler vom Normalzustand abweicht, wodurch mit großer Wahrscheinlichkeit Appetenzhandlungen in Gang gesetzt werden, so daß der Orga-

Allerdings sind immer eine Vielzahl mehr oder weniger bedeutsamer und dem Handelnden mehr oder weniger bewußter Beweggründe für sein Handeln verantwortlich.[25] Will man deshalb an die eine Zuwendung veranlassenden Beweggründe Rechtsfolgen knüpfen, muß man die juristisch bedeutsamen von den unbedeutsamen Beweggründen scheiden. Die juristische Literatur und Praxis stellt dafür auf die Unterscheidung zwischen Motiv und Zweck ab, welche in dem Dogma von der grundsätzlichen Unbeachtlichkeit von Motiven einer Vermögensverschiebung unter Lebenden[26] seine wichtigste Ausprägung erfahren hat.[27] Die Abgrenzung zwischen Motiv und Zweck bereitet allerdings erhebliche Schwierigkeiten:[28] Zweck und Motiv sind nämlich immer insoweit austauschbar, als jeder vorgestellte Tatumstand zugleich Zweck und Motiv sein kann.[29] Es macht - um bei dem schon genannten Beispiel des Brautmöbelkaufs zu bleiben - keinen Unterschied, ob der Brautvater die Brautmöbel kauft, weil die Brautleute einen entsprechenden Bedarf haben (Motiv), oder um deren Wohnungseinrichtung zu vervollständigen (Zweck).[30] Ein Unterschied zwischen Zweck und Motiv kann auch nicht darin liegen, daß ein Motiv auch im Unterbewußten „wurzeln" kann, während Bewußtsein stets notwendig ist, wo ein Zweck gesetzt werden soll.[31] In gleichem Maße, wie sich ein Motiv für menschliches Handeln aus dem Unterbewußtsein ergeben kann, gilt dies nämlich auch für das Ziel (Zweck) des Handelns. In dem Beispiel des Brautmöbelkaufs dient derselbe dazu, das junge Paar mit den notwendigen Möbeln auszustatten (bewußter Zweck). Sehr wohl kann für den Vater aber auch der unterbewußte Zweck eine Rolle spielen, die Eltern des Bräutigams beeindrucken zu wollen, die dem Paar lediglich eine Vase geschenkt haben.

---

nismus auf Reize reagiert, die dann üblicherweise die Endhandlung (konsumatorischer Akt) herbeiführen. Dadurch pendelt sich der Regler wieder auf seinem Normalzustand ein, und das Appetenzverhalten ist beendet."; *Brown/Herrnstein*, S. 70, vgl. auch ebd., S. 39.

[25] Vgl. *Brox*, AT, Rn. 110; im bereicherungsrechtlichen Zusammenhang *J. Wilhelm*, JZ 1994, S. 589 f.; *ders.*, Rechtsverletzung, S. 102; *J. Wolf*, S. 31; *Gernhuber*, Erfüllung, § 5 III 5. (S. 118), dafür daß der Gedanke einer Verbindung zwischen Zuwendungsakt und Zuwendungszweck im geltenden Recht keine Stütze findet.

[26] *H.P. Westermann*, causa, S. 40; *Deneke*, S. 6; vgl. *Fricke*, S. 3 f.; *Oesterle*, S. 56; vgl. *Rother*, S. 10; *Zeiss*, AcP 164, S. 164 ff.; *Schnauder*, AcP 164, S. 145.

[27] Für das Schuldrecht hat insbesondere Hugo Kress versucht, den Zweck als den systembestimmenden Faktor herauszustellen, vgl. *Kress*, Lehrbuch, insbes. S. 35 ff. (59: „Der Zweck bleibt die Seele des Schuldverhältnisses."); ihm folgend, *Weitnauer/Ehmann*, passim; *Ehmann*, Die Gesamtschuld, insbes. S. 130 ff.; vgl. *ders.*, NJW 1969; *Weitnauer*, NJW 1979; *ders.*, FS v. Caemmerer, S. 255; *Schnauder*, Grundlagen, S. 21 ff.; *Stadler*, S. 10.

[28] Vgl. *Flume*, AT II, § 12 I 5. (S. 158); *Kegel*, FS Mann, S. 61; *Rother*, S. 10; *Stierle*, S. 1.

[29] *H.P. Westermann*, ebd., S. 19, 98, 40: „Der Zweck ist wesensmäßig ein Motiv ..."; *Klinke*, S. 21. Es führt deshalb auch nicht weiter zu argumentieren, daß Motive der Willenssetzung zeitlich und logisch vorausgehen, vgl. *May*, S. 13 Fn. 14; *H.P. Westermann*, causa, S. 19, 98; *v. Jhering*, Der Zweck im Recht, S. 2; *Deneke*, S. 36.

[30] Vgl. *Kegel*, S. 59, Fn. 10; *H.P. Westermann*, causa, S. 98; *v. Jhering*, Der Zweck im Recht, S. 14, 19 ff.; *Zitelmann*, S. 157 ff. („... Dualismus der Motive ..."); *Kegel*, Gutachten, S. 147, Fn. 36; *Stadler*, S. 10.

[31] So *May*, S. 12 f.

Welche Umstände als Zwecke und welche als Motive anzusehen sind, ist mithin eine Frage der Sichtweise bzw. der Formulierung.[32] Es ist deshalb auch ohne Belang, ob Zwecke und Motive Teile des Willens sind,[33] ob Zwecke außerhalb des Willens stehen und diesen lediglich beschränken[34] oder ob Zwecke Willensbestandteile sind, Motive jedoch nicht.[35] Es gibt auch nicht *a priori* eine andere juristische Bedeutung des Zwecks im Vergleich zu einem Motiv. Insbesondere sind Zwecke nicht *per se* wertvoller oder wichtiger als Motive.[36]

Die Bedeutung der Unterscheidung zwischen Zweck und Motiv wäre nur zu retten, wenn man von den ursprünglichen Begriffsbedeutungen abgeht und neu definiert. Demgemäß grenzt die juristische Literatur oft mit der Behauptung ab, daß ein Motiv nichtvereinbarter Zweck sei. Nur der vereinbarte Zweck sei als causa[37] für die Rechtfertigung einer Zuwendung beachtlich.[38] Für das hier verfolgte Ziel, nämlich die Bestimmung des Maßstabes, anhand dessen ein Zuwendender beurteilt, ob seine Zuwendung gerechtfertigt ist, ist freilich auch der „vereinbarte Zweck" nur bedingt brauchbar. Wäre die Rechtfertigung einer Zuwendung allein danach zu beurteilen, ob ein „vereinbarter Zweck" verwirklicht wurde, dann könnten nämlich nur solche Umstände für die Realisierung des Zuwendungsrisikos von Bedeutung sein, die der Zuwendende bzw. die Zuwendungsparteien vor der Zuwendung in ihren psychologischen Willen aufgenommen haben. Es sind aber sehr wohl auch Umstände denkbar sind, die die *ex post*-Bewertung eines Zuwendungs–(gesamt-)ergebnisses durch den Zuwendenden beeinflussen, andererseits aber nicht gleichzeitig von seinem psychologischen Willen (*ex ante*) erfaßt waren. Beispielsweise können Sachverhalte Bedeutung erlangen, die dem Zuwendenden

[32] *Klinke*, S. 21: „Zweck und Motiv sind zwei Seiten einer Medaille."; *Carl*, S. 7, der allerdings zu Unrecht dennoch den Unterschied von Zweck und Motiv betont; vgl. auch *Brox*, AT, Rn. 110, der rechtlich relevante typische Zuwendungszwecke als Teilmenge der Motive ansieht; aus Sicht der Psychologie *Brown/Herrnstein*: „Für die wissenschaftliche Psychologie ist, grob gesagt, das Problem der Motivation gleichbedeutend mit der Frage nach der Zielgerichtetheit des Verhaltens."

[33] *Klinke*, S. 21.

[34] *Windscheid*, Lehre, S. 1 ff.

[35] *Deneke*, S. 36; *May*, S. 13, Fn. 14.

[36] Vgl. *Schmidt-Rimpler*, FS Nipperdey, S. 10 f.: „Paradox gesagt: Nicht die Anfechtbarkeit der Willenserklärung wegen Motivirrtums bedarf ... einer besonderen Begründung, sondern der Ausschluß der Anfechtbarkeit." *Schmidt-Rimpler* will, ebd., S. 12 ff., die Berücksichtigung von Motiven allerdings durch normative Kriterien einschränken.

[37] Vgl. zur causa ausführlich unten, 1. Teil C. II. 2. b) bb) (2) (b) und (c).

[38] Vgl. nur *Flume*, AT II, § 12 I. 5. (S. 158): „Das Motiv ist eine „entferntere" causa, indem es nicht zum Rechtsgeschäft selbst gehört. Es ist im Einzelfall bisweilen schwierig zu entscheiden, ob ein Beweggrund des rechtsgeschäftlichen Handelns zum Inhalt der rechtsgeschäftlichen Regelung geworden oder Beweggrund geblieben ist."; *Krawielicki*, S. 89: „Streit besteht nur über die Abgrenzung des unbeachtlichen Motivs von dem nach § 812 Abs. 1 S. 2 beachtlichen Parteizweck."; *van den Daele*, S. 19 Fn. 21: „Soweit die Zwecke des Schuldners nicht erklärt und vereinbart sind, haben sie den Charakter von bloßen Motiven."; *Carl*, S. 15; *Kegel*, Gutachten, S. 147; *Jauernig u.a.-Vollkommer*, § 305 Rn. 9.

vor der Zuwendung nicht bewußt waren[39] oder es können nachträglich Umstände eintreten, die er nicht vorausgesehen hat oder voraussehen konnte.[40]

Aus der Sicht des Zuwendenden, macht es gerade keinen Unterschied, ob er die Umstände, die seinen Einsatz letztlich als nicht gerechtfertigt erscheinen lassen, in seinen für das Handeln ursächlichen Willen *ex ante* aufgenommen hatte oder nicht.[41] In dem Beispiel des Brautmöbelkaufs ist es dafür, daß der Vater die Ausgabe des Kaufpreises bei Scheitern der Hochzeit als nicht gerechtfertigt empfindet, ohne Bedeutung, ob er sich über diese Möglichkeit vor dem Kauf Gedanken gemacht hat oder nicht. Der Maßstab, an welchem ein Zuwendender die Rechtfertigung seiner Zuwendung ausrichtet, ist deshalb nicht nur die Gesamtheit der für die Zuwendung ursächlichen Beweggründe *ex ante*[42], auch nicht wenn diese vereinbart waren. Vielmehr ist das auf der aktuellen Situation *ex post* basierende tatsächliche Wollen oder Nichtwollen des Zuwendungs–(gesamt-)ergebnisses entscheidend.[43]

Welche tatsächlichen Umstände andererseits konkret dafür ausschlaggebend sind, daß ein Zuwendender seine Zuwendung nicht als gerechtfertigt ansieht,

---

[39] Vgl. *Gruhle*, S. 41 ff.; *Freud*, Das Unterbewußte und die Motivation, passim.

[40] Vgl. *Henssler*, S. 3: „Das Risiko prägt menschliches Handeln, weil die Zukunft kalkulierbar werden soll, diese sich aber dem menschlichen Erkenntnisvermögen nicht offenbart."; *Koller*, S. 1; Zöllner, S. 25.

[41] Dies war das Hauptargument gegen die Oertmann'sche Geschäftsgrundlagentheorie: Oertmann hatte seine Bestimmung der Geschäftsgrundlage nämlich allein auf Umstände bezogen, welche in der Vorstellung einer oder beider Parteien vorhanden waren, vgl. *Oertmann*, Geschäftsgrundlage, S. 37: „Geschäftsgrundlage ist die beim Geschäftsabschluß zutage tretende und vom etwaigen Gegner in ihrer Bedeutsamkeit erkannte und nicht beanstandete Vorstellung eines Beteiligten oder die gemeinsame Vorstellung der mehreren Beteiligten vom Sein oder Eintritt gewisser Umstände, auf deren Grundlage der Geschäftswille sich aufbaut." Unbewußte und unvorhersehbare Ereignisse waren von seiner Definition der Geschäftsgrundlage gerade nicht erfaßt, vgl. zur Kritik *Koller*, S. 19; *Larenz*, Geschäftsgrundlage und Vertragserfüllung, S. 9 ff.; *Locher*, S. 7 ff.; *Kegel/Rupp/Zweigert*, S. 108 ff.; *Schmidt-Rimpler*, FS Nipperdey, S. 22; vgl. auch *Lörcher*, S. 1273; *Kegel*, Gutachten, S. 155 (21), der auf S. 148 (14), 155 (21) darin, daß als sicher angenommene Tatsachengestaltungen nicht ins Bewußtsein dringen, das Dilemma auch der Lehre von der *clausula rebus sic stantibus* und der Voraussetzungslehre sieht. Zu beachten ist allerdings, daß der Ansatzpunkt der zitierten Ansichten die Frage war, wann ein Vertragspartner nicht oder nicht mehr voll an seine Erklärung gebunden sein sollte. Es ging also vor allem darum, wann die Reaktion auf bestimmte (Risikoverwirklichungs-)Tatbestände zu erfolgen hat. Die möglichen Reaktionen der Rechtsordnung sollen im Rahmen dieser Untersuchung erst später Gegenstand ausführlicher Untersuchung sein, vgl. unten, 1. Teil C. II. 2. b).

[42] Dies berücksichtigt *Carl*, S. 7, nicht.

[43] Vgl. im bereicherungsrechtlichen Zusammenhang *v. Caemmerer*, FS Rabel, S. 343: „Alle die vielfältigen Gesichtspunkte wirksamen Zustandekommens schuldrechtlicher Vereinbarungen sowie die Probleme ihrer Durchführung ... können nicht mit dem lapidaren Satz der condictio: Leistungsrückgewähr bei Zweckverfehlung, bewältigt werden. Dazu liegen die Fragen viel zu verschiedenartig."

läßt sich nicht abschließend bestimmen. Man wird zwar sagen können, daß typischerweise ein Zuwendender das Zuwendungs–(gesamt-)ergebnis nur dann als gerechtfertigt ansieht, wenn sein eigener mit der Zuwendung verbundener konkreter Nachteil ausgeglichen wird, er also dafür eine Gegenleistung, ein Entgelt erhält.[44] Andererseits ist das Entgelt nicht der einzige für das „Wollen des Zuwendungsergebnisses“ (*ex post*) entscheidende Faktor.[45] Beispielsweise können Umstände eintreten oder eingetreten sein, die das Entgelt selbst für den Zuwendenden unbrauchbar machen. Umgekehrt kann aus der Sicht des Zuwendenden eine Realisierung seines Zuwendungsrisikos zu verneinen sein, selbst wenn er keine Gegenleistung erhält. Deutlich wird das bei den unentgeltlichen Zuwendungen, die von vornherein auf Entgeltlosigkeit angelegt sind.[46]

3. Der Zeitpunkt der Realisierung

Die für die Realisierung des Zuwendungsrisikos ursächlichen Umstände können in zeitlicher Hinsicht auf unterschiedliche Weise auftreten. Frühestmöglicher Zeitpunkt ist der Moment, in welchem die Zuwendung vorgenommen wird, denn erst mit der Zuwendung erbringt der Zuwendende seinen Einsatz und geht damit das Zuwendungsrisiko ein. Das Zuwendungsrisiko kann sich aber auch nachträglich verwirklichen, sei es durch Veränderung der für die Bewertung des Zuwendungs–(gesamt-)ergebnisses bedeutsamen Umstände, sei es durch die Änderung der Bewertung durch den Zuwendenden selbst.

---

[44] *Zweigert*, JZ 1964, S. 350 f. (350): „Überall auf der Welt finden wir die Einsicht, daß ein rechtlich verpflichtendes Versprechen üblicherweise gegen Entgelt, gegen eine Gegenleistung, gegeben wird. Eine Schenkung und ein unentgeltliches Versprechen sind dagegen juristisch etwas nicht Normales, und sie werden deshalb überall - wiewohl in verschiedener Weise - besonders behandelt.“; *Becker*, S. 20 („dem urrechtlichen Remunerationsprinzip entstammende Gedanke, daß eine Entgeltleistung immer rechtliche Anerkennung verdiene und - umgekehrt - die Entgeltlosigkeit immer verwerflich sei“), 59 f., 156; *Blomeyer*, Studien zur Bedingungslehre, S. 110; *van den Daele*, S. 52; *May*, S. 26 („berechtigtes Mißtrauen gegen unentgeltliche Geschäfte, die ja zudem im Rechtsverkehr die Ausnahme bilden“).

[45] Vgl., bezogen auf Verpflichtungsgeschäfte, *Zweigert*, JZ 1964, S. 352.

[46] Vgl. *Pawlowski*, JZ 1968, S. 404: Das Recht trage „damit z.B. bei der Schenkung der allgemeinen Erfahrung Rechnung, daß die Interessen des Schenkers durch die Anerkennung des Motives der Freigiebigkeit ausreichend berücksichtigt werden.“ In diesem Zusammenhang wird erneut deutlich, daß dem Zuwendungszweck nicht die allgemein angenommene, vorstehend dargestellte Bedeutung zukommen kann: Zweck in dem von der h.M. gebrauchten Sinne kann nur das mittelbare, über das Erreichen des unmittelbaren Zuwendungserfolgs hinausgehende Ziel sein. Ein solches wird aber bei unentgeltlichen Zuwendungen gerade nicht angestrebt. Dementsprechend kommt die herrschende Lehre auch für den Rechtsgrund unentgeltlicher Zuwendungen in erhebliche Begründungsschwierigkeiten, vgl. *May*, S. 26 f.; *H.P. Westermann*, causa, S. 61, 89; *Klinke*, S. 58, 70, 78; *Zweigert*, JZ 1964, S. 350 f.

4. Zuwendungen

a) Allgemeines

Der Zuwendungsbegriff wird im BGB an verschiedenen Stellen verwendet.[47] Für die Zwecke dieser Arbeit kann es freilich nicht darum gehen, ein im BGB oder einem anderen Rechts- oder gar Begriffssystem vorgegebenes Zuwendungsverständnis zu rezipieren. Vielmehr ist der Zuwendungsbegriff auf der Grundlage des aus der Realisierung des Zuwendungsrisikos resultierenden Restitutionsinteresses zu entwickeln. Das heißt: es ist zu fragen, im Zusammenhang mit welchen Zuwendungen sich das Zuwendungsrisiko realisieren kann, wann also ein daraus folgendes Restitutionsinteresse ein entsprechendes Regelungsbedürfnis nach sich zieht.

b) Zuwendungsobjekte

aa) Einleitung

Im Sinne einer Arbeitshypothese sollen Zuwendungen im folgenden zunächst als die Übertragung von Vermögenswerten in das Vermögen eines anderen verstanden werden.[48] Objekt einer Zuwendung ist damit aber nicht automatisch der einen solchen Vermögenswert verkörpernde Gegenstand selbst.[49] Dessen rein tatsächliche Eingliederung in ein Vermögen sagt nämlich über die juristische Zuordnung desselben noch nicht notwendig etwas aus. Objekt einer Zuwendung kann deshalb auch das an einem Gegenstand bestehende Recht oder Rechtsverhältnis sein,[50] wie beispielsweise das Eigentum an einer Sache. Wenn im fol-

---

[47] Vgl. §§ 516 ff., 822, 1380, 1638, 1803, 1909, 1939 f., 2050 ff., 2065 ff., 2072, 2079, 2192, 2331, 2352 (§§-Angaben ohne Gesetzesbezeichnung sind im folgenden solche des BGB); vgl. auch *Gradenwitz*, S. 182; *v. Tuhr*, Der Allgemeine Teil des Deutschen Bürgerlichen Rechts II/2, § 71 (S. 49 Fn. 1); *Beuthien*, JZ 1968, S. 323 ff. (323); *H.P. Westermann*, causa, S. 3; *ders.*, JuS 1988, S. 17 ff. (18); *Krawielicki*, S. 12 Fn. 44; *Weitnauer*, NJW 1979, S. 2009; *J. Wolf*, S. 30 f.; *Klinke*, S. 17; *Kötter*, S. 196 ff. (m.w.N. insbes. in Fn.20); *Stampe*, causa-Problem, S. 23, der „Güterschiebungen" nach dem BGB in Zuwendungs-, Austausch- und Gemeinschaftsgeschäfte einteilt.

[48] *J. Wilhelm*, Rechtsverletzung, S. 73; Einzelheiten im folgenden. *Klinke*, passim, setzt Zuwendungsakt und Zuwendungsobjekt gleich, wenn er z.B., S. 61, von dem „durch die eigene Zuwendung bedingten Verlust" und dem „Erwerb der Zuwendung durch den Empfänger" spricht.

[49] *Larenz/Wolf*, § 20 I. 1. (S. 383 ff.), § 20 VI. (S. 407 f.); *v. Tuhr*, Allgemeiner Teil des Deutschen Bürgerlichen Rechts II/1, § 54 I. (S. 242).

[50] Ebd. *Larenz/Wolf*, § 16 I. 1. (S. 383), unterscheidet zwischen Rechtsgegenständen erster Ordnung als Gegenständen eines Herrschafts- und Nutzungsrechts und Rechtsgegenständen zweiter Ordnung, über die ein Rechtssubjekt durch Rechtsgeschäft verfügen kann. Die sogenannten Rechtsgegenstände zweiter Ordnung sind außerhalb der Rechtsordnung nicht denkbar, existieren vielmehr nur auf der „Seinsebene des Rechts", ebd., insbes. § 16 IV (S. 299 ff.). Rechtsgegenstände zweiter Ordnung seien solche, über die

genden dennoch (zumeist) undifferenziert von der Zuwendung der entsprechenden Gegenstände die Rede sein soll, dann soll das nur der vereinfachten, einheitlichen Darstellung dienen.[51]

bb) Setzt eine Zuwendung voraus, daß ein gegenständliches Objekt von einem Vermögen in ein anderes übertragen wird?

Der Begriff der Zuwendung könnte so zu verstehen sein, daß ein gegenständliches Objekt von einem Vermögen in ein anderes übertragen wird. Mit einer Zuwendung wäre danach ein Vermögensopfer auf seiten des Zuwendenden verbunden, welchem ein konkreter Vermögenszuwachs auf seiten des Zuwendungsempfängers entspräche.[52] Problematisch ist eine solche Vorstellung aber deshalb, weil damit die Erbringung nichtgegenständlicher Vorteile, insbesondere von Arbeitsleistung, nicht dem Zuwendungsbegriff zugeordnet werden könnte.[53]

Ob ein derart enger Zuwendungsbegriff hier vorausgesetzt werden kann, ist auf der Grundlage des aus der Realisierung des Zuwendungsrisikos folgenden Restitutionsinteresses zu beurteilen. Auszugehen ist davon, daß einem Zuwendenden - wie jedem Menschen - bestimmte, grundsätzlich kommerzialisierbare Rechtspositionen absolut zugewiesen sind.[54] Nur dem Zuwendenden steht das Recht zu, über diese Positionen zu disponieren, d.h. sich dieser zugunsten eines anderen zu begeben oder auch nicht.[55] Niemand hat beispielsweise das Recht,

---

ein Rechtssubjekt durch Rechtsgeschäft verfügen kann, nämlich Rechte und Rechtsverhältnisse, ebd., § 16 I (S. 281); § 16 IV (S. 299). Der im BGB gebrauchte Ausdruck „Gegenstand" werde demgemäß, soweit es dort um den Gegenstand einer Verfügung gehe, im Sinne eines subjektiven Rechts oder im Sinne von Rechtsverhältnis gebraucht, ebd., § 16 IV (S. 299).

[51] Immerhin bedient sich auch das BGB dieser vereinfachten Darstellung, vgl. z.B. § 433 Abs. 2, wo die Zahlung des Kaufpreises für die Übertragung des Eigentums an dem Geld steht.

[52] Vgl. *v. Tuhr*, Allgemeiner Teil des Deutschen Bürgerlichen Rechts § 71 I. b) (S. 50): „Eine Zuwendung liegt nicht vor, wenn jemand einem anderen etwas verschafft, was sich nicht als Vermögenszuwachs darstellt.", § 71 II. (S. 60 ff.); *Beuthien*, Zweckerreichung und Zweckstörung, S. 283; *Oesterle*, S. 59; *Klinke*, S. 18 mit (in Fn. 21) nicht nachvollziehbarer Berufung auf *Kegel*, in FS Mann, S. 59, 61; *Stürzebecher*, Rücktritt, S. 75; *ders.*, NJW 1988, S. 2718.

[53] Vgl. für die Bewertung von Arbeit als Vermögensrecht im schadensrechtlichen Zusammenhang *Lieb*, JZ 1971, passim.

[54] Vgl. *Wilburg*, Lehre, S. 27.

[55] Vgl. im bereicherungsrechtlichen Zusammenhang, *Bälz*, S. 10 ff. (11), der darauf hinweist, daß sich alle Leistungsvorgänge auf derartige Rechtsstellungen oder „subjektive Rechte" zurückführen lassen. Nicht der Einsatz von Vermögen gebe deshalb auch der Leistungskondiktion das Gepräge, sondern die Verfügung über ein subjektives Recht, selbst wenn die solchermaßen verfügbaren subjektiven Rechte zusammengenommen das Vermögen bildeten, ebd., S. 24.

die Arbeitskraft eines anderen gegen dessen Willen für sich in Anspruch zu nehmen. Vielmehr steht die Entscheidung über den Einsatz der eigenen Arbeitskraft und deren Kommerzialisierung einem jeden grundsätzlich selbst zu. Wenn jemand (ein Zuwendender) über eine solche nichtgegenständliche, aber kommerzialisierbare Position zugunsten eines anderen disponiert, dann entsteht ihm zwar kein konkreter Verlust im Sinne einer Verringerung der Vermögensaktiva. Er begibt sich aber der Möglichkeit, das, was er dem anderen erbringt, anderweitig zu kommerzialisieren. Für den Handenden kann sich demgemäß seine Disposition zugunsten des anderen sehr wohl auch als nicht gerechtfertigt erweisen und er kann in gleicher Weise wie bei der Zuwendung eines gegenständlichen Gutes ein (Restitutions-)Interesse daran haben, das Ergebnis seiner Disposition zu korrigieren. Zuwendungen können deshalb auch die Übertragung nichtgegenständlicher Objekte zum Gegenstand haben.

cc) Forderungen als Zuwendungsobjekte

(1) Grundsatz

Grundlage der bisherigen Erörterungen war, daß Vermögenswerte bzw. kommerzialisierbare Rechtspositionen Zuwendungsobjekte sein können. Auch Forderungen sind Vermögenswerte[56] und unterfallen dementsprechend nach deutschem Recht dem Schutzbereich des Art. 14 GG.[57] Viele alltägliche Vorgänge des Wirtschaftslebens wären ohne die Möglichkeit, den Wert einer Forderung zu bestimmen, gar nicht denkbar.[58] Der Forderungskauf ist nur ein, wenn auch vielleicht ein besonders eindringliches Beispiel. Als Vermögenswerte können Forderungen demgemäß auch Gegenstand von Zuwendungen sein[59] und

---

[56] *Carl*, S. 19; *Kegel*, Gutachten, S. 146; *v. Caemmerer*, FS Rabel, S. 355; *Larenz/Wolf*, § 15 III 3.(S. 298 f.), der auf die Möglichkeit der Realisierung des Forderungswerts durch Verkauf oder Verpfändung hinweist; vgl. ebd., § 17 I 2. (S. 305); *ders.*, SR I, § 33 (S. 569 f.); *Koziol/Welser*, Band 1, S. 275; *J. Kohler*, S. 11 („Begriff der Forderung als Vermögenseintauschmittel"); vgl. auch *Stürzebecher*, NJW 1988, S. 2718; *Degenhart*, S. 147.

[57] Vgl. BVerfGE 42, S. 263 ff. (292 ff.) = NJW 76, S. 1783 ff. (1785 f.); BVerfGE 45, S. 142 (174 f.) = NJW 77, S. 2024 ff. (2027 f.); BGH NJW 1980, S. 2705.

[58] Vgl. nur BGH ZIP 1994, S. 114 ff. (115) zum „Wert der Forderung" bei der Bestimmung der Deckungsgrenze und der Freigabepflicht in einer formularmäßigen Globalzession zugunsten einer Bank.

[59] Vgl *v. Tuhr*, Der Allgemeine Teil des Deutschen Bürgerlichen Rechts II/2, § 71 b) 4. (S. 53): „Da die dem A verschaffte Forderung wegen der rechtlich gesicherten Aussicht auf Erfüllung als Vermögenswert gilt, ist schon die Begründung der Forderung als Zuwendung zu betrachten."; *Huber*, JuS 1972, S. 51: „Nun vermehrt der Schuldner bereits durch die Übernahme der Verpflichtung das Vermögen seines Gläubigers ... Schon die Übernahme der Verpflichtung ist also eine „Zuwendung" des Schuldners an den Gläubiger."; *Schnauder*, AcP 187, S. 149; *ders.*, Grundlagen, S. 22; *Bolze*, S. 453; auch schon *Kant*, Metaphysik der Sitten, Erster Teil, Zweites Hauptstück, Zweiter

sind deshalb konsequenterweise wie andere Zuwendungsobjekte auch zu behandeln.[60] Wie an späterer Stelle[61] am Beispiel des Synallagma zu zeigen sein wird, wird das allerdings von der juristischen Literatur und Praxis kaum berücksichtigt.

(2) Forderungswert und Erfüllungswert

Erkennt man an, daß Forderungen Zuwendungsobjekte sein können, so stellt sich die Frage nach dem Verhältnis von Forderungswert und Erfüllungswert. Der Wert einer Forderung leitet sich aus dem Wert ihrer Erfüllung her. Wenn mit der Forderungszuwendung dem Zuwendungsempfänger dieser Wert aber (schon) zugeführt ist, kann es nicht sein, daß mit der in Erfüllung der Forderung erfolgenden Zuwendung sein Vermögen nochmals um denselben Wert vermehrt wird. Es steht vielmehr außer Frage, daß insgesamt nur ein einmaliger realer Wertzuwachs im Vermögen des Zuwendungsempfängers erfolgt.[62] Dieser einmalige Wertzuwachs scheint sich damit entweder als Ergebnis der Forderungszuwendung oder als Ergebnis der diese erfüllenden Zuwendung darzustellen, mit der seltsam anmutenden Folge, daß das jeweils andere Zuwendungsobjekt wertlos sein müßte.[63]

Abschnitt, § 20 (S. 386): „Durch den Vertrag also erwerbe ich das Versprechen eines Anderen (nicht das Versprochene) und doch kommt etwas zu meiner äußeren Habe hinzu; ich bin vermögender (locupletior) geworden, durch Erwerbung einer aktiven Obligation auf die Freiheit und das Vermögen des Anderen. - Dieses mein Recht aber ist nur ein persönliches, nämlich gegen eine bestimmte physische Person, und zwar auf ihre Kausalität (ihre Willkür) zu wirken, mir etwas zu leisten ..."; vgl. demgegenüber *J. Kohler*, S. 12 ff. (13); *Kübler*, S. 119 („fundamentaler Gegensatz zwischen Verpflichtung und Leistung"); *Oertmann*, Geschäftsgrundlage, S. 22, der - widersprüchlich - davon ausgeht, daß ein „Kausalakt" als solcher keine Bereicherung der Gegenpartei herbeiführt, andererseits ein Kausalgeschäft selbst „Hauptgeschäft" der Vermögensverschiebung oder doch deren Entwicklungsstufe sei.

[60] Vgl. *Stadler*, S. 734, die sogar die Veräußerung beweglicher Sachen und die Forderungsabtretung als „funktional völlig unterschiedliche Vorgänge" betrachtet, aber immerhin anerkennt, daß die Erkenntnis, daß sich derartige Vorgänge aus gleichen und wiederkehrenden Elementen zusammensetzt, zur Übersichtlichkeit der Rechtsordnung beiträgt und es erleichtert, gemeinsame Grundsätze aufzustellen, die wiederum der Rechtsanwendungsgleichheit und der Vorhersehbarkeit richterlicher Entscheidung dienen.

[61] Vgl. unten, 2. Teil, B.

[62] Vgl. *v. Tuhr*, Der Allgemeine Teil des Deutschen Bürgerlichen Rechts II/2, § 71 b) 4. (S. 54); *Beuthien*, JZ 1968, S. 324; *Kupisch*, WM 1979, S. 10.

[63] Vgl. *Köndgen*, S. 59, 68: „Einer wirtschaftlichen Betrachtungsweise ist freilich die Vorstellung suspekt, der Versprechende könne mit einer Zuwendung zwei Vermögensmehrungen bewirken."; *Deneke*, S. 30, bei dem die Wertneutralität der Verpflichtungsgeschäfte anklingt, wenn er Verfügungen als die rechtliche Wertung einer wirtschaftlichen Veränderung, die Verpflichtung als die rechtliche Wertung einer rechtlichen Veränderung bezeichnet.

Dem mit dieser Vermutung verbundenen Unbehagen kann nicht mit der Annahme begegnet werden, eine Forderung gelte nur wegen der rechtlich gesicherten Aussicht auf Erfüllung als Vermögenswert.[64] Damit ist nämlich nicht erklärt, wieso das von der Rechtsordnung künstlich geschaffene Gebilde „Forderung" einen eigenen Wert haben soll, welcher sich von dem des Erfüllungsobjekts unterscheidet. Eine Eigenständigkeit von Forderungswert und Erfüllungswert läßt sich auch nicht damit begründen, daß die Erfüllung vorteilhafter ist „als die nie ganz sichere Aussicht auf Befriedigung der Forderung".[65] Der Vermögenszuwachs auf seiten des (Forderungs-)Zuwendungsempfängers ist nämlich letztlich, d.h. bei Zuwendung von Forderungs- und Erfüllungswert, immer ein und derselbe. Unter rein wirtschaftlicher Betrachtungsweise kann andererseits der Wert einer Forderung durchaus größer sein als der einer entsprechenden Erfüllungsleistung. Eine Bank beispielsweise, die für eine als Darlehen gegebene Summe erst zu einem bestimmten zukünftigen Zeitpunkt eine adäquate Wiederanlagemöglichkeit hat, wird die Forderung - abgesehen von möglichen Zinsverlusten - aktuell als höherwertig einschätzen als die vorzeitig zurückgezahlte Darlehensvaluta. Auch Währungsschwankungen können dazu führen, daß eine Darlehensforderung in einem bestimmten Zeitpunkt für die Bank wertvoller ist als die Rückzahlung im Zeitpunkt eines ungünstigen Wechselkurses. In tatsächlicher Hinsicht ist die Erfüllungsleistung wegen ihrer Gebrauchsmöglichkeit andererseits immer wertvoller als die zu ihr verpflichtende Forderung. Der Käufer eines PKW hat, um ein weiteres Beispiel zu nennen, von dem Besitz desselben immer mehr als von der aus dem PKW-Kaufvertrag resultierenden Forderung. Die wenigen Beispiele zeigen, daß unterschiedliche Betrachtungsweisen möglich sind. Alle haben allerdings gemeinsam, daß sich die Bestimmung des Forderungswertes immer an dem Erfüllungswert orientiert.[66]

Für die Frage, ob Forderungen tatsächlich einen gegenüber der Erfüllungsleistung eigenständigen Wert haben, hat man davon auszugehen, daß Forderungen nicht real, sondern künstlich sind, d.h. nur auf der „Seinsebene des Rechts"[67] geschaffen werden und existieren. Auch der Wert einer Forderung ist deshalb zwangsläufig ein künstlicher, denn eine Forderung ist nur aus dem Blickwinkel ihrer zukünftigen Erfüllung bewertbar. Da diese eigenständige Bewertbarkeit aber nur den Bedürfnissen des modernen Wirtschaftslebens an der eigenständigen Behandlung von Forderungen Rechnung trägt, kann man sagen,

---

[64] So *v. Tuhr*, Allgemeiner Teil des Deutschen Bürgerlichen Rechts II/2, § 71 b) 4. (S. 54); *Larenz*, AT, § 13 II 5. (S. 218 f.), nach dem sich der Forderungswert aus der gesicherten Aussicht auf Leistung ergibt.

[65] Vgl. *v. Tuhr*, ebd. Die v. Tuhr'schen Argumentation ist im übrigen schon in sich widersprüchlich, wenn er auf S. 53 den Wert einer Forderung mit der „rechtlich gesicherten Aussicht auf Befriedigung", die Abgrenzung zum Erfüllungswert auf S. 54 aber aus der „nie ganz sicheren Aussicht auf Befriedigung" herleiten will; vgl. auch *H.P. Westermann*, JuS 1968, S. 17 ff. (18).

[66] Vgl. *v. Tuhr*, Allgemeiner Teil des Deutschen Bürgerlichen Rechts II/2, § 71 b) 4. (S. 53 f.): „In der Leistung erhält der Gläubiger eine Zuwendung, welche dem Wert nach schon in der Forderung enthalten war."; *Schmidt-Rimpler*, ebd.: „... die Forderung ist eine vermittelnde Zwischenrechtsfolge."; *van den Daele*, S. 17: „Das Ende, der Zweck, dem das Schuldverhältnis wesentlich zustrebt, ist die Befriedigung des Gläubigers wegen eines rechtlichen Leistungsinteresses durch Erfüllung der Leistungspflicht."; *Schmidt-Rimpler*, AcP 147, S. 130 ff. (145).

[67] Begriff bei *Larenz*, AT, § 16 IV. (S. 300).

daß die Verselbständigung des Forderungswertes von dem Erfüllungswert nur funktionelle Ziele hat, der Forderungswert also auch nur funktioneller Natur ist. Die Forderung wird nur so behandelt, als habe sie einen eigenständigen Wert. In Wirklichkeit sind Forderungswert und Erfüllungswert identisch, denn mit der Erfüllung erlischt[68] die Forderung und damit auch ihr Wert im Vermögen des Gläubigers und wird ersetzt durch den Wert des Gegenstandes der Erfüllung.[69]

(3) Die unvollständige Regelung des BGB

Das BGB hat zuwendungsrelevante Sachverhalte vor allem im Sachenrecht geregelt. Das Sachenrecht des BGB betrifft andererseits bekanntlich nur körperliche Gegenstände und schließt andere Vermögensbestandteile, also auch Forderungen aus seinem Geltungsbereich aus.[70] Die zuwendungsrechtliche Bedeutung von Forderungen ist im BGB deshalb nicht in gebührender Weise berücksichtigt. Daß auch Forderungen und Rechte Vermögenswerte sind, erkennt das BGB allerdings an, indem es Forderungen (und andere Rechte) den Sachen in bezug auf die Bestellung von Nutzungs- und Sicherungsrechten gleichstellt.[71] Gleiches ergibt sich aus der Möglichkeit, über Forderungen gemäß § 398[72] zu verfügen.

---

[68] Im deutschen Zivilrecht gemäß § 362, vgl. *Larenz* AT, § 13 II (S. 218).

[69] Richtig ist es deshalb, wenn beispielsweise *Carl*, S. 17, Verpflichtungs- und Verfügungsgeschäfte nur als zwei Teile eines einheitlichen Güterschiebungsvorgangs ansieht.

[70] Vgl. *Baur/Stürner*, § 3 I 1. (S. 10); *Wieacker*, DRW 6, S. 63; *ders.*, Zum System des deutschen Vermögensrechts, S. 30 ff., 48: „Das BGB kennt, wie das Pandektenrecht, als Gegenstand des Eigentums nur körperliche Sachen (§ 90 BGB); die Forderung sieht es nur in ihrem Inhalt, von einer bestimmten Person ein Tun oder Unterlassen zu verlangen (§ 241 BGB), das absolute Recht nur in seiner Eigenschaft, durchsetzbar zu sein, beide nicht in ihrer selbständigen Funktion, Vermögensgegenstände zu sein.“; vgl. *J. Wilhelm*, Sachenrecht, Rn. 3, 16; *Hans Josef Wieling*, Sachenrecht, S. 4, 19; *Larenz*, SR I § 33 I (S. 569 ff., S. 571: „... Aufbaufehler und sachliche Unklarheit des Bürgerlichen Gesetzbuches ...“).

[71] Vgl. *Baur/Stürner*, § 60 I 1. (S. 665), die bezeichnenderweise die Vorstellung derartiger Konstruktionen erleichtern wollen, indem man - „etwas gewaltsam“ - von beschränkten dinglichen Rechten am Sacheigentum einerseits und von solchen am Forderungs-“eigentum“ andererseits sprechen soll; vgl. demgegenüber, allerdings nur auf den relativen Forderungsinhalt abstellend *J. Kohler*, S. 12 ff. (13): „Daher kann die Obligation nicht von der Vermögensseite her betrachtet werden, wie das Recht an der Sache; bei der Obligation ist es eine Zufälligkeit, wenn auch eine nicht seltene Zufälligkeit, wenn sie direkt oder indirekt mit den Vermögenssachen, d.h. mit der Sachgüterwelt zusammenhängt. ... Die ganze Vorstellung von dem nothwendigen Vermögensinteresse der Obligation ist ein Stück Alterthum, ein Stück alter Volkswirthschaft mit Sklavenwesen ...“; vgl. zum „Recht an der Forderung“ ausführlich unten, dd).

[72] Zu § 398 wird teilweise vertreten, daß es systematisch unrichtig sei, daß diese Vorschrift nicht im Sachenrecht, sondern im Schuldrecht angesiedelt ist, vgl. *Wieacker*, DRW 6, S. 61 ff.; *Larenz*, SR I, § 33 I (S. 571); Forderungszuwendungen erfolgen allerdings auch durch Aufrechnung (§§ 387 ff.) und Erlaßvertrag (§ 397). Bei der Auf-

Die sich aus der Unvollständigkeit der Regelungen des BGB in der Praxis ergebenden Probleme seien am Beispiel der Stellungnahmen zum rechtsgrundlosen Erlaßvertrag (§ 397 Abs. 1) verdeutlicht.[73] Da ein Erlaßvertrag als dingliches Verfügungsgeschäft angesehen wird,[74] geht man davon aus, daß bei Mangel des den Erlaß rechtfertigenden Rechtsgrundes ein bereicherungsrechtlicher Anspruch[75] des Erlassenden gegen den ursprünglichen Schuldner besteht. Was Gegenstand dieses Anspruchs sein soll, geht aus den einschlägigen Stellungnahmen nicht mit letzter Klarheit hervor: nach den Motiven[76] soll der Mangel des Rechtsgrundes zu der Forderung berechtigen, die „Wirkung des Erlasses" aufzuheben. Heute wird meistens nur angeführt, es könne „Wiederbegründung der Forderung nach den Vorschriften über die ungerechtfertigte Bereicherung" verlangt werden.[77] Andere[78] formulieren, daß bei mangelndem Rechtsgrund „der Erlaß" zurückgefordert werden könne.[79]

Alle diese Ausführungen treffen indessen den Kern des Problems nicht, da sie die Eigenschaft einer Forderung, Zuwendungsobjekt sein zu können, außer Betracht lassen. Die zuwendungsrechtliche Dimension der diskutierten Frage bleibt damit unberücksichtigt. Richtigerweise hat man davon auszugehen, daß mit Abschluß eines Erlaßvertrages der Gläubiger dem Schuldner den (funktionellen) Wert der erlassenen Forderung zuwendet. Der Schuldner erlangt nun zwar keine Forderung gegen sich selbst, denn mit

---

rechnung wendet der Aufrechnende seine eigene Forderung als Erfüllungssurrogat dem Aufrechnungsgegner zu, MüKo-*v. Feldmann*, § 387 Rn. 1; vgl. *Staudinger-Gursky*, Vorbem. zu §§ 387 f. Rn. 7 ff., 11 (Aufrechnung als „Leistung des Schuldners"). Die Aufrechnung ist damit eine Verfügung über die Gegenforderung mit der aufgerechnet wird, MüKo-*v. Feldmann*, ebd. Hingegen findet keine zuwendungsrechtlich relevante Handlung in bezug auf die Hauptforderung statt, gegen die aufgerechnet wird. Über diese wird nicht verfügt, MüKo-*v. Feldmann*, ebd.

Auch der Erlaßvertrag ist ein verfügender Vertrag, der abstrakt i.S.d. herrschenden Terminologie ist, *Mugdan* 2, Motive, S. 63; RGZ 53, S. 294 ff. (296); 76, S. 59 ff. (61); RG, JW 1913, S. 427 ff. (428); MüKo-*v. Feldmann*, § 397, Rn. 4; *Palandt-Heinrichs*, § 397 Rn. 3; RGRK-*Weber*, Vor § 397 Rn. 2, 30; *Staudinger-Kaduk*, § 397 Rn. 2, 25; *Soergel-Zeiss*, § 397 Rn. 6; *Gernhuber*, Erfüllung, § 16 I 5. a) (S. 372); *Larenz*, SR I, § 19 I a) (S. 269); *Hermes*, S. 495; *Neuner*, S. 11; kritisch allerdings *Kübler*, S. 146 f.

[73] Für das negative Schuldanerkenntnis (§ 397 Abs. 2) gelten die folgenden Ausführungen entsprechend, vgl. MüKo-*v. Feldmann*, § 397 Rn. 7.

[74] *Mugdan* 2, Motive, S. 63; RGZ 53, S. 294 ff. (296); 76, S. 59 ff. (61); RG, JW 1913, S. 427 ff. (428); MüKo-*v. Feldmann*, § 397, Rn. 4; *Palandt-Heinrichs*, § 397 Rn. 3; RGRK-*Weber*, Vor § 397 Rn. 2, 30; *Staudinger-Kaduk*, § 397 Rn. 2, 25; *Soergel-Zeiss*, § 397 Rn. 6; *Gernhuber*, Erfüllung, § 16 I 5. a) (S. 372); *Larenz*, SR I, § 19 I a) (S. 269); *Musielak*, Grundkurs BGB, Rn. 253; *Hermes*, S. 495; *Neuner*, S. 11.

[75] Vgl. zu im Zusammenhang mit der Realisierung des Zuwendungsrisikos relevanten bereicherungsrechtlichen Fragen ausführlich unten, 2. Teil C.

[76] *Mugdan* 2, Motive, S. 63, und wohl auch RG, JW 1913, S. 427 ff. (428).

[77] MüKo-*v. Feldmann*, § 397 Rn. 4; vgl. RGZ 53, S. 294 ff. (296); *Soergel-Zeiss*, § 397, Rn. 6; *Staudinger-Kaduk*, § 397 Rn. 26; *Larenz*, SR I, § 19 I a) (S. 269).

[78] *Staudinger-Kaduk*, § 397 Rn. 24; vgl. auch für die Kondiktion eines Schuldanerkenntnisses OLG Köln, DB 1995, S. 1208 f. (1208): „... kann die Beklagte das ... abgegebene Schuldanerkenntnis nach § 812 Abs. 2 BGB kondizieren."

[79] Vgl. RGRK-*Weber*, § 397 Rn. 2, 31; *Gernhuber*, Erfüllung, § 16 I 5. c) (S. 373: „Herausgabe der Befreiung von der Schuld, mithin Erneuerung der Leistungsbeziehung"); für das rechtsgrundlose Schuldanerkenntnis *Stadler*, S. 16.

dem Verpflichtungsgehalt der Forderung hat das Geschehen nichts zu tun. Vielmehr fällt die dem Forderungswert entsprechende Rechtsposition mit dem Erlaß wieder auf den Schuldner zurück.[80] Ermangelt es dem Erlaßvertrag an einem Rechtsgrund, dann kann der Bereicherungsgläubiger also nicht etwa „den Erlaß", „den Erlaßvertrag" oder die „Befreiung von der Schuld" kondizieren, wie sollte das auch möglich sein? Vielmehr geht es darum, die (Rück-)Übertragung des betroffenen (funktionellen) Forderungswertes in das Vermögen des Bereicherungsgläubigers fordern zu können.[81] Zur Erfüllung dieses Bereicherungsanspruchs ist in der Tat die Neubegründung der Forderung notwendig,[82] da mit dem Erlaß die ursprüngliche Forderung als solche erloschen war, sie also als Vermögensgegenstand auch nicht mehr existierte.[83]

(4) Recht an der Forderung?

Objekt der Zuwendung einer Sache ist grundsätzlich nicht die Sache selbst, sondern nur das an ihr bestehende Recht oder Rechtsverhältnis.[84] Erkennt man an, daß Forderungen Gegenstand von Zuwendungen sein können, so könnte man fragen, ob Objekt einer solchen Zuwendung die Forderung selbst ist oder ob ein wie auch immer ausgestaltetes Recht an der Forderung zugewendet wird.[85]

Die aktuelle juristische Literatur gibt kein völlig klares Bild. Allgemein wird der relative Charakter einer Forderung betont. Forderungen gewährten - so führt man an - kein Herrschaftsrecht, da weder die Person des Schuldners noch seine

---

[80] Vgl. im gesellschaftsrechtlichen Zusammenhang *Priester*, S. 1801: Mit der Einbringung einer gegen die GmbH gerichteten Forderung als Sacheinlage erwerbe die Gesellschaft zwar keinen Aktivposten, da die Forderung mit Einbringung untergehe. Sie verliere aber einen Passivposten, der bisher andere Aktiva in entsprechender Höhe neutralisiert habe. Die Minderung der Passiven stehe deshalb einer Vermehrung der Aktiven gleich.

[81] Zur Leistungskondiktion vgl. ausführlich unten, 2. Teil C.

[82] Vgl. zu den ähnlich gelagerten Unklarheiten der „Kondiktion von Verpflichtungen", die in §§ 812 Abs. 2, 817 S. 2 und 821 im BGB Ausdruck gefunden haben, *Kübler*, S. 113 ff.; *Heck*, Schuldrecht, S. 434 f.; *Oertmann*, Geschäftsgrundlage, S. 21 f.

[83] Allerdings bedeutet das nicht die Erneuerung der ursprünglichen Leistungsbeziehung, denn die erloschene Forderung „(schon gar nicht ex tunc und mit Wirkung auch für akzessorische Sicherungen, die mit dem Erlaß ihr Ende finden)" kann nicht wieder begründet werden, *Gernhuber*, Erfüllung, § 16 I 5. c) (S. 373 f.). Zu Recht weist *Gernhuber*, ebd., darauf hin, daß es nicht geboten ist, daraus die Konsequenz einer Sekundärabwicklung (§ 818 Abs. 2) zu ziehen. Vielmehr ist „angesichts der praktischen Äquivalenz der erlassenen und der zu begründenden inhaltsgleichen Schuld" der Schuldner verpflichtet, dem Primäranspruch aus § 812 Abs. 1 aus einem Schuldvertrag zu entsprechen, der eine neue Forderung begründet, *Gernhuber*, ebd. Gleichermaßen ergibt sich auch die Verpflichtung Dritter zur Neubestellung von durch den Erlaß untergegangenen Sicherungsrechten, ebd.; vgl. auch schon Paul. Dig. 2.14.27.2.

[84] Vgl. oben, 1. Teil B. II. 4. b) aa).

[85] Das Recht an der Forderung wäre ein Rechtsgegenstand zweiter Ordnung im Sinne der Larenz'schen Terminologie, vgl. oben, Fn. 50.

Leistungshandlung oder der Leistungsgegenstand der absoluten Herrschaft des Gläubigers unterworfen sei.[86] Larenz[87] sieht die Auffassung, die Verfügung über eine Forderung sei die Veräußerung eines an ihr bestehenden Eigentums, als eine unnötige und verwirrende Verdoppelung des Rechts an. Aus der Betrachtung einer Forderung als Vermögensgegenstand folge keineswegs die Notwendigkeit, Forderungen wie Sachen zu behandeln und als Gegenstand der Verfügung über sie ein an ihr bestehendes Recht, etwa Eigentum anzunehmen. Vielmehr sei die Forderung selbst das Vermögensrecht, das ebenso wie das Eigentum von dem Berechtigten übertragen, aufgegeben oder, durch Ausscheidung und Übertragung einzelner Befugnisse, „beschränkt" werden könne. Die Rede vom Eigentum an der Forderung meine dennoch etwas Richtiges, nämlich die Rechtszuständigkeit.[88] Baur/Stürner[89] erkennen für das deutsche Zivilrecht immerhin an, daß der Gläubiger einer Forderung eine „eigentümerähnliche Stellung" habe, was aus § 398 folge, wonach der Gläubiger wie ein Eigentümer über die Forderung verfügen könne.[90]

Der Gedanke eines von dem Forderungsinhalt zu trennenden Rechts an der Forderung, über welches wie über ein Recht an einer Sache verfügt werden kann, ist der juristischen Dogmatik nicht grundsätzlich fremd. Der Sachbegriff des germanischen, des mittelalterlichen und auch des Gemeinen Rechts umfaßte beispielsweise alle Rechtsobjekte, also auch Forderungen.[91] Im 19. Jahrhundert war es demgemäß durchaus verbreitet, vom „Eigentum an einer Forderung" zu sprechen.[92] Im Preußischen Allgemeinen

---

[86] *Larenz*, AT, § 13 II. 5. (S. 218 f.), III. (S. 228); *Larenz/Wolf*, § 15 III. 5. (S. 300 ff.); *Henke*, Die sogenannten Relativität des Schuldverhältnisses, passim; *Boehmer*, Einführung in das bürgerliche Recht, § 28 II (S. 303 f.); *J. Wilhelm*, Sachenrecht, Rn. 16, der in Rn. 47 ff. (58) zwar ein absolutes Recht an der Forderung nicht anerkennt, der Forderung aber immerhin eine „absolute Dimension" zugesteht. Im Hinblick auf den Berechtigten (Aktivseite) sei eine Forderung nämlich genauso absolut wie das Eigentum. Die Relativität der Forderung beziehe sich nur auf die Passivseite, d.h. den Verpflichteten.

[87] *Larenz*, SR I, § 33 III (S. 573), vgl. *ders.*, AT, § 16 IV (S. 300); ähnlich wohl *Huber*, JuS 1972, S. 58.

[88] *Larenz*, ebd.

[89] *Baur/Stürner*, § 3 I 1. (S. 10); vgl. auch ebd., § 60 I 1. (S. 665); vgl. gegen den Gedanken des Forderungseigentums *Dubischar*, FS Raiser, S. 102, und *Betti*, S. 2, die die Qualifikation eines Forderungsinhabers als Eigentümer für unpassend halten.

[90] *Baur/Stürner* weisen, § 3 I 1. (S. 10), darauf hin, daß das BGB das Konzept, Forderungen nicht sachenrechtlicher Regelung zu unterwerfen, nicht konsequent durchgehalten habe. Gewisse Forderungsrechte seien nämlich in Wertpapieren verkörpert, deren Übertragung und Verpfändung sich nach den Grundsätzen des Sachenrechts richte. Das wirtschaftlich allein Bedeutsame bleibe aber das Forderungsrecht, ebd.; vgl. auch *Hager*, S. 26, der im synallagmatischen Zusammenhang vom Eigentumsaustausch spricht und damit wohl die Möglichkeit des Forderungseigentums anerkennt.

[91] Vgl. *Hans Josef Wieling*, Sachenrecht, S. 4.

[92] Vgl. vor allem *Bähr*, S. 401: „Es kann die Frage entstehen, ob die Forderung Diesem oder Jenem zustehe? Da erwächst das Bedürfnis, die subjektive Berechtigung des Einen im Gegensatz zu der jedes Anderen zu bezeichnen; und ich weiß in der That

Landrecht[93] waren Rechte unter der Rubrik „Sachen" ausgewiesen[94] und das Eigentum an einem Recht sogar positiv festgeschrieben.[95] In der Gegenwart sieht das österreichische ABGB Besitz und Eigentum an einer Forderung vor.[96]

Für die Entscheidung, ob ein Recht an der Forderung anzuerkennen ist, wird man zwischen dem Inhalt einer Forderung und der Eigenschaft einer Forderung, Vermögensgegenstand zu sein, zu unterscheiden haben. Der Inhalt einer Forderung besteht darin, von einem anderen ein bestimmtes Tun oder Unterlassen verlangen zu können, § 241. Dieser Rechte- und Pflichtengehalt einer Forderung existiert immer nur im Verhältnis zwischen Gläubiger und Schuldner. Insoweit ist die Forderung in der Tat nur relativ, denn es ist nur die Beziehung zwischen Gläubiger und Schuldner betroffen.[97]

Von dem Forderungsinhalt ist die Tatsache zu unterscheiden, daß die Forderung selbst einen (funktionellen) Wert hat[98] und als Wertobjekt Bestandteil des

---

keinen passenderen Ausdruck, als wenn man von dem „Eigenthum" an der Forderung redet."; vgl. auch *Löbl*, S. 286 ff. (297): „Immerhin bringt die Redeweise vom Rechte „an der Forderung", das vom Rechte auf die Leistung zu unterscheiden ist, jene dem Forderungsrechte innewohnende Doppelwirkung gut zum Ausdruck; aber man muß sich, wenn man diese Redewendung gebraucht, bewußt sein, daß es sich nur um eine bildliche Ausdrucksweise handelt und daß das, was man Recht an der Forderung nennt, nichts anderes ist als die bei jedem Rechte vom Rechtsinhalt zu unterscheidende Rechtszuständigkeit." Die Idee des Forderungseigentums war im 19. Jahrhundert aus der Erkenntnis erwachsen, daß die Forderungsabtretung ein dinglicher Vertrag ist, vgl. *Bähr*, ebd.; *Löbl*, ebd. S. 287 ff.; *Oertmann*, Jherings Jahrbücher 66, S. 157 ff.; *J. Wilhelm*, Sachenrecht, Rn. 46 Fn. 46, mit dem Hinweis auf die bei *Windscheid*, Lehrbuch des Pandektenrechts, § 168 Fn. 1 enthaltenen Verweise.

[93] ALR, Erster Teil - Zweiter Titel, §§ 7-9.

[94] Vgl. *Wieacker*, Zum System des deutschen Vermögensrechts, S. 47.

[95] ALR, Erster Teil - Achter Titel, § 1, dazu *Förster-Eccius*, S. 634 f.; *Larenz*, SR I, § 33 III (S. 573 Fn. 8). Die Abtretung war nach ALR, Erster Teil - Elfter Titel, § 376 f., die Überlassung „des Eigentums seines Rechts", vgl. *Stadler*, S. 66 f.

[96] § 285 ABGB gibt einen weiten Sachbegriff vor, dem auch unkörperliche Sachen (z.B. Forderungsrechte) unterfallen. § 312 S. 2 ABGB regelt den Erwerb von Rechtsbesitz. Gegenstand eines Eigentumsrechts können nach §§ 353, 285 ABGB alle körperlichen und unkörperlichen Sachen, also auch Forderungen sein, vgl. *Koziol/Welser*, Grundriß des bürgerlichen Rechts, Band II, S. 5 ff., 43; *Gschnitzer*, S. 7, 59. Die Regeln über das Eigentum sind aber wegen zahlreicher gesetzlicher Ausnahmen nicht voll anwendbar, *Koziol/Welser*, ebd., S. 43. Insbesondere erfolgt der Forderungserwerb nicht nach den Regeln über den Eigentumserwerb, sondern gemäß §§ 1392 ff. ABGB durch Abtretung (Zession), ebd., S. 6; *Koziol/Welser*, Grundriß des bürgerlichen Rechts, Band I, S. 275, womit das Konzept des ABGB betreffend das Forderungseigentum in der Tat nicht durchgehalten ist. Die Zession bedeutet nämlich nicht die Übertragung des Eigentums an der Forderung, sondern die Übertragung der Forderung selbst.

[97] Vgl. *Wieacker*, DRW 6, S. 63.

[98] Anders *J. Wilhelm*, Sachenrecht, Rn. 47: „Es ist nun aber sicher, daß der Sache als Gegenstand des Eigentums nicht die Forderung, sondern der Gegenstand der Forderung, d.h. die Leistung bzw. der Leistungsgegenstand, auf die oder den die Forderung gerichtet ist, entspricht."

Vermögens ist. Als Wertobjekt ist eine Forderung gegenüber dem Erfüllungswert verselbständigt[99] und insoweit auch eigenständiges Objekt güterrechtlicher Zuordnung.[100] Fraglich kann deshalb nur sein, ob es für diese Zuordnung zwingend notwendig ist, ein irgendgeartetes (Herrschafts-)Recht an der Forderung anzuerkennen. Das BGB sieht ein solches nicht vor. Zu prüfen ist deshalb, ob damit ein dogmatisch oder praktisch zwingendes Erfordernis nicht beachtet und möglicherweise im Wege der Rechtsfortbildung Abhilfe zu schaffen ist:

Erkennt man an, daß Forderungen Vermögensbestandteile sind, dann scheint in der Tat eine Parallelität zur Behandlung von Sachen, d.h. auch die Anerkennung eines (Herrschafts-)Rechts an der Forderung geboten.[101] Andererseits muß man sich aber vergegenwärtigen, warum es gerade für Sachen notwendig wird, auf der „Seinsebene des Rechts“[102] eine Zuordnung zu einem Rechtssubjekt vorzunehmen. Hierfür ist zu berücksichtigen, daß bei einem körperlichen Gegenstand die Zuordnung zu einem bestimmten Rechtssubjekt nicht automatisch zu erkennen ist. Die Rechtsordnung muß dem abhelfen, indem sie über die Schaffung einer entsprechenden juristischen Kategorie, nämlich eines Rechts an körperlichen Gegenständen eine solche Zuordnung ermöglicht.

Anders sieht es bei einer Forderung aus. Eine Forderung ist von vornherein ein künstliches Produkt der Rechtsordnung, welches seine spezifisch juristische Gestalt gerade aus seinem Inhalt, nämlich der Rechte- und Pflichtenbeziehung zwischen Gläubiger und Schuldner bezieht. Eine Forderung setzt wesensmäßig immer diesen Inhalt und damit die Existenz von Gläubiger und Schuldner voraus. Die Zuordnung der Forderung zu einem Rechtssubjekt ergibt sich schon aus dieser wesensmäßigen Besonderheit, denn eine Forderung ist regelmäßig dem Vermögen des Gläubigers zugeordnet. Einer besonderen, zusätzlichen Zuordnung durch die Rechtsordnung und damit auch der Rechtsfigur des Rechts an der Forderung bedarf es mithin nicht.[103] Es ist deshalb auch nicht zu beanstanden, wenn das BGB darauf verzichtet.

---

[99] Vgl. vorstehend (2).

[100] Es geht deshalb auch nicht um „eine Zuordnung“ (durch das Recht an der Forderung) „der Zuordnung“ (durch die Forderung selbst in bezug auf den Leistungsgegenstand), welche *J. Wilhelm*, Sachenrecht, Rn. 47, zu Recht ablehnt. Vielmehr geht es um die Zuordnung des eigenständigen Forderungswerts.

[101] Vgl. *Larenz*, SR I, § 33 III, S. 572 ff.; *J. Wilhelm*, Sachenrecht, Rn. 46.

[102] Begriff bei *Larenz*, AT, § 16 IV (S. 300).

[103] *Larenz*, SR I, § 33 II (S. 573).

dd) Nichtvermögenswerte Güter als Zuwendungsobjekte

Grundlage der bisherigen Ausführungen war die Annahme, daß Zuwendungsobjekte grundsätzlich einen Vermögenswert haben bzw. zumindest bewertbar und damit kommerzialisierbar sind.[104] Die Bestimmung der Kommerzialisierbarkeit ist aber dort problematisch, wo es um rein ideelle Güter geht.[105] Es erscheint fraglich, ob unter Geltung des deutschen Zivilrechts derartige Güter als Zuwendungsobjekte fungieren können.[106] Ähnliche Schwierigkeiten bestehen hinsichtlich der Verschaffung bloßer Chancen oder Erwerbsaussichten. Auch hier versteht sich nicht von selbst, daß mit derartigen Chancen oder Erwerbsaussichten Positionen des Zuwendenden verbunden sind, welche (nur) ihm absolut zugewiesen sind[107] und die er auf einen anderen übertragen bzw. bei fehlender Rechtfertigung der Zuwendung zurückfordern kann.

Um zu klären, ob und unter welchen Voraussetzungen auch nichtvermögenswerte Interessen und Erwerbsaussichten Zuwendungsobjekte sein können, ist zunächst zu bestimmen, warum bei der Zuwendung vermögenswerter Güter die genannten Bedenken nicht bestehen. Schon oben[108] war dargelegt worden, daß das deutsche Zivilrecht grundsätzlich nur auf die (rechtliche) Berücksichtigung vermögenswerter Interessen zugeschnitten ist. Daraus folgt aber nicht notwendig, daß sich im Zusammenhang mit der Zuwendung nichtvermögenswerter Güter nie ein Zuwendungsrisiko verwirklichen und demgemäß auch kein aus dem Restitutionsinteresse des Zuwendenden resultierender Regelungsbedarf bestehen kann. Allerdings wird dieses Interesse bei nichtvermögenswerten Gütern nicht automatisch berücksichtigt. Vielmehr müssen die Parteien selbst für eine Gleichstellung von nichtvermögenswerten mit den vermögenswerten Gütern Sorge tragen, indem sie eine Zuordnung des betreffenden immateriellen Gutes, der Chance etc., vereinbaren[109] und dieser damit einen zumindest funktionellen Wert *inter partes* geben. Praktisch geschieht dies immer dann, wenn die Parteien übereinkommen, ein immaterielles Gut oder eine bloße Chance zu übertragen (zuzuwenden). Der Erwerbende (Zuwendungsempfänger) erkennt damit nämlich an, daß das entsprechende Gut dem Übertragenden (Zuwenden-

---

[104] Vgl. oben, 1. Teil B. II. 4. b) aa) und bb). Für die Ähnlichkeit von Sachwerten und Immaterialgüterrechten, insbesondere dem geistigen Eigentum vgl. *Kraßer*, S. 230 ff. (230).

[105] Vgl. *Beuthien*, JZ 1968, S. 323 Fn. 1: „Vermögen ist hier untechnisch im Sinne aller, nicht notwendig geldwerten Güter zu verstehen.“; *Oesterle*, S. 62 ff.; *Larenz*, SR I, § 33 (S. 569), § 33I (S. 569) rechnet beispielsweise nur Forderungen dem Vermögen zu, die auf geldwerte Leistungen gehen.

[106] Vgl. zur wirtschaftlichen Ausrichtung des deutschen Zivilrechts oben, 1. Teil B. I.

[107] Vgl. *v. Caemmerer*, FS Rabel, S. 378 f.; *Beuthien*, JZ 1968, S. 323.

[108] Vgl. oben, 1. Teil B. I.

[109] *v. Caemmerer*, FS Rabel, S. 378.

den) zugeordnet war. Der Übertragende (Zuwendende) gibt andererseits durch die Vereinbarung seine Position auf und erkennt an, daß sie nachfolgend dem (Zuwendungs-)Empfänger zustehen soll. Stellt sich aus der Sicht des Übertragenden (Zuwendenden) die Übertragung (Zuwendung) als nicht mehr gerechtfertigt dar, besteht auf seiner Seite ein Interesse daran, das Ergebnis des Übertragungsvorgangs (der Zuwendung) zu korrigieren. Eine unterschiedliche Behandlung im Vergleich zu der Übertragung eines konkreten Vermögenswertes wäre nicht gerechtfertigt.[110] Zwei Beispiele sollen das verdeutlichen:

Ein Beispiel für die Zuwendung eines immateriellen Wertes bietet die im bereicherungsrechtlichen Zusammenhang vieldiskutierte Entscheidung des BGH aus dem Jahre 1952[111]: der BGH hatte die Rückforderung einer Ehrerklärung nach den Grundsätzen der ungerechtfertigten Bereicherung mit der Begründung abgelehnt, es fehle

> „vor allem an einer unmittelbaren Vermögensverschiebung aus dem Vermögen des Klägers in das Vermögen des Beklagten, weil das Papier, auf dem die Erklärung des Klägers geschrieben ist, ... keinen Vermögenswert darstellt".[112]

Der BGH begründet sein Ergebnis ausgehend von dem von der h.M. für das Bereicherungsrecht vertretenen finalen Leistungsbegriff (Leistung als ziel- und zweckgerichtete Mehrung fremden Vermögens), welcher an späterer Stelle[113] Gegenstand ausführlicher Diskussion sein wird. Hier kommt es zunächst nur darauf an, ob die Abgabe der Ehrerklärung dem Zuwendungsbegriff unterfallen kann. Das ist zu bejahen, weil in dem besagten Fall die Parteien die Abgabe derselben vereinbart hatten.[114] Der Beklagte hatte wegen dieser Vereinbarung zunächst ein Anrecht auf die Abgabe der Ehrerklärung. Die Abgabe der Erklä-

---

[110] Vgl. im bereicherungsrechtlichen Zusammenhang, *v. Caemmerer*, ebd., S. 348.

[111] BGH NJW 1952, S. 417 f. (417).

[112] Vgl. zustimmend: RGRK-*Heimann-Trosien*, § 812 Rn. 1; *Palandt-Thomas*, § 812 Rn. 4; vgl. auch BGHZ 55, S. 128 ff. (Flugreisefall) = JZ 1971, S. 556 ff.; *Batsch*, Vermögensverschiebung, S. 105, hat dem entgegengehalten, das Erlangte und damit Kondiktionsgegenstand sei das Eigentum an dem Papier als subjektives Recht. Die herrschende Meinung geht demgegenüber aufbauend auf einer gegenständlichen Bestimmung des Kondiktionsgegenstandes, vgl. zu der Diskussion unten, 2. Teil C. IV. 1. b), davon aus, daß es für die Begründung eines Bereicherungsanspruchs nicht darauf ankommen kann, ob das von dem Kondiktionsschuldner Erlangte einen wirtschaftlichen Wert hat oder nicht, vgl. MüKo-*Lieb*, § 812 Rn. 287; *Staudinger-Lorenz*, § 812 Rn. 65; *Erman-H.P. Westermann*, § 812 Rn. 6; *Larenz/Canaris*, § 71 I. 2. (S. 255); *Beuthien*, JZ 1968, S. 323 Fn. 1; *Reuter/Martinek*, § 15 I. 2. (S. 530); *Goetzke*, S. 310.

[113] Vgl. unten, 1. Teil B. II. 4. f) und 2. Teil C. IV. 2. b).

[114] Vgl. *Larenz* SR I, § 2 I (S. 8): „Doch steht nichts im Wege, sich beispielsweise einem anderen „schuldrechtlich" dazu zu verpflichten, ihm eine öffentliche Ehrenerklärung abzugeben, auch wenn ein Vermögensinteresse dabei überhaupt nicht in Frage steht."

rung stellte sich in dem zitierten Fall aus der Sicht des Klägers[115] trotz der vereinbarungsgemäßen Zuordnung nicht als gerechtfertigt dar. Für ihn bestand deshalb ein Interesse daran, die Abgabe (Zuwendung) derselben zu korrigieren. Es wäre nicht erklärlich, warum für die Frage, ob die deutsche Zivilrechtsordnung diesem Interesse Rechnung zu tragen hat, zwischen einer Ehrerklärung und der Rückforderung beispielsweise zuviel gezahlten Geldes zu unterscheiden sein sollte. In beiden Fällen korrespondiert mit einem Vorteil des Empfängers ein Nachteil desjenigen, der durch Aufgabe einer eigenen Rechtsposition den Vorteil hervorgerufen hat. Bei Realisierung des Zuwendungsrisikos auf seiten des Zuwendenden besteht in beiden Fällen ein gleichartiges[116] Restitutionsinteresse.[117]

Am Beispiel des Erbvertrages sei des weiteren demonstriert, daß auch bloße Erwerbschancen durch Vereinbarung der Zuwendungsparteien zum Zuwendungsobjekt werden können:

Der Erbvertrag[118] hat nach allgemeiner Ansicht eine Doppelnatur: er ist einerseits Verfügung von Todes wegen[119], andererseits echter Vertrag.[120] Die wesentliche praktische Bedeutung des Erbvertrags liegt in der Bindungswirkung des Erblassers an seine auf den Todesfall getroffene Verfügung, § 2289 Abs. 1.[121] Die erbvertragliche Bindungswirkung gilt allerdings nur für erbvertraglich getroffene Erbeinsetzungen, Ver-

---

[115] Die Gründe interessieren hier im einzelnen nicht.

[116] Vgl. dafür, daß der Begriff „Interesse“ nicht nur das Begehren materieller Güter, sondern auch das Streben nach ideellen Gütern mitumfaßt, *Henkel*, S. 311.

[117] In dem zitierten BGH-Fall stand deshalb richtigerweise dem Kläger ein Anspruch aus § 812 Abs. 1 S. 1 1. Alt. auf „Rückübertragung der Ehrerklärung“ zu.

[118] Bei Schaffung des BGB war umstritten, ob der Erbvertrag überhaupt zugelassen werden sollte und für welche Personengruppen, vgl. *Mugdan* 5, Protokolle, S. 730 ff.; *Staudinger-Kanzleiter*, Vorbem. §§ 2274 Rn. 2. Man entschied sich aber letzlich für die Aufnahme, weil man die praktische Notwendigkeit einer unwiderruflichen Bindung an eine einmal getroffene Verfügung von Todes wegen erkannte, *Mugdan* 5, Protokolle, S. 731 f.; *Stürzebecher*, Rücktritt, S. 18 f; zur praktischen Bedeutung des Erbvertrages vgl. *ders.*, ebd., S. 3 ff.; *Lüke*, S. 1.

[119] Ein Erbvertrag muß vertragsmäßige Verfügungen enthalten, MüKo-*Musielak*, Vor § 2274 Rn.7.

[120] MüKo-*Musielak*, Vor § 2274 Rn. 3 f.; RGRK-*Kregel*, Vor § 2274 Rn. 4; *Brox*, Erbrecht, Rn. 144; *Ebenroth*, S. 159 f.; *Coing*, JZ 1954, S. 437 („Vertrag spezifisch erbrechtlichen Charakters“). Im Gegensatz dazu war früher versucht worden, den Erbvertrag als Sonderform des Testaments mit vertraglichem Verzicht auf die Widerrufsmöglichkeit zu konstruieren, vgl. *Mugdan* 5, Motive, S. 164; *Lüke*, S. 5; *Boehmer*, FS Lehmann, S. 467; *Nolting*, S. 66 ff.

[121] *Ebenroth*, Rn. 256; MüKo-*Musielak*, Vor § 2274, Rn.1; *Lüke*, S. 1; *Lange*, NJW 1963, S. 1571; *Nolting*, S. 68 ff.; *Mayer*, S. 766: „Der Bindung kommt also eine charakteristische Bedeutung zu.“

Allerdings kann sich der Erblasser schuldrechtlich verpflichten, über den vermachten Gegenstand auch unter Lebenden nicht mehr zu verfügen, § 137 S. 2; BGHZ 31, S. 13 ff. (18).

mächtnisse[122] und Auflagen, § 2278 Abs. 2.[123] Auch ist der im Erbvertrag verfügende Erblasser grundsätzlich nicht gehindert, über sein Vermögen oder Teile seines Vermögens durch Rechtsgeschäft unter Lebenden zu verfügen, § 2286.[124]

Ob die erbvertraglich getroffenen Verfügungen des Erblassers Zuwendungen im hier verstandenen Sinne sind, könnte fraglich sein, weil sie Verfügungen von Todes wegen sind, d.h. die getroffenen Anordnungen erst mit seinem Tode wirksam werden.[125] Anders als Verfügungen durch Rechtsgeschäft unter Lebenden[126] sind Verfügungen von Todes wegen nicht auf die unmittelbare Übertragung, Inhaltsänderung, Belastung oder Aufhebung eines bestehenden Rechts gerichtet.[127] Zu Lebzeiten des Erblassers bleibt die Rechtslage in bezug auf die zu vererbenden Gegenstände demgegenüber unverändert. Besonders deutlich wird das bei einer testamentarischen Verfügung von Todes wegen. Rechte und Pflichten des testamentarisch Bedachten werden nicht begründet. Die Notwendigkeit, den Erblasser gegen die Folgen einer Realisierung seines Zuwendungsrisikos abzusichern, ist deshalb gar nicht erst denkbar. Der Erblasser hat von seiner eigenen Rechtsposition durch die Testamentserrichtung nämlich nichts zugunsten des Bedachten aufgegeben, denn er kann sein Testament jederzeit widerrufen, § 2253, und geht mit der Errichtung des Testaments also gar kein Risiko ein. Eine testamentarische Verfügung von Todes wegen kann deshalb auch keine Zuwendung sein,[128] in deren Zusammenhang das aus der Realisierung des Zuwendungsrisikos resultierende Restitutionsinteresse Bedeutung erlangt.

---

[122] Der Vermächtnisvertrag war von den Verfassern des BGB ursprünglich noch als ein eigenständiger Vertragstyp aufgefaßt worden. Seine Aufnahme in das BGB war umstritten, vgl. *Mugdan* 5, Motive, S. 164 f.

[123] Das hat zur Folge, „daß die nicht bindenden Verfügungen und Anordnungen im Erbvertrage oder gemeinschaftlichen Testamente nur zu Gaste sind, nur förmlich zu ihrem Inhalt gehören und allein den Regeln des einfachen Testaments unterliegen", *Lange*, NJW 1963, S. 1572.

[124] BGHZ 8, S. 23 ff. (30); 31, 13 ff. (15); *Lüke*, S. 6. Die Verfügungsmacht des Erblassers ist allerdings gemäß §§ 2287, 2288 beschränkt.

[125] MüKo-*Musielak*, § 2274 Rn. 3; vgl. *Ebenroth*, Rn. 187; *Lüke*, S. 6.

[126] Vgl. zur Abgrenzung Zuwendung - Verfügung unten, 1. Teil B. II. 4. c).

[127] BGHZ 8, S. 23 ff. (30); 31, S. 13 ff. (15); *Staudinger-Kanzleiter*, Vorbem. §§ 2274 ff. Rn. 5; RGRK-*Kregel*, Vor § 2274 Rn. 5; *Brox*, Rn. 144; *Lange/Kuchinke*, § 16 II. 1. (S. 316); *Ebenroth*, Rn. 189: „... keine Verfügung im sachenrechtlichen Sinn."

[128] Demgegenüber gebraucht das Gesetz den Begriff der Zuwendung auch für die testamentarische Anordnung, vgl. z.B. §§ 2072, 2074, 2075. Die juristische Literatur übernimmt diese Terminologie bisweilen, vgl. für die erbvertragliche Erbeinsetzung oder das erbvertragliche Vermächtnis, *Ebenroth*, Rn. 161; MüKo-*Musielak*, Vor § 2274 Rn. 3. Nach *Lange*, NJW 1963, S. 1572 Rn. 16, ist die Auflage keine Zuwendung im engeren Sinn. Lange begründet die Unterscheidung zwischen Zuwendung im engeren und im weiteren Sinn nicht, rechnet die erbvertragliche Erbeinsetzung und das erbvertragliche Vermächtnis aber offenbar zu den Zuwendung im engeren Sinn.

Für den Erbvertrag könnte sich die Situation freilich anders darzustellen. § 2289 Abs. 1 spricht nämlich von einem „Recht des vertragsmäßig Bedachten". Es scheint also, als ob der Bedachte - anders als beim Testament - sehr wohl eine eigene Rechtsposition erlangt, ihm also sehr wohl etwas zugewendet wird. Ob das zutrifft und wie diese Rechtsposition im einzelnen zu spezifizieren ist, d.h. ob die erbvertragliche Verfügung des Erblassers[129] als Zuwendung zu qualifizieren ist, richtet sich nach der dogmatischen Bedeutung der erbvertraglichen Bindungswirkung. Nur diese unterscheidet nämlich die erbvertragliche von der testamentarischen Verfügung von Todes wegen. Die juristische Literatur ist sich nicht einig:

Teilweise wird vertreten, daß der im Erbvertrag Bedachte eben wegen des mit Abschluß des Erbvertrages eintretenden Verlustes der Testierfreiheit des Erblassers ein eigenes subjektives Recht erlangt.[130] Mit der h.M.[131] und wohl auch der höchstrichterlichen Rechtsprechung[132] ist demgegenüber davon auszugehen, daß der Erbvertrag zu Lebzeiten des Erblassers keinerlei Rechte und Pflichten begründet.[133] Der Erblasser kann zu Lebzeiten nämlich weiterhin über sein Vermögen verfügen und unterliegt lediglich der Beschränkung der §§ 2287, 2288. Der im Erbvertrag Bedachte erwirbt deshalb vor dem Tode des Erblassers weder einen künftigen Anspruch noch ein Anwartschaftsrecht.[134]

---

[129] Unproblematisch ist die Identifikation der Gegenleistung des in einem entgeltlichen Erbvertrag Bedachten als (Forderungs-)Zuwendung.

[130] *Harrer*, S. 220; *Stürzebecher*, NJW 1988, S. 2718; zur Kritik an dieser Position vgl. *Nolting*, S. 75, der allerdings, S. 74, unzutreffend unterstellt, daß auch *Mayer*, S. 266, von einem subjektiven (Forderungs-)Recht des Bedachten ausgeht. *Knieper*, S. 334 f., sieht in der Stellung des erbvertraglich Bedachten einen realen Vermögenswert.

[131] MüKo-*Musielak*, Vor § 2274 Rn. 9; *Kipp/Coing*, S. 239; *Ebenroth*, Rn. 269; *Lange*, NJW 1963, S. 1571 f.

[132] Vgl. nur BGHZ 12, S. 115 ff. = NJW 1954, S. 633 ff. = JZ 1954, S. 436 f. = DNotZ 1954, S. 264 ff.

[133] Der BGH hat deshalb entschieden, daß ein in einem Erbvertrag enthaltenes Grundstücksvermächtnis nicht durch eine Auflassungsvormerkung gesichert werden kann, BGH, ebd.; zustimmend die h.M., vgl. nur RGRK-*Kregel*, Vor § 2274 Rn. 5; *Coing*, JZ 1954, S. 437 ff.; *Kipp/Coing*, § 38 I 2. (S. 239); *Brox*, ebd.; *Ebenroth*, Rn. 248; a.A. vorinstanzlich OLG Celle, NJW 1953, S. 27 = DNotZ 1952, S. 236 ff.; zustimmend *Schulte*, S. 360 ff.; *Hieber*, DNotZ 1953.

[134] Vgl. nur BGHZ, ebd.; *Brox*, Rn. 144; *Kipp/Coing*, S. 239. Einige Autoren bezeichnen die Stellung des erbvertraglich Bedachten allerdings als Anwartschaft, *v. Lübtow*, Erbrecht 2, S. 622, dem *Nolting*, S. 76, nicht nachvollziehbar unterstellt, er begrenze seine Ansicht auf den Zeitpunkt nach Vorversterben eines Vertragspartners. Vgl. auch *v. Lübtow*, S. 622: „Es besteht kein gegenwärtiges „Recht" des vertragsmäßig Bedachten, wie sich § 2289 I fehlerhaft ausdrückt."; *Knieper*, S. 334 f.; *Raiser*, Dingliche Anwartschaften, S. 8 (Anwartschaft bei dem durch den Erbvertrag begünstigten Erben oder Vermächtnisnehmer nach dem Vorversterben eines Vertragspartners); *Soergel-M. Wolf*, Vor § 2274 Rn. 9: Aufgrund der Bindung des Erblassers habe der vertragsmäßig eingesetzte Erbe eine Anwartschaft jedenfalls dann, wenn er selbst Ver-

Man sagt, der Bedachte habe eine „lediglich tatsächliche Aussicht"[135], einen „Titel für späteren erbrechtlichen Rechtserwerb"[136], „eine rechtlich begründete Erwartung auf sein Erbrecht"[137] oder ein „rechtlich gesichertes Interesse"[138].

Andererseits ist evident, daß sich durch den Abschluß des Erbvertrages die Position des Bedachten verbessert. Er profitiert von der erbvertraglichen Bindungswirkung, die sich für ihn als ein „Mehr an erbrechtlicher Erwerbschance" darstellt. In gleichem Umfang verschlechtert sich die Position des Erblassers, denn er verliert seine Testierfreiheit. Diesem Verlust entspricht der Vorteil des Bedachten. Da dieses Ergebnis eine Folge der erbvertraglichen Bindung der Parteien ist, hat man davon auszugehen, daß durch den Abschluß des Erbvertrages etwas von dem Erblasser auf den Bedachten übertragen worden ist.

Andererseits ist das, was durch Abschluß des Erbvertrages übertragen worden ist, kein unmittelbar realisierbarer Vermögenswert[139], denn ein durchsetzbarer Anspruch des Bedachten besteht zu Lebzeiten des Erblassers gerade nicht. Es liegt aber auf der Hand, daß der Erblasser dann, wenn die Aufgabe seiner eigenen Position (= Verlust der Testierfreiheit) zugunsten des Bedachten sich aus seiner Sicht als nicht (mehr) gerechtfertigt darstellt (= Realisierung seines Zuwendungsrisikos), er ein berücksichtigenswertes Restitutionsinteresse daran hat, seine Testierfreiheit zurückzuerlangen. Weil deshalb bei Realisierung des Zuwendungsrisikos in seiner Person ein diesbezügliches Restitutionsinteresse begründet ist, ist das erbvertraglich zugewendete „Mehr an erbrechtlicher Erwerbschance" Zuwendungsobjekt im hier interessierenden Sinne.[140]

---

tragspartner des Erbvertrages sei. Allerdings stehe dem erbvertraglich bedachten Vermächtnisnehmer im Hinblick auf § 2169 Abs. 1 und wegen der engen Voraussetzungen des § 2288 Abs. 2 keine Anwartschaft zu, ebd. Bei den zitierten Autoren wird nicht deutlich, welche besonderen juristischen Folgerungen sich aus ihren Ausführungen ergeben, da sie eine Angleichung an die Position des Inhabers eines subjektiven Rechts gerade nicht vornehmen.

[135] BGHZ 12, S. 115 ff. (122) = NJW 1954, S. 633 ff. (635) = JZ 1954, S. 436 f. (437) = DNotZ 1954, S. 264 ff. (268); vgl. BGHZ 1, S. 343 ff. (342); *Thieme*, S. 293; *Holthöfer*, S. 12; *Staudinger-Kanzleiter*, Vorbem. §§ 2274 ff. Rn. 5; *Ebenroth*, Rn. 269 („tatsächliche Erwerbsaussicht"); *Palandt-Edenhofer*, § 1922, Rn. 3; vgl. *Lüke*, S. 7.

[136] *Coing*, JZ 1954, S. 438.

[137] *Palandt-Edenhofer*, § 1922, Rn. 3.

[138] *Nolting*, S. 84 ff.

[139] Anders *Stürzebecher*, NJW 1988, S. 2718, der die Einschränkung der Testierfreiheit des Erblassers als subjektives Recht des Begünstigten ansieht und dieses seinem Vermögen zurechnet; *Knieper*, S. 334 f.; *Lange*, FS Nottarp, S. 121: „Nicht nur die Beteiligten, sondern auch das Gesetz erblickt in dieser gegenwärtigen Erbchance jedoch einen durchaus realen Vermögenswert."

[140] Anders *Häsemeyer*, Die Abhängigkeit erbrechtlicher Verträge, S. 126 f., der in den erbvertraglichen Verfügungen von Todes wegen nur Modifikationen des objektiven Rechts sieht.

Grund dafür, daß der Erblasser dem Bedachten überhaupt erst etwas zugewendet hat, ist die privatautonome Gestaltung der Verhältnisse im Erbvertrag. Die vertragliche Regelung verleiht dem aus der erbvertraglichen Bindungswirkung folgenden „Mehr an erbrechtlicher Erwerbschance" auf seiten des Bedachten einen funktionellen Wert *inter partes* und erreicht damit, daß dieses zum Zuwendungsobjekt wird.[141]

Bestätigt wird dieses Ergebnis durch die Anerkennung des entgeltlichen Erbvertrages.[142] Beim entgeltlichen Erbvertrag gibt der Erblasser seine Testierfreiheit auf, um von dem Begünstigten eine Gegenleistung zu erlangen. Die Parteien legen im Erbvertrag also eine (funktionelle) Äquivalenz von Leistung und Gegenleistung fest, was nur Sinn macht, wenn der Bedachte tatsächlich etwas erlangt.

Der Erbvertrag ist andererseits nur ein (institutionalisiertes) Beispiel für die Zuwendung nichtvermögenswerter Objekte, das freilich mit der Diskussion darüber, was das „Recht des Bedachten" i.S.v. § 2289 Abs. 1 ist, schon eine gewisse literarische Aufarbeitung erfahren hat. Im Rahmen der Vertragsfreiheit ist es jedoch möglich, zu vereinbaren, daß auch jedes andere nichtvermögenswerte Gut Zuwendungsobjekt sein soll.[143] Für die folgenden Erörterungen werden deshalb derartige nichtvermögenswerte Zuwendungsobjekte den vermögenswerten Zuwendungsobjekten gleichgestellt.

c) Zuwendungsmittel

Zuwendungen sind nach dem BGB auf zweierlei Weise möglich: zum einen kann eine Zuwendung das Ergebnis einer tatsächlichen Handlung sein.[144] Eine

---

[141] Vgl. ausdrücklich, allerdings davon ausgehend, daß der erbvertraglich Bedachte ein subjektives Recht erwirbt, *Stürzebecher*, NJW 1988, S. 2718; vgl. demgegenüber *Lüke*, S. 8 f., der den Erbvertrag weder den schuldrechtlichen Verträgen noch den dinglichen Verfügungen zuordnen, sondern als eigene Vertragskategorie auffassen will. Allerdings ist der Erbvertrag nicht zwingend immer ein Zuwendungsgeschäft. Das folgt schon daraus, daß erbvertraglich auch Auflagen angeordnet werden können. Eine Auflage setzt aber nicht notwendig die Existenz eines Begünstigten voraus, *Ebenroth*, Rn. 501, weshalb man in diesen Fällen nicht von einer Zuwendung sprechen kann.

[142] Vgl. § 2295 und zum entgeltlichen Erbvertrag ausführlich unten, 2. Teil B. III. 5.

[143] Entsprechend auch der Position des historischen Gesetzgebers, vgl. *Mugdan* 2, Einleitung, S. 2; ebd., Motive, S. 1, Protokolle, S. 501 f., ist es heute allgemeine Ansicht, daß jede Handlung, die rechtlich möglich und erlaubt ist, unabhängig von ihrem Vermögenswert als Forderungsinhalt (schuldbarer Leistungsinhalt) in Betracht kommt, *Oesterle*, S. 62; *Larenz*, AT § 17 I 2 (S. 305 Fn. 2); *ders.*, SR I, § 2 I (S. 8); *Larenz/Wolf*, § 15 III. 1. (S. 297); *Wendt*, S. 41 ff.; *J. Kohler*, S. 9 ff.; RGZ 87, S. 289 ff. (293); 102, S. 217 ff. (222); *v. Caemmerer*, FS Rabel, S. 378; *Schneider*, S. 93 („Chancen und Hoffnungen").

[144] *v. Tuhr*, Allgemeiner Teil des Deutschen Bürgerlichen Rechts II/2, § 71 b) 2. (S. 52); *Krawielicki*, S. 12 („Realakt"); *H.P. Westermann*, JuS 1968, S. 18 („reine Tat-

Zuwendung durch tatsächliche Handlung liegt beispielsweise in einer Arbeitserbringung. Sie kann aber auch darin liegen, daß der Zuwendende eine Sache einbringt und dem Zuwendungsempfänger so ein Pfandrecht verschafft, §§ 559, 704, oder indem der Zuwendende den Zuwendungsempfänger durch Rückgabe der Sache von einem Pfandrecht befreit, § 1253.[145]

Die häufigere, regelmäßigere[146] Art der Zuwendung ist die Zuwendung durch Rechtsgeschäft. Die rechtsgeschäftlichen Zuwendungen werden in Verfügungen und Verpflichtungen unterschieden.[147] Die deutsche Zivilrechtsdogmatik ist von dem Gegensatz zwischen Verpflichtungs- und Verfügungsgeschäft geprägt.[148] In den Strukturen des BGB scheint dieser Gegensatz in der durch die Pandektistik[149] entwickelten Trennung von Schuld- und Sachenrecht festgeschrieben. Be-

---

handlung"); vgl. *ders.*, causa, S. 3; *Klinke*, S. 17 („tatsächliche Leistung"); *Kegel*, S. 59; *Schnauder*, Grundlagen, S. 37; *Stadler*, S. 7; *Stierle*, S. 11; kritisch noch *Deneke*, S. 15 f.

[145] Diese und weitere Beispiele bei *v. Tuhr*, Allgemeiner Teil des Deutschen Bürgerlichen Rechts II/2, § 71 b) 2. (S. 52); vgl. auch *v. Caemmerer*, FS Rabel, S. 378.

[146] *Stampe*, causa-Problem, S. 23.

[147] *Krawielicki*, S. 12; vgl. *v. Tuhr*, Allgemeiner Teil des Deutschen Bürgerlichen Rechts II/2, § 71 b) (S. 50 ff.), 53; *Flume*, AT II, § 12 1. (S. 152); *Kegel*, S. 59; *Carl*, S. 20 ff.; *Stadler*, S. 7; *H.P. Westermann*, JuS 1968, S. 18, der die Begründung obligatorischer Ansprüche (nur) als Vermögenszuwendungen „im weiteren Sinne" versteht; vgl. auch *ders.*, causa, S. 3, wo in nicht nachvollziehbarer Weise davon ausgegangen wird, daß *v. Tuhr*, ebd., Verpflichtungsbegründungen nicht als Zuwendungen auffaßt; vgl. demgegenüber *v. Tuhr*, ausdrücklich, ebd. (S. 50, 53).

[148] *Lange*, AcP 146, S. 28; *v. Tuhr*, Der Allgemeine Teil des Deutschen Bürgerlichen Rechts II/1, § 54 II (S. 250): „Der Unterschied zwischen Verpflichtung und Verfügung ist grundlegend für den Aufbau unseres Privatrechts."; vgl. *Krause*, S. 315; *Schäfer*, S. 116 ff.; *Stadler*, S. 98 ff. (102), 726.

[149] Die gemeinrechtliche Unterscheidung zwischen *jus in re* und *obligatio* geht auf das justinianische Institutionensystem (*res - obligatio*) zurück. Allerdings hatte diese Einteilung in den Institutionen des Gaius, dessen System Justinian im wesentlichen übernommen hatte, nicht die Bedeutung einer Antithese *jus in re - obligatio*. Die Institutionen des Gaius teilten vielmehr wie folgt ein: 1. Buch: *personae*; 2. und 3. Buch: *res*; 4. Buch: *actiones*. Im 2. und 3. Buch werden den *res* als Rechtsobjekten mit der Untergliederung in *res corporales* und *res incorporales* das Sachen-, Erb- und Obligationenrecht zugewiesen, *Kaser*, S. 188, das gemeinsam das Vermögensrecht (*jus quod ad res pertinet*) bildet und dem Personenrecht gegenübertritt, vgl. *Wieacker*, Zum System des deutschen Vermögensrechts, S. 27 f.; zur Interpretation des gaianischen Systems vgl. ausführlich *Nelson*, S. 335 ff. m.w.N.

Vor allem v. Savigny hat mit der Bestimmung des subjektiven Rechts als Willensherrschaft den im Mittelalter aufkommenden begrifflichen und systematischen Gegensatz zwischen Schuld- und Sachenrecht verfestigt, vgl. *Wieacker*, ebd, passim. *v. Savigny* unterschied zwei Gegenstände menschlicher Willensherrschaft, nämlich die „unfreye Natur und fremde Personen", *v. Savigny*, Erster Band, S. 338 ff. Die vom Menschen jeweils nur begrenzt beherrschte unfreie Natur würden Sachen genannt und auf diese beziehe „sich daher die erste Art möglicher Rechte: das Recht an einer Sache, welches in seiner reinsten und vollständigsten Gestalt Eigenthum heißt", ebd. Die Herrschaft über fremde Personen könne nicht im Ganzen, sondern immer nur auf eine einzelne Handlung derselben bezogen werden: „... diese Handlung wird dann aus der strebungen, dieses System aufzuweichen, sind ohne Erfolg geblieben.[150] Das ist problematisch, weil dadurch der Blick auf die einheitliche zuwendungsrechtliche Funktion[151] von Schuld- und Sachenrecht[152] verwehrt ist. Fraglich ist deshalb, ob die Unterscheidung für die hier angestrebte nähere Bestimmung des Zuwendungsbegriffs von Nutzen sein kann. Um das zu entscheiden, ist der Bedeutungsgehalt von „Verfügung“ und „Verpflichtung“ näher zu untersuchen.

Der Begriff der „Verfügung“ ist schon in der Pandektistik teilweise, allerdings ohne allgemeingültigen juristischen Gehalt gebraucht worden.[153] Als „technischer Name“[154] des deutschen Zivilrechts[155] wurde „Verfügung“ erst durch dessen Kodifikation, d.h. durch den Erlaß des BGB eingeführt.[156] Von seiten der Wissenschaft wurde der Begriff

---

Freiheit des Handelnden ausgeschieden, und unserem Willen unterworfen gedacht. Ein solches Verhältnis der Herrschaft über eine einzelne Handlung der fremden Person nennen wir Obligation“, ebd., S. 339.

[150] Die Versuche fanden Ausdruck in den Angriffen gegen das Abstraktionsprinzip und hatten ihren Höhepunkt in der Zeit des Nationalsozialismus, mit der Folge, daß juristische Argumentation oft durch politisierende Polemik ersetzt wurde, vgl. nur *Wieacker*, Zum System des deutschen Vermögensrechts, S. 13 f.: „Da der ausschlaggebende Gesichtspunkt dieser Zuordnung nach nationalsozialistischer Wirtschaftsanschauung nur die volkswirtschaftliche Funktion des Vermögens und des Leistungsaustauschs in der Gemeinschaft sein kann, so muß unser System sinngemäß auch durch diese Funktion bestimmt sein. So kann etwa das Vermögensrecht nicht nach der begrifflichen Struktur der subjektiven Rechte - Forderung oder dingliches Recht an einer Sache - bestimmt werden, sondern nur nach den Aufgaben, die dem Vermögen als Ausstattung des Volksgenossen mit wirtschaftlichen Einsatzmitteln, und der Teilnahme des Volksgenossen am Güter- und Leistungsaustausch zukommen.“; *Stadler*, S. 76; zur Annäherung von Schuld- und Sachenrecht durch die Anerkennung von „Zwischenrechten“, wie dem Anwartschaftsrecht und Treuhandeigentum, vgl. ebd., S. 102 ff.

[151] Vgl. z.B. besonders deutlich *Schnauder*, AcP 187, S. 147, der sogar von der „Parallelität der Beurteilung von Leistungsversprechen und Leistung“ spricht, die weitreichenden Folgen dieser Aussage aber nicht vertieft diskutiert.

[152] Es darf selbstverständlich nicht verkannt werden, daß Forderungen (als Zuwendungsobjekte) wegen ihres Pflichtengehalts (§ 241) besonderer Regelung bedürfen. Derartige Regelungen können aber nicht mit denen des Zuwendungsrechts verglichen oder in Bezug gesetzt werden, da es dort nicht um Anspruch und Verpflichtung, sondern um die Übertragung von Rechtspositionen geht.

[153] Vgl. *W. Wilhelm*, S. 219; *Grimms Wörterbuch*, S. 358.

[154] Vgl. *v. Tuhr*, Der Allgemeine Teil des Deutschen Bürgerlichen Rechts II/1, § 54 I. (S. 238).

[155] Das StGB hatte den Verfügungsbegriff in § 266 freilich schon vor Erlaß des BGB gebraucht. Das Strafrecht ist allerdings in seiner Begriffsbildung vom Zivilrecht unabhängig, *Wittig/Reinhart*, S. 468.

[156] *Sohm*, ArchBR 28, S. 192; *Wilutzky*, S. 54: „... ein ganz neuer Ausdruck unserer Gesetzessprache.“ Die zweite Kommission hatte den Begriff ohne nähere Begründung eingebracht. *W. Wilhelm*, S. 219: „Verfügung“ ist eine Erweiterung des gemeinrechtlichen Begriffs der „Veräußerung“, S. 213; *Sohm*, ebd., S. 193: „Das Urbild des Verfügungsgeschäfts ist ... das Veräußerungsgeschäft.“; *v. Tuhr*, Der Allgemeine Teil des Deutschen Bürgerlichen Rechts II/1, § 54 I. (S. 238 Fn. 1); *Wilutzky*, S. 56; *Windscheid*, Lehrbuch des Pandektenrechts, Band 1, S. 317. *Mugdan* 1, Motive, S. 422. Der Begriff der „Veräußerung“ wird demgemäß im BGB vielfach neben dem der „Verfügung“

damals trotz seiner Neuheit nicht näher untersucht. Es unterblieben vor allem Erörterungen, ob dem Begriff eine eigene rechtssystematische oder rechtspolitische Funktion zukommt oder welchem rechtspolitischen Hintergrund er entstammt.[157]

Das BGB selbst definiert nicht, was eine Verfügung ist.[158] Auch die Quellen geben wenig her.[159] Seit langem steht allerdings für Rechtsprechung und juristische Literatur fest, daß unter einer Verfügung ein Rechtsgeschäft zu verstehen ist,

> „durch das der Verfügende auf ein Recht unmittelbar einwirkt, es also entweder einem Dritten überträgt oder es mit einem Recht belastet oder das Recht aufhebt oder es sonstwie in seinem Inhalt ändert“[160].

Man geht davon aus, daß auch die Einwirkung auf ein Recht durch eine einseitige Gestaltungserklärung, wie z.B. durch Kündigung, Rücktritt oder Anfechtung, eine Verfügung sei.[161] Im übrigen könne nicht nur über ein Recht, sondern auch über ein Rechtsverhältnis insgesamt, beispielsweise durch die soeben genannten Gestaltungserklärungen über ein Schuldverhältnis, verfügt werden.[162]

---

verwandt und mit letzterer gleichgesetzt, vgl. nur *Palandt-Heinrichs*, § 136 Rn. 1. Allerdings bringen die Motive, ebd., zum Ausdruck, daß unter Verfügung grundsätzlich eine rechtliche Verfügung zu verstehen ist. In §§ 110, 1644 und 1824 ist Verfügung demgegenüber allgemeinsprachlich für Bestimmungsrecht gebraucht, *Schäfer*, S. 114.

[157] Vgl. *W. Wilhelm*, S. 222. Allerdings hatte Rudolf Sohm versucht, eine eigene dogmatische Bedeutung der Verfügung im Rahmen des gesamten Zivilrechtssystems zu begründen, vgl. *Sohm*, Der Gegenstand, passim; ArchBR 28, passim. Seine Lehre blieb aber ohne Einfluß, vgl. ausführlich *W. Wilhelm*, S. 222 ff.

[158] BGHZ 1, S. 294 ff. (304); 75, S. 221 ff. (226); *Flume*, Rechtsgeschäft, S. 140; *v. Tuhr*, Der Allgemeine Teil des Deutschen Bürgerlichen Rechts II/1, § 54 I. (S. 238); *Schäfer*, S. 114.

[159] Vgl. *Mugdan* 1, Motive, S. 422. Eine technische Bedeutung haben die Begriffe „Verfügung von Todes wegen“ und „letztwillige Verfügung“ im Erbrecht, vgl. ausführlich *Schäfer*, S. 114.

[160] BGHZ 1, S. 294 ff. (304); 75, S. 221 ff. (226); MüKo-*Schramm*, § 185 Rn. 5; *Palandt-Heinrichs*, § 185 Rn. 2; *Soergel-Leptien*, § 185 Rn. 7; RGRK-*Steffen*, § 185 Rn. 4; *Staudinger-Gursky*, § 185 Rn. 4 ff.; *Medicus*, Bürgerliches Recht, Rn. 25; *Larenz* SR I § 33 I (S. 570); *ders.*, AT, § 18 II 3. c) (S. 570); *Flume*, Rechtsgeschäft, S. 142; *Kraßer*, S. 232; *v. Tuhr*, Der Allgemeine Teil des Deutschen Bürgerlichen Rechts II/1, § 54 I. (S. 238); *Sohm*, ArchBR, S. 192; *Schäfer*, S. 115; *Hans Josef Wieling*, Sachenrecht, S. 9 Fn. 19, der betont, daß die Forderungsbegründung keine Verfügung sei, da andernfalls jeder Verpflichtungsvertrag eine Verfügung sei; vgl. *Windscheid*, Lehrbuch des Pandektenrechts, Band 1, S. 318; vgl. auch *May*, S. 31: „Die Verfügung ist ein Rechtsbegriff, d.h. ein Name für einen bestimmten Kreis menschlicher Handlungen, denen die Rechtsordnung eine bestimmte rechtliche Wirkung beilegt.“

[161] BGHZ 1, S. 294 ff (304); MüKo-*Schramm*, § 185 Rn. 7; einschränkend noch *Sohm*, ebd., S. 199.

[162] MüKo-*Schramm*, ebd.; *Larenz*, AT, § 18 II 3. c) (S. 323); *v. Tuhr*, Der Allgemeine Teil des Deutschen Bürgerlichen Rechts II/1, § 54 I. (S. 238, 242).

Die den Begriff „Verfügung" verwendenden Vorschriften des BGB selbst betreffen regelmäßig die Frage der Verfügungsmacht.[163] Es wird geregelt, wer unter welchen Voraussetzungen wirksam „verfügen" kann und welche Folgen die „Verfügungen" eines Nichtberechtigten zeitigen. Für die hier interessierenden Fragen ist dieser Aspekt ohne Nutzen. Die Realisierung des Zuwendungsrisikos und damit auch das sich daraus für den Zuwendenden ergebende Restitutionsinteresse setzt die Zuwendungsmacht des Zuwendenden voraus, da sich mit der wirksamen Zuwendung das Zuwendungsrisiko überhaupt erst verwirklicht. Die Frage nach der Verfügungsmacht ist deshalb dem hier interessierenden Problemkreis vorgelagert.

Der Begriff der „Verfügung" wird ansonsten vor allem für die - schon erwähnte - in der deutschen Zivilrechtsdogmatik als so grundlegend erachtete Unterscheidung zwischen (kausaler) Verpflichtung und (abstrakter) Verfügung herangezogen.[164] Man meint, um das Trennungs- und Abstraktionsprinzip veranschaulichen zu können, die unterschiedliche Natur von Verfügungs- und Verpflichtungsgeschäften hervorheben zu müssen.[165] Für die Bewertung dieses Aspektes ist hier zunächst eine nähere Auseinandersetzung mit der zuwendungsrechtlichen Bedeutung von Verpflichtungsgeschäften vonnöten:

Verpflichtungsgeschäfte werden üblicherweise als Rechtsgeschäfte verstanden, durch die eine Person sich einer (oder mehreren) anderen gegenüber zu einem bestimmten Tun oder Unterlassen verpflichtet.[166] Der zuwendungsrechtlichen Komponente von Verpflichtungsgeschäften wird andererseits kaum Bedeutung geschenkt. Wie oben[167] dargelegt, sind aber auch Forderungen taugliche Zuwendungsobjekte. Gemäß §§ 398 kann deshalb wirksam auch über Forderungen verfügt werden.[168] Fraglich könnte allerdings sein, ob auch durch Ab-

---

[163] Vgl. *Flume*, Rechtsgeschäft, S. 142; *Larenz*, AT, § 18 II 3. c) (S. 323); *Larenz/Wolf*, § 23 III. 2. a) (S. 451); vgl. *Schäfer*, S. 119 ff. Bei Verpflichtungen stellt das Gesetz die Frage nach der Forderungszuständigkeit nicht. Geregelt ist allein, ob Erfüllung möglich ist, *Medicus*, Bürgerliches Recht, Rn. 28.

[164] *Kraßer*, S. 232: „Die Bedeutung des Verfügungsbegriffs ergibt sich vor allem aus der Notwendigkeit, zwischen Verpflichtungs- und Verfügungsgeschäft zu unterscheiden."; *Flume*, ebd., S. 141; *Larenz*, AT, § 18 II 3. c) (S. 325 f.); *v. Tuhr*, Der Allgemeine Teil des Deutschen Bürgerlichen Rechts II/1, § 54 II. (S. 250); *W. Wilhelm*, S. 220; „Die definitorische Leitfigur ist der sogenannte dingliche Vertrag ..." Allerdings wird teilweise auch zutreffend darauf hingewiesen, daß die Einteilung in Verpflichtungs- und Verfügungsgeschäfte nicht erschöpfend ist. Insbesondere können sich Elemente von beiden in ein und demselben Rechtsgeschäft finden, vgl. *v. Tuhr*, Der Allgemeine Teil des Deutschen Bürgerlichen Rechts II/1, § 54 II. (S. 253).

[165] *Wilutzky*, S. 62; „So grenzen sich „Verfügung" und verpflichtendes Rechtsgeschäft, wenn wir ihrem Ursprung nachgehen, einfach und in klaren Linien ab."

[166] Vgl. nur *Larenz/Wolf*, § 23 III. 1. (S. 449 f.).

[167] Vgl. oben, 1. Teil B. II. 4. b) cc) (1).

[168] Verfügungen über eine Forderung sind auch die Aufrechnung (§ 389) und der Erlaß, § 397.

schluß eines Verpflichtungsgeschäfts (Schuldvertrag) Forderungszuwendungen erfolgen.

Bei Abschluß eines Verpflichtungsgeschäftes werden Forderungen unmittelbar im Vermögen des Gläubigers begründet. Als konkrete Vermögenswerte waren diese Forderungen vorher nicht existent. Man könnte deshalb argumentieren, daß bei Begründung einer Schuld Forderungen nicht zugewendet werden, da ein Transfer der Forderung von einem Vermögen in ein anderes nicht stattfindet, vielmehr die Forderung originär im Vermögen des Forderungsinhabers begründet wird. In der Literatur wird das in der Tat vertreten.[169] Bei einem Kaufvertrag sei beispielsweise die Entstehung des Zahlungsanspruchs eine originäre Rechtsfolge des Kaufvertrages, die nicht auf Kosten des Käufers und damit nicht durch Vermögensverschiebung eingetreten sei.[170] Die Herstellung eines Schuldverhältnisses sei keine Vermögensverschiebung zugunsten des Käufers oder Verkäufers. Ein Schuldverhältnis habe den Inhalt, zwischen den daran beteiligten Personen schuldrechtliche Pflichten, schuldrechtliche subjektive Rechte oder schuldrechtliche Ausschlußgründe zu begründen.[171] Die Herstellung eines Schuldverhältnisses sei mithin kein Vermögensvorteil, sondern eine Verbindung von Vor- und Nachteilen.[172]

Schon auf den ersten Blick ergeben sich Zweifel an der Richtigkeit dieser Thesen. Natürlich geht es zu Lasten des Schuldners, wenn er eine Verpflichtung neu begründet. Außerdem stellt die soeben zitierte Ansicht einseitig auf den Pflichtengehalt von Schuldverhältnissen ab. Sie berücksichtigt demgegenüber nicht die besondere Bedeutung, die einer Forderung als potentiellem Zuwendungsobjekt zukommt.

Ausgehend von dem hier interessierenden, sich aus der Realisierung eines Zuwendungsrisikos ergebenden Restitutionsinteresse eines Zuwendenden kann es für das Vorliegen einer Zuwendung nicht darauf ankommen, daß ein konkretes Objekt von einem in ein anderes Vermögen übertragen wird.[173] Entscheidend muß vielmehr sein, daß der Zuwendende seine Position zugunsten eines anderen ganz oder teilweise aufgibt. Genau dieser Tatbestand ist aber auch bei Begründung einer Schuld erfüllt. Man kann sagen, daß eine originäre Forderungsbegründung zwar die Aktiva des Schuldners (als Forderungszuwendendem) nicht berührt, seine Passiva aber vergrößert.[174] Dem Nachteil des Handelnden (Zuwendenden) entspricht deshalb ein Vorteil auf seiten des aus der Handlung Begünstigten (Zuwendungsempfänger).[175] Auch originäre Forderungsbegründungen unterfallen deshalb dem Zuwendungsbegriff.[176]

---

[169] Vgl. *J. Wolf*, S. 28 ff., 28.

[170] *J. Wolf*, S. 18.

[171] *J. Wolf*, S. 20; *E. Wolf*, SR, § 1 II d (29).

[172] *J. Wolf*, S. 20.

[173] Vgl. oben, 1. Teil B. II. 4. b) bb).

[174] Vgl. *v. Tuhr*, Der Allgemeine Teil des Deutschen Bürgerlichen Rechts II/1, § 54 II. (S. 250); *Brox*, AT, Rn. 101 a.E.

[175] Vgl. *Huber*, ebd.

[176] H.M.: *Flume*, AT II, § 12 I 1. (S. 152); *Larenz*, AT § 18 II 3. d) (S. 329); *Huber*, ebd.; *Krawielicki*, S. 12; *Klinke*, S. 17; *Kegel*, FS Mann, S. 59; *Rother*, S. 6; vgl. *Beuthien*, Zweckerreichung und Zweckstörung, S. 285; *Schäfer*, S. 73, 157; *Freuden-*

Bestätigt wird dieses Ergebnis durch einen Vergleich mit der Zuwendung schon existierender Zuwendungen, welche im BGB in § 398 geregelt ist. Ein Grund dafür, warum die originäre Begründung und die nachträgliche Übertragung von Forderungen (zuwendungsrechtlich) unterschiedlich behandelt werden sollten, ist nämlich nicht ersichtlich.[177]

Ausgangspunkt der vorstehenden Erörterungen war die Frage, ob die Unterscheidung zwischen Verpflichtung und Verfügung für die Ziele dieser Arbeit nutzbringend ist. Es ist nunmehr klar, daß die Funktionen von Verpflichtungsgeschäften und Verfügungsgeschäften unter zuwendungsrechtlicher Sicht identisch sind.[178] Für die Zwecke dieser Arbeit sollen Verpflichtungen und Verfügungen deshalb gleichbehandelt werden.

d) *Zuwendung und Rechtsgrund*

Die deutsche Zivilrechtsdogmatik sieht nur solche Zuwendungen als gerechtfertigt und damit rechtsbeständig an, die mit Rechtsgrund[179] erfolgt sind. Allgemein wird so der Eindruck vermittelt, daß jeder Zuwendung eine irgendgeartete Abhängigkeit von einem Rechtsgrund immanent und das von der Rechtsordnung anzuerkennen sei.[180] Begründungen finden sich andererseits kaum. Philipp

---

berg, S. 52. Demgemäß ist z.B. die Einräumung eines Verlagsrechts gemäß §§ 7, 8 VerlG als Verfügung über das Urheberrecht des Verfassers durch konstitutive Rechtsübertragung anerkannt, vgl. *Bappert/Maunz/Schricker*, § 8 Rn. 4. Kritisch zum Begriff der konstitutiven Rechtsübertragung *Forkel*, S. 44 und passim.

[177] Vgl. *Huber*, ebd.

[178] Die Begriffe der Verfügung und der Zuwendung werden im allgemeinen Sprachgebrauch oft synonym verwendet, vgl. *Sohm*, ArchBR 28, S. 194; *Flume*, Rechtsgeschäft, S. 141; *v. Tuhr*, Der Allgemeine Teil des Deutschen Bürgerlichen Rechts II/1, § 54 I. (S. 238). Das ist problematisch. Verfügungen sind zwar oft, aber nicht immer Zuwendungen, *v. Tuhr*, Der Allgemeine Teil des Deutschen Bürgerlichen Rechts II/1, § 54 I. (S. 238 f. (239)). Der Verfügungsbegriff ist enger als der der Zuwendung, da letzterer auch originäre Forderungszuwendungen (Verpflichtungsgeschäfte) mitumfaßt, vgl. ausführlich im folgenden. Verfügungen können andererseits auch Vorgänge bezeichnen, die keine Zuwendungen sind, vgl. *v. Tuhr*, Der Allgemeine Teil des Deutschen Bürgerlichen Rechts II/1, § 54 I. (S. 238 f. (239)). Wenn beispielsweise der Eigentümer auf sein Recht verzichtet, verfügt er darüber, ohne es einem anderen zuzuwenden. Unter diesem Gesichtspunkt ist der Zuwendungsbegriff enger als der der Verfügung.

[179] Zum Rechtsgrund vgl. auch unten, 1. Teil C. II. 2. b) und 2. Teil C. III. 3. b).

[180] Vgl. nur *Palandt-Heinrichs*, Überbl. v. § 104 Rn. 19; *Flume*, AT II, § 12 I 1 (S. 152): „Alle rechtsgeschäftlichen Zuwendungen bedürfen eines Rechtsgrundes ..."; *Krawielicki*, S. 6 f.: „Der Frage nach dem Rechtsgrund einer Vermögensverschiebung kann niemals ausgewichen werden. ... Die Notwendigkeit eines Rechtsgrundes ist vielmehr zwingender Natur; ebenso wie die Reaktion gegen sein Fehlen, die sich in der Entstehung des Bereicherungsanspruchs äußert."; *Lindemann*, S. 6; *Pawlowski*, JZ 1968, S. 402; *Klinke*, S. 62: „Eine kausale Verpflichtung entsteht deshalb für den An-

Heck[181] führt immerhin aus, daß die deutsche Rechtsordnung durch die Grundsätze der ungerechtfertigten Bereicherung das Werturteil zum Ausdruck gebracht habe, daß Vermögensverschiebungen eines Rechtsgrundes bedürften, um als wirksam anerkannt zu werden.[182]

Je nach der Stellung des Rechtsgrundes unterscheidet man zwischen abstrakten und kausalen Zuwendungsmitteln.[183] Liegt der rechtfertigende Tatbestand außerhalb des Zuwendungsvorgangs, so bezeichnet man das Zuwendungsmittel als abstrakt.[184] Trägt das Zuwendungsmittel den die Zuwendung rechtfertigenden Rechtsgrund in sich, so ist es kausal im Sinne der allgemein üblichen Terminologie.[185] Kausalheit und Abstraktheit wurden und werden meistens

---

spruchsberechtigten nur, und verbleibt bei ihm auch nur, wenn sie durch einen Rechtsgrund gerechtfertigt ist."; *Stadler*, S. 10.

[181] *Heck*, Das abstrakte dingliche Rechtsgeschäft, S. 10.

[182] *Heck*, ebd.: „Man kann das aus diesem Werturteil sich ergebende Gebot auch als „Rechtfertigungsgebot" oder deshalb, weil es zugunsten des durch den Mangel der causa Benachteiligten wirkt, als „Kausalschutz" bezeichnen."

[183] Vgl. nur *Lindemann*, S. 6; *Rother*, S. 5, und im folgenden.

[184] Vgl. *Flume*, AT II, § 12 I 1 (S. 153); *Lindemann*, S. 6; *Rother*, S. 5; *Cohn*, S. 67; *Baus*, S. 2; *Schnauder*, AcP 187, S. 150 f. („abstrakte = rechtsgrundabhängige Zuwendung"); *ders.*, Grundlagen, S. 46 ff.; *Kraßer*, S. 236; *Palandt-Heinrichs*, Überbl. v. § 104 Rn. 21.; *von Mehren*, S. 1011 ff. (rechtsvergleichend); *Schäfer*, S. 74; *Freudenberg*, S. 52; *Brox*, AT, Rn. 114; *Carl*, S. 20, sieht die Besonderheit des abstrakten Verfügungsgeschäfts darin, daß „der für die Zuwendung ausschlaggebende weitere Zweck, die „causa" nicht Bestandteil des Übereignungstatbestandes" sei. Ein anderes Verständnis von Abstraktheit hat *E. Wolf*, SR, S. 415, ihm folgend *J. Wolf*, S. 126 ff.: Abstraktheit sei gleichzusetzen mit Erwerbsgrundbedürftigkeit des Erwerbs eines Vermögensvorteils durch Vorteilsverschiebung; *Pawlowski*, JZ 1968, S. 402, geht davon aus, daß ein abstraktes Rechtsgeschäft nur als Teil eines umfassenden Gesamttatbestandes denkbar sei. Abstraktes und kausales Rechtsgeschäft seien korrelate Erscheinungen, die dadurch entstehen, daß einem Teil eines (Gesamt-)Geschäftes unter Ausscheidung bestimmter Elemente selbständige Wirkung zuerkannt werde; vgl. auch *Huber*, JuS 1972, S. 58 (Fn. 10).

[185] *Palandt-Heinrichs*, ebd., Rn. 20; *Flume*, AT II, ebd., S. 154; *Lindemann*, S. 6; *Carl*, S. 21; *Baus*, ebd.; *Schnauder*, AcP 187, S. 150 („kausale = rechtsgrundabhängige Zuwendung"); *Oertmann*, Geschäftsgrundlage, S. 22; *Brox*, AT, Rn. 113; *Schäfer*, S. 75; *Stadler*, S. 12; *Freudenberg*, S. 52; *Rother*, S. 5, der auf „die Unsicherheit, die dem Begriff des „kausalen Rechtsgeschäfts" ... seit langem anhaftet", hinweist. Abstraktheit und Kausalheit im obigen Sinne werden auch als „innere" oder „inhaltliche" Kausalität/Abstraktheit bezeichnet, weil man danach unterscheidet, ob der Rechtsgrund notwendiger Inhalt des Rechtsgeschäfts ist oder nicht. Davon abweichend spricht man teilweise auch von „äußerer" Kausalheit / Abstraktheit, wenn die Wirksamkeit eines Rechtsgeschäfts vom Erreichen eines vereinbarten Ziels abhängt, vgl. *Carl*, S. 21 f. Die unterschiedliche Bedeutung hat Anlaß zu Kontroversen in der Literatur gegeben, *Carl*, ebd., S. 22. Die tatsächliche Begriffsverwirrung wird z.B. deutlich bei *Huber*, JuS 1972, S. 58 Fn. 10: äußerliche Abstraktion, wenn ein Rechtsgeschäft unabhängig vom Bestand eines ihm zugrundeliegenden Verpflichtungsgeschäfts gültig sein soll; inhaltliche Abstraktion, wenn ein Rechtsgeschäft unabhängig davon gilt, ob die Parteien sich zu dem Zweck einig sind, zu dem sie das Geschäft abschließen; ebenso *Jahr*, AcP 168, S. 9 f.

als Kategorien angesehen, welche lediglich rechtsgeschäftliche Zuwendungen betreffen.[186]

Nach dem auf einem reinen „Begriffsdenken"[187] aufbauenden dogmatischen Verständnis der Verfasser des BGB waren Verfügungen[188] immer abstrakt[189] und

---

(14 ff.); *ders.*, Sav.Z. 80, S. 141 ff. (147 ff.); *Jauernig*, NJW 1082, S. 269; vgl. auch für die äußere Abstraktion *Schäfer*, S. 74; *Stadler*, S. 7; demgegenüber *Brandt*, DRW 6, S. 67, der die Trennung von dinglicher und schuldrechtlicher Einigung als inhaltliche Abstraktheit, so auch *Stadler*, S. 735, und die Unabhängigkeit beider Einigungen voneinander als funktionelle Abstraktheit bezeichnet; *Pawlowski*, JZ 1968, S. 403, nennt - im Anschluß an *Kübler*, S. 282 - die Bezeichnung als „kausaler Schuldvertrag" einen Pleonasmus, denn kausal heiße in diesem Zusammenhang nichts anderes als „rechtsbeständig, verbindlich". *Pawlowski* geht dabei aber offensichtlich entgegen der allgemeinen Ansicht und auch der hier zugrunde gelegten Auffassung, vgl. oben, insbesondere 1. Teil B. II. 4. d), davon aus, daß das Rechtsgrunderfordernis eine vertragliche Besonderheit sei, die also nicht Zuwendungen an sich betreffe, vgl. *Pawlowski*, ebd., S. 404: „Ein Vertrag wird deshalb als Recht anerkannt, weil (und soweit) er sich als geeignetes Mittel darstellt, die Beziehungen der Parteien gerecht zu regeln, indem er „jedem das Seine" gibt. Danach stellt sich der gegenseitige Vertrag in seinen verschiedenen Formen ... als eine „zulässige causa" dar."

186 So ausdrücklich *v. Tuhr*, Der Allgemeine Teil des Deutschen Bürgerlichen Rechts II/2, § 73 I (S. 104): „Bei Zuwendungen, die anders als durch Rechtsgeschäft erfolgen, kann die Frage, ob sie kausal oder abstrakt sind, nicht aufgeworfen werden, da von der Gültigkeit oder Ungültigkeit einer durch tatsächliches Handeln bewirkten Vermögensverschiebung nicht die Rede sein kann."; *Schäfer*, S. 73; vgl. auch *Palandt-Heinrichs*, Überbl. v. § 104, Rn. 19 ff.; *Flume*, AT II, § 12 I 1 (S. 152); anders, nämlich „das Prädikat: kausal und abstrakt" und auf gesetzliche Vermögensverschiebungen ausdehnend *Krawielicki*, § 3 IV 1) (S. 8), § 4 III 4) (S. 14), § 5 IV (S. 16). Dazu, daß die Unterscheidung in abstrakt und kausal nur bei Zuwendungsgeschäften von Bedeutung sein soll, vgl. *Deneke*, S. 17; kritisch zu der Eingrenzung, *Larenz*, JherJb. 81, S. 6 f.; vgl. auch *E. Wolf*, SR, S. 413. Teilweise wird diskutiert, ob auch bei der Vollmacht von Abstraktheit gesprochen werden kann. Indem die Stellvertretung rechtstechnisch von ihrem Grundgeschäft getrennt und von diesem unabhängig ist, ist sie von diesem natürlich im Wortsinne abstrakt, vgl. *Kübler*, S. 211. Ob man diese gesetzliche Konstruktion als abstrakt bezeichnet oder die Vollmacht als an das Grundverhältnis „angelehnt" ansehen will, vgl. *Mugdan* 1, Protokolle, S. 74, ist freilich allenfalls von terminologischer Bedeutung und berührt jedenfalls die hier diskutierten, im Zusammenhang mit Zuwendungen bedeutsamen Fragen nicht.

187 Vgl. *May*, S. 6, 30 f.; *Heck*, Das abstrakte dingliche Rechtsgeschäft, S. 8 f. (8): „Die Prinzipientreue trat in den Vordergrund."; *Stadler*, S. 52.

188 Vgl. zum Verfügungsbegriff ausführlich oben, 1. Teil B. II. 4. c).

189 Vgl. *Lindemann*, S. 7: „Verfügungsgeschäfte sind ausnahmslos abstrakt ..."; *Gernhuber*, Erfüllung, § 16 I 5. b)(S. 372): „... eines unbestrittenen Grundsatzes, demzufolge im gegenwärtigen Zivilrecht Verfügungen abstrakt sind ..."; *Boehmer*, Einführung in das Bürgerliche Recht, § 27 E II (S. 330: „grundsätzliche Abstraktheit der Verfügungsgeschäfte"); BGHZ 27, S. 90 ff. (95: „allgemeine Grundregel des deutschen bürgerlichen Rechts"); *Kraßer*, S. 235 („Grundsatz der abstrakten Gestaltung der Verfügungsgeschäfte"); *Stadler*, S. 9; *Schäfer*, S. 128: „... kann sicher von dem sachenrechtlichen Grundsatz ausgegangen werden, daß Verfügungen abstrakt sind."

Verpflichtungen immer kausal.[190] Dieser Gedanke ist allerdings schon im BGB selbst nicht durchgängig eingehalten.[191] Das abstrakte Schuldversprechen (§ 780), das abstrakte Schuldanerkenntnis (§ 781) und die Annahme einer Anweisung (§ 784) sind Verpflichtungen und dennoch abstrakt im allgemein verstandenen Sinne.[192] Als kausale Verfügung ist die Aufrechnung ausgestaltet. Gemäß § 389 erlischt die Gegenforderung des Aufrechnenden nämlich mit der Aufrechnungserklärung, weshalb der Aufrechnende über diese Forderung zugunsten des Aufrechnungsgegners verfügt. Diese Verfügung ist insoweit kausal, als ihre Gültigkeit von der Existenz der Gegenforderung abhängt.[193] Daß eine Verfügung nicht notwendig abstrakt sein muß, beweist schließlich auch § 9 Abs. 1 VerlG, der wie folgt lautet:

> „Das Verlagsrecht entsteht mit der Ablieferung des Werkes an den Verleger und erlischt mit der Beendigung des Vertragsverhältnisses."

Wegen den in dieser Vorschrift enthaltenen Vorgaben ist die Übertragung des Verlagsrechts[194] nach allgemeiner Meinung eine kausale Verfügung.[195] Ent-

---

[190] Vgl. *Mugdan* 2, Motive, S. 63, § 290; *v. Tuhr*, Der Allgemeine Teil des Deutschen Bürgerlichen Rechts II/1, § 54 III (S. 256), II/2, § 73 I (S. 103 f.); *Deneke*, S. 4 ff., insbes. S. 7 ff. *Jauernig*, JuS 1994, S. 723; *Neubecker*, S. 92; *May*, S. 30.; *Zeiss*, AcP 164, S. 53; *Lindemann*, S. 6; *Stürzebecher*, Rücktritt, S. 81; *Kübler*, S. 137: „... zutreffenden Satz, daß ein Schuldverhältnis nicht ohne causa existieren kann ..."; *Schnauder*, Grundlagen, S. 48; *Sohm*, ArchBR 28, S. 193; *Stadler*, S. 9, 589.

[191] Vgl. *Larenz*, JherJb. 81, S. 6.

[192] *Stadler*, S. 15, die zutreffend darauf verweist, daß abstrakte Verpflichtungen außerdem umlauffähige Inhaberschuldverschreibungen sowie Wechsel- und Scheckverpflichtungen sind.

[193] *v. Tuhr*, Der Allgemeine Teil des Deutschen Bürgerlichen Rechts II/2, § 73 I (S. 104), II/1, § 54 III (S. 256 f.); *Krawielicki*, S. 26; *Stadler*, S. 17 f. Auch die Kündigung ist eine Verfügung im Sinne des allgemeinen Verständnisses, aber nicht an einen außerhalb der Verfügung selbst liegenden Rechtsgrund gekoppelt, *Larenz*, JherJb. 81, S. 6.

Umstritten ist, ob der Vergleichsvertrag gemäß § 779 ein kausales Verfügungsgeschäft ist, so z.B. *Lindemann*, S. 7 Fn. 7; *Staudinger-Marburger*, § 779 Rn. 34 ff., oder ob er lediglich - so die wohl h.M., vgl. nur *Palandt-Thomas*, § 779, Rn. 1; *Schäfer*, passim; *Stadler*, S. 16 f. m.w.N. - schuldrechtliche Verpflichtungen begründet; zum Diskussionsstand hinsichtlich der abstrakten Natur der Leistung an Erfüllung Statt, vgl. *Schäfer*, S. 132 ff.

[194] Nach der Legaldefinition des § 8 VerlG ist das Verlagsrecht das ausschließliche Recht zur Vervielfältigung und Verbreitung. Als solches ist es zweckgebundener Teil des Urheberrechts, dessen Eigenschaft der Ausschließlichkeit es teilt, *Bappert/Maunz/Schricker*, § 8 Rn. 1; *Ulmer*, S. 441; *Leiss*, § 8 Anm. 1, 4; *Hubmann/Rehbinder*, § 46 (S. 251); *Allfeld*, 1928, III § 8, 1; vgl. BGHZ 19, S. 110 ff. (113). Das Verlagsrecht ist demgemäß ein absolutes Recht, *Bappert/Maunz/Schricker*, ebd.; *Hubmann/Rehbinder*, ebd.

[195] BGHZ 27, S. 90 ff. (93); *Bappert/Maunz/Schricker*, § 8 Rn. 3, § 9 Rn. 3 f.; *Gernhuber*, Erfüllung, § 16 I 5. b) (S. 372); *de Boor*, S. 61; *Kraßer*, S. 236 f.; *Schäfer*, S. 136 f.; *Stadler*, S. 81, 113 f., m.w.N. zu Bestrebungen, in Anlehnung an § 9 Abs. 1

stehen und Bestand des Verlagsrechts sind nämlich (kausal) an die Gültigkeit des schuldrechtlichen Verlagsvertrages[196] gebunden.[197]

Nach wohl überwiegender Ansicht ist für die Übertragung des Verlagsrechts allerdings neben der in § 9 Abs. 1 VerlG[198] geforderten Ablieferung des Werkes eine dingliche Einigung notwendig, die grundsätzlich von dem schuldrechtlichen Verlagsvertrag[199] unabhängig (abstrakt) ist,[200] allerdings zumeist konkludent bei dessen Abschluß miterklärt werde.[201] Das Trennungsprinzip sei deshalb zumindest gedanklich immer aufrechtzuerhalten.[202] Dies ergebe sich aus §§ 413, 398 ff.[203] Andere sehen die schuldrechtliche Einigung zuzüglich der von § 9 Abs. 1 VerlG erfolgten Ablieferung für die Übertragung des Verlagsrechts als ausreichend an.[204] Es bestehe kein Anlaß, eine zusätzliche Willenseinigung anzunehmen. Das Verfügungsgeschäft sei zugleich Bestandteil der Verpflichtung.[205]

In der Tat ist die Ansicht, welche eine zusätzliche dingliche Einigung für die Übertragung des Verlagsrechts fordert, höchstens damit zu begründen, daß das BGB eine solche bei der Übertragung absoluter Rechte normalerweise verlangt. Dem VerlG ist das Erfordernis einer gesonderten dinglichen Einigung jedenfalls nicht zu entnehmen. Auch aus den §§ 413, 398 ergibt sich nichts anderes, da diese nur die Übertragung schon be-

---

VerlG auch für andere urheberrechtliche Nutzungsverträge eine Durchbrechung des Abstraktionsprinzips zuzulassen. Die Zuwendung des Verlagsrechts vom Verfasser auf den Verleger erfolgt durch konstitutiven Rechtsakt, *Bappert/Maunz/Schricker*, § 8 Rn. 4.

[196] Vgl. § 1 VerlG.

[197] BGHZ 27, S. 90 ff. (95); *Bappert/Maunz/Schricker*, § 8 Rn. 4, § 9 Rn. 2; *Leiss*, § 9 Anm. 3; *de Boos*, S. 61; *Kraßer*, S. 236 f.; *Hubmann/Rehbinder*, § 46 I. 2. (S. 252).

[198] Überwiegend geht man von der Abdingbarkeit von § 9 Abs. 1 VerlG aus, vgl. *Bappert/Maunz/Schricker*, § 9 Rn. 3; *Bappert*, GRUR 1959, S. 587; *Ulmer*, S. 443; *Hubmann/Rehbinder*, § 46 I. 1. (S. 251); *Allfeld*, 1902, III § 9, 2.

[199] In dem Verlagsvertrag verpflichtet sich der Verfasser, sich der Vervielfältigung und Verbreitung des Werkes zu enthalten und diese dem Verleger zu gestatten, vgl. §§ 2 - 8 VerlG.

[200] *Bappert/Maunz/Schricker*, § 9 Rn. 3; *Bappert*, GRUR 1959, S. 586 f.; vgl. *Hubmann/Rehbinder*, § 46 I. 2. (S. 252); *Leiss*, § 9 Anm. 3, der allerdings, § 8 Anm. 21, auch davon spricht, daß es keines besonderen Aktes zur Einräumung des Verlagsrechts bedürfe. Vielmehr entstehe dieses kraft Verlagsvertrag mit Ablieferung des Werkes an den Verleger.

[201] *Bappert/Maunz/Schricker*, ebd.

[202] Ebd., § 8 Rn. 2.

[203] Ebd.; *Kraßer*, S. 231.

[204] *Allfeld*, 1928, S. 111; *ders.*, 1902, III § 8 3.; *Ulmer*, S. 443, dem *Bappert*, GRUR 1959, S. 587, allerdings unterstellt, daß er eine eigene dingliche Einigung verlange, vgl. ähnlich *Bappert/Maunz/Schricker*, § 9 Rn. 3; vgl. BGHZ 27, S. 90 ff. (94): „... daß die Verfügung über das urheberrechtliche Nutzungsrecht - das Verlagsrecht - derart an das schuldrechtliche Vertragsverhältnis gebunden ist, daß das Verlagsrecht nur im Rahmen des Schuldvertrages entsteht ..."; vgl. *Bappert*, GRUR 1959, ebd., zu den anglo-amerikanischen und romanischen Rechtskreisen, wo der schuldrechtliche Verlagsvertrag und die Begründung des Verlagsrechts als eine Einheit angesehen werden.

[205] *Ulmer*, ebd.

stehender Rechte betreffen (translative Übertragung), nicht aber auf konstitutive Rechtsübertragungen zu beziehen sind. Wegen der in § 9 Abs. 1 VerlG nur festgeschriebenen Abhängigkeit zwischen Verlagsvertrag und Verlagsrecht spricht deshalb mehr dafür, daß die Übertragung des Verlagsrechts allein durch Abschluß des schuldrechtlichen Verlagsvertrages und zusätzlich der Ablieferung erfolgt.[206]

Zurück zu der hier interessierenden grundsätzlichen Bedeutung von Kausalheit und Abstraktheit:

Teilweise werden Kausalheit und Akzessorietät gleichgestellt. Eine kausale Verfügung liege deshalb vor, wenn ein Pfandrecht an einer beweglichen Sache, eine Vormerkung oder eine Hypothek bestellt oder eine Bürgschaftsverpflichtung eingegangen wird. In allen diesen Fällen sei nämlich der Bestand des betreffenden Sicherungsrechts von der zu sichernden Forderung abhängig.[207] Demgegenüber betont die wohl herrschenden Ansicht in der juristischen Literatur den grundlegenden Unterschied zwischen Akzessorietät/Nicht-Akzessorietät einerseits und Kausalheit/Abstraktheit andererseits.[208] Das Gegensatzpaar Abstraktheit/Kausalheit beziehe sich auf den Zusammenhang zweier Rechtsgeschäfte, nämlich das Grundgeschäft und das Erfüllungsgeschäft. Das Gegensatzpaar Nicht-Akzessorietät/Akzessorietät sei demgegenüber für den Zusammenhang zweier Rechte von Bedeutung, nämlich des gesicherten und des sichernden.[209] Der Bezug der Abhängigkeit sei deshalb eine jeweils andere.[210] Die zu sichernde Forderung sei nicht der „Rechtsgrund" für die Bestellung der Hypothek, des Pfandrechts oder der Vormerkung im Sinne einer „objektiven causa", aufgrund dessen der Erwerber berechtigt ist, die Bestellung der Sicherungsrechte zu verlangen und sie zu behalten.[211] Der Rechtsgrund bei der Hypotheken- und Pfandrechtsbestellung sei vielmehr regelmäßig ein schuldrechtlicher Sicherungs- und Pfandrechtsbestellungsvertrag.[212]

Für die hier verfolgten Zwecke bringt das Vorstehende wenig. An späterer Stelle[213] wird zu zeigen sein, daß Kausalität und Abstraktheit nur Bezeichnungen für unterschiedliche rechtstechnische Konstruktionen sind, um ein Zuwendungsobjekt im Falle der Realisierung des Zuwendungsrisikos dem Zuwendenden zurückzuführen. Unter dieser rechtstechnischen Sichtweise verliert die von der herrschenden Ansicht gemachte

---

[206] Vgl. *Ulmer*, S. 443.

[207] Vgl. für das Pfandrecht § 1204, für die Vormerkung § 883, für die Hypothek, § 1113 und für die Bürgschaftsverpflichtung § 767 Abs. 1, *Bork*, S. 59 f.; *Ehmann*, S. 162; *Krawielicki*, S. 32; *Kegel*, FS Mann, S. 72; *May*, S. 30; *Larenz*, JherJb. 81, S. 6.

[208] Vgl. nur *J. Wilhelm*, Sachenrecht, Rn. 714, 1256; *Schäfer*, S. 130 ff. (131); *Jauernig*, NJW 1982, S. 268 f.; *Stadler*, S. 18 ff., 560 ff., die allerdings, auf S. 618, auch von dem Abstraktionsgedanken „in Gestalt der fehlenden Akzessorietät" spricht, auf S. 603 ff., 730 die „Bedeutung fehlender Akzessorietät als Form der Abstraktion" erörtert und auf S. 606 die gemeinsamen gedanklichen und wirtschaftlichen Wurzeln von Abstraktion und Nicht-Akzessorietät herausstellt; ferner *Habersack*, a.a.O, der im Zusammenhang mit der Diskussion des Begriffs der Akzessorietät auf Kausalheit nicht zu sprechen kommt.

[209] *J. Wilhelm*, ebd.; *Stadler*, S. 603; *Jauernig*, ebd.

[210] *Stadler*, S. 18, 603 f.

[211] Ebd.

[212] *Schäfer*, S. 131 f.; *v. Tuhr*, Der Allgemeine Teil des Deutschen Bürgerlichen Rechts II/2, § 73 I (S. 103 f. Fn. 6); *Jauernig*, NJW 1982, S. 268.

[213] Vgl. unten, 1. Teil C. II. 4. d).

Unterscheidung an Bedeutung, denn es besteht insoweit Funktionsgleichheit zwischen Kausalheit und Akzessorietät, da in beiden Fällen eine unmittelbare Abhängigkeit zwischen der Rückabwicklung der Zuwendung und dem diese auslösenden Tatbestand gegeben ist. Die Rückabwicklung nicht-akzessorischer Rechte ist andererseits genauso wie diejenige abstrakter Zuwendungen grundsätzlich nur über die Geltendmachung eines obligatorischen Anspruchs möglich.[214]

Die Unterscheidung zwischen Abstraktheit und Kausalheit wirft viele Fragen auf, die vor allem in dem Streit um Sinn und Zweck von Trennungs- und Abstraktionsprinzip[215] ihren Niederschlag gefunden haben. Das Trennungsprinzip besagt, daß Verpflichtungsgeschäft und Verfügungsgeschäft rechtlich voneinander getrennt sind.[216] Das Abstraktionsprinzip „geht noch einen Schritt weiter“[217] und bedeutet, daß das Verfügungsgeschäft nicht nur von dem Verpflichtungsgeschäft getrennt, sondern auch in bezug auf seine Wirksamkeit von dem Verpflichtungsgeschäft unabhängig (abstrakt) ist.[218] Einzelheiten können dahinstehen. Hier geht es zunächst nur um die inhaltliche Ausgestaltung des Zuwendungsbegriffs und damit um die Frage, ob jeder Zuwendung eine irgendgeartete Abhängigkeit von einem Rechtsgrund immanent, die deshalb von einer Rechtsordnung anzuerkennen ist.

Die gebräuchliche Unterscheidung zwischen Abstraktheit und Kausalheit sowie die gängige Einordnung von Verfügungen als abstrakt und Verpflichtungen als kausal baut darauf auf, daß rechtsgeschäftliche Zuwendungsmittel - dogmatisch zwingend - entweder abstrakten oder kausalen Charakter haben.[219]

---

[214] Vgl. ausführlich unten, ebd.

[215] Vgl. nur *Wieacker*, Zum System des deutschen Vermögensrechts; *May*, passim; *Brandt*, DRW 6; *ders.*, Eigentumswerb und Austauschgeschäft, insbes. S. 121 ff.; *v. Caemmerer*, RabelsZ 12 (rechtsvergleichend); *Buchholz*, S. 4; *Rother*, passim; *Cohn*, S. 68 ff.; *Lange*, AcP 146, passim; *Krause*, passim; *Baus*, S. 3 ff.; *Grundmann*, S. 83; *Schnauder*, AcP 187, S. 151; *ders.*, Grundlagen, S. 52 ff.; *Kübler*, S. 211; *Beuthien*, Zweckerreichung und Zweckstörung, S. 287: „... daß sich die Geltung des Abstraktionsgrundsatzes für das gegenwärtige Recht nicht ganz leugnen läßt.“; *Stadler*, S. 1, S. 46 ff., 76 ff., 725 ff. und passim, mit engagiertem Plädoyer für die Vorzüge des Abstraktionsprinzip; *Peters*, Jura 1986, S. 457 ff. *Kraßer*, S. 236; *Boehmer*, Einführung in das Bürgerliche Recht, § 27 E (S. 298 ff.); allgemein und auch zum unreflektierten Gebrauch des Begriffes „Abstraktion“ in der Literatur für Trennungs- und Abstraktionsprinzip, *Jauernig*, JuS 1994, S. 721 ff. (721); *Habermeier*, passim; *Brox*, AT, Rn. 115: „Beim Abstraktionsprinzip geht es um die rechtliche Trennung von kausalem und abstraktem Geschäft.“; *Schnitzler*, S. 272; *Schäfer*, S. 73 ff. (insbes. 77 ff.).

[216] Vgl. *Musielak*, Grundkurs BGB, Rn. 255; *Jauernig*, S. 721; *Stadler*, S. 7; *Freudenberg*, S. 54 f.; *Habermeier*, der davon ausgeht, daß hinsichtlich des Trennungsprinzips „erhebliche Mißverständnisse und Unsicherheiten bestehen“.

[217] *Stadler*, ebd.

[218] *Musielak*, Grundkurs BGB, Rn. 255; *Jauernig*, S. 721; *Stadler*, ebd.; *Freudenberg*, S. 55.

[219] Vgl. nur *Flume*, AT II, § 12 I 1 (S. 154); *Krawielicki*, § 3 IV 3) (S. 10): „Grundsätzlich ist jeder Vermögensverschiebung eine bestimmte Abhängigkeitsform immanent.“

Diese Aussage scheint wiederum vorauszusetzen, daß die Wirksamkeit einer Zuwendung denklogisch immer an einen Rechtsgrund gekoppelt sein muß, daß also entweder eine Zuwendung ohne Rechtsgrund gar nicht erst wirksam ist oder aber bei fehlendem Rechtsgrund der Gefahr einer Rückabwicklung unterliegt. Das Vorliegen eines Rechtsgrundes scheint also Voraussetzung für den dauerhaften Bestand einer Zuwendung.

Bei näherer Betrachtung - die hier zunächst losgelöst von den Regelungen des BGB erfolgen soll - erweist sich dieses Verständnis als sehr problematisch. Entkleidet man Zuwendungen nämlich ihres Rechtfertigungserfordernisses, d.h. der Notwendigkeit eines Rechtsgrundes und damit auch ihres kausalen oder abstrakten Charakters, so verbleibt als „nackter" Grundtatbestand der Zuwendungsakt an sich. Dieser „nackte Zuwendungsakt" hat als theoretisches Grundmodell die bloße Veränderung der Zuordnung, d.h. die Übertragung der betreffenden Rechtsposition durch den Zuwendenden auf den Zuwendungsempfänger zum Inhalt. Die Zuwendung genügt sich hier also selbst. Sie ist aus sich heraus wirksam und damit gerechtfertigt.[220] Eine (dogmatische) Notwendigkeit, einen zusätzlichen Rechtfertigungsgrund für die Wirksamkeit einer Zuwendung anzuerkennen, besteht zunächst nicht.[221] Zuwendungen bedürfen mithin genausowenig wie andere Handlungen *per se* eines Rechtsgrundes, um wirksam zu sein.[222] Nichts anderes hat für Zuwendungsakte zu gelten, die der Regelung des BGB unterliegen.[223] Wenn deshalb die Wirksamkeit einer Zuwendung grundsätzlich von einem Rechtsgrund unabhängig ist, dann muß das Rechtfertigungserfordernis das Ergebnis reglementierender Vorgaben durch die Rechtsordnung

---

[220] Vgl. *Deneke*, S. 31: „Die Vermögenszuwendung, ein wirtschaftlicher Begriff, ist vor dem Rechte da ..."; anders noch *Fricke*, S. 3: „... ebensowenig wie es übrigens andererseits im entwickelten Rechte Willenserklärungen gibt, für deren bindende Kraft die Causa so irrelevant wäre, daß allein durch eine förmliche Willenserklärung ein definitives Gebundensein eintritt ..."; vgl. *Krawielicki*, S. 11: „Tathandlungen sind immer abstrakt, insoweit sind durch das natürliche Geschehen dem positiven Recht Schranken gesetzt ..."

[221] Vgl. für den Schuldvertrag, *Flume* AT II, § 12 II (S. 159): „Einer apriorischen Betrachtung könnte es als selbstverständlich erscheinen, daß jedwedes Versprechen einer Leistung ... den Versprechenden zu der versprochenen Leistung rechtlich verpflichtet, indem das Versprechen als solches den Rechtsgrund für die Verpflichtung setzt und die Verpflichtung keiner weiteren Rechtfertigung bedarf ..."

[222] Vgl. *Wilburg*, Lehre, S. 14 ff.: „Es ist überhaupt, wenn jemand zum Nachteil Anderer einen Vorteil erlangt hat, die Frage zunächst nicht nach dem Grunde einer Rechtfertigung, sondern nach einem Grunde der Ungerechtfertigtheit zu richten."; *J. Wolf*, S. 26.

[223] Vgl. für das Bereicherungsrecht *Wilburg*, Lehre, S. 15: „Die Bereicherungslehre hat jedoch die Fragestellung verkehrt, indem sie nur von Tatbeständen ausgeht, bei denen die Ungerechtfertigtheit vorweg als Regel gegeben erscheint."; *Klinke*, S. 61: „Geregelt ist damit ausdrücklich nur die Behaltensberechtigung, genauer die Nichtbehaltensberechtigung einer abstrakten Zuwendung."

sein.[224] Die Notwendigkeit der Rechtfertigung ist folglich etwas Künstliches, nämlich ein rechtstechnisches Mittel, das eine Rechtsordnung einsetzt, um bestimmte Regelungsziele zu erreichen.[225]

Das künstliche Rechtfertigungserfordernis wird von einer Rechtsordnung freilich nicht aufgestellt, um positiv einer Zuwendung Wirksamkeit zu verleihen. Wie dargestellt, bedürfte es dazu eines besonderen Rechtfertigungserfordernisses nicht. Das Rechtsgrunderfordernis dient vielmehr dazu, Zuwendungen die rechtliche Anerkennung zu versagen, um so bestimmte Regelungsziele als Ausdruck dahinter stehender Interessen zu realisieren. Hierfür beraubt eine Rechtsordnung den („nackten") Zuwendungsakt seiner natürlichen Rechtfertigung und macht (künstlich) die Wirksamkeit bzw. Beständigkeit desselben von dem Vorliegen eines Rechtsgrundes abhängig, womit das Rechtfertigungserfordernis begründet ist.

Auf der Grundlage dieser Erkenntnis wird auch der Unterschied zwischen Zuwendungsmittel und Rechtsgrund klar. Beide nehmen jeweils ganz unterschiedliche Aufgaben wahr.[226] Aufgabe eines Zuwendungsmittels ist es, einen Modus für die Zuwendung zu schaffen.[227] Die Rechtfertigung einer Zuwendung, d.h. das Erfordernis eines Rechtsgrundes, hat damit - wie dargelegt - nichts zu tun. Abstraktheit und Kausalheit sind deshalb in der deutschen Zivilrechtsordnung auch nicht Eigenschaften unterschiedlicher Zuwendungsmittel, sondern bezeichnen (unterschiedliche) regelungstechnische Ausgestaltungen, mit deren Einsatz bestimmte Regelungsziele durchgesetzt werden sollen.[228] Die Begriffe

---

[224] Vgl. *Carl*, S. 8: „Der juristische Tatbestand, die Summe der vom Recht bestimmten Voraussetzungen, erhält seine Fähigkeit, Grund für das Eintreten einer Rechtsfolge zu sein, erst durch das objektive Recht."; *Baur*, AcP 160, S. 463 ff. (Rechtswidrigkeitsbegriffe als juristische Zweckschöpfungen); *Köndgen*, S. 78 Fn. 51.

[225] Vgl. *May*, S. 26 f.; *Heck*, Das abstrakte dingliche Rechtsgeschäft, S. 8 ff. (13): „Nach richtiger Anschauung findet der Gesetzgeber nicht schon Rechtsgebilde vor, die er nur zu erkennen hat, sondern er hat das Rechtsgebilde des dinglichen Rechtsgeschäfts erst zu schaffen, als abstraktes oder kausales, je nachdem ob die eine oder die andere Lösung nach seinem Urteil die günstigere Lebenswirkung ausübt."; *Klinke*, S. 19, 82: „Ob eine Zuwendung abstrakt oder kausal mit ihrem Rechtsgrund verbunden ist, hat das Gesetz geregelt, auch wenn dies nicht ins Auge springt, eher verborgen bleibt."; *Neuner*, S. 13 f. (13) („Kunstgriff der juristischen Technik"); *Flume*, AT II, § 12 II (S. 159) („Frage der rechtstechnischen Gestaltung der jeweils von der Rechtsordnung anerkannten Aktstypen"); vgl. *Rother*, S. 7, 17; für Widerrechtlichkeit im Schadensrecht vgl. *Merz*, S. 308.

[226] *Krawielicki*, S. 4.

[227] Ebd.

[228] Vgl. *May*, S. 26: „Weder eine Zweckvereinbarung noch ein gegenseitiges Wissen um die Zwecke macht einen Vertrag kausal; sondern allein die Reaktion der Rechtsordnung darauf, daß ein bezweckter weiterer Erfolg nicht eingetreten ist, ein Reaktion, die sich in der Versagung auch der angestrebten unmittelbaren Rechtswirkungen äußert, gibt einem Vertrag die Eigenschaft kausal zu sein."

Kausalheit und Abstraktheit können folglich auch nicht für bestimmte Zuwendungsarten oder die Zuwendung bestimmter Zuwendungsobjekte reserviert sein.[229] Notwendigerweise abstrakte oder notwendigerweise kausale Zuwendungen gibt es auch in der deutschen Zivilrechtsordnung deshalb nicht.[230]

e) Zuwendungswille

Zuwendungsobjekte können durch willentliche Handlungen[231] des Zuwendenden[232] und durch nicht-willentliche Handlungen des Zuwendenden[233] oder durch gesetzliche Anordnung von der Zuständigkeit eines Rechtssubjekts in die Zuständigkeit eines anderen Rechtssubjekts übertragen werden.[234] Im Rahmen dieser Arbeit sind die durch willentliche Handlung des Zuwendenden vorgenommenen Zuwendungen von Interesse. Nur im Zusammenhang mit willentlichen Zuwendungen ist das damit verbundene Risiko für den Zuwendenden kalkulierbar und als solches existent. Der Zuwendungswille des Zuwendenden ist darauf gerichtet, dem Zuwendungsempfänger die Rechtszuständigkeit in bezug auf das Zuwendungsobjekt und damit einen Vorteil[235] zu verschaffen.

---

[229] Vgl. demgegenüber *Krawielicki*, § 4 III 3) (S. 14), § 5 IV (S. 16), der allerdings, § 3 IV 3) (S. 10), entgegen der hier vertretenen Ansicht davon ausgeht, daß grundsätzlich jeder Vermögensverschiebung eine bestimmte Abhängigkeit immanent ist.

[230] Vgl. *Gernhuber*, Erfüllung, § 16 I. 5. b) (S. 373): „Mag sich das Abstraktionsprinzip für Verfügungsgeschäfte im deutschen Recht auch noch so stark verfestigt haben, ein Eigenwert verbindet sich mit ihm nicht.“

[231] Als Handlung wird im folgenden eine körperliche Bewegung verstanden, deren Ursache ein bewußter Willensakt ist, vgl. *Zitelmann*, S. 29 ff.

[232] *Krawielicki*, S. 12; *v. Tuhr*, Der Allgemeine Teil des Deutschen Bürgerlichen Rechts II/1, § 49 I. (S. 49); vgl. *Klinke*, S. 17.

[233] Vgl. *Beuthien*, JZ 1968, S. 323, der zutreffend betont, daß es auch unbeabsichtigte Zuwendungen gibt. *Beuthien* sieht, ebd., den Begriff der Zuwendung in Abgrenzung zum Vermögenszuwachs durch Naturereignisse.

[234] Im deutschen Zivilrecht liegen auch den Zuwendungen kraft Gesetzes zumeist menschliche Handlungen zugrunde. Vermögensverschiebungen kraft Gesetzes sind beispielsweise Ersitzung (§§ 937 ff.), Verbindung, Vermischung, Verarbeitung (§§ 946 ff.), und Fund (§§ 965 ff.) und Eigentumserwerb an Früchten (§§ 953 ff.), vgl. die Beispiele bei *Krawielicki*, § 5 IV (S. 14), und *Klinke*, S. 17, der ungenau zwischen Vermögensverschiebungen durch menschliche Handlung und solchen durch Gesetz unterscheiden will. Auch bei Ersitzung, Vermischung/Verarbeitung und Fund, die *Klinke*, ebd., den Vermögensverschiebungen durch Gesetz zurechnet, ist nämlich eine menschliche Handlung nötig. Freilich ist dies eine Handlung des Erwerbers.

[235] *v. Tuhr*, Der Allgemeine Teil des Deutschen Bürgerlichen Rechts II/2, § 71 I. b) 4. (S. 54); vgl. auch *H.P. Westermann*, JuS 1988, S. 17 ff. (18): „Vermögenszuwendungen fügen bewußt und gewollt Vermögensgegenstände oder -werte in ein fremdes Vermögen ein.“; für das deutsche Bereicherungsrecht vgl. *Weitnauer*, FS v. Caemmerer, S. 259 f.

f) Zuwendung und Leistung

Die Abgrenzung zwischen Zuwendung und Leistung hat für die Rechtsprechung und die herrschende Meinung im juristischen Schrifttum besondere Bedeutung, um die Kondiktionsbeziehungen in Mehrpersonenverhältnissen zu bestimmen.[236] In Abgrenzung zur Leistung als bewußter und zweckgerichteter Mehrung fremden Vermögens (finaler Leistungsbegriff)[237] soll eine Zuwendung lediglich die bewußte Mehrung fremden Vermögens sein.[238] Zur Leistung werde die an sich zweckneutrale[239] Zuwendung durch Berücksichtigung des mit ihr verfolgten Zwecks.[240] In Mehrpersonenverhältnissen unterscheidet man deshalb zwischen dem Zuwendenden (Leistungsmittler), dem Leistenden und dem Lei-

---

[236] *Zeiss*, JZ 1963, S. 7 ff. (7); *Schnauder*, AcP 187, S. 154; vgl. dazu auch unten, 2. Teil C. IV. 2. b). In der älteren Literatur wurde dem allerdings entsprechend dem damaligen Stand der bereicherungsrechtlichen Dogmatik kaum Rechnung getragen und die Begriffe Leistung und Zuwendung oft synonym gebraucht, vgl. *Kötter*, S. 196 m.w.N. in Fn. 16, S. 198, Fn. 20; für die synonyme Verwendung in neuerer Zeit vgl. *Kupisch*, FS v. Lübtow, S. 501.

[237] Vgl. nur BGHZ 58, S. 184 ff. (188: „gefestigte Rechtsprechung"); *Reuter/Martinek*, § 4 II 2. a) (S. 85 ff.); vgl. *Weitnauer*, DB 84, S. 2494; *ders.*, Zweck und Rechtsgrund der Leistung, S. 30; *ders.*, JZ 1985, S. 555; *Stolte*, S. 221; *Schnauder*, Grundlagen, S. 17; *Beuthien*, Zweckerreichung und Zweckstörung, S. 283; *Stürzebecher*, S. 2718; *Bork*, S. 22; ausführlich unten, 2. Teil C. IV. 2. b). Im Gegensatz zu diesem bereicherungsrechtlichen Leistungsbegriff wird Leistung i.S.v. § 362 teilweise nicht als Handlung, sondern als der Leistungserfolg verstanden, vgl. BGHZ 12, S. 267 ff. (268); 87, S. 56 ff. (62); vgl. *Stolte*, S. 221 ff.; vgl. aber *Beuthien*, ebd.: „... daß die Leistungsbegriffe der §§ 362 I und 812 I jedenfalls im Kern übereinstimmen."; ebenso *Bälz*, S. 15 f.

[238] *Kötter*, S. 196; *Hassold*, S. IX; *Lopau*, JuS 1974, S. 653 ff. (655 Fn. 15); *Weitnauer*, FS v. Caemmerer, S. 257; *ders.*, Zweck und Rechtsgrund der Leistung, S. 30; *Hüffer*, S. 263 ff. (264); *Zeiss*, JZ 1963, S. 8; *Schnauder*, Grundlagen, S. 17; *Klinke*, S. 18; *Beuthien*, Zweckerreichung und Zweckstörung, S. 283; *ders.*, JZ 1968, S. 323 spricht für die Zuwendung von Mehrung fremden Vermögens durch willentliches Verhalten in Abgrenzung zu unbeabsichtigten Zuwendungen.

[239] Vgl. *Beuthien*, JZ 1968, S. 323 („zweckfreie Zuwendung"); *Weitnauer*, FS v. Caemmerer, S. 257 („völlig abstrakt"); *Klinke*, S. 19.

[240] *Hassold*, S. 1; *Ehmann*, NJW 1969, S. 400 Fn. 19; *Beuthien*, Zweckerreichung und Zweckstörung, S. 285; *Stürzebecher*, Rücktritt, S. 75; *Klinke*, S. 18. Gegen dieses Verhältnis von Leistung und Zuwendung polemisiert *J. Wolf*, S. 30, wenn er Leistungen im Sinne des herrschenden Verständnisses nicht als Zuwendungen besonderer Art ansieht, sondern wegen eines im BGB vermeintlich enthaltenen Zuwendungsverständnisses Zuwendungen als gegenüber Leistungen spezieller ansieht, vgl. ähnlich noch *Larenz*, JherJb 81, S. 8: „Leistung ist ein weiterer Begriff als Zuwendung." Diese allein an Begrifflichkeiten orientierte Auffassung verkennt, daß die h.M. dem Zuwendungsbegriff im bereicherungsrechtlichen Zusammenhang gar keine eigene technische Bedeutung zubilligt, sondern ihn nur für die Spezifizierung des bereicherungsrechtlichen Leistungsbegriffs heranzieht, der Zuwendungsbegriff für die h.M. also speziell bereicherungsrechtlicher Natur ist.

stungsempfänger.[241] Die bereicherungsrechtliche Rückabwicklung in Mehrpersonenverhältnissen hat nach der h.M. zwischen den Parteien stattzufinden, zwischen denen eine Zuwendung als „Leistung" einen Zweck erfüllen soll.[242]

Schon oben[243] war dargelegt worden, wie problematisch es ist, die Bedeutung des Zwecks in der von der h.M. propagierten Weise überzubewerten. Im bereicherungsrechtlichen Zusammenhang wird der Leistungsbegriff der h.M. deshalb von gewichtigen Stimmen zu Recht in Frage gestellt.[244] Darauf wird unten noch ausführlich zurückzukommen sein.[245] Hier mag der Hinweis genügen, daß der finale Leistungsbegriff der h.M. für die nähere Bestimmung des aus dem Restitutionsinteresse zu entwickelnden Zuwendungsbegriffs nichts beitragen kann.

III. Zusammenfassung

Unter Zuwendung ist die willentliche Übertragung einer zumeist vermögenswerten Rechtsposition durch menschliche Handlung in die Rechtszuständigkeit eines anderen zu verstehen. Im deutschen bürgerlichen Recht sind Zuwendungen durch tatsächliche Handlung und durch Rechtsgeschäft möglich. Rechtsgeschäftliche Zuwendungen werden in Verfügungen und Verpflichtungen eingeteilt. Objekt einer Zuwendung kann auch eine Forderung sein. Nichtvermögenswerte Güter können durch Vereinbarung der Zuwendungsparteien Zuwendungsobjekte werden.

Die Wirksamkeit von Zuwendungen setzt nicht denknotwendig einen Rechtsgrund voraus. Der Rechtsgrund einer Zuwendung ist vielmehr (nur) ein von der Zivilrechtsordnung (künstlich) eingesetztes Instrument, um in bestimmten Fällen die (natürliche) Wirksamkeit einer Zuwendung zu beseitigen.

Mit einer Zuwendung ist regelmäßig das Risiko verbunden, daß das konkrete Zuwendungsergebnis den Einsatz nicht rechtfertigt. Typischerweise ist das der Fall, wenn ein für die Zuwendung erstrebtes Entgelt scheitert. Anderweitige Konstellationen sind aber möglich. Das Zuwendungsrisiko kann sich frühestens mit Vornahme der Zuwendung, aber auch durch späteren Eintritt solcher Um-

---

[241] Vgl. zur Terminologie *Beuthien*, JZ 1968, S. 324 ff.; *Canaris*, FS Larenz, S. 800, 805; *Hassold*, S. 3 f.; *Kupisch*, Gesetzespositivismus, S. 32.

[242] Vgl. ebd.

[243] Vgl. oben, 1. Teil B. II. 2.

[244] Vgl. vor allem *Canaris*, FS Larenz, S. 800, 805 ff., 857 ff.; MüKo-*Lieb* § 812 Rn. 5.; *Lieb*, FS König, S. 95 f.

[245] Vgl. unten, 2. Teil C. IV. 2.

stände verwirklichen, welche den Einsatz des Zuwendenden als nicht gerechtfertigt erscheinen lassen.

Entscheidend für die Frage, ob sich das Zuwendungsrisiko verwirklicht hat, ist eine Bewertung des Zuwendungs–(gesamt-)ergebnisses durch den Zuwendenden nach Vornahme der Zuwendung. Maßstab für eine solche Bewertung sind nicht allein die Vorstellungen (Zwecke/Motive), die den Zuwendenden (*ex ante*) zu der Zuwendung veranlaßt haben, sondern sein Wollen des Zuwendungs–(gesamt-)ergebnisses *ex post*. Insoweit können auch Umstände Bedeutung gewinnen, die von seinem die Zuwendung veranlassenden Willen nicht erfaßt waren.

Von der Tatsache der Realisierung des Zuwendungsrisikos ist die Frage zu trennen, wann und wie eine Rechtsordnung im Restitutionsinteresse des betroffenen Zuwendenden auf die Realisierung des Zuwendungsrisikos regieren kann. Diese Thematik ist Gegenstand des nun folgenden Kapitels.

C. Regelungsstrukturen zur Reaktion auf die Realisierung des Zuwendungsrisikos

I. Regelungsziel

Die Regelungsziele einer Rechtsordnung sind vielfältig und erwachsen verschiedenen Regelungsbedürfnissen.[1] Konkrete Rechtsnormen verkörpern dementsprechend verschiedene, zum Teil widersprüchliche Rechtsgedanken, Prinzipien oder Wertmaßstäbe, welche auf bestimmten Interessen aufbauen und die in ihrer Gesamtheit Bausteine eines „inneren Systems" sind.[2] Jedes Interesse kann durch die Rechtsordnung in Gestalt konkreter Regelungen jeweils nur soweit verwirklicht werden, als es für die optimale Verwirklichung der Gesamtheit der Interessen („Optimierungsgebot")[3] notwendig ist. Besteht oder entsteht ein Widerspruch zwischen einzelnen oder mehreren Interessen ist eine Interessenabwägung vorzunehmen.[4] Auch das aus der Realisierung des Zuwendungsrisikos folgende Restitutionsinteresse eines Zuwendenden an der Rückabwicklung seiner Zuwendung ist von der Rechtsordnung auf dieser Grundlage zu berücksichtigen. Die hierfür bestehenden regelungstechnischen Möglichkeiten sind nunmehr zu erörtern.

II. Die Regelungstechnik

1. Allgemeines

Für die regelungstechnische Reaktion auf die Realisierung des Zuwendungsrisikos bestehen bestimmte, von der Einordnung in eine konkrete Rechtsordnung oder ein konkretes Normengeflecht losgelöste konstruktive Alternativen und Notwendigkeiten. Eine entsprechende Regelung muß freilich nicht ausschließlich der Befriedigung des Restitutionsinteresses verpflichtet sein. Vielmehr können als Ausdruck einer im Rahmen der Rechtsetzung vorgenommenen Interessenabwägung mit derselben Regelung auch andere Interessen Berück-

---

[1] Vgl. *Schweizer*, S. 28 ff.

[2] Vgl. schon oben, 1. Teil A. II. 1.; *Larenz*, Methodenlehre, S. 437 ff., 487; *Engisch*, S. 83.

[3] Vgl. schon oben, 1. Teil A. II. 1.; *Larenz*, Methodenlehre, S. 475.

[4] *Larenz*, ebd.

sichtigung gefunden haben.[5] Die Funktion, das aus der Realisierung des Zuwendungsrisikos resultierende Restitutionsinteresse zu befriedigen, kann deshalb von anderen Regelungsfunktionen überlagert werden oder diese selbst überlagern.[6]

Die rechtstechnische Reaktion auf die Realisierung des Zuwendungsrisikos wird entweder von der Rechtsordnung allgemein vorgegeben oder kann grundsätzlich auch das Ergebnis von Parteivereinbarungen (als Rechtsordnung *inter partes*)[7] sein. Das Regelungsziel und die regelungstechnischen Möglichkeiten und Notwendigkeiten sind in beiden Fällen identisch, weshalb die folgenden Ausführungen gleichermaßen gelten.

2. Möglichkeiten und Notwendigkeiten

a) Überblick

Positiv-rechtliche und vertragliche Konstruktionen mit dem Ziel, den Zuwendenden gegen die Realisierung des Zuwendungsrisikos abzusichern, müssen notwendigerweise bestimmte konstruktive Regelungselemente enthalten. Nur die Gesamtheit dieser Elemente garantiert, daß das Regelungsziel erreicht wird. Zunächst muß die Regelung auf der Tatbestandsseite definieren, unter welchen Voraussetzungen auf der Rechtsfolgenseite der Mechanismus zur Korrektur des Zuwendungsergebnisses im Restitutionsinteresse des Zuwendenden ausgelöst werden soll oder zumindest, unter welchen Voraussetzungen die Möglichkeit der Auslösung durch die betroffene Partei gegeben sein soll (Auslösetatbestand).[8] Weitere konstruktive Voraussetzung ist, daß auf der Rechtsfolgenseite ein Mechanismus bereitgestellt wird, der wegen der Realisierung des Zuwendungsrisikos das Zuwendungsergebnis im Interesse des Zuwendenden korrigiert (Restitutionsmechanismus).[9]

---

[5] Beispielsweise ist in §§ 324, 325 das (dingliche) aus der Realisierung des Zuwendungsrisikos resultierende Restitutionsinteresse als auch das (schuldvertragliche) Interesse an dem Ersatz des durch Verletzung einer Vertragspflicht verursachten Schadens berücksichtigt, vgl. ausführlich unten, 2. Teil B. IV. 2. e) und f).

[6] In § 324 ist beispielsweise das Interesse des „anderen Teils" (als Forderungszuwendendem), den Wert seiner eigenen Forderung zurückzuerlangen, weil er wegen der Unmöglichkeit der Leistungserbringung des „einen Teils" keinen entsprechenden Ausgleich erhält, dem Interesse des „einen Teils" nicht wegen Verschuldens des „anderen Teils" Schaden zu nehmen, untergeordnet, vgl. ausführlich unten 2. Teil B. IV. 2. d).

[7] Zur Regelung durch die Zuwendungsparteien vgl. *Heck*, Das abstrakte dingliche Rechtsgeschäft, S. 65.

[8] Dazu unten, 1. Teil C. II. 2. b).

[9] Dazu unten 1. Teil C. II. 2. c); zum Verhältnis von Tatbestand und Rechtsfolge vgl. nur *Manthe*, Gnomon 1984, S. 139 ff; *ders.*, Gnomon 1990, S. 295 f.

b) Der Auslösetatbestand

aa) Allgemeines

Der Anknüpfungspunkt für die regelungstechnische Bestimmung durch den Auslösetatbestand, wann sich das Zuwendungsrisiko verwirklicht hat, d.h. wann das Restitutionsinteresse des Betroffenen eine Korrektur des Zuwendungsergebnisses verlangt, wurde schon oben dargestellt: ob sich für einen Zuwendenden sein Zuwendungsrisikos verwirklicht hat, beurteilt sich nach seiner subjektiven Sicht *ex post.*[10] Diese subjektive Bewertung muß deshalb auch Grundlage für eine regelungstechnische Ausgestaltung des Auslösetatbestandes sein. Der Restitutionsmechanismus ist demgemäß dann auszulösen, wenn die Zuwendung aus Sicht des Zuwendenden nicht oder nicht mehr gerechtfertigt erscheint.[11]

Der Auslösetatbestand muß weiter die Verbindung zu der Rechtsfolge, d.h. dem Restitutionsmechanismus herstellen. Dies geschieht unter Einsatz des üblichen Konditionalschemas, indem die Aktivierung des Restitutionsmechanismus genau für den Fall angeordnet wird, daß sich das Zuwendungsrisiko verwirklicht hat („wenn ... (Tatbestand der Realisierung des Zuwendungsrisikos), dann ... (Restitutionsmechanismus)-Regelung").

bb) Die regelungstechnische Umsetzung

(1) Problem

Die praktische Umsetzung der obigen Vorgaben wirft in bezug auf den Teil der Auslöse-Konstruktion, welcher den auslösenden Tatbestand (d.h. die Realisierung des Zuwendungsrisikos) definiert, große, fast unüberwindliche Schwierigkeiten auf.[12] Diese Schwierigkeiten ergeben sich aus folgendem:

Da die Realisierung des Zuwendungsrisikos eine Frage der subjektiven Bewertung durch den Zuwendenden ist,[13] ist die Bandbreite der für eine solche Einschätzung bedeutsamen subjektiven Momente entsprechend weit, von leichtem Unbehagen bis hin zu völliger Ablehnung des Zuwendungsergebnisses. Schon aus der Sicht des Zuwendenden selbst ist es folglich schwierig, diese subjektiven Momente präzise zu bestimmen und daraus eine Wertung in bezug

---

[10] Vgl. oben, 1. Teil B. II. 2.

[11] Vgl. oben, 1. Teil B. II. 2., und zu Einzelheiten im folgenden.

[12] Vgl. nur *H.P. Westermann*, causa, S. 40 (Abgrenzung der rechtserheblichen von den unerheblichen Motiven); *Kellmann*, Grundsätze der Gewinnhaftung, S. 103, (Unterscheidung zwischen rechtlich relevanten und irrelevanten Willensfehlern); *Carl*, S. 12 (Abgrenzung rechtlich relevanter und irrelevanter Zwecke); *Klinke*, S. 32 f. (Trennung zwischen beachtlichem Motiv und unbeachtlichem Zweck); *Huber*, JuS 1972, S. 57.

[13] Vgl. oben, 1. Teil B. I. und II: 2.

auf die Gerechtfertigtheit der Zuwendung herzuleiten.[14] Subjektive Komponenten auf seiten des Zuwendenden, d.h. seine Vorstellungs- und Gedankenwelt sind zudem Dritten weder vor noch nach Vollzug der Zuwendung ohne weiteres zugänglich. Damit stellt sich die Frage, wie derartige rein subjektive Sachverhalte für die Rechtsanwendung nachgewiesen werden können bzw. nachgewiesen werden müssen.[15]

Weitere Unsicherheiten ergeben sich daraus, daß eine Regelung den Tatbestand der Realisierung des Zuwendungsrisikos schon vor der Zuwendung (*ex ante*) konkretisieren, d.h. bestimmen muß, wann der Restitutionsmechanismus ausgelöst werden soll, welche Umstände also als Realisierung des Zuwendungsrisikos anzuerkennen sind und welche nicht. Die Entscheidung darüber, ob sich das Zuwendungsrisiko für einen konkreten Fall verwirklicht hat, ist andererseits frühestens im Zeitpunkt der Realisierung, also bei Vollzug der Zuwendung und damit *ex post* möglich.[16] Das Auslöse-Element einer rechtstechnischen Konstruktion zur Rückabwicklung einer Zuwendung wegen Realisierung des Zuwendungsrisikos muß diesen Bewertungsvorgang also vorwegnehmen. Das ist deshalb problematisch, weil weder für den Zuwendenden selbst noch für Dritte alle Umstände voraussehbar sind, die möglicherweise für die (subjektive) Realisierung seines Zuwendungsrisikos Bedeutung erlangen können.[17]

Zusätzliche Schwierigkeiten in bezug auf die rechtstechnische Umsetzung bereitet die Tatsache, daß andere Interessen als die des Zuwendenden selbst in dessen subjektiver Bewertung des Zuwendungsergebnisses natürlicherweise keine Berücksichtigung finden. Zu diesen nicht berücksichtigten Interessen gehören vor allem die Interessen des Zuwendungsempfängers, aber auch Dritter und der Allgemeinheit.[18]

---

[14] Vgl. *Baur*, AcP 160, S. 463 ff.; *Hubmann*, AcP 155, S. 96; *Kegel*, Gutachten, S. 148 f.; *Krech u.a.*, S. 23.

[15] Vgl. *Baur*, ebd.; *J. Wolf*, S. 31 (für die Erkennbarkeit und Beweisbedürftigkeit von Zwecken); *Häsemeyer*, S. 72; *Pawlowski*, JZ 1968, S. 405; *Kegel*, ebd.; *Simshäuser*, S. 38; *Stürzebecher*, NJW 1988, S. 2718; im Zusammenhang mit der Kritik am finalen Leistungsbegriff *Schnauder*, AcP 187, S. 143: „... daß mit der eigenständigen Berücksichtigung des mit der Leistung von einem Leistenden verfolgten Zwecks ein Raum menschlichen Handelns und Denkens aufgeschlossen ist, der, wird er nicht durch systematisierende Rechtsregeln beherrscht, leicht in die Abgründe von Motivationsschichten führen kann, die allenfalls dem Pychologen, nicht dem Juristen zugänglich sind."; *ders.*, Grundlagen, S. 22.

[16] Vgl. oben, 1. Teil B. II. 2.

[17] Vgl. oben, 1. Teil B. II. 2.

[18] Vgl. z.B. *Kellmann*, Grundsätze der Gewinnhaftung, S. 103 (Interesse an der Verkehrssicherheit).

(2) Lösungsansätze

(a) Allgemeines

Die juristische Literatur erörtert die aufgezeigten Probleme nicht aus der Sicht der Realisierung des Zuwendungsrisikos, sondern in anderem Zusammenhang und unter anderer Überschrift. Im deutschen Zivilrecht ist die Auslöseproblematik auf abstrakter Ebene Gegenstand der causa-Diskussion. Der Stand der causa-Diskussion ist allerdings höchst unbefriedigend. Die Lehre von der causa hat nämlich genauso lange Tradition wie ihre Bedeutung und ihr Inhalt bis heute unübersichtlich, um nicht zu sagen ungeklärt, sind.[19] Zwei Zitate mögen das verdeutlichen. H.P. Westermann[20] definiert in seinem grundlegenden Werk über „Die causa im deutschen und französischen Zivilrecht":

> „Die causa haben wir als Zweck, näher als Bezug einer einzelnen Vermögenszuwendung zum wirtschaftlichen Gesamterfolg der Güterschiebung bezeichnet. Wesensmäßig ist sie ein Motiv; im Interesse der Verkehrssicherheit hängt aber ihre Rechtserheblichkeit von ihrem typischen Vorhandensein oder einer Willenseinigung über sie ab. Der Ton liegt darauf, daß die causa ein Vertragsinternum ist, eine in den Vertrag aufgenommene Modalität, jedoch schwächer als die Bedingung."

Die in der causa-Diskussion bestehenden Unsicherheiten werden deutlich, wenn man der Definition H.P. Westermanns die folgende Aussage Schanbachers[21] aus neuerer Zeit gegenüberstellt:

> „... causa und Zweck sind nicht identisch ... causa und Zweckerreichung schon gar nicht; die causa ist vielmehr lediglich Bedingung der Zweckerreichung ..."

Die Frage drängt sich auf, wie es in Anbetracht der jahrhundertealten causa-Diskussion zu derart widersprüchlichen Aussagen kommen kann. Die nachfolgende Skizze der Entwicklung der causa-Lehre soll die bestehenden Schwierig-

---

[19] Vgl. nur *Deneke*, S. 1; *Carl*, S. 17; *Mayer-Maly*, FS Wilburg, S. 243: „Ist aber die causa selbst nicht doch nur ein Zauberwort? ... Causa war schon immer ein Wort für viele Dinge...", S. 251: „... Vorwurf der Vieldeutigkeit des Ausdrucks ..."; *H.P. Westermann*, causa, S. 1: „Die Vieldeutigkeit des Wortes und die Vielschichtigkeit des durch das Wort angesprochenen Fragenkreises lassen ernste Zweifel darüber aufkommen, ob ein derartiger Begriff überhaupt genügend faßbar ist, um Gegenstand fruchtbarer juristischer Erörterungen zu sein."; *Schnauder*, Grundlagen, S. 74, der von dem „dunklen Begriff der „causa" " spricht; *Klingmüller*, S. 1 f.; vgl. *Kriegsmann*, S. 1; *Cohn*, S. 72; *Baus*, S. 6; *May*, S. 10 ff.; *Stürzebecher*, Rücktritt, S. 20 („schuldrechtliches Theorienknäuel"); *Schwarz*, S. 220; *Schäfer*, S. 157 („teilweise unklar und Mißverständnissen ausgesetzt"). Es ist andererseits nicht so, daß der Wert der causa-Lehren grundlegend bezweifelt wird. Die entgegengesetzte Feststellung *Klinkes*, S. 32, wird von den vom ihm, ebd. Fn. 11, präsentierten Zitaten jedenfalls nicht getragen; vgl. *Pawlowski*, JZ 1974, S. 126; *Zweigert*, FS Rheinstein, S. 502 („zweifelhafteste Figur").

[20] *H.P Westermann*, causa, S. 108.

[21] *Schanbacher*, S. 1 Fn. 3; vgl. auch *ders.*, allerdings im römisch-rechtlichen Zusammenhang, ebd., S. 4.

keiten weiter veranschaulichen. Es kann in dieser Arbeit allerdings nicht darum gehen, den unterschiedlichen Varianten der causa-Lehre in allen Einzelheiten nachzuspüren oder etwa den schon existierenden Spielarten eine weitere hinzuzufügen. Hier soll vielmehr versucht werden, über die Auseinandersetzung mit der causa-Lehre Anhaltspunkte für die Lösung der oben dargestellten Probleme bei der rechtstechnischen Umsetzung des Auslösetatbestandes einer rechtstechnischen Konstruktion zur Reaktion auf die Realisierung des Zuwendungsrisikos zu gewinnen. Gleichzeitig steht zu hoffen, gewissermaßen als Nebenprodukt Licht in das bestehende „causaische Dunkel“ zu bringen.

(b) Die causa-Lehre

Im römischen Recht war der Begriff „causa“ nicht allgemeingültig terminologisch festgelegt.[22] Die gemeinrechtliche causa-Lehre berief sich vor allem auf die römisch-rechtliche *iusta causa traditionis*.[23] Die Bedeutung dieser Rechtsfigur im römischen Recht ist wegen der spärlichen Quellenlage[24] allerdings nicht völlig geklärt. Feststeht, daß sie als ein konstitutives Element des dinglichen Zuwendungsakts im Zuwendungsrecht von Bedeutung war.[25] Einzelheiten können hier dahinstehen.[26]

Die moderne causa-Lehre hat ihre Grundlage vor allem im Mittelalter.[27] In der Literatur zum Gemeinen Recht setzte sich erstmals die Gleichsetzung von causa und Zweck durch. Damit einher ging die Erkenntnis, daß die causa auch als Wirksamkeitsvoraussetzung einer Verbindlichkeit bedeutsam sein müsse.[28] Heute besteht Einigkeit darüber, daß die Frage der causa bei Vermögenszuwendungen von Bedeutung ist.[29] Überwiegend versteht man deshalb unter causa den

---

[22] *Mayer-Maly*, FS Wilburg, S. 243 ff.; *Schwarz*, S. 195 ff.; *Deneke*, S. 1; *Windscheid*, Lehre, S. 47 ff.; *Lenel*, AcP 74, S. 228 f., 235 Fn. 17; *Baus*, S. 7 f.; *Söllner*, S. 183 f.; vgl. auch *Sonntag*, S. XVI f.; *Ehmann*, Gesamtschuld, S. 131 f.; *Stadler*, S. 9.

[23] Vgl. *H.P. Westermann*, causa, S. 2; *Söllner*, S. 228.

[24] *Jahr*, Sav.Z. 80, S. 141 ff. (141).

[25] *Kaser*, S. 417; vgl. *Jahr*, ebd.; *Brandt*, Eigentumserwerb und Austauschgeschäft, S. 29 ff.; *H.P. Westermann*, causa, S. 20, nach dem die *iusta causa traditionis* im BGB keine Bleibe hat, weil die causa einer Übereignung der causa einer Leistung gleichzustellen sei.

[26] Vgl. dazu *Jahr*, ebd. m.w.N.

[27] Ausführlich *Söllner*, passim, insbes. S. 268; *Mayer-Maly*, FS Wilburg, S. 243.

[28] *H.P. Westermann*, causa, S. 15 f.

[29] *Deneke*, S. 17, 20 m.w.N.; vgl. aber auch z.B. *Rümelin*, S. 217, der die causa nur für die abstrakten Zuwendungen, also nicht für Zuwendungen überhaupt für bedeutsam hält; *Kübler*, S. 212, und ihm folgend *Pawlowski*, JZ 1968, die die causa offensichtlich vor allem als vertragliche Besonderheit begreifen.

Zweck[30] einer Vermögenszuwendung, wobei diese Auffassung aber in unterschiedlichen Spielweisen vertreten wurde und wird.[31]

Diskutiert und entwickelt wurde dieses causa-Verständnis vor allem im Zusammenhang mit der Frage nach dem Rechtsgrund einer Leistung im Sinne von § 812. Mit Erlaß des BGB sah sich die causa-Diskussion nämlich mit dem Dilemma konfrontiert, die eigene Existenzberechtigung jedenfalls nicht aus dem Gesetzestext herleiten zu können, denn das BGB gibt für die nähere Bestimmung des causa-Begriffs nichts her.[32] Lediglich im Bereicherungsrecht ist die Frage nach dem Rechtsgrund einer Leistung (oder einer Bereicherung in sonstiger Weise) gestellt, weshalb sich die Erörterung der causa in den bereicherungs-

---

[30] Die heute herrschende Lehre soll unter causa den typischen mit einer Zuwendung verfolgten, von den Motiven dieser Zuwendung zu unterscheidenden Verkehrszweck verstehen, *Larenz*, JherJb. 81, S. 7; *Deneke*, S. 17 m.w.N. (rechtlich relevanter Zweck und unbeachtliches Motiv einer Zuwendung); vgl. *H.P. Westermann*, causa, S. 56; *Carl*, S. 15 f.; vgl. *v. Tuhr*, Der Allgemeine Teil des Deutschen Bürgerlichen Rechts II/1, § 54 III (S. 256); *Brox*, AT, Rn. 110; zum Problem der Abgrenzung zwischen Zweck und Motiv, vgl. schon oben, 1. Teil A. II. 2. Andere interpretieren das herrschende causa-Verständnis in bezug auf die Abgrenzung zwischen Zweck und Motiv anders: überwiegend werde nämlich wohl die Auffassung vertreten, daß die causa als Zweck einer Zuwendung auch deren Motiv sei, *Deneke*, S. 17; *H.P. Westermann*, causa, S. 40: „Der Zweck ist wesensmäßig ein Motiv ...", wobei der Widerspruch zu dem Dogma der Unerheblichkeit der Beweggründe, vgl. *Deneke*, S. 6. nicht thematisiert wird. Richtig ist wohl, daß sich die „Herrschaft" keiner dieser Ansichten feststellen läßt.

[31] *Jung*, S. 68, hatte 1902 im bereicherungsrechtlichen Zusammenhang die causa („den rechtlichen Grund") als „... von dem bisherigen Inhaber des fraglichen Vermögenswertes ... bezweckte Einwirkung auf die rechtlichen Beziehungen des Empfängers zu bestimmten Personen, regelmäßig zu ihm selbst" bestimmt. Nach *Schöninger*, S. 8-9, 182, war die causa als rein menschlich-wirtschaftliche Zwecksetzung, eine subjektive Zwecksetzung, wie sie zu jedem vernünftigen Handeln gehört. *Kriegsmann*, S. 6, sah in der causa eines Rechtsgeschäfts eine es begleitende Zweckvorstellung, welche in dem Sinne rechtlich relevant ist, daß die Nichterreichung des Zweckes die Wirkung des Geschäfts irgendwie alteriert. *Eneccerus/Nipperdey*, § 148 I 2 (S. 915), nannten die auf einen mittelbaren Rechtserfolg einer Zuwendung gerichtete Absicht ihre causa (im subjektiven Sinne). Nach *Klingmüller*, S. 21, war die vom Gesetz verlangte „Motivierung" einer Zuwendung die causa. Vgl. auch *Carl*, S. 12 f.: „... rechtlich relevante, d.h. erklärte bzw. bei zweiseitigen Zuwendungen, der vereinbarte Zweck."; *Larenz/Wolf*, § 23 IV.1. a) (S. 456); *Jauernig*, JuS 1994, S. 725; *van den Daele*, S. 54; *Deneke*, S. 6; *Stürzebecher*, Rücktritt, S. 75; *Schäfer*, S. 157 ff.; *Freudenberg*, S. 55; jüngst *Stadler*, S. 14: „... rechtlich relevante Zweck einer Zuwendung. Es handelt sich entweder um einen geschäftstypischen oder ausdrücklich vereinbarten wirtschaftlichen oder rechtlichen Zweck."; kritisch hinsichtlich der Gleichsetzung der „causa der Verträge" mit Zweck *Mayer-Maly*, FS Wilburg, S. 245 (causa als Grund); *Schanbacher*, S. 1 Fn. 3; *ders.*, allerdings im römisch-rechtlichen Zusammenhang, S. 4; *Mugdan* 2 Protokolle, S. 1173 ff.

[32] *Stampe*, causa-Problem, S. 22; *Deneke*, S. 2 f. (2): „... Begriff, der sich, ohne positiv bestimmt zu sein, Geltung verschafft hat."; *H.P. Westermann*, causa, S. 11, 15, 51; vgl. *Stadler*, S. 9; *Buchholz*, S. 5.

rechtlichen Zusammenhang verlagerte.[33] Causa wird deshalb heute gemeinhin mit „Rechtsgrund“ i.S.v. § 812 gleichgesetzt.[34]

Die Unsicherheiten hinsichtlich der Bestimmung der causa setzen sich allerdings in der Diskussion um die dogmatischen Strukturen des Bereicherungsrechts fort.[35] Nach Erlaß des BGB[36] hatten verschiedene Autoren zunächst versucht, den Rechtsgrund des Bereicherungsrechts einheitlich in dem schuldrechtlichen Grundgeschäft zu sehen.[37] Für die Bereicherung ohne Leistung wurde das aber als unbefriedigend empfunden, weil in diesen Fällen die Rechtfertigung einer Bereicherung offensichtlich nicht oder zumindest nicht ausschließlich mit einem schuldrechtlichen Grundgeschäft begründet werden kann.[38]

---

[33] Vgl. *Scheyhing*, S. 373 ff.; *Zweigert*, JZ 1964, S. 353; *Pawlowski*, JZ 1974, S. 126; *Becker*, S. 332.

[34] *Flume*, AT II, S. 132; *Enneccerus/Nipperdey*, § 148 I 1 (S. 195); *Carl*, S. 17; *Lindemann*, S. 6; *Pfister*, JR 1969, S. 47; *Deneke*, S. 3 unter Verweisung auf Protokolle 2. Lesung Bd. II, S. 501, wo der Begriff der causa allerdings nicht auftaucht; MüKo-*Lieb*, § 812 Rn. 14; *H.P. Westermann*, causa, S. 11 f., 82; *Klinke*, S. 61; *Jung*, S. 68; *Brox*, AT, Rn. 111; *Neuhof/Richrath*, S. 2894 ff.; *Rümelin*, S. 217, sieht eine Bedeutung der causa nur im Bereicherungsrecht: „Kauf, Miete, Dienstvertrag, Schenkungsverabredung haben nicht ihrerseits eine causa. Höchstens kann man sagen, daß sie die causa in sich aufnehmen, daß sie kausale Geschäfte seien.“; ähnlich *Zweigert*, JZ 1964, S. 353, vgl. zu Rümelin *Deneke*, S. 16: „... unübersichtlich und vermag wenig zur Klärung des Begriffs beizutragen ...“; kritisch zur Gleichsetzung von Rechtsgrund i.S.v. § 812 und causa, *Kellmann*, Grundsätze der Gewinnhaftung, S. 98 ff.; *Cohn*, S. 73; *Baus*, S. 7; *May*, S. 27.

[35] Vgl. *Carl*, S. 17: „Leider ist der Begriff des Rechtsgrundes um nichts deutlicher als der der „causa“, da eine Vielfalt verschiedener Dinge darunter verstanden wird.“; *Stathopoulos*, S. 235 f.; *Leonhard*, S. 474. Die 2. Kommission hatte den Vorschlag, den „Leistungszweck“ als Rechtsgrund des Bereicherungsrechts positiv-rechtlich festzuschreiben, verworfen. Es zeige sich, „daß jeder Versuch, die Fälle erschöpfend aufzuzählen, in welchen die Leistung des Rechtsgrundes entbehre, vom Gesetzgeber nicht unternommen werden könne, da es nicht möglich sei, das, was beabsichtigt werde, zum klaren Verständnis zu bringen. Man werde immer einen lehrbuchartigen Satz aufstellen können, der in das BGB nicht passe. Die unüberwindliche Schwierigkeit liege darin, daß es sich um die Zerlegung eines in Wirklichkeit einheitlichen Geschäfts in zwei Theile handele, das Leistungsgeschäft und die Zweckbestimmung, von denen die letztere die Wirksamkeit des ersteren an sich nicht bedinge, aber doch den Einfluß übe, daß die durch das Leistungsgeschäft herbeigeführte Vermögensverschiebung wieder beseitigt werden könne, wenn die Leistung des Rechtsgrundes entbehre, wenn es an einer wirksamen Zweckbestimmung fehle oder der Zweck nicht erreicht werde. Dieses komplizierte Verhältnis könne in der Sprache des Gesetzes nicht zum Ausdruck gebracht werden“, *Mugdan* 2, Protokolle, S. 1174; vgl. *Stathopoulos*, S. 236.

[36] Vgl. zur vorherigen Entwicklung, *König*, Tatbestände und Ordnungsprobleme, S. 34.

[37] *Jung*, S. 30 ff.; *v. Mayr*, S. 428 („Mangel der relativen Beziehung zwischen den Parteien“); vgl. *Stathopoulos*, S. 235 f.

[38] *Stathopoulos*, ebd.

Die im Bereicherungsrecht in der Gegenwart herrschende Trennungslehre leitet die dogmatischen Grundlagen von Leistungs- und Nichtleistungskondiktion deshalb getrennt her[39] und bestimmt demgemäß auch den rechtlichen Grund für Leistungs- und Nichtleistungskondiktion unterschiedlich.[40] Für die Nichtleistungskondiktion soll danach der Rechtsgrund aus dem Gesamtinhalt der Rechtsordnung nach objektiven Kriterien zu bestimmen sein.[41] Was unter „rechtlichem Grund" für die Leistungskondiktion zu verstehen ist, ist innerhalb der h.L. umstritten.[42] Vor allem früher wurde ein objektives Rechtsgrundverständnis vertreten. Rechtsgrund soll danach das Kausalverhältnis sein, auf das geleistet wird.[43] Heute ist ein subjektives Rechtsgrundverständnis herrschend.[44] Der Rechtsgrund (die causa) der Leistung i.S.v. § 812 Abs. 1 ist nach dieser Auffassung der mit der Leistung vereinbarte und erreichte Zweck.[45]

Ein Teil der aktuellen bereicherungsrechtlichen Literatur (sog. Einheitslehre) sieht demgegenüber das Fehlen des Rechtsgrundes für Leistungs- und Eingriffskondiktion einheitlich in dem nicht gerechtfertigten Haben des Bereicherungsschuldners.[46] Man geht davon aus, daß keine Veranlassung besteht, hinsichtlich des Rechtsgrundes zwischen Eingriffs- und Leistungskondiktion zu unterscheiden.[47]

In den Stellungnahmen zur causa-Frage wird - losgelöst vom bereicherungsrechtlichen Zusammenhang - die Unterscheidung zwischen causa im subjektiven und causa im objektiven Sinne immer wieder aufgegriffen. Allerdings ist

---

[39] Vgl. ausführlich, ebd.

[40] *H.P. Westermann*, causa, S. 12; differenzierend MüKo-*Lieb*, § 812, Rn. 136.

[41] *H.P. Westermann*, causa, S. 12: „Hier überprüft das Gesetz vielmehr nur die objektive Richtigkeit und Gerechtigkeit einer Vermögensverschiebung."

[42] *Wilburg*, Lehre, S. 10 f.; *v. Caemmerer*, FS Rabel, S. 343 f.; *Kötter*, S. 205 ff.; *J. Wilhelm*, Rechtsverletzung, S. 105; *Kupisch*, Gesetzespositivismus, S. 62 f.; *Larenz/Canaris*, § 67 III 1. a) (S. 137); MüKo-*Lieb*, § 812, Rn. 137 ff.; *H.P. Westermann*, causa, S. 12.

[43] Vgl. MüKo-*Lieb*, § 812 Rn. 137 m.w.N.; *Stadler*, S. 13.

[44] Anders wohl *Schnauder*, AcP 187, S. 150, der der h.M. ein objektives Rechtsgrundverständnis attestiert.

[45] *Ehmann*, NJW 1969, S. 393 ff.; *Reuter/Martinek*, § 4 II. 4. b) (S. 110); *Zeiss*, AcP 164, S. 54; *Schnauder*, AcP 187, S. 150; *ders.*, Grundlagen, S. 35; *Klinke*, S. 46, 60; vgl. *Stadler*, S. 13. Die zum subjektiven Rechtsgrundverständnis vertretenen Ansichten stimmen allerdings im einzelnen nicht immer völlig überein, vgl. z.B. *H.P. Westermann*, causa, S. 82 (Rechtsgrund als der vereinbarte oder typische Zweck der Leistung im Rahmen einer wirtschaftlichen Güterbewegung); *Ehmann*, NJW 1969, ebd., S. 400 (Rechtsgrund als Zweckvereinbarung und Zweckerreichung gemeinsam); kritisch zur praktischen Relevanz des Unterschiedes zwischen subjektivem und objektivem Rechtsgrundverständnis *Esser/Weyers*, S. 453 f.; *Stadler*, S. 13.

[46] Vgl. *Kellmann*, Grundsätze der Gewinnhaftung, S. 98; MüKo-*Lieb*, § 812 Rn. 136; *Scheyhing*, S. 375; *Welker*, S. 32 ff.

[47] Zu dieser Einheitslehre vgl. ausführlich unten, 2. Teil C. II.

die Bedeutung dieser Unterscheidung nie völlig klar geworden, zumal man sich nicht einheitlicher Unterscheidungskriterien bedient.

Die folgenden Beispiele sollen das verdeutlichen:[48] Nach Deneke[49] ist causa im subjektiven Sinne die Zwecksetzung, der Bestimmungsgrund für den Zuwendenden, das Geschäft überhaupt vorzunehmen. Causa im objektiven Sinne sei die Verwirklichung dieses Ziels. Für Fricke[50] ist der subjektive Bestimmungsgrund einer Erklärung die causa im subjektiven Sinn, causa im objektiven Sinn seien diejenigen Tatsachen, deren Vorhandensein objektiv erforderlich sei, damit nach der Rechtsordnung ein Anspruch oder ein dingliches Recht entstehe oder übertragen werde. Causa im objektiven Sinn sei also der juristische Grund einer Rechtswirkung.[51] H.P. Westermann[52] sieht in der causa im subjektiven Sinn den subjektiven Verkehrszweck, d.h. wohl den mit einer Zuwendung von dem Zuwendenden verfolgten Zweck. Der Rechtsgrund des Behaltendürfens sei die objektive causa.

Im Gegensatz zu dem dargestellten heute herrschenden Verständnis, wonach die causa der Zweck einer Zuwendung ist, hatte Stampe ein „zweckloses" causa-Verständnis entwickelt. Für ihn war die causa der inhaltlich auf den wirtschaftlichen Gesamterfolg gerichtete Parteiwillensakt.[53]

Stampe sah in der causa auf der einen Seite und den von den Parteien verfolgten Zwecken auf der anderen Seite zwei völlig unterschiedliche Dinge.[54] Parteizweck sei der von den Parteien jeweils angestrebte Erfolg. Im Gegensatz zu diesem Wollen nur einer Partei sei die causa der als Grundgeschäft durch den Willensakt beider Parteien (Einigung) bestimmte Gesamterfolg der „Güterschiebung".[55] Die Durchführung, Sicherung oder Modifikation dieser causa (Grundgeschäft) erfolge über sogenannte „Hülfsgeschäfte". Voraussetzung für den Bestand dieser „Hülfsgeschäfte" sei eine fehlerlose causa (Grundgeschäft).[56]

Im causa-Zusammenhang erörtert man weiter die Frage, ob die causa einseitig vom Zuwendenden gesetzt werden kann oder ob und welche anderen Anforderungen (Erklärung[57], Erkennbarkeit, Kenntnis oder Vereinbarung?) an die Rechtserheblichkeit der causa zu stellen sind.[58] Nach h.M. ist eine causa grund-

---

[48] *H.P. Westermann*, causa, S. 18: „Wie so oft eignet sich auch hier die Unterscheidung zwischen objektiver und subjektiver Begriffsbildung nicht, Verwirrung zu vermeiden."

[49] *Deneke*, S. 6.

[50] *Fricke*, S. 2.

[51] *Ders.*, S. 2 Fn. 1.

[52] *H.P. Westermann*, causa, S. 17 f.

[53] *Stampe*, causa-Problem, S. 24.

[54] *Stampe*, AcP 108, S. 43 = Wertbewegungslehre, S. 34; *ders.*, Causa-Problem, S. 41 ff.; vgl. zu Stampe *Cohn*, S. 71 ff.

[55] *Stampe*, AcP 108, S. 75 f. = Wertbewegungslehre, S. 34 f.

[56] *Stampe*, AcP 108, S. 54.

[57] Vgl. *Schnauder*, Grundlagen, S. 22.

[58] *Deneke*, S. 17, 20, 21; *H.P. Westermann*, causa, S. 1; *Schnauder*, AcP 187, S. 146.

sätzlich nur dann rechtserheblich, wenn sie vereinbart ist.[59] Allerdings soll sich die Rechtserheblichkeit einer causa auch daraus ergeben können, daß es sich bei ihr um einen für den besonderen Zuwendungsvorgang typischen Zweck handelt.[60]

Große Bedeutung nimmt auch der Versuch ein, unterschiedliche causa-Typen zu bestimmen.[61] H.P. Westermann[62] bezeichnet diese Versuche als „ungewöhnlich kompliziert" und „immer verschwommen".[63] Auch er selbst stellt aber noch in neuerer Zeit die Frage, ob sich eine Reihe von Geschäftszwecken zusammenstellen läßt, die bei einer Vermögenszuwendung als typisch mitvereinbart gelten können, d.h. ohne weiteres rechtserheblich sind und die nur bei besonderer Zweckvereinbarung nicht oder nur in zweiter Linie wirken.[64]

Vor allem in der älteren Literatur wurde diskutiert, ob die causa wirtschaftlichen oder juristischen Charakter habe.[65] Schon 1869 hatte Fitting vertreten, daß die causa ein wirt-

---

[59] Vgl. *H.P. Westermann*, causa, S. 52; *Schnauder*, Grundlagen, S. 38 f.; *Klinke*, S. 42, vgl. aber auch *ders.*, S. 49, wonach bei Auslobung, Dereliktion, Geschäftsführung ohne Auftrag, Stiftung, Zuwendung von Todes wegen causa ein nichtvereinbarter Zweck sei, da der Zuwendende den Zweck allein verfolge; kritisch im bereicherungsrechtlichen Zusammenhang *Kellmann*, Grundsätze der Gewinnhaftung, S. 102; vgl. *Beuthien*, Zweckerreichung und Zweckstörung, S. 184; *Larenz/Wolf*, § 23 IV. 1. a) (S. 456).

[60] *Deneke*, S. 16; *H.P. Westermann*, causa, S. 1, 64; *Beuthien*, Zweckerreichung und Zweckstörung, S. 184 ff., der feststellt, daß keine allgemeingültige Antwort auf die Frage zu geben ist, wann ein Vertrag sachtypisch zweckbezogen ist. Vielmehr ließen sich nur bestimmte, häufig wiederkehrende Wertungsgesichtspunkte aufzeigen.

[61] Vgl. *Wilburg*, Lehre, S. 10; *Larenz*, JherJb. 81, S. 7 ff.; *Heinrich Wieling*, JuS 1978, S. 802 f.; *Fricke*, S. 6; *Carl*, S. 13 f.; *Schäfer*, S. 158 ff.; *Stadler*, S. 10, die ohne nähere Begründung geltend macht, die Kategorisierung sei „aber zweifelsfrei hilfreich"; jüngst *Neuhof/Richrath*, S. 2894 ff.

[62] *H.P. Westermann*, causa, S. 58.

[63] Die aus dem römischen Recht stammende und noch im gemeinen Recht gebräuchliche Dreiteilung in *causa credendi*, *solvendi*, *donandi* wurde schon Anfang dieses Jahrhunderts als unvollständig angegriffen, vgl. *Deneke*, S. 7, 18, 10; *Krawielicki*, S. 159 f.; *Jung*, S. 61 ff.; *H.P. Westermann*, causa, S. 57, und durch andere causa-Typen ergänzt bzw. ersetzt; *Deneke*, S. 7; *Stampe*, causa-Problem, S. 39; *Klingmüller*, S. 24 f.; *H.P. Westermann*, ebd.; vgl. aber *Zeiss*, AcP 164, S. 55, der diese Einteilung als „wohl auch heute noch grundlegend" bezeichnet; *Schnauder*, AcP 187, S. 147 f.: „Diese Dreiteilung ist kein konstruktiver Willkürakt, sondern hat sich in der Rechtstradition als Gesetzmäßigkeit aus der Beobachtung der Natur des Wirtschaftsverkehrs ergeben, beruht also ebenfalls auf Erfahrungswerten."; *Lieb*, NJW 1982, S. 2035. Der Sinn der Dreiteilung ist andererseits nie völlig klar geworden, *H.P. Westermann*, ebd., S. 59 ff.

[64] Vgl. *H.P. Westermann*, ebd., S. 83, der zu dem Schluß kommt, daß die „wesentlichen causa-Typen" der Austauschzweck, der Schenkungszweck, vgl. dazu aber auch *ders.*, ebd., S. 60 f., und der Erfüllungszweck seien. Demgegenüber sei der Verwendungszweck und der Zweck in Realverträgen nicht typisch; vgl. auch *Kübler*, S. 217; *Zeiss*, AcP 164, S. 56: „... ist es Anliegen des Gesetzes, nur diejenigen Zweckvorstellungen der Parteien als Leistungszwecke anzuerkennen, die eine gewisse Typizität aufweisen."; *Schnauder*, Grundlagen, S. 27 f.

[65] Vgl. *H.P. Westermann*, causa, S. 17.

schaftlicher Begriff sei. Jedes Vermögensgeschäft habe eine spezifisch juristische und eine wirtschaftliche Seite. Letztere sei für den Charakter des Geschäftes entscheidend und deshalb seine causa.[66] Die Abgrenzung zwischen der causa als wirtschaftlichem und juristischem Begriff hat auf die Entwicklung der causa-Lehre allerdings keinen bedeutenden Einfluß gehabt und zur Klärung der Situation nur wenig beigetragen.[67]

Widersprüchlich sind die Aussagen der juristischen Literatur hinsichtlich der Bestimmung des Rechtscharakters der causa selbst. Ausdrücklich wird das Problem seltsamerweise gar nicht erst aufgeworfen. Setzt man mit der wohl herrschenden Ansicht[68] causa und Zweck gleich, dann ist die causa ein Willensmoment. Andererseits wird die causa auch als Rechtsgeschäft bezeichnet.[69] Als Rechtsgrund i.S.v. § 812 wäre die causa Tatbestandsmerkmal bzw. - positiv ausgedrückt - Behaltenstitel.[70] Wilburg[71] sieht andererseits in dem Rechtsgrund des § 812 nur eine Umschreibung, keine Erkenntnisquelle.

Nicht einheitlich sind auch die Stellungnahmen zu der Frage, welche Funktion einer wie auch immer gearteten causa-Figur zukommt und woraus sich die Existenzberechtigung der causa-Lehre selbst überhaupt herleitet.

Deneke[72] sieht es als rechtspolitische Aufgabe der causa an,

> „dem Rechtsakt Inhalt, Bedeutung beizulegen.[73] ...
>
> Die Aufgabe der causa zerfällt in eine positive und eine negative Funktion: Jene ist die Individualisierung der Rechtshandlung, diese die Charakterisierung der Handlung als der einer gewollten Individualisierung nicht entsprechenden, also verfehlten.
>
> Eine Handlung wird individualisiert durch ihren Zweck. Aufgabe der causa ist demnach
>
> 1. dem Rechtsgeschäft seinen Zweck zu geben (positive Funktion)
> und
> 2. das Rechtsgeschäft als zweckwidrig hinzustellen (negative Funktion)."

Klinke[74] bestimmt die Funktion der causa mittelbar, indem er das folgende allgemeine Prinzip aus allen Arten der causa-Mängel abstrahiert:

---

[66] *Fitting*, S. 381 ff. (395); vgl. in neuerer Zeit *H.P. Westermann*, causa, S. 60, wonach die Gründe dafür überwiegen, unter causa eher den wirtschaftlichen als den rechtlichen Erfolg zu verstehen; vgl. demgegenüber *Stadler*, S. 12.

[67] Vgl. eingehend *Deneke*, S. 14, m.w.N. Nach wohl. h.M. ist die causa nicht wirtschaftlicher, sondern rechtlicher Natur, vgl. *H.P. Westermann*, causa, S. 17; *Deneke*, S. 46.

[68] Vgl. oben, 1. Teil C. II. 2. b) bb) (2.2).

[69] *Deneke*, S. 17, 44 (Parteivereinbarung).

[70] Vgl. *Zweigert*, JZ 1964, S. 353: „Causa ist bei uns also das Recht, etwas, was man erlangt hat, zu behalten."

[71] *Wilburg*, Lehre, S. 13.

[72] *Deneke*, S. 37 f.

[73] *Deneke*, S. 37.

„Wer seinen Zweck unverschuldet nicht erreicht, braucht seine dafür eingesetzte Zuwendung nicht zu opfern."

Mayer-Maly[75] stellt fest, in allen Fällen diene

„die Rede von der causa dazu, der rechtlichen Bewertung eines Vorgangs im Rechtsverkehr Ausdruck zu geben. Immer wird geprüft, ob für den Eintritt oder für die Aufrechterhaltung eines rechtlichen Erfolges ein zureichender Rechtfertigungsgrund vorliegt."[76]

Zweigert[77] sieht eine Funktion der causa in den romanischen Rechtskreisen darin, die

„rechtlich verbindlichen von den unverbindlichen Versprechensgeschäften zu sondern. [78] ... Im deutschen Rechtskreis spielt ... die causa so gut wie keine Rolle. Sie ist bedeutsam nur für Zuwendungsgeschäfte, und zwar da für die Frage, ob jemand einen Gegenstand, den er erlangt hat, behalten darf ... Causa ist also bei uns das Recht, etwas, was man erlangt hat, zu behalten."

Becker[79] schließlich geht davon aus, daß sämtliche causa-Figuren als Instanzen zur Kontrolle von Opfertatbeständen erscheinen,

„wenn man will, als Instrumente der Opferverwehrung - was vom Standpunkte der von einer Rechtshandlung oder von einem rechtsrelevanten Ereignis betroffenen Personen aus gesehen entweder als Opferverweigerung des durch das Opfer Belasteten oder als Zuständigkeitsverlust des auf ein Opfer Berechtigten aus der Causa heraus zutage tritt: jedes Opfer muß durch eine Causa gerechtfertigt sein."

Auch in den causa-Zusammenhang[80] wird die von Windscheid erstmals Mitte des 19. Jahrhunderts vorgestellte und später heftig bekämpfte Voraussetzungslehre[81] gestellt. Windscheid hatte seine Voraussetzungslehre aus den römischrechtlichen Quellen hergeleitet und nachzuweisen versucht, daß causa im römischen Recht oft Voraussetzung im Sinne seiner Lehre gewesen ist.[82] Die Voraussetzungslehre war sehr umstritten und hat sich letztlich nicht durchsetzen können. Insbesondere ist sie nicht in das BGB übernommen worden.[83] Dennoch war und ist sie deshalb von besonderer Bedeutung, weil andere Lehren und

---

[74] *Klinke*, S. 92.

[75] *Mayer-Maly*, FS Wilburg, S. 251.

[76] *Mayer-Maly* führt, ebd., weiter aus: „Es ist dieser Dienst an der Wertung, der die Rede von der causa so oft unscharf macht. Wahrscheinlich wird man sie aber aus eben diesem Grund auch nie entbehren können."

[77] *Zweigert*, JZ 1964, S. 351 f.

[78] Nach *Zweigert*, ebd., S. 353, wird diese Funktion im deutschen Recht allerdings nicht durch eine causa-Lehre, sondern durch Auslegung wahrgenommen.

[79] *Becker*, S. 351.

[80] *H.P. Westermann*, causa, S. 41.

[81] Vgl. nur *Simshäuser*, S. 20, und im folgenden.

[82] *Windscheid*, Lehre, S. 47 ff.; vgl. *Simshäuser*, S. 25.

[83] Vgl. *Simshäuser*, S. 31 ff.

Rechtsinstitute von der Voraussetzungslehre abgegrenzt und auf diese Weise selbst konturiert werden. Nicht zuletzt wird die Entwicklung der Lehre vom Wegfalls der Geschäftsgrundlage auf die Voraussetzungslehre zurückgeführt.[84]

Die Voraussetzungslehre besagt in Grundzügen folgendes: eine Voraussetzung ist eine Selbstbeschränkung des Willens.[85] Wie bei einer Bedingung soll das gewollte Rechtsverhältnis bei der Erklärung unter einer Voraussetzung nur bei einem „gewissen Zustande der Dinge" Bestand haben.[86] Das Rechtsverhältnis wird aber nicht schlechthin begründet.[87] Durch Hinzufügung der Voraussetzung legt der Erklärende an den Tag, daß er die rechtliche Folge nicht wollen würde, wenn er nicht annähme, daß die Voraussetzung wirklich sei oder sein werde.[88] Das Rechtsverhältnis besteht damit mit seinem wirklichen, aber gegen seinen eigentlichen Willen.[89]

Windscheid nennt die Voraussetzung eine unterentwickelte Bedingung.[90] Eine Voraussetzung könne sich allerdings auch auf gegenwärtige, vergangene und zukünftige Umstände beziehen.[91] Eine Bedingung betrifft demgegenüber nur zukünftige Ereignisse.[92] Die Voraussetzung sei oft, aber nicht immer Inhalt einer Willenserklärung.[93] Eine Voraussetzung könne ausdrücklich oder stillschweigend erklärt werden,[94] für die stillschweigende Erklärung müsse sie dem anderen aber „entgegengetreten" sein.[95] Wann das der Fall sei, vermöge die Theorie nicht für alle Fälle zu klären, sie könne nur bestimmte Fälle nennen.[96] Die Voraussetzung sei jedenfalls immer die erste Absicht einer Vermögenszuwendung.[97] Erste Absicht sei es z.B. zu schenken, eine Gegenleistung zu erhalten oder eine Verbindlichkeit zu tilgen.[98] Als Folge eines Voraussetzungsmangels könne der Erklärende entweder der gegnerischen Forderung die *exceptio doli* ent-

---

[84] Vgl. *Soergel-Teichmann*, § 242 Rn. 199 ff.; *H.P. Westermann*, causa, S. 46; *Simshäuser*, S. 20 ff. Gerne wird in diesem Zusammenhang *Windscheid*, AcP 78, S. 197 zitiert: „Es ist meine feste Überzeugung, daß die stillschweigend erklärte Voraussetzung, was man auch gegen sie einwenden mag, sich immer wieder geltend machen wird. Zur Türe hinausgeworfen, kommt sie zum Fenster wieder herein."; vgl. für die Bedeutung der Voraussetzungslehre im Zusammenhang mit der skandinavischen Löfte-Theorie, *Biermann*, S. 449; zur Löfte-Theorie, *Wennberg*, a.a.O.

[85] *Windscheid*, Lehre, S. 1; *ders.*, AcP 78 (1892) S. 161 ff. (195); vgl. auch *Krückmann*, AcP 131, passim; *Wilburg*, Lehre, S. 8.

[86] *Windscheid*, Lehre, S. 1.

[87] Ebd., S. 2.

[88] *Windscheid*, AcP 78, S. 166, 195.

[89] *Windscheid*, Lehre, S. 2. *Windscheid* selbst, AcP 78, S. 167, muß aber zugeben, daß diese Formulierung dem „Sprachgebrauch wohl nicht stand(hält)".

[90] *Windscheid*, Lehre, S. 1; *ders.*, AcP 78, S. 195.

[91] *Windscheid*, Lehre, S. 10.

[92] *H.P. Westermann*, causa, S. 42 unter Berufung auf Staudinger/Coing.

[93] *Windscheid*, Lehre, S. 108.

[94] *Windscheid*, AcP 78, S. 168 ff.

[95] *Windscheid*, Lehre, S. 83; kritisch *Lenel*, AcP 74, S. 222 ff.; *ders.*, AcP 79, S. 49 ff.

[96] *Windscheid*, Lehre, S. 84, 89; *H.P. Westermann*, causa, S. 42, spricht von bestimmten Kriterien, die Windscheid entwickelt habe.

[97] *Windscheid*, Lehre, S. 87 ff.; *ders.*, AcP 78, S. 174 ff.

[98] *Windscheid*, Lehre, S. 88 f.

gegenhalten oder Erstattung der Gegenleistung verlangen.[99] Erlangen ohne Voraussetzung erfolge grundlos, weshalb für die Rückforderung die *condictio* gegeben sei.[100]

Vor allem Lenel[101] hat die Voraussetzungslehre (erfolgreich[102]) kritisiert.[103] Er sah die Voraussetzungslehre als eine Ausnahme von dem Grundsatz der rechtlichen Unerheblichkeit der Motive an. Jede Vorstellung, die für die Partei entscheidendes Motiv gewesen ist, sei Voraussetzung im Windscheid'schen Sinne.[104] Juristisch bedeutsam könne aber nur ein Motiv sein, daß zur Bedingung erhoben sei. Andernfalls handele es sich um eine bloße Mitteilung, die juristisch bedeutungslos sei.[105] Ein Mittelding zwischen Beweggrund und einer wirklichen Bedingung gebe es nicht.[106] Der Unterschied in der rechtlichen Behandlung der Beweggründe beruhe nicht auf dem Parteiwillen, sondern auf der Verschiedenheit in der Bedeutung der Beweggründe selber.[107] Rechtserheblich sei nämlich stets nur derjenige Zweck einer Leistung, der für die wirtschaftliche Natur der Leistung bestimmend ist.[108] Diese Zwecke ließen sich in zwei große Gruppen teilen, nämlich die Schenkungszwecke und die „wirtschaftlichen Zwecke".[109] Die wirtschaftlichen Zwecke haben nach Lenel alle gemeinsam, daß das Äquivalent, dessentwegen die Leistung erfolgt, im wirtschaftlichen Verkehr als Austauschobjekt anerkannt und deshalb dieser Leistung der Charakter nicht der Liberalität, sondern der Leistung um einer Gegenleistung willen beigemessen werde.[110] Nach Lenel ist die Abgrenzung zwischen beachtlichen und unbeachtlichen Zwecken deshalb nicht innerhalb der subjektiven Vorstellungswelt des Erklärenden vorzunehmen, sondern objektiv nach dem Wert zu beurteilen, der den Parteizwecken für den Bestand der Verpflichtung zukommt.[111]

Die kurze Literaturschau mag genügen. Sie ist willkürlich insoweit, als nur Grundzüge dargestellt sind. Sie ist aber keinesfalls willkürlich in bezug auf die Unübersichtlichkeit, die schon durch die exemplarisch dargestellten Stellungnahmen deutlich wird.

---

[99] *Windscheid*, Lehre, S. 2, S. 58 ff.; *ders.*, Lehrbuch des Pandektenrechts, Band 2, S. 326.

[100] *Windscheid*, AcP 78, S. 167; vgl. zum bereicherungsrechtlichen Bezug der Voraussetzungslehre *Simshäuser*, passim.

[101] *Lenel*, AcP 74, S. 213 ff.; AcP 79, S. 49 ff.

[102] *Wilburg*, Lehre, S. 8.

[103] *Lenel*, AcP 74, S. 213 ff., hatte diese Herleitung der Voraussetzungslehre durch Windscheid referiert, sie aber - entgegen *H.P. Westermann*, causa, S. 41 Fn. 228, nicht als causa-Lehre bezeichnet. *Lenel*, AcP 74, S. 228, wollte die „unrichtige Lehre von der Voraussetzung in den Bestimmungen des Entwurfs (des BGB) durch die richtige Lehre von der causa substituieren."; vgl. auch *Lenel*, ebd., S. 235.

[104] *Lenel*, AcP 74, S. 221 f.

[105] Ebd., S. 225.

[106] Ebd., S. 226.

[107] Ebd., S. 228.

[108] Ebd., S. 230.

[109] Ebd., S. 230, 232.

[110] Ebd., S. 232 f.

[111] Vgl. *H.P. Westermann*, causa, S. 44.

(c) Kritik der causa-Lehre

Die „Idee von der causa“ hat kaum grundlegende Kritik erfahren. Die Rechtsfigur der causa scheint im Gegenteil zum festen Bestand deutscher Zivilrechtsdogmatik zu gehören, wenn sie auch in neuerer Zeit oft nur im bereicherungsrechtlichen Zusammenhang ausdrückliche Erwähnung findet.[112] Umso erstaunlicher ist die dargestellte Unübersichtlichkeit des gesamten Bereichs, die die causa-Lehre so unbefriedigend erscheinen läßt.

Wenn die causa überwiegend als Zweck einer Zuwendung verstanden wird[113], so bleibt man die Antwort auf die Frage schuldig, warum dem Zweck eine solche - im übrigen nicht näher spezifizierte - Bedeutung zukommen soll. Der Zweck einer Zuwendung wird vor Durchführung derselben festgelegt.[114] Damit wären aber grundsätzlich alle die Umstände von einer in dieser Weise zweckorientierten causa-Figur nicht erfaßt, die dem Zuwendenden zu diesem Zeitpunkt nicht bekannt oder nicht bewußt gewesen sind. Es ist aber nicht einsichtig und wird auch nicht begründet, warum der causa-Gedanke in dieser Weise beschränkt sein sollte.

Soweit die causa vor allem in den älteren Stellungnahmen im bereicherungsrechtlichen Zusammenhang als das einer Leistung zugrundeliegende Kausalgeschäft verstanden wurde, so kann damit jedenfalls nicht die Bedeutung der causa für Verpflichtungsgeschäfte erklärt werden. Überhaupt wird die Bedeutung der causa für Bereiche außerhalb des Bereicherungsrechts nicht deutlich.[115]

Die praktische Notwendigkeit, die oben skizzierten thematischen Schwerpunkte[116] zu erörtern, bleibt gleichfalls ungeklärt. Beispielhaft sei nur auf die Abgrenzung zwischen subjektiver und objektiver causa verwiesen. Abgesehen von Unterschieden in der Terminologie, wird nicht deutlich, welchen Nutzen die Abgrenzung überhaupt hat und in welchem Zusammenhang sie Bedeutung erlangt.

Der Haupteinwand gegen die bisherigen Ergebnisse der causa-Lehre resultiert aber daraus, daß nicht klar wird, warum die Figur der causa überhaupt notwendig ist, welche Funktion sie ausübt bzw. welche rechtlichen Strukturen sie kennzeichnen soll.[117] Um diesem Defizit abzuhelfen, wäre es notwendig, den

---

[112] Vgl. oben, 1. Teil C. II. 2. b) bb) (2.2); *Pawlowski*, JZ 1974, S. 126; *Zweigert*, FS Rheinstein, S. 502.

[113] Vgl. ebd.

[114] Vgl. oben, 1. Teil B. II. 2.

[115] *H.P. Westermann*, causa, S. 17.

[116] Vgl. oben, 1. Teil C. II. 2. b) bb) (2.2).

[117] Vgl. *Deneke*, S. 1: „Causaproblem ist die Streitfrage in der Jurisprudenz um das Wesen dessen, was die Juristen mit „causa“ zu bezeichnen pflegen.“

Regelungsgehalt der causa als Rechtsfigur näher zu bestimmen. Hierfür müßten Interessen und rechtspolitische Hintergründe ergründet werden, aus welchen sich möglicherweise die Existenzberechtigung der causa herleiten läßt. Weiter müßte im Wege einer rechtstechnischen Analyse erörtert werden, welche Rechtsfolgen an die Existenz oder das Fehlen der causa geknüpft sind oder geknüpft sein sollten.[118]

Unternimmt man es, Antworten auf die vorstehenden Fragen aus den Stellungnahmen zur causa „herauszufiltern", dann ergibt sich folgendes: Alle causa-Figuren scheinen den Tatbestand bestimmen zu wollen, bei dessen Vorliegen eine Zuwendung keinen Bestand haben soll, weil sie nicht gerechtfertigt ist.[119] Allerdings wird nicht die Existenz einer irgendgearteten causa als juristisch bedeutsam angesehen, sondern allein ihr Fehlen oder ihre Mangelhaftigkeit.[120] In allen Spielarten der causa-Lehre ist die fehlende oder mangelhafte causa damit nichts anderes als eine abstrakte Bezeichnung für den Tatbestand, an dem auf der Rechtsfolgenseite die Korrektur einer Zuwendung festgemacht wird.[121]

Wenn man die causa überwiegend als Zuwendungszweck, einen causa-Mangel also als Zweckverfehlung versteht, dann erscheint das als Versuch, die causa als Auslösetatbestand inhaltlich zu bestimmen. Da offensichtlich ist, daß nicht die Frustrierung jedweden Zuwendungszwecks die Rückabwicklung einer Zuwendung im Interesse des Zuwendenden rechtfertigen kann, versucht man objektive Kriterien zu finden, um die rechtlich bedeutsamen Zwecke von den unbedeutsamen abzugrenzen. So ist es zu verstehen, daß das Erfordernis einer

---

[118] Rechtsfolgenaspekte werden Gegenstand der Erörterungen des nächsten Kapitels sein. Hier mag der Hinweis genügen, daß gleich dem Begriff der causa selbst auch die Rechtsfolgen der causa-Mängel im BGB nicht ausdrücklich geregelt sind. *H.P. Westermann*, causa, S. 95, bezeichnet das als eine Hauptschwierigkeit und Grund für die Unklarheit der causa-Lehre. Die Folgen von causa-Mängeln seien im Leistungsstörungsrecht, Gewährleistungsrecht, Bereicherungsrecht und anderen Gedanken enthalten und würden zudem durch weitere Elemente wie Verschulden, Mahnung, Fristsetzung u.a. ergänzt, vgl. *ders.*, ebd., S. 55, 95.

[119] Vgl. jüngst *Neuhoff/Richrath*, S. 2894 ff.

[120] Vgl. z.B. *H.P. Westermann*, causa, S. 94: „... und erst die Zweckverfehlung das causa-Problem akut werden läßt." Zu Unrecht bedauert deshalb *Weitnauer*, Zweck und Rechtsgrund der Leistung, S. 41 f., „... daß die Erörterungen über die causa ... bei uns nicht unter der Fragestellung geführt werden, wann eine Obligation mit Rechtsgrund begründet oder eine Leistung mit Rechtsgrund bewirkt ist, sondern unter dem negativen Aspekt des Fehlens des Rechtsgrundes." Gerade durch die von *Weitnauer*, ebd., sogenannten „pathologischen" Fälle wird eine Regelung überhaupt erst notwendig; vgl. auch oben, 1. Teil B. II. 4. d).

[121] Vgl. in diese Richtung *Becker*, S. 351.

causa-Vereinbarung[122] aufgestellt wird und/oder nur typische Zwecke als causa anerkennt werden.

Die hinter diesen - wohlgemerkt ausdrücklich so zumeist gar nicht dargestellten - causa-Strukturen stehenden Regelungsbedürfnisse und die diesen zugrundeliegenden Interessen werden - wie schon gesagt - freilich nicht diskutiert. Es verbleibt deshalb bei dem Anschein einer insgesamt lediglich intuitiven Begründung der causa-Lehre.

(3) Stellungnahme

Die hier diskutierte Auslösetatbestands-Problematik ist im Zusammenhang mit der rechtstechnischen Reaktion auf die Realisierung des Zuwendungsrisikos bedeutsam. Um auf der Rechtsfolgenseite einen Restitutionsmechanismus aktivieren zu können, muß der Tatbestand definiert werden, der einen solchen Mechanismus auslösen soll. Auszugehen ist dafür von dem sich aus der Realisierung des Zuwendungsrisikos ergebenden Restitutionsinteresse, denn der Befriedigung desselben soll die Auslösung des Mechanismus dienen. Das Restitutionsinteresse beruht wiederum darauf, daß derjenige, dessen Zuwendungsrisiko sich verwirklicht hat, das Zuwendungsergebnis nicht oder so nicht will. Der Auslösetatbestand scheint damit das Nichtwollen des Zuwendungsgesamtergebnisses *ex post* zu sein.[123] Die praktischen Probleme, die sich ergeben, wenn allein an dieses subjektive Nichtwollen des Zuwendenden angeknüpft wird, wurden oben dargestellt.[124] Es ist deshalb zu klären, ob und wie sich diese Probleme auf die rechtstechnische Umsetzung des Auslösetatbestandes auswirken.

Um die Richtung der weiteren Erörterung vorzugeben, ist nochmals darauf einzugehen, wo die oben dargestellten Umsetzungs-Schwierigkeiten überhaupt ihre Ursache haben. Warum beispielsweise empfände man es in dem schon mehrfach zitierten Beispiel als unbefriedigend, wenn der Vater, der für seine Tochter Brautmöbel kauft, nicht an den Kaufvertrag gebunden wäre, wenn die Hochzeit unerwarteterweise nicht stattfindet. Unter Berücksichtigung des aus der Realisierung seines Zuwendungsrisikos folgenden Restitutionsinteresses des Brautvaters wäre dieses Ergebnis nämlich durchaus folgerichtig. Mit Abschluß des Kaufvertrages hätte der Brautvater dem Verkäufer eine Kaufpreisforderung[125] zugewendet. Die Korrektur dieser Forderungszuwendung strebt der Brautvater an, weil sich durch den Ausfall der Hochzeit sein subjektives Zu-

[122] Vgl. die Bedeutung der Vereinbarung als Kriterium zur Abgrenzung zwischen rechtlich bedeutsamen Zwecken und unbeachtlichen Motiven (bejahend) *Huber*, JuS 1972, S. 651.

[123] Vgl. schon oben, 1. Teil B. II. 2.

[124] Vgl. oben, 1. Teil C. II. 2. b) bb) (1).

[125] Zur Forderungszuwendung vgl. schon oben, 1. Teil B. II. 4. b) cc).

wendungsrisiko verwirklicht hat, d.h. aus seiner Sicht die Zuwendung der Forderung nicht mehr gerechtfertigt ist. Um zu begründen, daß das Rückabwicklungsbegehren des Brautvaters dennoch keinen Erfolg haben kann, reicht es nicht, darauf zu verweisen, daß die Hochzeit nur ein Motiv des Kaufes war. Nicht geklärt wäre damit nämlich, warum Motive juristisch keine Berücksichtigung finden sollen.[126]

Auszugehen ist von der Beobachtung, daß teilweise trotz einer Verwirklichung des Zuwendungsrisikos eine Korrektur des Zuwendungsergebnisses nicht erfolgt, d.h. ein Restitutionsmechanismus nicht aktiviert wird. Es stellt sich deshalb die Frage, warum in den betroffenen Fällen das Restitutionsinteresse des Zuwendenden mißachtet wird. Man muß sich in diesem Zusammenhang vergegenwärtigen, daß im Mittelpunkt dieser Arbeit zunächst nur das Restitutionsinteresse des Zuwendenden selbst steht. Demgemäß galten die bisherigen Erörterungen allein diesem isolierten Interesse. Wenn andererseits eine Verwirklichung dieses Interesses in bestimmten Fällen als unbefriedigend erscheint, so kann das nur daran liegen, daß anderweitige Interessen, nämlich solche des Zuwendungsempfängers, Dritter und/oder der Allgemeinheit entgegenstehen. Diese anderweitigen Interessen sind der einzig denkbare Grund, warum es überhaupt Sinn machen könnte, dem Zuwendenden die Befriedigung seines Restitutionsinteresses zu verweigern. Nur dann nämlich, wenn dieses Interesse des Zuwendenden mit einem anderen Interesse kollidiert und eine Abwägung ergibt, daß die anderweitigen Interessen vorgehen, weil sie höherwertig sind, macht es Sinn, dem Interesse des Zuwendenden an der Korrektur des Zuwendungsergebnisses nicht Rechnung zu tragen. Liegen demgegenüber keine mit dem Restitutionsinteresse des Zuwendenden kollidierenden Interessen vor, wäre nicht ersichtlich, warum dieses bei Realisierung des Zuwendungsrisikos nicht durch Auslösung des Restitutionsmechanismus befriedigt werden sollte. Die Korrektur des Zuwendungsergebnisses würde dann, d.h. bei fehlenden widerstreitenden Interessen, niemandem schaden und nur dem Interesse des Zuwendenden dienlich sein.

Der Fall, daß durch die Auslösung des Restitutionsmechanismus nur das Interesse des Zuwendenden selbst tangiert wird, ist andererseits schlechterdings nicht vorstellbar. Da der Restitutionsmechanismus nämlich das Zuwendungsergebnis ganz oder teilweise rückgängig macht,[127] sind von der Auslösung des Mechanismus zumindest immer auch die Interessen des Zuwendungsempfängers betroffen. Er verliert nämlich das Zuwendungsobjekt. Ein für die regelungstechnische Reaktion auf die Realisierung des Zuwendungsrisikos zu berücksichtigender Interessenkonflikt ist deshalb vorprogrammiert. Aus genau

---

[126] Vgl. schon oben, 1. Teil B. II. 2. *Huber*, JuS 1972, S. 57, 65, will rigoros (nur) darauf abstellen, ob eine Vereinbarung vorliegt oder nicht.

[127] Vgl. ausführlich unten, 1. Teil C. II. 2. c).

diesem Interessenkonflikt resultieren aber die schon geschilderten praktischen Schwierigkeiten. Denn nur wenn andere Interessen als solche des Zuwendenden selbst betroffen sind, stellt sich überhaupt die Frage, ob die seinen unberücksichtigt bleiben müssen und wird überhaupt erst eine rechtliche Regelung notwendig.[128]

Das den Restitutionsmechanismus auslösende Element einer rechtstechnischen Konstruktion hat deshalb nicht nur zu bestimmen, wann sich das (subjektive) Zuwendungsrisiko verwirklicht hat und wann im Interesse des Zuwendenden der Restitutionsmechanismus auszulösen ist. Vielmehr ist auch festzulegen, wann das grundsätzliche Interesse des Zuwendenden an der Korrektur des Zuwendungsergebnisses unberücksichtigt bleiben soll, weil andere, widerstreitende Interessen höherwertig sind, d.h. es muß der Interessenkonflikt entschieden werden.

Erkennt man, daß die Auslösetatbestands-Problematik die Bestimmung und Abwägung der betroffenen Interessen betrifft, so stößt man auf die Schwierigkeiten, die sich allgemein im Rahmen der rechtstechnischen Umsetzung einer Interessenabwägung ergeben.[129] Das Auslösetatbestandselement einer Rechtsregel hat den Interessenabwägungs-Prozeß nämlich vorwegzunehmen. Die damit verbundenen Probleme wurden schon oben[130] verdeutlicht und seien hier nochmals zusammengefaßt: die subjektiven Kriterien und Wertmaßstäbe des Zuwendenden in bezug auf die Frage, ob seine Zuwendung gerechtfertigt ist, sind in jedem Einzelfall unterschiedlich und lassen sich deshalb nicht mit Sicherheit voraussagen. Gleiches gilt für die widerstreitenden Interessen und damit auch die Abwägung aller beteiligten Interessen gegeneinander. Die jeweilige Interessenabwägung besitzt somit eine Individualität, die bewirkt, daß das Ergebnis derselben nicht ohne weiteres generalisierungsfähig ist.[131]

Im Rahmen der causa-Diskussion ist - wie oben dargestellt[132] - teilweise eine Typisierung der bedeutsamen causae vorgeschlagen worden. Übertragen auf die hier entwickelten Strukturen würde das bedeuten, daß die beteiligten Interessen und ihre Abwägung gegeneinander zu typisieren und das Ergebnis eines solchen

---

[128] Vgl. oben, 1. Teil A. II. 1.

[129] Vgl. zu den Umsetzungsproblemen der Methode der Interessenabwägung schon oben, 1. Teil A. II. 1.; *Pawlowski*, JZ 1974, S. 126.

[130] Vgl. oben, 1. Teil A. II. 1. und 1. Teil C. II. 2. b) bb) (1).

[131] Vgl. BGHZ 17, S. 266 ff. (275); *Schurig*, RabelsZ 59, S. 236: „Hier gibt es in der Tat eine Reihe ungelöster und vielleicht unlösbarer Probleme ...“; *Larenz*, Methodenlehre, S. 121. Keinesfalls ist es deshalb auch möglich, durch vorweggenommene Bewertung bestimmter Interessen und anderer Faktoren ein mathematisch genaues Ergebnis einer Interessenabwägung vorauszuberechnen, so aber *Hubmann*, FS Schnorr v. Carolsfeld, S. 179 ff.; *ders.*, AcP 155, S. 97 ff.; vgl. auch *Bydlinski*, Juristische Methodenlehre und Rechtsbegriff, S. 116.

[132] Vgl. oben, 1. Teil C. II. 2. b) bb) (2.2).

typisierten Abwägungsprozesses in eine rechtstechnische Konstruktion umzusetzen wäre. Eine derartige Lösung kann für eine Vielzahl von (typischen) Fällen befriedigen. Ein Allheilmittel ist sie indessen nicht. Typisierung bedeutet nämlich, daß eine entsprechende Regelung die Entscheidung über die Auslösung des Restitutionsmechanismus, d.h. den Interessenabwägungsprozeß nach einer für den zu regelnden Fall fiktiven, aber typischen Interessenlage vorwegnimmt. Typisierung setzt also eine antizipierte Bestimmung und Abwägung der beteiligten Interessen voraus. Damit stellen sich aber genau die Probleme, die mit der Typisierung gerade verhindert werden sollten. Selbst wenn es nämlich nur darum ginge, die Interessen von Zuwendendem und Zuwendungsempfänger gegeneinander abzuwägen und das Ergebnis in einer typisierenden Regelung zu verankern, so kann eine konkrete, einzelfallbezogene Abwägung doch sehr unterschiedlich ausfallen, da die beteiligten Interessen nie exakt gleich bedeutsam sind. Vollends problematisch wird die Typisierung für die Fälle, in denen andere Interessen als die des Zuwendenden und des Zuwendungsempfängers beteiligt sind. Die möglichen Konstellationen sind unüberschaubar.[133]

Mit denselben Schwierigkeiten hat man zu kämpfen, wenn man das teilweise aufgestellte Erfordernis einer causa-Vereinbarung auf die hier erarbeiteten Strukturen überträgt. Die Idee, die genannten Probleme auf der Grundlage der Vereinbarung der Zuwendungsparteien zu entscheiden, beruht zwar auf dem zutreffenden Gedanken, daß deren eigene, privat-autonome Gestaltung hinsichtlich der Vor- und Nachrangigkeit der eigenen Interessen an erster Stelle zu berücksichtigen ist.[134] Allerdings muß eine solche Vereinbarung auch wirklich vorliegen, was in der vom Handeln juristischer Laien geprägten Praxis oftmals nicht der Fall sein wird. Im übrigen ist eine abschließende vertragliche Regelung gar nicht möglich. Auch eine vertragliche Festlegung müßte nämlich den Prozeß der Interessenabwägung vorwegnehmen. Eine vertragliche Regelung steht damit also vor genau denselben Schwierigkeiten wie eine Vorschrift des positiven Rechts. Es können nie alle möglichen Konstellationen den Zuwendungsparteien *ex ante* bewußt sein und demgemäß in eine vertragliche Regelung einfließen. Auch über eine Vereinbarung kann deshalb eine abschließende, für alle Einzelfälle gerechte Regelung nicht herbeigeführt werden. Hinzu kommt, daß möglicherweise betroffene Drittinteressen in einer Vereinbarung der Zuwendungsparteien naturgemäß keine Rolle spielen.

---

[133] Praktisch deutlich wird das z.B. bei der bereicherungsrechtlichen Rückabwicklung von Mehrpersonenverhältnissen. Problematisch ist hier vor allem, daß neben dem Interesse des Zuwendenden und des tatsächlichen Zuwendungsempfängers noch andere Interessen zu berücksichtigen sind, vgl. ausführlich unten, 2. Teil C. IV. 2., insbesondere 2. Teil C. IV. 2. e) cc) (2).

[134] Vgl. *Larenz/Canaris*, § 72 III 2. d) (S. 276), die - allerdings in anderem Zusammenhang - den aus dem Gedanken der Privatautonomie resultierenden „allgemeinen Grundsatz" zitieren, daß die gemeinsame Bewertung der Parteien Vorrang vor objektiven Kriterien hat.

Weder einer typisierende noch eine vertragliche (*ex ante-*)Bestimmung, wann im Restitutionsinteresse eines Zuwendenden eine Korrektur des Zuwendungsergebnisses herbeizuführen ist, kann mithin die dargestellten Probleme völlig lösen. Voraussetzung dafür wäre vielmehr der Einsatz eines rechtstechnischen Instruments, welches die Interessenabwägung einer *ex post*-Entscheidung zugänglich macht. Denn nur nach Realisierung des Zuwendungsrisikos können alle betroffenen Interessen und die einschlägigen Wertungskriterien abschließend bestimmt werden. Eine *ex ante*-Regelung, die die Interessenabwägung einer *ex post*-Entscheidung zugänglich macht, kann aber nur über die Formulierung einer Generalklausel erreicht werden. Eine solche Generalklausel müßte etwa besagen, daß

> „bei Realisierung des Zuwendungsrisikos das Zuwendungsergebnis im Interesse des Zuwendenden zu korrigieren ist, wenn und soweit nicht anderweitige Interessen entgegenstehen."

Eine derartige Formulierung ermöglicht eine in vollem Umfang dem Einzelfall angepaßte Entscheidung *ex post*, die auf der Abwägung aller beteiligten Interessen und einschlägigen Wertungskriterien aufbaut.

Die Spanne zwischen der vorstehenden allgemeinsten Formulierung und einer konkret-einzelfallbezogenen Bestimmung des Tatbestandes, bei der eine Zuwendung im Restitutionsinteresse des Betroffenen rückabzuwickeln ist, ist weit. Beispielsweise könnte eine in der Mitte zwischen beiden Extremen liegende Bestimmung (wie bei der angloamerikanischen *consideration*-Doktrin) entsprechend der folgenden Formulierung dadurch erfolgen, daß auf das Scheitern einer Gegenleistung abgestellt wird: „Wird für eine Zuwendung keine Gegenleistung erlangt, dann ist das Zuwendungsergebnis im Interesse des Zuwendenden zu korrigieren." Die Regelung könnte aber auch dadurch konkretisiert werden, daß auf eine „adäquate Gegenleistung" abgestellt wird.

Der Nachteil einer Generalklausel liegt auf der Hand:[135] die Vorhersehbarkeit der Entscheidung und damit die Rechtssicherheit scheint im Vergleich zu einer Regelung, welche die Interessenabwägung konkret vorwegnimmt, beeinträchtigt. Die eingangs dargestellten Umsetzungsschwierigkeiten lassen sich deshalb nicht vollständig umgehen, ohne andere Nachteile in Kauf zu nehmen. Eine auf jeden möglichen Einzelfall zugeschnittene Regelung, die eine voraussehbare Entscheidung darüber trifft, wann das aus der Realisierung des Zuwendungsrisikos resultierende Restitutionsinteresse allen widerstreitenden Interessen vorgeht, ist nicht möglich. Freilich läßt sich das einer rechtlichen Regelung naturgemäß immanente Spannungsverhältnis zwischen Einzelfallungerechtigkeit in Kauf nehmender Vorhersehbarkeit und damit Rechtssicherheit verheißender Einzelfallregelung einerseits und Billigkeitsmanipulationen begünstigender[136],

---

[135] Zu der Gefahr von Generalklauseln für die Verschleierung von Interessen im Rahmen des Interessenabwägungsprozesses, vgl. *Fikentscher*, Methoden des Rechts III, S. 386 f.

[136] Vgl. *Pawlowski*, JZ 1968, S. 404

abstrakter Regelung andererseits nie vermeiden und muß als permanentes Problem rechtlicher Regelung hingenommen werden.

Zusammenfassend läßt sich sagen, daß der Auslösetatbestand einer Regelung zur Reaktion auf die Realisierung des Zuwendungsrisikos an dem Restitutionsinteresse des Betroffenen anzuknüpfen hat. Es ist aber zu berücksichtigen, daß dieses Restitutionsinteresse nur dann durch Auslösung des Restitutionsmechanismus befriedigt werden kann, wenn nicht andere, widerstreitende Interessen höherwertig sind und dem Restitutionsinteresse deshalb vorgehen. Eine konkrete Rechtsregel hat das zu berücksichtigen, indem sie entweder potentielle Interessenkonflikte vorab entscheidet oder über eine Generalklausel einer *ex post*-Abwägung zugänglich macht.

c) Der Restitutionsmechanismus

aa) Allgemeines

Aufgabe eines Restitutionsmechanismus ist es, die Folgen der Realisierung des Zuwendungsrisikos auszugleichen, d.h. im Idealfall das Zuwendungsobjekt wieder der (Ausgangs-)Zuständigkeit des Zuwendenden zuzuführen. Konstruktiv ist ein Restitutionsmechanismus in grundsätzlich zwei Alternativen[137] denkbar. Zum einen kann die rechtstechnische Konstruktion dahin gehen, bei Realisierung des Zuwendungsrisikos das Zuwendungsobjekt automatisch wieder in das Vermögen des Zuwendenden zurückfallen zu lassen. Diese Möglichkeit soll im folgenden als kausaler Mechanismus bezeichnet werden, wobei sich die Erklärung für diese Bezeichnung aus der nachfolgenden, näheren Auseinandersetzung mit dieser Möglichkeit ergeben wird. Zum anderen kann ein Restitutionsmechanismus die einmal eingetretenen Folgen der Realisierung des Zuwendungsrisikos zwar nicht unmittelbar durch Rückgängigmachung des Zuwendungsvorgangs selbst ausgleichen. Eine entsprechende Regelung kann dem Zuwendenden aber statt dessen ein (obligatorisches) Forderungsrecht gewähren, damit dieser *de facto* dasselbe Ergebnis (Korrektur des Zuwendungsergebnisses) über die Durchsetzung eines schuldrechtlichen Anspruchs erreichen kann. Diese Möglichkeit soll nachfolgend als abstrakter Mechanismus bezeichnet werden.

Sowohl der abstrakte als auch der kausale Mechanismus haben dogmatisch dieselbe Aufgabe und sind folglich insoweit auch aus rechtstechnischer Sicht gleichwertig[138] und austauschbar. Grundsätzlich stehen deshalb entsprechende Regelungen des positiven Rechts auch zur Disposition der Parteien.[139]

---

[137] *Ernst Strohal*, S. 335; *Krawielicki*, S. 7; vgl. *Stadler*, S. 8.

[138] Vgl. *Rother*, S. 15: „Ferner wird im „Normalfall" die Leistung auch im Bereicherungswege an den Schuldner zurückgelangen und damit derselbe Zustand erreicht sein,

bb) Kausaler Mechanismus

Will eine Rechtsordnung im Restitutionsinteresse eines Zuwendenden auf die Realisierung des Zuwendungsrisikos reagieren oder soll dieses Ziel durch eine Vereinbarung der Zuwendungsparteien erreicht werden, dann liegt es nahe, regelungstechnisch an dem Tatbestand anzuknüpfen, der letztlich für die Verwirklichung des Zuwendungsrisikos verantwortlich ist, nämlich dem Zuwendungsakt selbst.[140] Der vorzugebende Mechanismus hat dafür auf der Zuwendungsebene selbst anzusetzen, wobei insoweit zwei unterschiedliche Konstruktionen möglich erscheinen. Zum einen könnte der entsprechende Mechanismus bei drohender Realisierung des Zuwendungsrisikos die Wirksamkeit einer Zuwendung von vornherein verhindern.[141] Der Mechanismus müßte in diesem Fall als Wirksamkeitsvoraussetzung der Zuwendung ausgestaltet sein. Eine in diesem Sinne formulierte Rechtsregel könnte z.B. wie folgt lauten:

> „Eine Zuwendung ist bei Realisierung des Zuwendungsrisikos des Zuwendenden unwirksam."

Alternativ kommt in Frage, daß der Restitutionsmechanismus die Wirksamkeit der Zuwendung an sich zumindest für eine juristische Sekunde unberührt läßt, nur um anschließend im Fall der Realisierung des Zuwendungsrisikos das Zuwendungsobjekt unmittelbar wieder in die Zuständigkeit des Zuwendenden fallen zu lassen. Eine entsprechende Rechtsregel könnte beispielsweise wie folgt formuliert sein:

> „Ein Zuwendungsobjekt fällt unmittelbar an den Zuwendenden zurück, wenn sich für ihn mit der Zuwendung sein Zuwendungsrisiko verwirklicht hat."

Im Ergebnis scheinen beide Varianten keinen rechtskonstruktiven Unterschied aufzuweisen. Ob der Realisierung des Zuwendungsrisikos vorgebeugt wird, indem der Mechanismus schon die Wirksamkeit der Zuwendung verhin-

---

der von der kausalen Betrachtung auf anderem Wege angestrebt wird."; *Stadler*, S. 630; vgl. *Jäggi*, S. 6. Allerdings ergeben sich praktische Unterschiede, wenn der rückfordernde Zuwendende in Konkurrenz zu Gläubigern des Zuwendungsempfängers tritt, vgl. *Stadler*, ebd. und S. 725 ff.; *Jäggi*, S. 7.

[139] Anders z.B. *Gernhuber*, FS Larenz, S. 478: „Kauf ist Kauf und bleibt Kauf."; *ders.*, Schuldverhältnis, S. 314; *Pfister*, JZ 1971, S. 285: „Haben die Parteien ein Vertragsverhältnis als Austauschverhältnis gestaltet, ... so steht es nicht in ihrer Willkür, die Rechtsnatur zu bestimmen."; vgl. auch *van den Daele*, S. 22; *Jauernig*, NJW 1982, S. 270.

[140] Vgl. *Heck*, Das abstrakte dingliche Rechtsgeschäft, S. 10, der allerdings von einem sich aus dem Bereicherungsrecht ergebenden Rechtfertigungsgebot hinsichtlich aller Vermögensverschiebungen ausgeht, vgl. dazu schon oben, 1. Teil B. II. 4. d), und unten, 2. Teil C. III. 3. b).

[141] Vgl. *Jäggi*, S. 6; *Lindemann*, S. 6: „... so entsteht von vornherein keine Verpflichtung."

dert oder ob zuerst zugewendet und anschließend die Zuwendung rückgängig gemacht wird, scheint auf dasselbe hinauszulaufen.

Dennoch ist nur die zweite Variante geeignet, die betroffenen rechtstechnischen Strukturen einheitlich und widerspruchsfrei zu erklären. Geht man nämlich im Sinne der ersten Variante davon aus, daß bei Realisierung des Zuwendungsrisikos die Wirksamkeit der Zuwendung verhindert wird, dann kann das natürlich nur für die anfängliche Realisierung des Zuwendungsrisikos gelten. Realisiert sich das Zuwendungsrisiko demgegenüber nachträglich, so kann ein Ausgleich des bei dem Zuwendenden eingetretenen Verlustes auf der Zuwendungsebene ohnehin nur im Sinne der zweiten Begründungsvariante damit erklärt werden, daß die einmal wirksame Zuwendung rückabgewickelt wird. Diese zweite Begründungsvariante erfordert eine solche unterschiedliche Behandlung von anfänglicher und nachträglicher Realisierung des Zuwendungsrisikos nicht, kann vielmehr die Funktion eines kausalen Mechanismus für beide Fälle einheitlich erklären.[142] Für die zweite Begründungsvariante spricht schließlich auch, daß erst die Vornahme der Zuwendung die Möglichkeit der Realisierung des Zuwendungsrisikos eröffnet und die Auslösung des Restitutionsmechanismus überhaupt notwendig macht.

Die Verwirklichung des Zuwendungsrisikos hat im Rahmen eines kausalen Restitutionsmechanismus zur (Rechts-)Folge, daß die Wirksamkeit der Zuwendung selbst beseitigt wird.[143] Ein kausaler Restitutionsmechanismus wirkt deshalb absolut und dinglich.[144] Demgegenüber wirkt er nicht notwendig automatisch.[145] Letzteres folgt daraus, daß die Entscheidung über den Einsatz eines kausalen Mechanismus sehr wohl auch dem Zuwendenden selbst überlassen sein kann. Wenn etwa dem Zuwendenden für den Fall der Realisierung seines Zuwendungsrisikos ein auf die Zuwendung bezogenes Anfechtungsrecht oder ein auf der Zuwendungsebene wirkendes Rücktrittsrecht gewährt wird, dann bewirkt erst die Ausübung dieser Rechte, daß die Zuwendung rückgängig gemacht wird. Ein Automatismus ist demgegenüber nicht gegeben.[146]

---

[142] Im übrigen ermöglicht es diese Variante auch, die Identität der Funktion von kausalem und abstraktem Mechanismus darzustellen.

[143] *Heck*, Das abstrakte dingliche Rechtsgeschäft, S. 10.

[144] *Heck*, ebd., S. 10 f.

[145] So aber *Heck*, ebd., S. 10.

[146] *Ernst Strohal*, S. 404 ff. (404): in *rem* gehendes Anfechtungsrecht; *Krawielicki*, S. 7; vgl. *Heck*, ebd., S. 62 f. Ernst Strohal und Krawielicki, ebd., ihnen folgend *Stadler*, S. 8, sehen die Möglichkeit der Vernichtbarkeit (in Abgrenzung zu der automatischen Nichtigkeit) als eigenständige Kategorie. Allerdings tritt auch hier die Wirkung der Ausübung eines solchen Rechts immer unmittelbar auf der Zuwendungsebene ein. Genau das ist aber für die dogmatischen Strukturen und die rechtstechnische Einsatzmöglichkeit grundlegend, wie nachfolgend zu zeigen sein wird. Auch die Möglichkeit der Korrektur des Zuwendungsergebnisses durch Geltendmachung eines Gestaltungsrechts

Einem auf der Zuwendungsebene wirkenden[147], kausalen Mechanismus sind in bestimmter Hinsicht Grenzen gesetzt. Die Zuwendungsebene selbst ist nämlich nichts anderes als juristische Konstruktion. Es geht um die Veränderung der rechtlichen Zuordnung (als juristischer Kategorie) eines Zuwendungsobjekts zu einem Rechtssubjekt.[148] Auch ein kausaler Mechanismus kann mithin nur da wirken, wo auch die Zuwendung selbst durch juristische Konstruktion erfolgt. Bezogen auf die Zuwendungsmittel des BGB[149] bedeutet das, daß zwangsläufig nur im Rahmen rechtsgeschäftlicher Zuwendungen der Zuwendende über einen kausalen Mechanismus gegen die Realisierung des Zuwendungsrisikos abgesichert werden kann. Demgegenüber ist der Einsatz eines kausalen Mechanismus zur Korrektur der Folgen bei Realisierung des mit einer tatsächlichen Zuwendung (Beispiel: Arbeitserbringung) verbundenen Zuwendungsrisikos nicht möglich.[150]

Ein mit einem kausalen Restitutionsmechanismus ausgestattetes Zuwendungsmittel wäre nach allgemeinem Verständnis ein kausales Zuwendungsgeschäft.[151] Bei einem kausalen Zuwendungsgeschäft i.S.d. allgemeinen Terminologie wirkt sich nämlich das „Fehlen des die Zuwendung rechtfertigenden Rechtsgrundes“ immer auf der Zuwendungsebene selbst aus. Fehlen oder Fehlerhaftigkeit des Rechtsgrundes haben die Unwirksamkeit der Zuwendung zur Folge.[152] Ausgehend von der obigen[153] Erkenntnis, daß Kausalheit (und Abstraktheit) nicht *per se* Eigenschaften bestimmter Zuwendungsgeschäfte sind, erschließt sich nunmehr, welche Besonderheit mit der gebräuchlichen Bezeichnung als kausal wirklich beschrieben ist. Kausalheit bedeutet nämlich nur, daß eine angeordnete Rechtsfolge (Korrektur des Zuwendungsergebnisses durch den Restitutionsmechanismus) unmittelbar auf der Zuwendungsebene Wirkung entfaltet. Die übliche Formulierung, ein Rechtsgeschäft sei kausal (oder abstrakt), verschleiert diese rechtstechnische Funktionsweise. Obwohl sich die hier vertretene Ansicht von dem allgemeinen Verständnis deshalb unterscheidet, soll der auf der Zuwendungsebene wirkende Mechanismus im folgenden als „kausaler Mechanismus“ bezeichnet werden, um so die Einordnung der überkommenen terminologischen und dogmatischen Vorstellungen in die hier erarbeiteten Strukturen zu erleichtern.

---

durch den Zuwendenden soll deshalb hier unter die kausalen Sicherungsinstrumente eingeordnet werden, vorausgesetzt die Wirkung findet auf der Zuwendungsebene statt.

[147] Vgl. vorstehend.

[148] Vgl. oben, 1. Teil B. II. 4. a).

[149] Vgl. oben, 1. Teil B. II. 4. c).

[150] Vgl. *Krawielicki*, S. 11; *Kegel*, FS Mann, S. 65; *Schnauder*, Grundlagen, S. 48; *v. Caemmerer*, FS. Rabel, S. 338.

[151] Vgl. oben, 1. Teil B. II. 4. c).

[152] Vgl. *Stadler*, S. 630.

[153] Vgl. oben, 1. Teil B. II. 4. c) und 1. Teil B. II. 4. d).

cc) Abstrakter Mechanismus

Eine gesetzliche oder vertragliche Reaktion auf die Realisierung des Zuwendungsrisikos muß aber nicht - wie bei dem kausalen Mechanismus - auf der Zuwendungsebene ansetzen. Vielmehr ist das angestrebte Regelungsziel (Korrektur des Zuwendungsergebnisses durch Rückabwicklung der Zuwendung) auch dann zu erreichen, wenn die Wirksamkeit der Zuwendung zunächst von der Verwirklichung des Zuwendungsrisikos unberührt bleibt. Um im Restitutionsinteresse des Zuwendenden das nicht gerechtfertigte Zuwendungsergebnis rückgängig zu machen, muß dann aber eine anderweitige Ausgleichsmöglichkeit zur Verfügung stehen. Wenn der Restitutionsmechanismus nicht die Wirksamkeit der Zuwendung selbst beeinflussen soll, so kann der angestrebte Ausgleich nur erreicht werden, indem dem Zuwendenden ein obligatorischer Anspruch gewährt wird,[154] mit dem er das Objekt, welches er durch seine Zuwendung verloren hat, zurückfordern kann.[155] Wird dieser Anspruch erfüllt, führt das dann zu demselben Ergebnis, welches auch durch den Einsatz eines kausalen Restitutionsmechanismus erreicht werden kann: die mit der Zuwendung bewirkte Güterbewegung ist rückabgewickelt und damit der dem Zuwendenden entstandene Nachteil ausgeglichen.

Abstrakte Zuwendungsgeschäfte im Sinne der deutschen Zivilrechtsdogmatik[156] sind regelmäßig auf einen derartigen obligatorischen Ausgleichsanspruch angewiesen. Nach allgemeinem Verständnis ist die Wirksamkeit der Zuwendung hier nämlich gerade nicht von dem Vorliegen eines „rechtfertigenden Rechtsgrundes" abhängig. Der Mangel eines solchen (d.h. die Verwirklichung des Zuwendungsrisikos[157]) hat auf die Wirksamkeit der Zuwendung demgemäß keinen Einfluß, wird vielmehr über das Bereicherungsrecht berücksichtigt.[158]

Die Charakterisierung als „abstrakt" wird allerdings allgemein als Eigenschaft eines Zuwendungsmittels selbst verstanden.[159] Nach den hier entwickelten Grundsätzen stellt sich „die Abstraktheit" demgegenüber als ein Charakteristikum eines solchen Restitutionsmechanismus dar, der gerade nicht auf der Zuwendungsebene Wirkung entfaltet, sondern nachträglich über einen obligatorischen Ausgleichsanspruch für die Korrektur des Zuwendungsergebnisses im Interesse des Zuwendenden sorgt.[160] Die Gewichtung ist damit im Vergleich zu

---

[154] Vgl. *Heck*, Das abstrakte dingliche Rechtsgeschäft, S. 11; *Jäggi*, S. 6.

[155] Zu den Konsequenzen, wenn die Rückabwicklung wegen der Natur des Zuwendungsobjekts oder wegen Untergang desselben nicht möglich ist, vgl. unten, dd).

[156] Vgl. oben, 1. Teil B. II. 4. d).

[157] Zum Rechtsgrunderfordernis vgl. oben, 1. Teil B. II. 4. d).

[158] Vgl. ausführlich unten, 2. Teil C.

[159] Vgl. oben, 1. Teil B. II. 4. d).

[160] Vgl. *Stadler*, S. 630.

dem überkommenen Verständnis verschoben. Um jedoch die Einordnung und den Vergleich zu erleichtern, erscheint es sinnvoll, den nicht unmittelbar auf der Zuwendungsebene wirkenden (Ausgleichs-)Mechanismus als „abstrakt“ zu bezeichnen.

dd) Funktion und Inhalt des Restitutionsmechanismus im einzelnen

Ziel eines kausalen oder abstrakten Restitutionsmechanismus ist es, den dem Zuwendenden mit der Zuwendung entstandenen Nachteil auszugleichen,[161] indem eine Rückabwicklung der mit der Zuwendung erfolgten Güterbewegung erreicht wird. Optimalerweise erhält der Zuwendende als Ergebnis des Einsatzes eines kausalen oder abstrakten Mechanismus genau das zurück, was er durch die Zuwendung verloren hat, nämlich das Zuwendungsobjekt. Regelungsgegenstand eines kausalen oder eines abstrakten Restitutionsmechanismus ist deshalb zunächst das Zuwendungsobjekt selbst.[162] Das Restitutionsinteresse des Zuwendenden geht auf Wiederherstellung des ursprünglichen Zustandes, d.h. die Wiedereingliederung des Zuwendungsobjekts in seine Rechtszuständigkeit.

Fraglich ist, ob dann, wenn das Zuwendungsobjekt nach erfolgter Zuwendung sich (wertmäßig) verschlechtert hat oder überhaupt nicht mehr vorhanden (untergegangen) ist, ein kausaler oder abstrakter Mechanismus dem Restitutionsinteresse des Zuwendenden noch Rechnung tragen kann. Eine Rückführung des Zuwendungsobjekts in das Vermögen des Zuwendenden wäre aus rein tatsächlichen Gründen in diesem Fall gar nicht mehr bzw. teilweise nicht mehr möglich. Die Anwendungsmöglichkeiten eines Restitutionsmechanismus könnten andererseits aus diesem Grunde nur dann begrenzt sein, wenn der Mechanismus selbst rein gegenständlich orientiert wäre.[163] Dagegen spricht aber, daß unter einer Zuwendung hier gerade nicht nur die Übertragung gegenständlicher Vermögensobjekte verstanden wird.[164] Wenn die Zuwendung, in deren Zusammenhang sich das Zuwendungsrisiko verwirklicht hat, beispielsweise die Erbringung von Diensten[165], d.h. ein „facere“[166] ist, ist ein Ausgleich des damit

---

[161] Vgl. schon oben, 1. Teil C. II. 2. c) aa).

[162] Vgl. im bereicherungsrechtlichen Zusammenhang nur *Canaris*, FS Larenz, S. 822 („aus dem einleuchtenden Gedanken der unmittelbaren Vermögens- und Wertverfolgung resultierender hoher, eigener Gerechtigkeitswert“); *Esser/Weyers*, S. 482, 487; ausführlich im übrigen unten, 2. Teil C. IV. 1.

[163] Vgl. zur ursprünglich gegenständlichen Orientierung der Kondiktionen im römischen Recht, *J. Wilhelm*, Rechtsverletzung, S. 4 f., und zum aktuellen bereicherungsrechtlichen Diskussionsstand unten 2. Teil C. IV. 1. b).

[164] Vgl. oben, 1. Teil II. B. 4. b) bb).

[165] Dazu, daß eine Zuwendung durch Tun oder Unterlassen erfolgen kann, vgl. schon oben, 1. Teil II. B. 4. b) bb).

[166] Vgl. *Jakobs*, Eingriffserwerb und Vermögensverschiebung, S. 161 f.

verbundenen Nachteils durch Rückführung des Zuwendungsobjekts selbst schon aus praktischen Gründen gar nicht denkbar.[167]

Warum sollte andererseits dann, wenn die Rückführung des Zuwendungsobjekts wegen seiner Natur oder des Untergangs desselben nicht möglich ist, dem Zuwendungsempfänger ein Ausgleich des entstandenen Nachteils nicht durch Wertersatz gewährt werden?[168] Mit dem Regelungsziel, das fragliche Restitutionsinteresse zu befriedigen, wäre das durchaus vereinbar.[169] Wenn die optimale Lösung (Rücktransfer des Zuwendungsobjekts selbst) für den Zuwendenden nicht erreichbar ist, dann trägt der Ersatz des Wertes des dem Zuwendenden entstandenen Verlustes seinem Restitutionsinteresse immerhin noch in größtmöglicher Weise Rechnung.[170] Mit anderen Worten: wenn der Zuwendende schon nicht das Objekt seiner Zuwendung zurückerlangen kann, dann zielt sein Zuwendungsinteresse zumindest auf Wertersatz.

Es fragt sich weiter, ob neben der daraus folgenden Gleichwertigkeit auch eine Gleichrangigkeit der Rückübertragung des Zuwendungsobjekts und ein

---

[167] Vgl. *Mugdan* 2, Motive, S. 467: „... wenn die Beschaffenheit der Leistung von vornherein eine Herausgabe ausschließt (z.B. im Falle indebite geleisteter Dienste).“; *König*, Gutachten, S. 1544: „Bei Dienstleistungen und Gebrauchsüberlassungen sowie in anderen Fällen, in denen die Rückgabe des Geleisteten von vornherein unmöglich ist, entsteht der Wertersatzanspruch im Zeitpunkte der Leistung.“; für das Bereicherungsrecht *Esser/Weyers*, S. 482; *Bälz*, S. 528; *König*, Tatbestände und Ordnungprobleme, S. 52; *v. Caemmerer*, FS Rabel, S. 348; vgl. *J. Wilhelm*, AcP 183, S. 11 („Koinzidenz von Entstehung und Untergang durch Konsumtion“).

[168] Davon zu unterscheiden ist eine mögliche Schadensersatzpflicht, welche aus einem Verschulden des Zuwendungsempfängers für den Untergang des Zuwendungsobjekts resultiert. Diese verschuldensorientierte Pflicht hat mit einer rechtstechnischen Reaktion auf die Realisierung des Zuwendungsrisikos nichts zu tun, vgl. für das Synallagma unter Heranziehung des causa-Gedankens *van den Daele*, S. 90; *Hagen*, S. 867 f.; *Koppensteiner*, NJW 1971, S. 1769 ff. (1769): „... Bereicherungs- und Schadensausgleich verhalten sich ... spiegelbildlich zueinander.“; *v. Caemmerer*, FS Rabel, S. 333 ff.; *Reuter/Martinek*, § 2 I 2. (S. 25).

[169] Nicht an dieser Stelle zu erörtern ist demgegenüber die Frage, ob Verschlechterung oder Untergang des Zuwendungsobjekts den Zuwendungsempfänger möglicherweise von im Zusammenhang mit der Rückabwicklung entstehenden Pflichten befreit. Das deshalb, weil es hier nur um das Interesse des Zuwendenden an der Rückabwicklung seiner Zuwendung wegen Realisierung des Zuwendungsrisikos geht. Die Frage, ob der Untergang des Zuwendungsobjekts den Zuwendungsempfänger befreit, betrifft demgegenüber Interessen des Zuwendungsempfängers bzw. deren Abwägung mit Interessen des Zuwendenden; vgl. dazu ausführlich unten, 2. Teil C. IV. 1. d) ff) (3).

[170] Hieran offenbart sich der Unterschied zwischen den Strukturen zur Befriedigung des aus der Realisierung des Zuwendungsrisikos resultierenden Restitutionsinteresses und der auf den Schriften v. Savigny begründeten Vermögensverschiebungslehre. Die Vermögensverschiebungslehre kann in letzter Konsequenz nur das (konkrete Objekt) zurückgewähren, um welches das Vermögen des Gläubigers entreichert ist, vgl. dazu *J. Wilhelm*, Rechtsverletzung, S. 28 ff., 38 f.

Anspruch auf Wertersatz besteht.[171] Eine solche Gleichrangigkeit würde voraussetzen, daß beide Alternativen (dogmatisch) frei gegeneinander austauschbar wären, ohne damit die aus dem Restitutionsinteresse des Zuwendenden entwickelten Regelungsgrundsätze zu verletzen. Die Annahme einer freien Austauschbarkeit ist aber deshalb bedenklich, weil das aus der Realisierung des Zuwendungsrisikos folgende Restitutionsinteresse zugleich auch die inhaltlichen Grenzen des einsetzbaren Restitutionsmechanismus bestimmt: das Restitutionsinteresse des Zuwendenden kann nämlich primär nur darauf gerichtet sein, das (zurück) zu erhalten, was er tatsächlich (ungerechtfertigt) zugewendet hat. Demgemäß muß es vorrangiges Ziel eines Restitutionsmechanismus sein, die aus der Zuwendung folgende Übertragung des Zuwendungsobjekts selbst rückgängig zu machen. Der Anspruch auf Wertersatz geht der Rückgabe des Zuwendungsobjekts deshalb nach. Anderes kann sich allerdings wenn nicht aus dogmatischen, so doch aus praktischen Gesichtspunkten ergeben. Zumindest bei Zuwendungen von Geld und vertretbaren Sachen wäre es unpraktisch, auf Rückgabe desselben Objekts zu beharren.[172]

Konstruktiv ist die Möglichkeit, den Nachteil des Zuwendenden durch Wertersatz auszugleichen, allerdings nur durch den Einsatz eines abstrakten Mechanismus realisierbar. Da in den einschlägigen Fällen eine Rückabwicklung im eigentlichen Sinn, d.h. eine Rückübertragung des Zuwendungsobjekts selbst wegen dessen Untergangs nämlich nicht oder nicht mehr möglich ist, kann ein Ausgleich des dem Zuwendenden entstandenen Nachteils auf der Zuwendungsebene selbst gar nicht erfolgen. Einem kausalen Restitutionsmechanismus sind deshalb hier Grenzen gesetzt.

Im Zusammenhang mit einer Wertersatzpflicht stellt sich weiter die Frage, ob die Höhe des Wertersatzes subjektiv nach der Sicht des durch die Realisierung des Zuwendungsrisikos betroffenen Zuwendenden oder nach objektiven Kriterien zu bestimmen ist.[173] Erneut ist davon auszugehen, daß es das Ziel eines Restitutionsmechanismus ist, in dem Maße Ausgleich zu schaffen, in welchem das

---

[171] Wegen der speziellen Formulierung des § 818 wird für das deutsche Bereicherungsrecht davon ausgegangen, daß der Wertersatzanspruch dem Anspruch auf Herausgabe des Erlangten nachgehe, vgl. *Reuter/Martinek*, § 16 III. 1. (S. 563); *Staudinger-Lorenz*, § 818 Rn. 21 und ausführlich unten, 2. Teil B. IV. 1. c) bb).

[172] Vgl. *Krawielicki*, S. 11.

[173] Vgl. auch die bereicherungsrechtliche Diskussion, in der es allerdings wegen der Konzentration auf die Person des Bereicherungsschuldners um die objektive Bereicherung desselben bzw. dessen subjektive diesbezügliche Sicht geht, vgl. *Reuter/Martinek*, § 16 III, 3. (S. 566); *Hagen*, S. 877 ff.; *Esser/Weyers*, S. 482 ff. (484). Mehrheitlich wird ein objektiver Ansatz vertreten. Demgegenüber erfordert das Ziel, das aus der Realisierung des Zuwendungsrisikos resultierende Restitutionsinteresse des betroffenen Zuwendenden zu befriedigen, für die Bewertung des rückzutransferierenden Gutes eine Bewertung auf der Grundlage der Entreicherung des Zuwendenden. Zu diesen unterschiedlichen Ansätzen vgl. ausführlich unten, 2. Teil C. IV. 1. d).

Zuwendungsrisiko tatsächlich verwirklicht ist.[174] Das ist aber grundsätzlich nach der subjektiven Sicht des Zuwendenden zu beurteilen.[175] Wenn also ein Zuwendungsobjekt für einen Zuwendenden einen besonderen Wert hatte, weil Ersatz nur zu einem über dem objektiven Verkehrswert liegenden Preis zu beschaffen ist (Beispiel: Gebrauchtwagen), dann ist die Höhe des Wertersatzes grundsätzlich nach dem höheren subjektiven Wert zu bestimmen. Eine andere Frage ist, ob und wie eine Rechtsordnung insbesondere unter Berücksichtigung der Interessen des Zuwendungsempfängers dieser subjektiven Verwirklichung des Zuwendungsrisikos Rechnung tragen will und kann. Schon oben[176] war nämlich dargelegt worden, daß die volle Berücksichtigung der subjektiven Verwirklichung des Zuwendungsrisikos hier Beschränkungen erfahren muß.[177] Auf die dortigen Ausführungen kann deshalb verwiesen werden.

Zu erörtern ist weiter, welche Folgerungen sich dann ergeben, wenn die Herausgabe des Zuwendungsobjekts zwar nicht möglich ist, der Zuwendungsempfänger aber für das Zuwendungsobjekt ein Surrogat erlangt hat. Problematisch erscheint, ob sich das Restitutionsinteresse des Zuwendenden an dem Surrogat fortsetzt, ein abstrakter Restitutionsmechanismus dem Zuwendenden also einen obligatorischen Anspruch auf Herausgabe des Surrogats zu eröffnen hat. Hierfür ist zu bedenken, daß es unter dem Aspekt der Reaktion auf die Realisierung des Zuwendungsrisikos nur darum geht, den Nachteil des betroffenen Zuwendenden auszugleichen, nicht mehr und nicht weniger. Jeder Restitutionsmechanismus ist inhaltlich durch dieses Regelungsziel begrenzt.[178] Entwicklungen im Vermögen des Zuwendungsempfängers haben deshalb grundsätzlich außer Betracht zu bleiben, soweit sie nicht das Zuwendungsobjekt selbst betreffen. Ein Anspruch auf Herausgabe eines vom Zuwendungsempfänger erlangten Surrogats ist deshalb nicht mit dem Restitutionsinteresse des von der Realisierung des Zuwendungsrisikos Betroffenen begründbar.[179] Das folgt auch daraus, daß aus

---

[174] Dazu, daß das deutsche Bereicherungsrecht und dementsprechend auch die Literatur vor allem die Bereicherung und damit die Person des Zuwendungsempfängers in den Mittelpunkt aller Regelung stellt, vgl. erneut ausführlich unten, ebd.

[175] Vgl. oben, 1. Teil B. I. und 1. Teil B. II. 2.

[176] Vgl. oben, 1. Teil C. II. 2. b) (1).

[177] Vgl. auch *Hagen*, S. 878, der konstatiert, daß im Bereicherungsrecht die „so weitgehende Objektivierung der Vermögensdifferenz" aus der Befürchtung resultierte, daß andernfalls eine klare Abgrenzung gegenüber dem bloßen „Affektionsinteresse" nicht möglich sei.

[178] Die vorstehenden Ergebnisse berücksichtigen nur das aus der Realisierung des Zuwendungsrisikos resultierende Restitutionsinteresse. Für eine endgültige (interessengerechte) Regelung sind demgegenüber auch anderweitige Interessen, insbesondere diejenigen des Zuwendungsempfängers, mitzuberücksichtigen, was zu anderen Folgen führen kann, vgl. allgemein schon oben, 1. Teil A. II. 1. und 1. Teil C. II. 2. b) bb) (3).

[179] Anders z.B. für das Bereicherungsrecht die Regelung des § 818 Abs. 1, vgl. dazu ausführlich unten, 2. Teil C. IV. 1. c) aa).

der Sicht des Zuwendenden, in dessen Person sich das Zuwendungsrisiko verwirklicht hat, das Surrogat in Händen des Zuwendungsempfängers mit dem ursprünglichen Zuwendungsobjekt genauso wenig zu tun hat wie jedes andere Objekt auch.[180]

Auch andere positive Entwicklungen im Vermögen des Zuwendungsempfängers, wie etwa mit dem Zuwendungsobjekt erzielter Gewinn, sind im übrigen aus den vorstehenden Gründen vom Restitutionsinteresse des Betroffenen nicht erfaßt.

III. Zusammenfassung und Folgerungen

Eine rechtstechnische Konstruktion zur Reaktion auf die Realisierung des Zuwendungsrisikos im Restitutionsinteresse des Betroffenen erfordert bestimmte regelungstechnische Elemente. Zunächst ist zu definieren, wann das Zuwendungsrisiko als realisiert anerkannt werden soll, um davon über einen Restitutionsmechanismus die Korrektur des Zuwendungsergebnisses abhängig zu machen (Auslösetatbestand). Auszugehen ist davon, daß sich die Realisierung des Zuwendungsrisikos grundsätzlich nach der subjektiven Sicht des Zuwendenden bestimmt. Probleme ergeben sich deshalb, weil die Auslösung des Restitutionsmechanismus nicht allein die Interessen des Zuwendenden betrifft, sondern zumindest auch solche des Zuwendungsempfängers. Der Auslösetatbestand hat deshalb unter Abwägung aller beteiligten Interessen über die Auslösung des Restitutionsmechanismus zu entscheiden. Diese Entscheidung kann zum einen vorab, unter fiktiver Bestimmung und Bewertung der beteiligten Interessen und Berücksichtigung aller einschlägigen Wertungskriterien erfolgen. Für eine konkrete Regelung kann das problematisch sein, weil nicht alle *ex post* einschlägigen Umstände *ex ante* voraussehbar sind. Generalklauseln, die über eine allgemeine Formulierung die Interessenabwägung einer *ex post*-Entscheidung zugänglich machen, haben demgegenüber den Nachteil, daß das Ergebnis nicht voraussehbar zu sein scheint.

---

[180] Anderes könnte dann gelten, wenn Sinn und Zweck eines solchen abstrakten Mechanismus vor allem darin bestünde, die Vermögensmehrung des Zuwendungsempfängers „abzuschöpfen“ und nicht den Vermögensnachteil des Zuwendenden auszugleichen, vgl. zu diesem Begründungsansatz für das Bereicherungsrecht *Hagen*, S. 868; *Koppensteiner*, NJW 1971, S. 1779 ff. (1769); *Esser/Weyers*, S. 484, 488 und ausführlich unten 2. Teil C. II. und C. III. Die Surrogatherausgabe nach § 281 wird auf den mutmaßlichen Parteiwillen gestützt, vgl. *Mugdan* 2, Motive, S. 25; *Palandt-Heinrichs*, § 281 Rn. 1; *Jacobs*, lucrum ex negatione, S. 105 f. § 281 soll deshalb ein gesetzlich geregelter Fall der ergänzenden Vertragsauslegung sein, BGHZ 25, S. 1 ff. (8 f.); *Palandt-Heinrichs*, ebd. Insbesondere unter Berücksichtigung der Schuldnerinteressen erscheint eine solche Annahme aber als eine unbegründete Fiktion.

Der von dem Auslösetatbestand aktivierte Restitutionsmechanismus - als zweites Element einer rechtstechnischen Konstruktion, die dem aus der Realisierung seines Zuwendungsrisikos resultierenden Restitutionsinteresse eines Zuwendenden Rechnung tragen soll, - hat die Aufgabe, das Zuwendungsergebnis zu korrigieren, d.h. das Zuwendungsobjekt wieder in die Zuständigkeit des Zuwendenden zurückzuführen. Hierfür bieten sich aus regelungstechnischer Sicht zwei unterschiedliche Möglichkeiten an. Zum einen kann ein solcher Mechanismus das Ergebnis der Zuwendung mit unmittelbarer (dinglicher) Wirkung rückgängig machen (kausaler Restitutionsmechanismus). Alternativ kann dem Zuwendenden ein obligatorischer Anspruch gegen den Zuwendungsempfänger auf Rückübertragung des Zuwendungsobjekts gewährt werden (abstrakter Mechanismus).

Ist das Zuwendungsobjekt untergegangen oder mangels Gegenständlichkeit (z.B. Arbeitserbringung, Gebrauchsüberlassung) aus tatsächlichen Gründen nicht rückführbar, kann das Restitutionsinteresse auch über einen Wertersatzanspruch befriedigt werden. Dem Interesse des Zuwendenden am Ausgleich seines durch die Zuwendung verursachten Nachteils ist auf diese Weise nämlich (immerhin noch) in bestmöglicher Weise gedient. Ein Anspruch auf Herausgabe eines erlangten Surrogats ist demgegenüber nicht begründbar.

Sowohl in bezug auf den Zuwendungsakt selbst als auch für die Frage der regelungstechnischen Reaktion auf die Realisierung des Zuwendungsrisikos besteht ein identischer Regelungsbedarf bei der Zuwendung aller Arten von Zuwendungsobjekten, also beispielsweise gleichermaßen bei Sachzuwendungen und bei Forderungszuwendungen. Das bedeutet andererseits, daß sich einheitliche regelungstechnische Strukturen im Zusammenhang mit der Zuwendung aller Arten von Zuwendungsobjekten identifizieren lassen müssen. Bewußtsein und Kenntnis dieser Strukturen ermöglichen es, zuwendungsrelevante Sachverhalte in sach- und interessengerechter Weise einzuordnen und Vorgaben des positiven Rechts in angemessener Weise auf sie anzuwenden. Das soll im folgenden demonstriert werden.

2. Teil

Regelungsstrukturen zur Reaktion auf die Realisierung des Zuwendungsrisikos im deutschen Zivilrecht

A. Allgemeines

Nachdem im vorangegangenen Kapitel theoretisch dargestellt wurde, wie regelungstechnisch auf die Realisierung des Zuwendungsrisikos im (Restitutions-)Interesse des Zuwendenden reagiert werden kann, ist nun der praktische Wert der gefundenen Ergebnisse zu verdeutlichen. Zu diesem Zwecke sollen exemplarisch Institute des deutschen Zivilrechts in die erarbeiteten Strukturen eingeordnet werden. In Überprüfung der obigen Ergebnisse sollten sich dabei die im vorangegangenen Kapitel erarbeiteten Strukturelemente (Auslösetatbestand und Restitutionsmechanismus) in den untersuchten Rechtsinstituten identifizieren lassen.

Die Auswahl der nachfolgend erörterten Beispiele, Synallagma und Leistungskondiktion, wurde schon oben begründet.[1] Die Dogmatik dieser beiden Institute ist nach wie vor in besonderem Maße umstritten. Das fordert die Auseinandersetzung heraus. Es soll aber auch versucht werden, über die Analyse von Synallagma und Leistungskondiktion unter dem Gesichtspunkt der Reaktion auf die Realisierung des Zuwendungsrisikos neue Ansätze für die Lösung offener Fragen bereitzustellen.

---

[1] Vgl. oben, 1. Teil A. II. 2.

B. Das Synallagma

I. Überblick

Forderungen sind taugliche Zuwendungsobjekte.[1] Auch für Forderungszuwendungen stellt sich demgemäß die Aufgabe, den Zuwendenden gegen die Folgen der Realisierung des Zuwendungsrisikos abzusichern. Die juristische Literatur geht davon aus, daß im deutschen Zivilrecht Forderungen durch sogenannte kausale oder auch abstrakte Zuwendungsgeschäfte zugewendet werden.[2] Wir haben oben gesehen, daß Abstraktheit und Kausalheit nicht Charakteristika von Zuwendungen sind, sondern daß sich Kausalheit und Abstraktheit als Besonderheiten der von einer Rechtsordnung vorgesehenen Mechanismen zur Reaktion auf die Realisierung des Zuwendungsrisikos im Interesse des betroffenen Zuwendenden darstellen.[3] Originäre Forderungszuwendungen, d.h. Forderungszuwendungen durch Neubegründung, erfolgen im deutschen Zivilrecht durch Abschluß eines Schuldvertrages.[4] Sucht man nach Regelungsstrukturen, die der Reaktion auf die Realisierung des mit schuldvertraglichen Forderungszuwendungen verbundenen Risikos dienen, so fällt der Blick auf das Synallagma, einem der „großen vertragsrechtlichen Gerechtigkeitssymbole"[5], das „zum festen Bestand der Lehren vom Vertrag gehört"[6].

Die dogmatischen Grundlagen des Synallagma sind bis in alle Einzelheiten umstritten.[7] Die Erklärung des Synallagma erfolgt in der juristischen Literatur oft in allgemeinen Wendungen, die zur Klärung der Dogmatik letztlich nicht viel beitragen können.[8] Der Diskussionsstand soll nachfolgend kurz skizziert werden, um damit eine Basis für die Einordnung des anschließend zu entwickelnden eigenen Begründungsvorschlags bereitzustellen.

---

[1] Vgl. oben, 1. Teil B. II. 4. b) cc).

[2] Vgl. oben, 1. Teil B. II. 4. d).

[3] Vgl. oben, ebd.

[4] Vgl. oben, 1. Teil B. II. 4. c).

[5] *Dubischar*, FS Raiser, S. 100.

[6] *Dubischar*, ebd.; *Rittner*, Über die Entbehrlichkeit des sog. genetischen Synallagmas, S. 213; *Hager*, S. 26.

[7] Vgl. nur *Rittner*, Über die Entbehrlichkeit des sog. genetischen Synallagmas, S. 213 ff.; *Gernhuber*, FS Larenz, S. 469 f.; *ders.*, FS Raiser, S. 64; *Schmidt-Rimpler*, Die Gegenseitigkeit bei einseitig bedingten Verträgen, S. 55, jeweils m.w.N.; *Dubischar*, FS Raiser, S. 100; *M. Wolf*, S. 119.

[8] Vgl. die Nachweise bei *Schmidt-Rimpler*, ebd., S. 56.

II. Entwicklung und Stand der Synallagma-Diskussion

Historisch kam der Begriff des Synallagma erst relativ spät zu Bedeutung.[9] Die griechischen Quellen verwenden ihn in sehr verschiedener Weise, u.a. für „Heirat", „Friedensschluß", „Wirtschaftsleben" und „Kreditkauf".[10] Eine einheitliche juristische Bedeutung des Begriffes läßt sich demgemäß nicht erkennen.[11] Das klassische römische Recht nutzte zwar die Möglichkeit, Leistung und Gegenleistung in Abhängigkeit zu setzen, in vielfältiger Weise. Es sind allerdings nur zwei Textstellen[12] überliefert, die den Begriff des Synallagma verwenden.[13] Ein einheitlicher juristischer *terminus technicus* scheint „Synallagma" auch bei den Römern nicht gewesen zu sein.[14]

Auch im Gemeinen Recht war das Synallagma weder als Begriff noch als dogmatische Struktur allgemein anerkannt.[15] August Bechmann[16] hat im Jahre 1876 mit seinem Versuch, den Kauf nach römischem Recht als einheitliches Geschäft mit dem Grundprinzip der Zweiseitigkeit zu erklären, den Begriff erstmals in umfassenderem Zusammenhang gebraucht.[17] Bechmann selbst hat es aber nicht vermocht, die dogmatische Struktur des Synallagma hinreichend zu deuten. Seine Ausführungen nahmen diese Aufgabe gar nicht erst ernsthaft in Angriff.[18] Die Dogmatik des gegenseitigen Vertrages war demgemäß im Ge-

---

[9] Vgl. *Staudinger-Otto*, Vorbem. zu §§ 320-322, Rn. 6; *Hager*, S. 27 ff., der eine Einordnung des Synallagma in die allgemeine geistesgeschichtliche Entwicklung versucht.

[10] *Benöhr*, S. 8 mit umfangreichen Beispielen; *Hager*, S. 28; *H. J. Wolff*, FS Hippel, S. 679 f.

[11] *Benöhr*, ebd.; *H. J. Wolff*, ebd.; vgl. demgegenüber *M. Wolf*, S. 119: „... Rechtsfigur, der sich der wirtschaftliche Tauschverkehr seit alters bedient."; *Hager*, ebd.; *Beseler*, S. 294.

[12] Ulp. Dig. 50, 16, 19 und Ulp. Dig. 2, 14, 7, 2; vgl. *Benöhr*, S. 8; *Klinke*, S. 100; *Schmidt-Rimpler*, Die Gegenseitigkeit bei einseitig bedingten Verträgen, S. 1.

[13] Es ist bestritten, ob Synallagma nach den römischen Quellen für die formfreie Art des Vertragsschlusses steht oder für die Wechselseitigkeit der Verpflichtungen, *Kaser*, S. 529; *Klinke*, S. 100 f.; *Benöhr*, passim, zusammenfassend S. 118; *Staudinger-Otto*, Vorbem. zu §§ 320 - 322 Rn. 6; *Schmidt-Rimpler*, Die Gegenseitigkeit bei einseitig bedingten Verträgen, S. 1 Fn. 1; *Wunner*, Contractus, S. 33 ff., jeweils m.w.N.

[14] Vgl. ebd.

[15] *Rittner*, Über die Entbehrlichkeit des sog. genetischen Synallagmas, S. 216; *Staudinger-Otto*, Vorbem. zu §§ 320-322, Rn. 6.; *Leser*, Rücktritt, S. 59.

[16] *Bechmann*, S. 540 ff. und passim.

[17] Vgl. *Staudinger-Otto*, Vorbem. zu §§ 320 - 322 Rn. 6; *Klinke*, S. 102; *Rittner*, Über die Entbehrlichkeit des sog. genetischen Synallagmas, S. 216 ff. Bechmann versuchte in seiner Schrift gemeinrechtliche Vorstellungen zu widerlegen, wonach ein Vertrag aus grundsätzlich zwei Verpflichtungsgeschäften bestehe; vgl. *v. Jhering*, Geist des römischen Rechts, S. 202 f.; *Becker*, S. 320; *Brüggemann*, S. 206; allg. *Schmidt-Salzer*, NJW 1971, S. 5 ff. (6 f.).

[18] *Rittner*, ebd., S. 218.

meinen Recht nicht gesichert. Man diskutierte einzelne Fragenbereiche, deren Inhalte später als Ausprägung des Synallagma identifiziert werden sollten.[19] So wurde erörtert, ob im Rahmen eines gegenseitigen Vertrages die wechselseitigen Forderungen ihre Selbständigkeit behalten oder ob den Parteien jeweils nur ein einziger Anspruch auf Vollzug des ganzen Vertrages zusteht mit der Folge, daß jeder nur die Gegenleistung verlangen kann, wenn er selbst schon geleistet hat oder seine Leistung anbietet.[20] Weiter war umstritten, inwieweit sich bei einem gegenseitigen Vertrag die wechselseitigen Forderungen in ihrer Existenz bedingen.[21]

Mangels endgültiger Klärung der vorgenannten Punkte und ihrer dogmatischen Erfassung konnten die Verfasser des BGB nicht auf ein ausgereiftes dogmatisches Synallagma-Konzept zurückgreifen.[22] Im BGB ist der Begriff des Synallagma auch nicht ausdrücklich genannt oder gar definiert.[23] Da die Idee, daß ein Vertrag nicht aus jeweils getrennten Verpflichtungsgeschäften besteht, sondern ein einheitliches Ganzes bildet[24], sich schon vor Erlaß des BGB durchgesetzt hatte, gingen die Besonderheiten der Gegenseitigkeit bei der Forderungsbegründung in den allgemeinen Regelungen zur Wirksamkeit von Rechtsgeschäften auf.[25] Bestimmte, bis zum Erlaß des BGB offene Fragen zum gegenseitigen Vertrag regelte der BGB-Gesetzgeber allerdings in dem Abschnitt über die gegenseitigen Verträge, §§ 320 ff.[26]

---

[19] Vgl. dazu im folgenden.

[20] So z.B. *Windscheid*, Lehrbuch des Pandektenrechts, Band 2, S. 319, 329; dagegen *Dernburg*, Das bürgerliche Recht, S. 64.

[21] *Windscheid*, ebd., S. 330, vertrat das Prinzip, daß, wer selbst seine Verbindlichkeit nicht zu erfüllen brauche, grundsätzlich auch die Gegenleistung nicht verlangen könne. Eine Ausnahme ergebe sich nur für den Kauf, da hier die Gefahr schon mit Abschluß des Kaufvertrages auf den Käufer übergehe. Komme sogleich bei Vertragsschluß für eine der Parteien wegen eines Ungültigkeitsgrundes eine Verbindlichkeit nicht zustande, so könne es sein, daß auch für die andere Partei eine Verbindlichkeit nicht entstehe, so namentlich bei Unmöglichkeit der Leistung, ebd., S. 338; *Bechmann*, S. 542 ff. Nach der Gegenansicht sollte die Unmöglichkeit einer Leistungspflicht die Gegenleistungspflicht nicht beeinträchtigen, *Wächter*, S. 189 ff.; *Dernburg*, Kompensation, S. 60 ff., 71 ff. (77): „... so bewährt sich unsere Behauptung auf's Neue, daß wechselseitige Bedingtheit der Gegenobligationen der ursprünglichen Anlage der synallagmatischen Contracte fremd war, wenn auch bei fortschreitender Entwicklung eine gegenseitige Abhängigkeit mehr und mehr Platz griff."; *Bechmann*, S. 542, 561 ff., der allerdings eine genetische Abhängigkeit anerkannte, S. 562: „... daß die beiden Forderungen zwar nur gegenseitig entstehen können, dann aber ursprünglich jede ihren eigenen Weg gehe."

[22] *Rittner*, Über die Entbehrlichkeit des sog. genetischen Synallagmas, S. 218; anders zum genetischen Synallagma *Hager*, S. 27.

[23] Vgl. demgegenüber Art. 1184 des französischen Code Civil, dazu *van den Daele*, S. 16, 40.

[24] Vgl. schon oben, 1. Teil B. II. 4. c).

[25] *Rittner*, Über die Entbehrlichkeit des sog. genetischen Synallagmas, S. 218 f.

[26] Vgl. *Rittner*, ebd.; *Becker*, S. 27 („Spezialausstattung"); *Hager*, S. 30.

Die synallagmatische Struktur wird heute allgemein als Eigenart des sogenannten vollkommen gegenseitigen Austauschvertrages[27] verstanden.[28] Die Besonderheit der synallagmatischen Struktur, welche diesen Vertragstyp von anderen entgeltlichen Verträgen abgrenzt, liege darin, daß die Wirksamkeit der einen Verpflichtung zwingend an die Wirksamkeit der anderen geknüpft sei.[29] Diese synallagmatische Verknüpfung von Leistung und Gegenleistung habe ihre Grundlage in dem Willen der Parteien.[30] Der Begriff des Synallagma wird allerdings auch in den aktuellen rechtswissenschaftlichen Stellungnahmen in verschiedener Weise gebraucht. Oft bezeichnet man mit „Synallagma“ die „Gegenseitigkeit im Vertrage“.[31] Andere verwenden den Begriff nur für die vom Gesetz vorgegebenen Rechtsfolgen, welche aus der Abhängigkeit wechselseitiger Leistungspflichten folgen sollen.[32] Oft genug wird über die dogmatische Bedeutung des häufig genutzten Begriffs auch gar nicht reflektiert.

Allgemein unterscheidet man zwischen genetischem, funktionellem und konditionellem[33] Synallagma. Das genetische Synallagma soll die wechselseitige Abhängigkeit der Wirksamkeit von Forderungszuwendungen bei ihrer Entste-

---

[27] Im Gegensatz vor allem zum Gesellschaftsvertrag, der gleichfalls dem Oberbegriff des gegenseitigen Vertrages untergeordnet wird, vgl. *Klinke*, S. 95 m.w.N.

[28] Vgl. ebd.

[29] Vgl. *Klinke*, S. 94. Die Abhängigkeit der wechselseitigen Zuwendungen in ihrer Entstehung ist allerdings, soweit darin eine Besonderheit des Synallagma gesehen wird, bestritten, vgl. ausführlich im folgenden.

[30] *van den Daele*, S. 15; *Soergel-Wiedemann*, Vor § 320 Rn. 4, 11, 14; vgl. *Klinke*, S. 95 m.w.N., der diese Sicht für vereinfachend hält: Die Parteien bestimmten die Art der Zuwendung und den Zweck des jeweiligen Mittels. Ob das Mittel dann mit seiner causa final oder synallagmatisch verknüpft sei, hänge von der gesetzlich bestimmten Kausalheit oder Abstraktheit der jeweiligen Zuwendungsart ab; vgl. demgegenüber *van den Daele*, S. 15: „Die Theorie von der Zweckbeziehung der Leistungspflichten ist nicht psychologisch, sondern normativ zu verstehen. Sie ist eine Aussage über die rechtliche Struktur des Vertragstypus, nicht über die wirklich verfolgten Zwecke der Parteien. Jede Leistungspflicht soll Zweck der anderen sein im Sinne des charakteristischen Geschäftszwecks des gegenseitigen Vertrages.“

[31] Z.B. *Schmidt-Rimpler*, Die Gegenseitigkeit bei einseitig bedingten Verträgen, S. 1 Fn. 1; *Bydlinski*, FS Steinwenter, S. 142: „Verhältnis von Leistung und Gegenleistung“; *Klinke*, S. 15: „... Ausdruck für die Struktur des gegenseitigen Vertrages ... worüber Rechtsprechung und Literatur sich einig sind.“; *Hans Josef Wieling*, JuS 1973, S. 397.

[32] *van den Daele*, S. 23 Fn. 36; kritisch zur Gleichsetzung von Synallagma und der Abhängigkeit von Verpflichtung und Gegenverpflichtung *May*, S. 26.

[33] Das konditionale Synallagma soll - als eigene Kategorie - nur die Fälle kennzeichnen, in denen „eine Leistung unter der Bedingung einer nicht geschuldeten Gegenleistung“ erfolgt, vgl. *Gernhuber*, FS Larenz, S. 483, Fn. 73; vgl. *ders.*, Schuldverhältnis, S. 319, hier allerdings nicht darauf abstellend, daß die Gegenleistung nicht geschuldet ist; *Blomeyer*, Studien zur Bedingungslehre, S. 105, der als Beispiel den Fall anführt, daß A dem B 10 000 Reichsmark verspricht, falls B ein Haus baue.

hung bezeichnen.[34] Eine Forderung entsteht nach diesem Gedanken nur, wenn auch die Gegenforderung entstehe.[35] Bedeutende Stimmen in der Literatur sprechen dem genetischen Synallagma im deutschen Recht allerdings eine eigenständige Bedeutung ab.[36] Wenn man das genetische Synallagma daraus ableiten wolle, daß die Nichtigkeit einer Vertragserklärung auch die Nichtigkeit der anderen hervorrufe, handele es sich lediglich um eine Regel des Vertragsschlusses.[37] Wolle man das genetische Synallagma als Regel ansehen, wonach die Unwirksamkeit einer Verpflichtung die Unwirksamkeit der Gegenverpflichtung hervorrufe, so sei das keine Besonderheit des Austauschvertrages. Vielmehr bezögen sich die einschlägigen Normen des BGB (z.B. §§ 125, 306, 310, 311, 134, 138) jeweils auf das Rechtsgeschäft im ganzen. Sie könnten daher nicht als eine Besonderheit des gegenseitigen Vertrages angesehen werden.[38]

Unter funktionellem Synallagma versteht man die Abhängigkeit der gegenseitigen Verpflichtungen in der Durchsetzung und bezieht das vor allem auf die §§ 320 bis 322 BGB.[39] Um erfolgreich Erfüllung verlangen zu können, müsse

---

[34] *Soergel-Wiedemann*, vor § 320 Rn. 14; *Palandt-Heinrichs*, Einf. v. § 320, Rn. 13; *Jauernig u.a.-Vollkommer*, § 305 Rn. 12; *van den Daele*, S. 23, 24 ff.; *Rittner*, Über die Entbehrlichkeit des sog. genetischen Synallagmas, S. 1 f. mit ausführlichen Literaturnachweisen; *Benöhr*, S. 1; *Gernhuber*, Schuldverhältnis, S. 315; *Hager*, S. 26; *Pfister*, JZ 1971, S. 284 f.

[35] *Benöhr*, S. 1.

[36] Vgl. *Rittner*, Über die Entbehrlichkeit des sog. genetischen Synallagmas, passim, der nachweist, daß die Praxis völlig ohne den Begriff des genetischen Synallagma auskommt; *Hager*, S. 27; *Medicus*, Bürgerliches Recht, Rn. 218; *Gernhuber*, FS Larenz, S. 477, der dem genetischen Synallagma lediglich analysierende Bedeutung zuerkennt; *Hoeniger*, S. 226 („Ich halte daher den ganzen Begriff des genetischen Synallagamas für ziemlich wertlos."); *Staudinger-Otto*, Vorbem. zu §§ 320-322 Rn. 11; MüKo-*Emmerich*, Vor § 320 Rn. 15 („... so daß der Begriff des genetischen Synallagmas wohl weitgehend entbehrlich ist."; ähnlich *Larenz*, SR I, § 15 I (S. 203): „Das genetische Synallagma meint nichts weiter als die Verknüpfung der Leistungspflichten eines jeden mit der Gegenleistungspflicht des anderen im rechtsgeschäftlichen Willen der Parteien; es ist ein anderes Wort für den Tatbestand des „gegenseitig verpflichtenden Schuldvertrages"."; dagegen *M. Wolf*, S. 125; *van den Daele*, S. 24 f.; *Klinke*, S. 119: Das genetische Synallagma sei die causa-(Zweck-)Struktur des gegenseitigen Vertrages im Augenblick, da dieser entstehe: Causa (Zweck) der jeweiligen Verpflichtung sei die Verpflichtung des Gegners. Wie der mit jeder Verpflichtung verfolgte Zweck, die geschuldete Leistung zu erbringen, mit den Mitteln der Gegenseite, d.h. deren Verpflichtung verbunden sei, bestimmten funktionelles und konditionelles Synallagma; *Brüggemann*, S. 206 f.; *Gernhuber*, Schuldverhältnis, S. 315 f.

[37] *Rittner*, Über die Entbehrlichkeit des sog. genetischen Synallagmas, S. 233; vgl. auch schon vorstehend.

[38] *Rittner*, ebd., S. 234.

[39] *Soergel-Wiedemann*, Vor § 320 Rn. 14; *Palandt-Heinrichs*, Einf. v. § 320, Rn. 14; *Staudinger-Otto*, Vorbem. zu §§ 320-324, Rn. 13; *Larenz*, SR I, § 15 I (S. 203); *van den Daele*, S. 24, 26 ff.; *Hager*, S. 26; demgegenüber sieht *Kress*, Grundlagen, S. 59, das funktionelle Synallagma in den §§ 320 bis 327 repräsentiert; *Jauernig u.a.-Vollkommer*, § 305 Rn. 12, bezeichnet die Regelungen der §§ 323 ff. als funktionelles

auch der Vertragspartner befriedigt sein oder befriedigt werden.[40] Zu der Frage der Bedeutung der Einrede des nichterfüllten Vertrages (§ 320) besteht hier ein alter Streit:

Nach herrschender Meinung[41] und Rechtsprechung[42] bewahren die wechselseitigen Leistungsansprüche auch im gegenseitigen Vertrag ihre Unabhängigkeit. Sie sind lediglich in ihrer Durchsetzbarkeit durch Ausübung einer besonderen Einrede miteinander verknüpft.[43] Für diese Ansicht spricht die Formulierung der §§ 320 ff., die ausdrücklich die Erhebung der Einrede erfordern. Der Fassung der Vorschrift liegen prozeßtechnische Erwägungen zugrunde. Nach dem Willen der Verfasser des BGB sollte dem Kläger nämlich erspart werden, im Prozeß seine eigene Erfüllung oder die Vorleistungspflicht der anderen Seite behaupten zu müssen, um seine Klage zu substantiieren.[44]

Herrschende Ansicht und Rechtsprechung gehen aber dennoch davon aus, daß das bloße objektive Bestehen der Einrede verhindert, daß derjenige, dem die Einrede zusteht, in Schuldnerverzug kommt. Die Einrede müsse hierfür also nicht erhoben werden.[45] Auch seien keine Prozeß- oder Fälligkeitszinsen zu zahlen, wenn die Einrede aus § 320 möglich sei, denn der Anspruch sei nicht fällig i.S.v. §§ 291, 641.[46] Zur Begrün-

---

Synallagma; *Brüggemann*, S. 206 f., spricht auch von „funktionalem Synallagma"; vgl. auch §§ 348 S. 2; 467 S. 1; 515 i.V.m. 467; 634 Abs. 4 i.V.m. 467; 651 S. 2 i.V.m. 467, welche auf die §§ 320 bis 322 bzw. auf § 348 S. 2 i.V.m. §§ 320 bis 322 verweisen, *Oesterle*, S. 227. Allerdings sehen RGZ 50, 255 ff. (257); 60, 56 ff. (58 f.); 65, 185 ff. (192); OLG Hamm, BB 1983, 1304 ff. (1305); *Palandt-Heinrichs*, § 321 Anm.1, § 321 als auf dem Grundsatz der *clausula rebus sic stantibus* bzw. der Lehre vom Wegfall der Geschäftsgrundlage begründet. *M. Wolf*, S. 126, sieht das funktionelle Synallagma (nur) in § 320 repräsentiert. Dagegen hält *Soergel-Wiedemann*, § 321 Rn. 3 den Rückgriff auf Billigkeitserwägungen nicht für falsch, aber für überflüssig. Das Prinzip des gegenseitigen Vertrages biete eine hinreichende, konkretere Erklärungsmöglichkeit. Entgegen dem allgemeinen Sprachgebrauch verwendet *Stadler*, S. 271, Fn. 16, den Begriff des „funktionellen Synallagma" für die Fälle, in welchen „bei Wegfall einer Leistungspflicht wegen unverschuldeten Untergangs des Leistungsgegenstandes auch der Gläubiger dieser unmöglich gewordenen Leistung von seiner Gegenleistungspflicht befreit wird", also für die Fälle, die normalerweise dem konditionellen Synallagma zugeordnet werden.

[40] *Benöhr*, S. 1.

[41] Vgl. MüKo-*Emmerich*, § 320, Rn. 2 f.; *Soergel-Wiedemann*, § 320 Rn. 10; *van den Daele*, S. 45 ff.; *M. Wolf*, S. 121, 126; *Gernhuber*, FS Raiser, S. 64 ff.

[42] RG JW 1921, S. 23 f.; RGZ 51, S. 170 ff. (171); BGH NJW 1981, S. 2801; 1982, S. 2494 f.; OLG Hamm, MDR 1978, S. 402 f. (403).

[43] MüKo-*Emmerich*, § 320 Rn. 2 ff.; vgl. auch schon *Windscheid*, Lehrbuch des Pandektenrechts, Band 2, S. 323.

[44] *Mugdan* 2, Motive, S. 112.

[45] RG JW 1921, S. 523 f.; BGHZ 84, S. 42 ff. (44); 113, S. 232 ff. (236); 116, S. 244 ff. (249); BGH NJW 1992, S. 556 ff. (557); 93, S. 2674 ff. (2674); MüKo-*Emmerich*, § 320 Rn. 59 f.; a.A. z.B. *Huber*, in Gutachten und Vorschläge zur Überarbeitung des Schuldrechts, S. 728; *Oertmann*, ZHR 78, S. 23 ff., 47 ff.

[46] BGHZ 55, S. 198 ff. (200); 61, S. 42 ff. (46); MüKo-*Emmerich*, ebd.

dung dieser „*ipso iure*-Wirkungen“ wird auf praktische Bedürfnisse und den gebotenen Schuldnerschutz verwiesen.[47]

Nach der Gegenansicht (Theorie des einheitlichen Austauschanspruchs)[48] ist der Anspruch einer jeden Partei eines gegenseitigen Vertrages von vornherein durch die eigene Leistungspflicht beschränkt.[49] Die gegenseitigen Ansprüche richten sich auf Vollzug des Leistungsaustauschs.[50] Teilweise wird daraus gefolgert, daß die Beschränkung von Amts wegen zu berücksichtigen sei, die Wirkungen dieser Beschränkung also *ipso iure* einträten.[51] Folge ist nach dieser Ansicht, daß der Kläger im Prozeß seine eigene Erfüllung oder die Vorleistungspflicht des anderen Teils behaupten muß, um seinen Vortrag schlüssig zu machen. Andere sehen es wegen der ausdrücklichen Formulierung der §§ 320 und 322 als notwendig an, daß der Schuldner sich im Prozeß auf sein Recht aus § 320 beruft.[52] Die Geltendmachung der Einrede bedeute einen

> „im Prozeß allerdings unerläßlichen, weil vom Gesetz verlangten Hinweis auf die dem Anspruch innewohnende Beschränkung.“[53]

Bedeutsam ist das immerhin noch für das Versäumnisurteil. Ein solches kann nach dieser Ansicht nicht ergehen, wenn aus dem Vortrag des Klägers hervorgeht, daß dem säumigen Beklagten noch die Einrede des nichterfüllten Vertrages zusteht.[54]

Als dritte „Synallagma-Kategorie“ spricht man von dem konditionellen Synallagma.[55] Unter dem Begriff des konditionellen Synallagma versteht man, daß durch die gesetzlichen Vorgaben verhindert ist, daß eine Partei leistungspflichtig bleibt, obwohl die Gegenleistung ohne ihr Verschulden nicht mehr erbracht

---

[47] MüKo-*Emmerich*, § 320 Rn. 59.

[48] Der Begriff findet sich so z.B. bei *Gernhuber*, FS Larenz, S. 470, und bei *Soergel-Wiedemann*, § 320 Rn. 9, dort auch „Theorie der immanenten Leistungsbeschränkung“; vgl. auch *Klinke*, S. 104: „Austauschzwecktheorie“.

[49] *Larenz*, SR I, § 15, insbes. S. 206 f.; *Roth*, S. 173 f.; *Jahr*, JuS 1964, S. 293 ff. (297); *Endemann*, S. 524; *Palandt-Heinrichs*, § 320 Rn. 1.

[50] *Jahr*, JuS 1964, S. 293 ff. (297); *Larenz*, ebd.; vgl. auch *Bydlinski*, FS Steinwenter, S. 142: „Die Einrede des nichterfüllten Vertrages ist das Verteidigungsmittel, mit dem der Beklagte die Bedingtheit des klägerischen Anspruchs zur Geltung bringt.“; *Palandt-Heinrichs*, Einf. v. § 320 Rn. 14.

[51] Vgl. *Jahr*, JuS 1964, S. 297; weitere Nachweise bei *Soergel-Wiedemann*, § 320 Rn. 9, Fn. 21.

[52] *Larenz*, SR I, § 15 I, (S. 205 ff.); *Roth*, S. 174; vgl. auch *Oesterle*, S. 234 („prozessuale Voraussetzung“); *Leonhard*, S. 341 („Prozeßrüge“); *Palandt-Heinrichs*, § 320 Rn. 1.

[53] *Larenz*, SR I, § 15 I, (S. 207).

[54] Vgl. *Soergel-Wiedemann*, § 320 Rn. 10.

[55] Teilweise wird das konditionelle Synallagma dem funktionellen zugeordnet, vgl. *Larenz*, SR I, § 15 I (S. 203); *van den Daele*, S. 23, Fn. 23 m.w.N.

werden kann.[56] Dies finde vor allem in § 323 seinen Ausdruck[57], liege aber auch den §§ 324 ff. zugrunde.[58]

Die juristische Literatur bietet verschiedene Ansätze, um die dogmatische Struktur des Synallagma (in seinen unterschiedlichen, vorgenannten Ausgestaltungen) zu erklären.[59] Teilweise wird versucht, die Gegenseitigkeit im Rahmen eines Vertrages und die sich nach dem Gesetz daraus ergebenden Folgen in der wechselseitigen causa-Beziehung der Leistungspflichten zu finden.[60] Das BGB habe zwar das Wesen des gegenseitigen Vertrages nicht definiert, lege aber mit der Normierung spezifischer Rechtsfolgen eine bestimmte Vertragsstruktur zugrunde.[61] Die Struktur der Gegenseitigkeit ergebe sich daraus, daß die Verpflichtung der einen Partei jeweils der Zweck der Verpflichtung der anderen sei. Allerdings sei dieser Zweck nicht der von den Parteien gemeinsam verfolgte Austauschzweck[62], sondern der von jeder Partei jeweils selbst verfolgte Zweck.[63] Dieser Ansatz sei insoweit normativ zu verstehen, als damit nicht die wirklich verfolgten Zwecke der Parteien, sondern nur Strukturen des Vertragstypus erfaßt seien.[64] Der normierte Zweck sei der Rechtsgrund einer Verpflichtung, sei ihre causa.[65] Synallagma sei der Name für die besondere Rechtsform der Zweckabhängigkeit, welche auch in ihrer Rechtstechnik selbständig sei.[66]

---

[56] *Soergel-Wiedemann*, Vor § 320 Rn. 14; *Palandt-Heinrichs*, Einf. v. § 320, Rn. 15; *Staudinger-Otto*, Vorbem. zu §§ 320-322, Rn. 12; MüKo-*Emmerich*, Vor § 320 Rn.9; *van den Daele*, S. 24, 26; *Benöhr*, S. 1: „Soweit die eine erlischt, geht auch die andere unter."; *Gernhuber*, Schuldverhältnis, S. 316; *Hager*, S. 26; unscharf *Dubischar*, FS Raiser, S. 101.

[57] Ebd.; *M. Wolf*, S. 126.

[58] Ebd.; kritisch *Kisch*, JherJb. 44, S. 74 f.

[59] *Hager*, S. 26 Fn. 1 („kein Konsens").

[60] *van den Daele*, insbes. S. 15 ff., 40; *Klinke*, insbes. S. 116 ff.; vgl. *Oesterle*, S. 55 ff.; dazu *Dubischar*, FS Raiser, S. 106: „... orientiert man sich an individualpsychischen Motivationen. Demgemäß erklärt man die Wirkung des Synallagma als eine Art „reservatio mentalis"."; *Gernhuber*, FS Raiser S. 57; *Brüggemann*, S. 206.

[61] *van den Daele*, S. 16; *Gernhuber*, ebd.

[62] So die Theorie vom einheitlichen Austauschanspruch, vgl. vorstehend im Text.

[63] *Klinke*, S. 105.

[64] *Ders.*, S. 15. *Gernhuber*, FS Larenz, S. 469, faßt diese Lehre als „Charakterisierung des Pflichtenverbundes als normativ ausgeformte Zweckstruktur eines im Vertrag ausgeformten konstituierten Finalnexus" auf; *ders.*, Schuldverhältnis, S. 312 ff., ihm folgend, *Hadding*, S. 155.

[65] *van den Daele*, S. 16 ff., 28; schon *Heck*, Grundriß des Schuldrechts, § 43 1. (S. 130).

[66] *van den Daele*, S. 53; vgl. auch *Staudinger-Otto*, Vorbem. zu §§ 320-322, Rn. 16; *Beuthien*, Zweckerreichung und Zweckstörung, S. 285 („synallagmatische Zweckverknüpfung"); *Hans Josef Wieling*, JuS 1973, S. 397 („gegenseitige Abhängigkeit der Leistungen in Austauschverträgen").

Problematisch an dieser Ansicht ist, daß mit ihr zwangsläufig alle die Schwierigkeiten verbunden sind, die die causa-Lehre insgesamt so undurchsichtig machen.[67] Indem man auf den Zweck jeder Partei abstellt und die Verpflichtung jeder Partei als Zweck der anderen ansieht, ist damit zwar eine Aussage über mögliche subjektive Beweggründe der Parteien gemacht. Eine Besonderheit des Synallagma, beispielsweise gegenüber dem gleichfalls aus dem causa-Gedanken hergeleiteten Rechtsgrund der Leistungskondiktion[68], vermag das aber genauso wenig zu begründen wie damit Regelungsbedürfnis und -ziel bzw. der strukturelle Charakter des Synallagma zu erklären sind. Die Herleitung des Synallagma aus der causa-Struktur leidet auch unter dem Mangel, daß nicht herausgestellt wird, daß der in der Gegenverpflichtung liegende Zweck einer Verpflichtung für sich genommen noch gar keinen juristischen Handlungsbedarf erzeugt. Vielmehr kann es nur die Zweckverfehlung, d.h. das Scheitern der Gegenverpflichtung sein, aus der eine „synallagmatische Regelungsnotwendigkeit" folgt.[69]

Andere definieren das Wesen des Synallagma über die Kategorie der Bedingung.[70] Der Grund für jede Art von rechtlicher Verknüpfung zweier Leistungen im gegenseitigen Vertrag liege in der Entgeltlichkeit derselben. Die Entgeltlichkeit stehe für die normative Verknüpfung, denn beide Leistungen bildeten füreinander den Rechtfertigungsgrund.[71] Wenn beide Leistungen Entgelt füreinander seien, ergebe sich daraus eine wechselseitige Bedingtheit.[72] Auch diese Deutung des Synallagma ist freilich nicht in der Lage, umfassende Klarheit zu bringen. Eine Bedingung ist ein Instrument (unter anderen), das eingesetzt werden kann, um bestimmte Regelungsziele zu erreichen. Welche Regelungsziele das sind, ergibt sich aus der Bedingtheit selbst aber nicht.[73] Wenn beispielsweise ein Kaufvertrag unter der auflösenden Bedingung abgeschlossen wird, daß dem Käufer bis zu einem bestimmten Zeitpunkt ein Darlehen von einem Dritten gewährt wird, dann hat das mit synallagmatischen Besonderheiten nichts zu tun. Die mit Abschluß des Kaufvertrages vorgenommenen Forderungszuwendungen

---

[67] Vgl. oben, 1. Teil C. II. 2. b) bb) (2.3).

[68] Vgl. ebd.

[69] Vgl. ebd.

[70] Vor allem *Blomeyer*, Studien zur Bedingungslehre, passim; ihm grundsätzlich folgend *Bydlinski*, FS Steinwenter, S. 140 ff.; vgl. *Dubischar*, FS Raiser, S. 109 („Vorbehalt des Erhalts der Gegenleistung"); *Benöhr*, S. 322 f.; im Zusammenhang mit der Zug-um-Zug-Leistung *Oesterle*, S. 67 f.

[71] *Blomeyer*, ebd., S. 109.

[72] *Blomeyer*, ebd., S. 110 f.; gegen diesen Erklärungsansatz vgl. vor allem *van den Daele*, S. 40 f.; vgl. auch *Staudinger-Otto*, Vorbem. zu § 320-322, Rn. 14; *Gernhuber*, FS Raiser, S. 58 (Fn.3).

[73] *van den Daele*, S. 51: „Ein bestehender Bedingungszusammenhang kann immer nur zeigen, „daß" eine Abhängigkeit besteht, er läßt dagegen nicht erkennen, „warum" sie besteht."; *Gernhuber*, Schuldverhältnis, S. 313.

werden mit Bedingungseintritt zwar rückabgewickelt. Die Wechselseitigkeit der Forderungszuwendungen spielt für diese Rückabwicklung aber keine Rolle. Weil der Bedingungszusammenhang also nicht auf den Gegenseitigkeitsaspekt beschränkt ist, vermag er eine Besonderheit desselben auch nicht zu erklären.

Teilweise wurde früher die dogmatische Struktur des genetischen Synallagma mit § 139 begründet.[74] Ausgehend von dem Gedanken, daß jede der zum Austausch bestimmten Leistungen in einem besonderen Schuldverhältnis übernommen sei, gehöre jedes der beiden Schuldverhältnisse zu den wesentlichen Bestandteilen des abgeschlossenen Vertrages. Sei eines dieser Schuldverhältnisse ungültig, so sei es der ganze Vertrag.[75] Diese Ansicht ist mit dem herrschenden Verständnis, wonach ein Vertrag ein einheitliches Ganzes ist und nicht aus zwei getrennten Verpflichtungsverhältnissen besteht[76], nicht zu vereinbaren. Im übrigen taugt § 139 für eine Erklärung der Strukturen des Synallagma schon deshalb nicht, weil - wie für die Kategorie der Bedingung - eine strukturelle Besonderheit und ein besonderer Sinn des Synallagma damit nicht begründbar wird.

Andere versuchen, die dogmatischen Strukturen des Synallagma mit der Figur der Geschäftsgrundlage zu erklären. Jeder Vertrag beruhe auf bestimmten Wertungsgrundlagen, die im Sinne der Parteien die Richtigkeit der Rechtsfolgen, insbesondere auch die Richtigkeit von Leistung und Gegenleistung begründeten.[77] Im Vertrag vereinbarten die Parteien zwar primär Rechtsfolgen. Allerdings herrsche auch Einverständnis über die Wertungsgrundlage, damit jede Partei darüber unterrichtet sei, daß die andere Partei die Rechtsfolge nur bei Vorliegen der Wertungsgrundlage für richtig halte.[78] Die Folgen bei Fehlen der Wertungsgrundlage seien danach vom Gesetz, Wissenschaft oder Praxis vorzugeben.[79] Im gegenseitigen Vertrag seien die Parteien im Einverständnis darüber, daß jede Partei von der Wertungsgrundlage ausgehe, die Leistung sei so, wie sie versprochen sei, nur richtig, wenn die Leistung der anderen Partei, so wie sie versprochen sei, erbracht werde. Das Synallagma sei deshalb ein Problem der

---

[74] *Dernburg*, Das bürgerliche Recht, Zweiter Band, erste Abteilung, S. 221 (§ 92 I); *v. Gierke*, Deutsches Privatrecht, S. 295 (§ 184 III); *Crome*, S. 169 (§ 168, 1.); dagegen *Heck*, Grundriß des Schuldrechts, § 42, 4; vgl. auch *Rittner*, Über die Entbehrlichkeit des sog. genetischen Synallagmas, Fn. 4 m.w.N.; kritisch *Gernhuber*, Schuldverhältnis, S. 316

[75] *Crome*, ebd.

[76] Vgl. schon oben, 1. Teil B. II. 4. c).

[77] *Schmidt-Rimpler*, Die Gegenseitigkeit bei einseitig bedingten Verträgen, S. 61; kritisch *Beuthien*, Zweckerreichung und Zweckstörung, S. 115.

[78] *Schmidt-Rimpler*, ebd., S. 62.

[79] Ebd.

Geschäftsgrundlage, wobei die technische Ausführung dieses Grundgedankens Sache des jeweiligen positiven Rechts sei.[80]

Auch über den Gedanken des Wegfalls der Geschäftsgrundlage wird eine Besonderheit der (synallagmatischen) Struktur der Gegenseitigkeit nicht deutlich.[81] Das folgt jedenfalls daraus, daß man die Erbringung der einen Leistung zwar als Geschäftsgrundlage der anderen ansehen kann. Für die Geschäftsgrundlage ist aber nicht notwendig nur von Bedeutung, ob die Gegenleistung gelingt. Wie für den Bedingungszusammenhang können auch andere Umstände zur Geschäftsgrundlage gehören. So kann beispielsweise - um bei dem schon bemühten Beispiel zu bleiben - auch die Darlehensgewährung durch einen Dritten an den Käufer zur Geschäftsgrundlage der Kaufvertrages werden, ohne daß damit synallagmatische Strukturen angesprochen wären. Eine synallagmatische Besonderheit läßt sich mit dem Gedanken vom Wegfall der Geschäftsgrundlage deshalb nicht begründen. Indem im übrigen vorausgesetzt wird, daß zwischen den Parteien Einverständnis über die Wertungsgrundlage herrscht, (wonach die versprochene Leistung so, wie sie versprochen ist, nur richtig sein soll, wenn die Leistung der anderen Partei, so wie sie versprochen ist, erbracht werde) werden die wechselseitigen Interessen der Parteien miteinander vermengt. Es ist nicht nachvollziehbar, warum immer eine solche gemeinsame Wertungsgrundlage in bezug auf den Leistungsaustausch existieren soll.

Einen weiteren Begründungsansatz bietet die schon im Zusammenhang mit der Erörterung des funktionellen Synallagma vorgestellte Theorie des einheitlichen Austauschanspruchs an. Die wechselseitige Verknüpfung der beiderseitigen Leistungspflichten ist danach (sinngemäß) Inhalt der vertraglichen Regelung, nicht nur der Geschäftsgrundlage.[82] Aus der Natur des gegenseitigen Vertrages verstehe es sich von selbst, daß es der nächste unmittelbare Zweck einer jeden Vertragspartei sei, die Gegenleistung zu erhalten. Es sei ein gemeinsamer Zweck, weil jede Partei den Zweck der anderen mit herbeiführen wollen müsse, um den eigenen zu erreichen. Der gemeinsame Zweck sei daher notwendig Vertragsinhalt.[83] Nach dieser Theorie wird der „Finalnexus zweier Ansprüche also in einen einzigen Anspruch aufgelöst".[84] Bedenken gegen diese Erklärung des Synallagma ergeben sich daraus, daß es lebensfremd ist anzunehmen, daß im vollkommen gegenseitigen Vertrag jede Partei auch den Zweck der anderen

---

[80] Ebd., S. 63.

[81] Vgl. *Klinke*, S. 112, nach dem mit der Beschreibung des Synallagma als Geschäftsgrundlage offenbleibe, wie Leistung und Gegenleistung verbunden seien.

[82] Vgl. *Larenz*, SR I, § 15 I (S. 203); vgl. *Gernhuber*, Schuldverhältnis, S. 313.

[83] *Larenz*, Geschäftsgrundlage und Vertragserfüllung, S. 104/105.

[84] *Gernhuber*, FS Larenz, S. 470 m.w.N.; vgl. dagegen z.B. *Bydlinski*, FS Steinwenter, S. 143: „Gegenstand des Anspruchs ist ja ein Handeln des Schuldners, und der Begriff des Anspruchs auf Leistung gegen Gegenleistung bringt daher gerade nicht zum Ausdruck, wie das geschuldete Verhalten mit der Gegenleistung zusammenhängt."

miterfüllen will und deshalb die Zwecke der beiden Parteien in einem gemeinsamen Vertragszweck aufgehen, welcher dann auch noch Vertragsinhalt werden soll.[85] Es spricht doch eher alles dafür, daß jede Partei die Zwecke des anderen den eigenen unterordnet.

Walter Schmidt-Rimpler hat bemerkt, daß alle Versuche, den Sinn des Synallagma zu bestimmen, unter dem Mangel leiden,

> „daß sie nicht angeben, welchen dogmatischen Sinn es hat, daß die eine Leistung um des „Versprechens der anderen Leistung willen" oder „um der anderen Leistung willen" oder „gegen" sie oder „als „Äquivalent" oder „in einem Abhängigkeitsverhältnis zu ihr" versprochen wird oder steht." [86]

Dem kann man gewiß zustimmen. Die Frage nach dem eigentlichen Sinn des Synallagma als „Denkfigur"[87], d.h. die Frage nach den hinter synallagmatischen Strukturen stehenden Regelungszielen und Regelungsbedürfnissen ist ungeklärt.

Im Zusammenhang mit der Diskussion um die Dogmatik des Synallagma wird auch immer wieder der Äquivalenz-(Gleichwertigkeits-)gedanke ins Spiel gebracht.[88] Man ist sich einig, daß im deutschen Bürgerlichen Recht eine objektive Äquivalenz, d.h. die Idee des gerechten Preises, keine Grundlage hat. Bis zur Grenze des § 138 ist es danach ohne Bedeutung, ob Leistung und Gegenleistung nach objektiven Gesichtspunkten gleichwertig sind.[89] Allerdings wird eine objektive Äquivalenz als idealtypische Struktur des gegenseitigen Vertrages angesehen.[90]

---

[85] Vgl. *Gernhuber*, Schuldverhältnis, S. 313, nach dem die Strukturen der §§ 320 ff. nicht in die Lehre von der Geschäftsgrundlage passen.

[86] *Schmidt-Rimpler*, Die Gegenseitigkeit bei einseitig bedingten Verträgen, S. 58 f.

[87] *Dubischar*, FS Raiser, S. 100.

[88] Vgl. ausführlich *van den Daele*, S. 1 ff.; *Krückmann*, AcP 128, S. 181: „Die Partei bezweckt bei einem gegenseitigen Vertrage einen Erklärungserfolg, der sich in den Grenzen der Äquivalenz hält, dies ergibt sich zwangsläufig aus der Logik des gegenseitigen Vertrages ..."; vgl. auch *ders.*, AcP 131, S. 1. ff. (7); *Wieacker*, FS Wilburg, S. 229 ff. (249); *M. Wolf*, S. 120; *Gernhuber*, FS Raiser, S. 62 ff.; *ders.*, Schuldverhältnis, S. 319.

[89] *van den Daele*, S. 5; *Soergel-Wiedemann*, Vor § 320 Rn.7; *Gernhuber*, FS Raiser, Fn. 7.; *ders.*, Schuldverhältnis, S. 320; *Schmidt-Rimpler*, FS Raiser, S. 3 ff. (15); *Kress*, Lehrbuch, S. 41 Fn. 15; *Klinke*, S. 124; *Larenz*, SR I, § 15 I (S. 203); *ders.*, AT, § 2 V (S. 45 ff.), der allerdings (S. 46 f.) das objektive Äquivalenzprinzip in beschränktem Umfang im BGB repräsentiert sieht, nämlich z.B. in dem Minderungsanspruch gemäß §§ 462, 472 und in § 315. Die Rechtsprechung trage schweren Äquivalenzstörungen außerdem im Rahmen der Lehre vom Wegfall der Geschäftsgrundlage Rechnung; vgl. auch *Beuthien*, Zweckerreichung und Zweckstörung, S. 58, 64; *Lange*, FS Nottarp, S. 130, der von der Existenz von Rechtsbehelfen und Ansprüchen „wegen mangelnder Äquivalenz" ausgeht; *Degenhard*, S. 148 f.

[90] *van den Daele*, S. 7; *Gernhuber*, FS Raiser, S. 62 ff.; *ders.*, Schuldverhältnis, S. 319; *Klinke*, S. 124; vgl. im Zusammenhang mit der anglo-amerikanischen *consideration*-Lehre *Zweigert*, JZ 1964, S. 351; *von Mehren*, S. 1069.

Zum Teil wird immerhin der sogenannten subjektiven Äquivalenz Bedeutung beigemessen. Nach einer Spielart[91] gehen die Parteien eines gegenseitigen Vertrages von der objektiven Gleichwertigkeit des Tauschwertes ihrer Leistungen aus. Die Vorstellung der Parteien von der Gleichwertigkeit der beiderseitigen Leistungen sei daher in der Regel Geschäftsgrundlage des gegenseitigen Vertrages.[92] Andere meinen, daß die Parteien (nur) den Nutzenwert ihrer Leistungen als gleichwertig betrachten.[93]

Nach heute wohl h.M.[94] spielt im geltenden deutschen Zivilrecht auch die subjektive Äquivalenz keine Rolle. Das folge schon daraus, daß derjenige, der unter Wert kaufe, beispielsweise um den Verkäufer unerkannt zu unterstützen, wirksam einen gegenseitigen Vertrag schließe. Subjektive Äquivalenzaspekte spielten aber weder in der einen noch in der anderen Form eine Rolle.[95] Die Parteien gingen in diesem Fall nicht einmal von dem gleichen Nutzwert von Leistung und Gegenleistung aus. Bei rationaler, wirtschaftlicher Betrachtungsweise komme ein Tausch nur dann zustande, wenn beide Parteien sich davon eine Erhöhung ihres Nutzens versprächen.[96] Der gegenseitige Vertrag sei deshalb grundsätzlich äquivalentneutral.[97]

Äquivalenz bedeute aber Gleichwertigkeit der Leistungen im Funktionszusammenhang des ganzen Rechtsgeschäfts. Jede Leistung sei auch Gegenleistung und habe den gleichen Rechtswert (Funktionswert) wie diese. Grund dafür seien allein die rechtsgeschäftlichen Entscheidungen der Parteien.[98] Äquivalenz im gegenseitigen Vertrag bedeute deshalb, daß jede Leistungspflicht als Rechtsgrund der Gegenverpflichtung das gleiche Gewicht habe wie die andere.[99] Die Äquivalenz sei deshalb eine gewollte Wertgleichung zwischen Leistung und Gegenleistung.[100] Durch Eingriffe privatautonomer Gestaltung könne dieses am

---

[91] *Larenz*, SR I, § 15 I (S. 203); vgl. *ders.*, AT § 2 V, (S. 46); *Beuthien*, JuS 1979, S. 534; ähnlich auch *Soergel-Wiedemann*, Vor § 320 Rn. 7: „... allein die Vorstellung der Parteien davon und ihre Absicht, die Leistungen als gleichwertig auszutauschen ..."

[92] *Palandt-Heinrichs*, Einf. vor § 320, Rn. 8. Auch Heinrichs, ebd., muß aber zugestehen, daß diese subjektive Äquivalenz kein notwendiges Merkmal des gegenseitigen Vertrages ist.

[93] Nachweise zur Rechtsprechung bei *Klinke*, S. 10; vgl. auch ausführlich *Larenz*, Geschäftsgrundlage und Vertragserfüllung, S. 78 f.

[94] *van den Daele*, S. 9; *Staudinger-Otto*, Vorbem. §§ 320-322, Rn. 7; vgl. *Oesterle*, S. 60; *M. Wolf*, S. 120; *Gernhuber*, FS Raiser, S. 120; *ders.*, Schuldverhältnis, S. 320.

[95] Vgl. ebd.

[96] *van den Daele*, S. 12.

[97] *Gernhuber*, Schuldverhältnis, S. 320; *Klinke*, S. 127.

[98] *van den Daele*, S. 13.

[99] *van den Daele*, S. 13; *Gernhuber*, Schuldverhältnis, S. 321; vgl. *Kress*, S. 41, Fn. 15.

[100] *Locher*, S. 94.

Bild der gesetzlich normierten Rechtsfolgen entwickelte Äquivalenzgefüge allerdings tiefgreifend verändert werden, ohne damit die Gegenseitigkeit in Frage zu stellen. Die gesetzlichen Normen, auf denen das funktionelle Synallagma beruhe, seien nämlich vollständig abdingbar. Für das konditionelle Synallagma sei das zumindest weitgehend der Fall.[101]

III. Stellungnahme

1. Überblick

Im Mittelpunkt der Synallagma-Diskussion steht die Frage, warum und wie im vollkommen gegenseitigen Vertrag die wechselseitigen Leistungspflichten miteinander „verflochten"[102] sind. Ausgangspunkt dieser Untersuchung ist demgegenüber die Suche nach allgemeinen, übergreifenden Strukturen, die dem aus der Realisierung des Zuwendungsrisikos resultierenden Restitutionsinteresse eines Zuwendenden Rechnung tragen. Der hier zugrunde gelegte Ansatz ist damit gerade nicht auf die Untersuchung eines bestimmten Rechtsinstituts oder einer bestimmten Rechtsfigur, d.h. auch nicht auf das Synallagma begrenzt. Vielmehr wird das Synallagma im folgenden aus der genannten übergeordneten Perspektive heraus diskutiert. Dafür ist zunächst zu fragen, ob synallagmatische Strukturen eine regelungstechnische Reaktion auf die Realisierung des Zuwendungsrisikos sind, ob sich dementsprechend im Synallagma die oben bestimmten Regelungselemente identifizieren lassen und welche Folgen das hat.

Das Synallagma wird in der juristischen Literatur vor allem als ein schuld-(vertrags-)rechtliches[103] Einzelproblem behandelt.[104] Besonders kraß formuliert van den Daele:[105]

---

[101] *van den Daele*, S. 13

[102] *Oesterle*, S. 223.

[103] Vgl. *Hager*, S. 49, der vom Synallagma als einem Vertragstyp spricht.

[104] Vgl. oben, 2. Teil B. II.; ausdrücklich so *Dubischar*, FS Raiser, S. 102; *Betti*, S. 2. Die zuwendungsrechtliche Komponente des (genetischen und konditionellen) Synallagma hat demgegenüber schon *Heck*, Grundriß des Schuldrechts, § 43 1. (S. 130), erkannt: Wenn die Vorschriften über die gegenseitigen Verträge nicht vorhanden wären, so sei die Berufung auf § 812 möglich. Das Konditionenrecht sei lediglich durch die Vorschriften über die gegenseitigen Verträge als *lex specialis* ausgeschlossen; vgl. auch *Rother*, S. 15. Zu Unrecht will dagegen *Dubischar*, FS Raiser, S. 105 f., „den echten Bereicherungsfall der Rückforderung einer Leistung unterscheiden vom „unechten" des Verlusts einer Leistung, welcher eintreten soll, damit eine ungerechtfertigte Bereicherung gar nicht erst entstehen kann." *Dubischar* verkennt nämlich, daß schon die Forderungsbegründung eine „Zuwendung" ist, vgl. schon oben, 1. Teil B. II. 4. c), *Huber*, JuS 1972, S. 58, und damit eine Forderungszuwendung den Einsatz einer Leistungskondiktion notwendig machen kann; zur Leistungskondiktion vgl. ausführlich unten, 2. Teil C.; vgl. auch *Huber*, der, ebd., (begriffsjuristisch anmutend) davon ausgeht, daß bei der ver-

„Man wird von einer Rückführung der Rechtsfolgen des Synallagma auf dogmatische Formen außerhalb des Rechts des gegenseitigen Vertrages überhaupt abzusehen haben. Das Synallagma ist eine rechtliche Form der wechselseitigen Abhängigkeit von Leistungspflichten; seine verschiedenen Figuren sind sämtlich Ausdruck einer ganz selbständigen Kategorie vertragsgemäßer Willensbeschränkung: der Verknüpfung einer Leistungspflicht mit der Verpflichtung zur Gegenleistung als ihrem Zweck.“

Man hat es deshalb bisher auch nicht unternommen, das Synallagma aus seiner möglichen Position im Zuwendungsrecht zu erklären. Das verwundert deshalb nicht, weil die dem Synallagma zugerechneten Strukturen des BGB vor allem Forderungen betreffen und Forderungen im BGB insgesamt kaum als Objekt vermögensrechtlicher Regelungen berücksichtigt sind.[106] Der Verpflichtungsgehalt steht im Vordergrund, während der zuwendungsrechtlichen Komponente kaum Beachtung geschenkt wird. Demgegenüber wurde schon oben dargestellt, daß Forderungen taugliche Zuwendungsobjekte sind. Bei Abschluß eines Schuldvertrages wenden die Parteien sich demgemäß Forderungen, d.h. (funktionelle) Forderungswerte zu. In bezug auf die daraus folgenden zuwendungsrechtlichen Regelungsbedürfnisse besteht deshalb auch kein Unterschied zur Zuwendung von Sachen.[107] Wenn dem so ist, dann liegt die Möglichkeit nahe, daß das Synallagma selbst einem solchen Regelungsbedürfnis Rechnung trägt, d.h. eine Funktion ausübt, die bei anderen Zuwendungsformen bzw. der Zuwendung anderer Zuwendungsobjekte gleichermaßen von Bedeutung ist, jedoch von anderen Rechtsinstituten wahrgenommen wird. Es ist weiter naheliegend, daß sich aus einer solchen zuwendungsspezifischen Funktion des Synallagma auch ein Ansatz für die Erklärung der Dogmatik des Synallagma herleiten läßt. Das soll im folgenden versucht werden. Ausgangspunkt ist dafür - entsprechend dem Thema dieser Untersuchung - die Hypothese, daß das Synallagma ein Instrument ist, das dem Ziel dient, das aus der Realisierung des Zuwendungsrisikos resultierende Restitutionsinteresse eines Zuwendenden zu befriedigen.

Die Regelungsstrukturen des BGB, aus welchen das Synallagma normalerweise abstrahiert wird, gelten nur für Forderungszuwendungen durch Neubegründung mittels Abschluß eines vollkommen gegenseitigen Vertrages.[108] Für

traglichen Begründung einer Kaufpreisforderung keine Bezugnahme auf ein anderes Rechtsverhältnis und deshalb auch keine „Leistung“ i.S.d. § 812 vorliege; vgl. auch, ausgehend von der Frage, ob eine Forderungszuwendung eine Leistung ist, *Schnauder*, Grundlagen, S. 60 f.

[105] *van den Daele*, S. 53; vgl. auch *Gernhuber*, Schuldverhältnis, S. 310: „... so ist es *(das Synallagma)* doch in der Rechtssprache der Gegenwart zur unmißverständlichen Formulierung jener Struktur geworden, die für den gegenseitigen Vertrag charakteristisch ist.“; *Hager*, S. 26; *Dubischar*, FS Raiser, S. 102; *Betti*, S. 2.

[106] Vgl. oben, 1. Teil B. II. 4. b) cc) (3).

[107] Vgl. oben, 1. Teil B. II. 4. b) cc) (2).

[108] Vgl. oben, 1. Teil B. II. 4. c).

andere Zuwendungsobjekte[109] scheint das BGB eine derartige „synallagmatische" Struktur nicht vorzusehen. Besonders deutlich wird das bei Kauf und Tausch. Die Wirksamkeit der Zuwendung des Kaufobjekts oder des Kaufpreises bzw. eines Tauschobjekts ist weder bei der Vornahme der Zuwendung noch nachfolgend unmittelbar von der Wirksamkeit der (Gegen-)Zuwendung der anderen Partei abhängig. Das Synallagma scheint demgegenüber nur für die im (schuldrechtlichen) Kauf-/Tauschvertrag zugewendeten Forderungen Bedeutung zu haben.[110] Ein dogmatischer Grund für diese Beschränkung ist nicht ersichtlich. Eine positiv-rechtliche oder vertragliche Regelung könnte beispielsweise genauso anordnen, daß Wirksamkeitsvoraussetzung für die Zuwendung eines Tauschobjekts die Zuwendung des von der anderen Partei geschuldeten Tauschobjekts ist (genetisches Synallagma)[111] und daß bei nachfolgenden Mängeln der Zuwendung des einen Tauschobjekts auch die Zuwendung des anderen davon beeinträchtigt wird (konditionelles Synallagma).

Anderes hat für das funktionelle Synallagma zu gelten. Das funktionelle Synallagma ist ausschließlich für Forderungen von Bedeutung, da nur im Zusammenhang mit Forderungen die Frage der Durchsetzbarkeit eine Rolle spielt. Die sich damit andeutenden Unterschiede werden kaschiert, wenn im allgemeinen die dogmatische Herleitung des Synallagma für alle drei Synallagma-Kategorien einheitlich versucht wird. Um demgegenüber eine differenzierte Analyse zu gewährleisten, muß für die folgenden Erörterungen zwischen konditionellem, genetischem und funktionellem Synallagma unterschieden werden.

2. Konditionelles Synallagma

a) § 323 Abs. 1 1. Hs.

aa) Regelungsgehalt

Ausgangspunkt der bisherigen Erörterungen war das Restitutionsinteresse, welches daraus resultiert, daß sich das mit einer Zuwendung für einen Zuwendenden verbundene Risiko realisiert. Demgemäß betreffen die oben abstrakt dargestellten rechtstechnischen Strukturen, welche im Restitutionsinteresse eines Zuwendenden für die Rückabwicklung einer Zuwendung sorgen, immer das mit einer (einzelnen) Zuwendung verbundene Risiko. Die Besonderheit des Synallagma wird demgegenüber darin gesehen, daß Forderung und Gegenforderung miteinander „verknüpft" sind. Man leitet die dogmatische Erklärung des Synallagma gerade aus der Wechselseitigkeit der Verpflichtungen ab, ohne da-

---

[109] Zum Zuwendungsbegriff, vgl. schon oben, 1. Teil B. II. 4.

[110] Vgl. schon *Mugdan* 2, Motive, S. 367.

[111] Allerdings können „synallagmatische Ergebnisse" hier über die vertragliche Vereinbarung eines Eigentumsvorbehalts, §§ 455, 515, erreicht werden.

mit freilich an Klarheit zu gewinnen.[112] Wenn die herkömmlichen Begründungsansätze also auf der Wechselseitigkeit aufbauen und Ausgangspunkt der im Rahmen dieser Arbeit vorgenommenen Untersuchung das isolierte Restitutionsinteresse des von der Realisierung des Zuwendungsrisikos betroffenen Zuwendenden ist, dann besteht hier ein Widerspruch.[113] Ein an die Wechselseitigkeit der Forderungszuwendungen (Verpflichtungen) anknüpfender Ansatz würde demgemäß einer möglichen Funktion des Synallagma als Instrument zur Reaktion auf die Realisierung des Zuwendungsrisikos nicht gerecht. Ob und in welchem Umfang das Synallagma tatsächlich eine solche Funktion ausübt, soll im folgenden zunächst am Beispiel des § 323 Abs. 1 1. Hs., dem Grundfall des konditionellen Synallagma, überprüft werden.[114] Dafür ist zunächst der Regelungsgehalt dieser Vorschrift in zuwendungsrechtliche Strukturen einzuordnen:

§ 323 Abs. 1 1. Hs. regelt für die vollkommen gegenseitigen Verträge das Schicksal der Gegenleistung (der (Gegenforderungs-)Zuwendung des „anderen Teils"), wenn die Erfüllung der Verpflichtung (Forderungszuwendung des „einen Teils") unmöglich wird. Das Gesetz formuliert die Rechtsfolge ausgehend von der Person des (Gegenforderungs-)Zuwendungsempfängers. Nach der Diktion des § 323 Abs. 1 ist das der „eine Teil". Das eigentliche Regelungsziel dieser Vorschrift basiert freilich auf dem Interesse des (Gegenforderungs-)Zuwendenden, den § 323 Abs. 1 als „anderen Teil" bezeichnet. Nur in seinem (Restitutions-)Interesse ordnet § 323 Abs. 1 nämlich die synallagmatische Reaktion an. § 323 Abs. 1 1. Hs. betrifft also nur dessen isolierte Gegen-(forderungs-)zuwendung. Auf eine Wechselseitigkeit von Forderungszuwendungen kommt es demgegenüber für § 323 Abs. 1 1. Hs. nicht an. Das folgt schon daraus, daß zwischen der Frage, welche Folgen sich einerseits für einen Schuldner aus der eigenen Leistungsunmöglichkeit ergeben, und den Konsequenzen für die Gegenleistung andererseits strikt zu trennen ist.[115] Beide Fragen betreffen völlig unterschiedliche Sachverhalte und entspringen völlig unterschiedlichen Regelungsbedürfnissen.[116] Ob nämlich z.B. im Fall des vollkommen gegenseitigen Schuldvertrages der eine Forderungszuwendende von seiner eigenen Leistungspflicht frei wird, weil er nicht mehr leisten kann (Unmöglichkeit), hat sich nach

---

[112] Vgl. oben, 2. Teil B. II.

[113] Vgl. auch *E. Wolf*, AcP 153, S. 114, nach dem die Einheit des Schuldverhältnisses jede Zerlegung in verschiedene Teilbeziehungen verbietet. Demgegenüber betreffen die hier diskutierten zuwendungspezifischen Besonderheiten überhaupt nicht das Schuldverhältnis an sich.

[114] Die Bewertung für die anderen Synallagma-Kategorien ist damit freilich nicht präjudiziert, vgl. insbesondere zum funktionellen Synallagma unten, 2. Teil B. III. 4.

[115] Vgl. *Kegel*, FS Mann, S. 68.

[116] Anders, aber ungenau, *Dubischar*, FS Raiser, S. 101, wenn er den Synallagma-Gedanken als „Aussage über die Folgen bei Unmöglichkeit der Leistung im gegenseitigen Vertrag" auffaßt.

ganz anderen Kriterien zu beurteilen als die Entscheidung darüber, ob er frei wird, wenn er eine erstrebte Gegenleistung nicht bekommt.[117] Die zuerst genannte Frage (Folge der Unmöglichkeit) betrifft allein die schuldrechtliche Funktion einer Forderung, d.h. deren Verpflichtungsgehalt. Es geht nämlich darum, ob eine Verpflichtung sinnvollerweise Bestand haben kann, wenn der Schuldner nicht erfüllen kann.[118] Mit der Reaktion auf die Folgen der Realisierung des Zuwendungsrisikos im Interesse des Zuwendenden hat das nichts zu tun.

Welche Auswirkungen die Unmöglichkeit, eine Forderung zu erfüllen, demgegenüber für eine vorgesehene (Gegenforderungs-)Zuwendung hat, ist nach anderen Kriterien zu entscheiden. Hierbei geht es nämlich nicht darum, ob der (Gegenforderungs-)Zuwendende frei wird, weil er die selbst zugewendete Forderung nicht erfüllen kann, sondern darum, ob seine eigene Forderungszuwendung Bestand hat, obwohl er wegen der Unmöglichkeit keinen Ausgleich bekommt. In diesem Zusammenhang ist es deshalb auch ohne Bedeutung, ob das Objekt der Gegenzuwendung eine Forderung oder ein anderes Zuwendungsobjekt, beispielsweise eine Sache ist. In beiden Fällen ergibt sich im (Restitutions-)Interesse des Zuwendenden gleichermaßen ein typischer Rückabwicklungsbedarf, wenn er für seine eigene Zuwendung kein entsprechendes Entgelt (Erhalt der Gegenzuwendung) erlangt. Nur diesem Interesse trägt die synallagmatische Reaktion des konditionellen Synallagma Rechnung. Der dem konditionellen Synallagma zugrundeliegende Gedanke ist deshalb grundsätzlich auch nicht auf Verpflichtungsgeschäfte (= Forderungszuwendungen) beschränkt.

Als Zwischenergebnis kann deshalb festgehalten werden, daß § 323 Abs. 1 1. Hs. als Grundregel des konditionellen Synallagma nur die (isolierte) Forderungszuwendung des „anderen Teils" betrifft. Die vielbeschworene Wechselseitigkeit erlangt nur insoweit Bedeutung, als das Scheitern der Forderungszuwendung des „einen Teils" (§ 275) die Reaktion des konditionellen Synallagma für den anderen auslöst. Dieser Tatbestand ist nunmehr näher zu untersuchen. Insbesondere fragt sich, ob und wie er in die oben definierten Regelungsstrukturen zur Reaktion auf die Realisierung des Zuwendungsrisikos[119] eingeordnet werden kann.

---

[117] Vgl. *Kegel*, FS Mann, S. 68.

[118] Vgl. dazu *L.-Ch. Wolff*.

[119] Vgl. oben, 1. Teil C.

bb) Regelungsziel

Synallagmatische Strukturen werden gemeinhin darauf zurückgeführt, daß ein Gläubiger leistet, „um" die Gegenleistung zu erlangen.[120] Das ist das berühmte „*do ut des*".[121] Wie das Synallagma[122] ist auch das „*do ut des*" keine Eigenart von (wechselseitigen) Verpflichtungstatbeständen. „*Do ut des*" meint vielmehr, daß der eine gibt, damit auch der andere gibt.[123] „*Do ut des*" betrifft deshalb Zuwendungen und besagt, daß eine Zuwendung nur um der anderen Zuwendung willen erfolgt. Es spielt insoweit keine Rolle, ob das Zuwendungsobjekt eine Forderung[124] oder beispielsweise eine Sache ist.[125]

„*Do ut des*" ist aber zunächst nicht mehr als eine Beschreibung von (typischen) Beweggründen, die zu einer Zuwendung veranlassen bzw. veranlaßt haben. Über die juristische Bedeutung derselben gibt der Satz demgegenüber kei-

---

[120] Vgl. *Soergel-Wiedemann*, Vor § 320 Rn. 4 m.w.N.; *Schmidt-Rimpler*, Die Gegenseitigkeit bei einseitig bedingten Verträgen, S. 26, 58, 56; *Larenz*, SR I, § 15 (S. 203); *Bydlinski*, FS Steinwenter, S. 142; *Oesterle*, S. 58 („egoistischer Zweck"); *Hans Josef Wieling*, JuS 1973, S. 397; *Beuthien*, Zweckerreichung und Zweckstörung, S. 115.

[121] *Larenz*, ebd.; *Musielak*, Grundkurs BGB, Rn. 93; *Palandt-Heinrichs*, Einf. v. § 320 Rn. 4 ff. (4); vgl. *Dubischar*, FS Raiser, S. 109; *Gernhuber*, Schuldverhältnis, S. 313; *Pfister*, JZ 1971, S. 284; *Hans Josef Wieling*, JuS 1973, ebd., der unverständlich „*do ut des*" als „wirtschaftliche Abhängigkeit" bezeichnet; *Huber*, JuS 1972, S. 63, der ebenfalls unverständlich von der „synallagmatischen Verknüpfung des '*do ut des*'" spricht.

[122] Vgl. vorstehend.

[123] Ebd.

[124] Vgl. dazu oben, 1. Teil B. II. 4. b. cc) (2).

[125] Vgl. schon vorstehend. Auch in Ulp. Dig. 2. 14. 7. 2. ist der Begriff „Synallagma" für die gegenseitige Zuwendung von Sachwerten gebraucht: „... ut puta dedi tibi rem ut mihi aliam dares, dedi ut aliquid facias ... (... wie zum Beispiel, wenn ich dir eine Sache gegeben habe, damit du mir eine andere gibst, oder wenn ich etwas gegeben habe, damit du etwas tust ...)"; vgl. auch Paul. Dig. 19. 5. 5. pr. 1 f.; *Wolff*, IVRA 2, S. 262; für das Gemeine Recht *Windscheid*, Lehrbuch des Pandektenrechts, Band 2, S. 326 Fn. 10. Die in Ulp. Dig. 2. 14. 7. 2. diskutierte Problematik war jedoch eine andere als diejenige, der diese Untersuchung gewidmet ist: Bekanntlich standen in justinianischer Zeit nur für bestimmte Schuldvertragsformen (Verbal-, Real-, Litteral- und Konsensualkontrakte) Klageformeln (*actiones*) zur Verfügung. Für vergleichbare, aber nicht mit Klageformeln „ausgerüstete" Fälle („Innominatkontrakte", vgl. *Kaser*, S. 580 ff.), insbesondere den Tausch, stellte sich „wegen der Enge des positiven römischen Zivilrechts" *Sohm*, Institutionen, S. 485, deshalb die Frage nach alternativen Klagegründen. Ulp. Dig. 2. 14. 7. 2. begründete das mit dem Versprechen der gegenseitigen Leistung und der Vorleistung einer Partei, vgl. *Windscheid*, Lehrbuch des Pandektenrechts, S. 717 Fn. 4; *Sohm*, ebd. Seit Paul. Dig. 19. 5. 5. pr. 1 f., wurde interessanterweise dem Vorleistenden wahlweise die Erfüllung oder die Rückforderung des Vorgeleisteten auf der Grundlage der *condictio ob rem* zugesprochen, *Windscheid*, Lehrbuch des Pandektenrechts, Band 1, S. 717 Rn. 4, Band 2, S 325 f. Schon im Gemeinen Recht wurde der Vorleistende dann aber auf den Erfüllungsanspruch beschränkt, da auch die Verbindlichkeit eines formlosen Vertrages anerkannt war, *Windscheid*, Lehrbuch des Pandektenrechts, Band 2, S. 326.

ne Auskunft. Um näheren Aufschluß zu erhalten, ist zu untersuchen, wann sich im Zusammenhang mit dem „do ut des“ ein juristischer Handlungsbedarf, d.h. eine Regelungsnotwendigkeit ergibt.[126] Ein solcher ist regelmäßig für die Fälle zu verneinen, in welchen der Zuwendende die angestrebte Gegenleistung erhält, sich sein Zuwendungszweck also erfüllt. Ein (weitergehendes) Regelungsbedürfnis besteht hier normalerweise nicht, denn das Zuwendungsergebnis entspricht dem, was der Zuwendende (typischerweise) will.

Anders verhält es sich, wenn der Zuwendende die erstrebte Gegenleistung nicht erlangt oder die Gegenleistung später wegfällt. Hier ist aus Sicht des Zuwendenden (typischerweise) Regelungsbedarf deshalb gegeben, weil er den mit seiner eigenen Zuwendung für ihn verbundener Nachteil nicht durch die erstrebte Gegenzuwendung ausgeglichen erhält. Seine eigene Zuwendung stellt sich für ihn als nicht (mehr) gerechtfertigt dar. Für den Zuwendenden hat sich in diesem Fall also sein Zuwendungsrisiko verwirklicht. In seinem (Restitutions-)Interesse liegt es deshalb, das Ergebnis seiner eigenen Zuwendung zu korrigieren, d.h. einen Restitutionsmechanismus zu aktivieren, um das zurückzubekommen, was er hingegeben hat. Genau diese Funktion übernimmt § 323 Abs. 1 1. Hs. im Restitutionsinteresse des „anderen Teils“. Die Vorschrift stellt nämlich sicher, daß bei vollkommen gegenseitigen Verträgen die (Gegen-)Forderungszuwendung des „anderen Teils“ nicht wirksam bleibt, wenn die (Forderungs-)Zuwendung des „einen Teils“ (wegen Unmöglichkeit) scheitert.[127] Regelungsziel des § 323 Abs. 1 1. Hs. ist es demgemäß, für diese Fälle das Zuwendungsergebnis im Interesse des Zuwendenden zu korrigieren. Wenn das konditionelle Synallagma nach allem darauf reagiert, daß sich das für den Zuwendenden mit seiner Zuwendung verbundene Risiko verwirklicht, dann ist das Regelungsziel des konditionellen Synallagma die Reaktion auf die Realisierung des Zuwendungsrisikos im Restitutionsinteresse des „anderen Teils“ als Zuwendendem.[128]

cc) Auslösetatbestand

Da § 323 Abs. 1 1. Hs. die synallagmatische Reaktion daran knüpft, daß sich das Zuwendungsrisiko des „anderen Teils“ durch das Scheitern der Forderungs-

---

[126] Vgl. auch *Dubischar*, FS Raiser, S. 110, im synallagmatischen Zusammenhang: „... hört die Frage vorübergehend auf, eine rein juristische zu sein. Hier ist der Ort des allgemeinen sozialwissenschaftlichen Erfahrungsaustauschs ...“

[127] Vgl. *Schmidt-Rimpler*, FS Raiser, S. 15: „... daß der rechtliche Sinn der Gegenleistung darin liegt, welches Opfer die Leistung des anderen dem Empfänger wert ist.“ Das (genetische und konditionelle) Synallagma ist entgegen *Dubischar*, FS Raiser, S. 112, insoweit aber keine „Schutznorm der Entgeltlichkeit“. Es geht nicht darum, das Entgelt für die eigene Leistung sicherzustellen, sondern zu reagieren, wenn das Entgelt scheitert.

[128] Der „eine Teil“ (der Zuwendungsempfänger) bedarf eines solchen Interessenschutzes nicht, da seine eigene Forderungszuwendung wegen der eingetretenen Unmöglichkeit unwirksam ist, bei ihm also auch keinen Nachteil hervorruft.

zuwendung des „einen Teils" realisiert, ist dieses Scheitern der Auslösetatbestand. Es war im ersten Teil dargestellt worden, welche Schwierigkeiten mit der rechtstechnischen Umsetzung des Auslösetatbestandes verbunden sind. Da die Realisierung des Zuwendungsrisikos sich nämlich grundsätzlich zunächst nach der subjektiven Sicht des Zuwendenden beurteilt, stellt sich die Frage, wann eine solche subjektive Bewertung durch den Zuwendenden von einer Rechtsordnung anzuerkennen ist. Weiter ist problematisch, daß nicht alle Umstände, die zu einer Realisierung des Zuwendungsrisikos führen können, voraussehbar sind, weshalb eine Berücksichtigung in einer *ex ante* aufzustellenden Rechtsregel schwierig ist. Schließlich ist für eine rechtstechnische Reaktion auf die Realisierung des Zuwendungsrisikos nicht nur das Restitutionsinteresse des Zuwendenden, sondern sind auch anderweitige Interessen, insbesondere solche des Zuwendungsempfängers zu berücksichtigen.[129] Diese allgemeinen Probleme bewältigt das konditionelle Synallagma, indem es für die Auslösung der synallagmatischen Reaktion (als dem Restitutionsmechanismus im oben dargestellten[130] Sinne) nicht auf eine (subjektive) Bewertung des Zuwendungsergebnisses durch den Zuwendenden im konkreten Einzelfall, sondern typisierend darauf abstellt, ob eine Gegen–(forderungs-)zuwendung erlangt wurde. Der Tatbestand, welcher im Interesse des Zuwendenden die „synallagmatische Reaktion" auslöst, erfaßt damit nur beschränkte, wenn auch typische Fälle, in welchen sich das Zuwendungsrisiko verwirklicht. Dies sind die Fälle, in denen die potentiell erstrebte Gegenzuwendung scheitert. Unter Anknüpfung an das typischerweise Gewollte, nämlich den Erhalt der Gegenzuwendung, objektiviert das konditionelle Synallagma das an sich subjektive Zuwendungsrisiko. Das konditionelle Synallagma sichert den Zuwendenden gegen die Folgen der Realisierung seines Zuwendungsrisikos deshalb nicht umfassend, sondern nur für einen ebenso wichtigen wie typischen Teilbereich.

Das Beispiel eines einfachen Kaufvertrages mag das verdeutlichen. Der Käufer will sich typischerweise nur verpflichten, d.h. will dem Verkäufer typischerweise die Forderung auf den Kaufpreis nur zuwenden, wenn er selbst von dem Verkäufer eine Forderung, nämlich die auf Übergabe und Übereignung des Kaufobjekts, zugewendet erhält. Scheitert die Zuwendung der Forderung des Verkäufers, weil deren Erfüllung unmöglich wird und der Verkäufer deshalb gemäß § 275 Abs. 1 frei wird, dann hat sich für den Käufer typischerweise das mit seiner Forderungszuwendung an den Verkäufer verbundene Risiko verwirklicht. Seinem daraus folgenden Restitutionsinteresse trägt das konditionelle Synallagma (§ 323 Abs. 1 1. Hs.) Rechnung, denn der Verkäufer als der „eine Teil" verliert seinen Anspruch, d.h. die Forderungszuwendung des Käufers wird

[129] Vgl. oben, 1. Teil C. II. 2. b) bb) (3).

[130] Vgl. allgemein oben, 1. Teil C. II. 2. c) bb) und im synallagmatischen Zusammenhang oben, 2. Teil B. III. 2. a) dd).

rückabgewickelt. Das Zuwendungsrisiko des Käufers kann sich andererseits auch aus einem anderen Grund als dem Scheitern der Gegenzuwendung realisieren, beispielsweise, weil der Käufer die Forderung für den Verkäufer erkennbar mit Gewinn an einen Dritten weiterverkaufen wollte, der inzwischen gestorben ist. § 323 Abs. 1 1. Hs. hilft in diesem Fall dem Käufer natürlich nicht, da dieser Fall der Realisierung des Zuwendungsrisikos nicht erfaßt ist.

Damit offenbart sich auch, warum die vollkommen gegenseitigen Verträge eine Sonderstellung einnehmen. Es ist nämlich nicht bei allen Zuwendungen so, daß sich typischerweise das Zuwendungsrisiko verwirklicht, wenn eine Gegenzuwendung nicht erfolgt. In solchen Fällen macht es deshalb auch keinen Sinn, die Rückabwicklung der Zuwendung von dem Scheitern einer Gegenzuwendung abhängig zu machen. Wendet beispielsweise der Schenker dem Beschenkten mit einem Schenkungsversprechen (§ 518) die Forderung auf das Schenkungsobjekt zu[131], dann geht der Schenker davon aus, keine Gegenleistung zu bekommen. Das Ausbleiben der Gegenleistung kann deshalb auch nicht als typische Realisierung des Zuwendungsrisikos angesehen werden bzw. daran eine Rückabwicklung der Zuwendung der Forderung auf das Schenkungsobjekt geknüpft werden. Anders ist das bei den (synallagmatischen) Haupt-(forderungs-)zuwendungen des vollkommen gegenseitigen Vertrages. Diese Forderungszuwendungen werden typischerweise um der anderen willen erbracht, weshalb (nur hier) bei Scheitern der jeweiligen Gegenzuwendung auch typischerweise die Realisierung des Zuwendungsrisikos vermutet werden kann.[132]

Weiter wird nunmehr auch klar, warum dem Äquivalenzgedanken im Rahmen der Synallagma-Diskussion immer wieder Bedeutung beigemessen wird.[133] Die verschiedenen Äquivalenztheorien sind nämlich nichts anderes als Versuche, die in den synallagmatischen Strukturen des BGB vorgenommene Typisierung des Zuwendungsrisikos in einzelfallbezogener Weise zu optimieren. Die Realisierung des Zuwendungsrisikos ist nach dem Äquivalenzgedanken nicht nur typisierend zu bejahen, wenn die Gegenzuwendung scheitert, sondern auch, wenn die Gegenzuwendung nicht wertäquivalent ist. In der Tat sagt der Erhalt der typischerweise erstrebten Gegenleistung allein nämlich noch nichts darüber aus, ob die Gegenleistung tatsächlich den im konkreten Einzelfall aus einer Zuwendung folgenden Nachteil ausgleicht.[134] Verkauft ein Verkäufer beispiels-

---

131 Vgl. *Palandt-Putzo*, § 518 Rn. 3.

132 Bei diesen synallagmatisch gesicherten Hauptzuwendungen kann sich andererseits das Zuwendungsrisiko natürlich auch anders als durch Scheitern der Gegenzuwendung verwirklichen bzw. kann - nach der subjektiven Sicht des Zuwendenden - trotz Scheiterns der Gegenzuwendung die Realisierung des Zuwendungsrisikos zu verneinen sein.

133 Vgl. oben, 2. Teil B. II. a.E.

134 Vgl. zum „Spannungsverhältnis“ zwischen der von den Parteien verabredeten und insoweit subjektiv richtigen Gestaltung ihrer Rechtsbeziehungen und den objektiven Ge-

weise ein Kaufobjekt weit über Wert, so kann man sagen, daß sich für den Käufer typischerweise sein Zuwendungsrisiko verwirklicht hat, denn für seine Zuwendung der Forderung auf den Kaufpreis an den Verkäufer bekommt er nicht den entsprechenden Gegenwert. Das versuchen die Äquivalenztheorien zu berücksichtigen.[135] Im deutschen Zivilrecht ist der Äquivalenzgedanke allerdings grundsätzlich ohne Bedeutung.[136] Als Folge der geltenden Vertragsfreiheit bleibt eine fehlende (objektive oder subjektive) Gleichwertigkeit gegenseitiger Leistungspflichten bis zur Grenze des § 138 unberücksichtigt.[137]

dd) Der Restitutionsmechanismus

Als Instrument zur Reaktion auf die Realisierung des Zuwendungsrisikos sollte § 323 Abs. 1 1. Hs. auch einen Restitutionsmechanismus im oben[138] entwickelten Sinne aufweisen. Für die genauere Analyse dieses Mechanismus ist zunächst davon auszugehen, daß der Einsatz kausaler oder abstrakter Mechanismen auch im synallagmatischen Zusammenhang grundsätzlich (dogmatisch) beliebig ist. Dem Regelungsziel des konditionellen Synallagma[139] könnte deshalb auch über einen abstrakten Mechanismus Rechnung getragen werden. Eine gesetzliche oder vertragliche Regelung hätte dann vorzusehen, daß ein Zuwendender bei Scheitern der als erstrebt vorausgesetzten Gegenzuwendung (= Realisierung des Zuwendungsrisikos) seine eigene Zuwendung über einen obligatorischen Anspruch zurückfordern kann.

Das BGB hat demgegenüber für die Fälle der §§ 323 ff., d.h. für die nachträgliche Realisierung des Zuwendungsrisikos wegen Scheiterns der Gegenzuwendung, einen kausalen Mechanismus vorgesehen.[140] Rechtsfolge der Unmöglichkeit des „einen Teils", die versprochene Leistung zu erbringen, ist gemäß § 323 Abs. 1 1. Hs. der Verlust des Anspruchs auf die Gegenleistung. Dieser Verlust auf seiten des Zuwendungsempfängers (des „einen Teils") bedeutet, daß

---

rechtigkeitsvorstellungen einer Rechtsgemeinschaft allgemein *Schmidt-Salzer*, NJW 1971, S. 8 ff.; *Zweigert*, FS Rheinstein, S. 503.

[135] Ob eine Realisierung des Zuwendungsrisikos wegen Gleichwertigkeit von Leistung und Gegenleistung ausscheidet, bestimmen die Äquivalenztheorien unter Berücksichtigung der jeweiligen Umstände des Einzelfalls allerdings anhand unterschiedlicher (subjektiver oder objektiver) Kriterien, vgl. oben, 2. Teil B. II. a.E.

[136] Vgl. oben, 2. Teil B. II., a.E.

[137] Vgl. ebd.

[138] Vgl. oben, 1. Teil C. II. 2. c).

[139] Vgl. oben, 2. Teil B. III. 2. a) bb).

[140] Soweit der „andere Teil" die ursprünglich zugewendete Forderung schon erfüllt hat, kann er das Geleistete über die Vorschriften der ungerechtfertigten Bereicherung zurückverlangen, § 323 Abs. 3, vgl. *Larenz* SR, § 22 II, S. 338; vgl. ausführlich unten, 2. Teil C. III. 3.

die Forderungszuwendung des „anderen Teils“ unwirksam und damit rückgängig gemacht ist. § 323 Abs. 1 1. Hs. korrigiert also auf der Zuwendungsebene (automatisch) das Ergebnis der (Gegenforderungs-)Zuwendung des „anderen Teils“[141], setzt dafür somit im Restitutionsinteresse des „anderen Teils“ einen kausalen Mechanismus ein. Eine synallagmatische Besonderheit ist der kausale Mechanismus andererseits nicht. Zuwendungen können nämlich bei Realisierung des Zuwendungsrisikos auch dann auf der Zuwendungsebene rückabgewickelt werden, wenn der Synallagma-Gedanke nicht betroffen ist. Übt ein Käufer beispielsweise - wie vertraglich vereinbart - ein Rücktrittsrecht aus, weil er den gattungsmäßig bestimmten Kaufgegenstand von einem Dritten günstiger erwerben kann, dann wird seine Forderungszuwendung auf der Zuwendungsebene, also kausal, rückabgewickelt. Mit dem Synallagma-Gedanken hat das aber nichts zu tun.[142]

b) § 323 Abs. 1 2. Hs.

§ 323 Abs. 1 2. Hs. ordnet die synallagmatische Reaktion, d.h. die Auslösung des kausalen Restitutionsmechanismus für den Fall der nur teilweisen Leistungsunmöglichkeit des „einen Teils“ nach Maßgabe der §§ 472, 473 an. Der kausale Mechanismus wird also im Gegensatz zu dem ersten Halbsatz dieser Vorschrift nur teilweise ausgelöst. Die Vorschrift setzt deshalb voraus, daß dem Restitutionsinteresse des „anderen Teils“ (als Gegenzuwendendem) nur im Umfang der Teilunmöglichkeit Rechnung getragen werden muß. Der zweite Halbsatz des § 323 Abs. 1 übernimmt die typisierende Bestimmung der Realisierung des Zuwendungsrisikos durch den ersten Halbsatz also nur in dem Maße, in welchem Teilunmöglichkeit vorliegt.

Dieses - wohlgemerkt vom Gesetz ausdrücklich vorgesehene - Ergebnis ruft allgemeines Unbehagen hervor. Man argumentiert wie folgt: davon, daß für den „anderen Teil“ eine Teilleistung überhaupt von Interesse sei, könne keinesfalls

---

[141] *Hager*, S. 38 f., kritisiert die synallagmatische Struktur, die sich auch bei den „verwandten Regeln zur Vertragsaufhebung und zur Vertragsnichtigkeit“ fänden, mit ihrem „Alles-oder-Nichts-Prinzip“ als zu schematisch und rigoros ausgestaltet. Sie funktioniere zu antagonistisch, um allgemein befriedigen zu können. Die Synallagma-Regeln seien deshalb in ein kooperatives Modell einzubinden. Hager will letztlich Interessenwidersprüche, zu deren Ausgleich auch das Synallagma berufen ist, durch die Interessenträger selbst lösen lassen. Derartige Versuche sind aber nicht realitätsnah. Dieser auf den ersten Blick angenehme, weil auf Ausgleich bedachte Gedanke Hagers ist freilich zu idealistisch und realistätsfern, vgl. *Rittner*, Diskussionsbeitrag, S. 49.

[142] Vgl. für die Zuwendung eines Verlagsrechts gemäß §§ 8, 9 VerlG, *Bappert/Maunz/Schricker*, § 9 Rn. 3, wonach von der kausalen Bindung des Verlagsrechts an die Gültigkeit des schuldrechtlichen Verlagsvertrages die Frage zu unterscheiden ist, ob die Einräumung des Verlagsrechts durch die Nichterbringung einer Gegenleistung bedingt ist. Eine derartige Bindung müsse eindeutig vereinbart sein, vgl. auch allgemein schon oben, 1. Teil B. II. 4. d).

die Rede sein. Im Gegenteil sei für einen Gläubiger, jedenfalls in der Regel, eine Teilleistung wertlos.[143] Die Rechtsfolge des § 323 Abs. 1 2. Hs. versucht man deshalb zu vermeiden, wobei die damit verbundene Abweichung von dem Wortlaut des Gesetzes auf unterschiedliche[144] Weise begründet wird:

Überwiegend wird davon ausgegangen, daß die grundsätzlich für die Vollunmöglichkeit reservierte Folge des § 323 Abs. 1 1. Hs. auch dann eintreten kann, wenn eine Teilunmöglichkeit (im physikalischen Sinne) gemäß § 323 Abs. 1 2. Hs. vorliegt. Einige Autoren behandeln dafür im Wege einer fiktiven Subsumtion die Teilunmöglichkeit wie eine Vollunmöglichkeit.[145] Wann eine solche Gleichbehandlung stattfinden soll, wird nicht einheitlich bestimmt. Teilweise wird darauf abgestellt, ob die Teilleistung für den Gläubiger noch von Interesse ist.[146] Andere wollen dann die Grundsätze der Vollunmöglichkeit anwenden, wenn die Teilleistung wirtschaftlich etwas anderes bedeutet als die vollständige Leistungserbringung.[147] Dabei wird auf den Parteizweck[148], den Vertragszweck[149] oder den Vertragsinhalt[150] abgestellt.[151]

Ein Beispiel[152]: kauft jemand ein bestimmtes Kaffeeservice komplett für sechs Personen und werden drei Tassen und die Kanne vor Gefahrübergang zerstört, dann ist nach allen Ansichten die teilweise Unmöglichkeit des Verkäufers

---

[143] Vgl. nur *Palandt-Heinrichs*, § 323 Rn. 9 und im folgenden; demgegenüber *Mugdan* 2, Motive, S. 114.

[144] *Scherner*, S. 537, will allerdings bei einer Gruppe von Autoren ein durchgängiges, jenseits aller Konstruktion stehendes Kriterium identifizieren, welches für die unterschiedlichen Begründungen herangezogen wird: die Vertragszweckvereitelung infolge Teilnichterfüllung. *Scherner* stellt, ebd., ferner die (von ihm selbst unbeantwortete) Frage, ob ein solches Kriterium, das darüber hinaus hinreichend begrifflich faßbar und damit richterlich nachprüfbar und gestaltbar sein müsse, auch für andere Fälle der Leistungsstörung gelten könne.

[145] *Scherner*, S. 533 ff. (535).

[146] *Palandt-Heinrichs*, § 323 Rn. 9.

[147] RGZ 140, S. 378 ff. (383): „... kann der besondere Inhalt und Zweck des Vertrages so beschaffen sein, daß dem Kläger nur mit der vollen Leistung gedient ist. Verhält es sich so, dann wird mit der Teilunmöglichkeit das ganze Schuldverhältnis ebenso hinfällig, wie wenn dem Schuldner die ganze Leistung unmöglich geworden ist."

[148] RGZ 79, S. 310 ff. (312); *Kleineidamm*, S. 97; vgl. aber auch RG, Warn. 1909 Nr. 2988, mit Berufung auf Treu und Glauben.

[149] OLG Zweibrücken, OLGZ 70, S. 306 ff. (309): „Denn ohne den Erwerb des Mitpachtrechts war der Erwerb dieses Inventars für den Kläger sinnlos, so daß nach dem Vertragszweck insoweit die Teilunmöglichkeit völlige Unmöglichkeit bedeute."; *Erman-Battes*, § 275 Rn. 9.

[150] RGZ 170, S. 257 ff. (259): „... kann nach der Sachlage auch dieser Teil des Vertragsverhältnisses nicht bestehen bleiben, weil dadurch der Inhalt des Vertrages völlig verändert werden würde."; *Erman-Battes*, ebd.

[151] Vgl. auch den zusammenfassenden Überblick bei *Scherner*, a.a.O.

[152] Nach *Musielak*, Grundkurs BGB, Rn. 406.

wie eine Vollunmöglichkeit zu behandeln. Der Gläubiger hat kein Interesse an dem unvollständigen Service und die Leistung des unvollständigen Service ist auch etwas (wirtschaftlich) anderes als die des vollständigen. Anders kann die Lage zu beurteilen sein, wenn drei Kaffeekannen des gleichen Typs gekauft werden, von denen eine zerstört wird. Hier kann das Interesse des Gläubigers an den beiden verbliebenen Kannen entfallen sein, während die Leistung von nur zwei Kannen nicht notwendigerweise etwas wirtschaftlich anderes bedeutet als die Lieferung der ursprünglich geschuldeten drei Kannen.

Während die zitierten Ansichten die Vorschriften der Vollunmöglichkeit auf bestimmte Fälle der Teilunmöglichkeit anwenden wollen, ist nach anderer Ansicht unmittelbar bei den Begriffen der Unmöglichkeit bzw. Teilunmöglichkeit anzusetzen. Man macht geltend, eine Leistung könne nur dann teilweise unmöglich sein, wenn sie „teilbar" und nicht nur im physikalischen Sinne zerlegbar sei. Unteilbar (im juristischen Sinne) sei eine Leistung aber dann, wenn sie nicht ohne Beeinträchtigung ihres Wesens in Teilleistungen aufgespalten werden könne. Auf dieser Grundlage sei in der Regel Vollunmöglichkeit gegeben,[153] wenn nur ein Teil der versprochenen Leistung noch tatsächlich erbringbar sei. In dem obigen Kaffee-Service-Beispiel dürfte deshalb „juristische Unteilbarkeit" in bezug auf das Kaffee-Service vorliegen, wohingegen beim Kauf der drei Kaffeekannen wohl „juristische Teilbarkeit" anzunehmen wäre.

Ganz anders will van den Daele verfahren.[154] Er geht davon aus, daß jede Leistungspflicht als causa der Gegenverpflichtung[155] unzerlegbar sei.[156] Grundsätzlich verdiene deshalb das Interesse des Gläubigers, den Austausch mit reduzierten Leistungen zu vermeiden, rechtlichen Schutz. § 323 Abs. 1 2. Hs. sei folglich verfehlt.[157] Eine Lösung sei über die analoge Anwendung von § 325 Abs. 1 S. 2 herbeizuführen.[158] Die Argumentation van den Daeles ist hier allerdings offensichtlich inkonsequent. Wenn - wie er annimmt - die Leistung des einen Teils als causa der Gegenverpflichtung nicht zerlegbar ist, dann müßte daraus folgen, daß die kategorische Folge des § 323 Abs. 1 2. Hs. in das genaue Gegenteil zu verkehren ist, daß also ein Anwendungsbereich des § 323 Abs. 1 2. Hs. überhaupt nicht anzuerkennen ist. § 325 Abs. 1 S. 2, den van den Daele analog anwenden will, stellt demgegenüber auf das Interesse des „anderen Teils" an der Teilleistung ab und unterstellt damit deren Zerlegbarkeit.

[153] *Kisch*, Die Wirkungen der nachträglich eintretenden Unmöglichkeit, S. 165; *Coing*, S. 534; *Staudinger-Löwisch*, § 275 Rn. 39 ff.

[154] *van den Daele*, S. 54 ff.

[155] Vgl. aber auch *Kegel*, S. 69, der § 325 Abs. 1 2. Hs. als nicht in den Zusammenhang zwischen Zweck und Mittel, d.h. nicht zu den causa-Strukturen in dem von ihm verstandenen Sinne gehörend rechnet.

[156] *van den Daele*, S. 63/64.

[157] *van den Daele*, S. 63 ff.

[158] *van den Daele*, S. 70 ff.

Für die Bewertung des Theorienstreits ist davon auszugehen, daß auch § 323 Abs. 1 2. Hs. der Reaktion auf die Realisierung des Zuwendungsrisikos dient. Es ist deshalb an die obigen Ergebnisse zum ersten Halbsatz dieser Vorschrift anzuknüpfen.[159] Zunächst ist insoweit festzustellen, daß keine dogmatischen Argumente dagegen sprechen, einen kausalen Mechanismus nur in begrenztem Umfang zu aktivieren, wie es § 323 Abs.1 2. Hs. vorsieht. Wenn sich das für einen Zuwendenden mit seiner Zuwendung verbundene Risiko nur teilweise realisiert hat, steht einer nur teilweisen Rückabwicklung seiner Zuwendung nämlich grundsätzlich nichts entgegen. Voraussetzung ist freilich, daß das Restitutionsinteresse des Zuwendenden (hier: des „andere Teils“) tatsächlich nur in dem teilweisen Umfang besteht.

Das bezweifeln die dargestellten Ansichten für den von § 323 Abs. 1 2. Hs. betroffenen Fall. Es geht den genannten Autoren nämlich darum, den (typisierten) Auslösetatbestand des § 323 Abs. 1 2. Hs. insgesamt in Frage zu stellen. Ordnet man dieses Bestreben in die im 1. Teil dieser Arbeit entwickelten Kategorien ein, dann gehen die besagten Autoren davon aus, daß bei Teilunmöglichkeit des „einen Teils“ nicht automatisch nur eine Teilrealisierung des Zuwendungsrisikos des „anderen Teils“ vorliegt. Man versucht mithin, die (subjektive) Realisierung des Zuwendungsrisikos des „anderen Teils“ besser zu erfassen, d.h. dem Restitutionsinteresse des „anderen Teils“ besser als durch die in § 323 Abs. 1 2. Hs. getroffene Typisierung gerecht zu werden.

Die Lösung des insoweit angesprochenen Problems hat deshalb bei der Frage anzusetzen, ob die Anordnung des § 323 Abs. 1 2. Hs. der typischen Interessenlage entspricht. Grundsätzlich zeigt der erste Halbsatz des § 323 Abs. 1, daß über Typisierungen interessengerechte und praktikable Lösungen für Regelfälle möglich sind. Zu fragen ist deshalb hier, ob eine Teilleistung des „einen Teils“ für den „anderen Teil“ - wie von § 323 Abs. 1 2. Hs. vorausgesetzt - tatsächlich nur in dem Umfang der Teilunmöglichkeit eine Realisierung seines Zuwendungsrisikos darstellt und damit nur in diesem Umfang die Notwendigkeit gegeben ist, einen Restitutionsmechanismus auszulösen.

Mit der herrschenden Ansicht in der juristischen Literatur ist das zu verneinen. Die typisierende Hypothese des § 323 Abs. 1 2. Hs. ist in ihrer (notwendigen) Allgemeinheit unzutreffend. Bei Teilunmöglichkeit des „einen Teils“ realisiert sich nicht typischerweise das Zuwendungsrisiko des „anderen Teils“ nur teilweise. Auch vom Gegenteil kann allerdings nicht *per se* ausgegangen werden.[160] Es ist nämlich sehr wohl denkbar, daß für den „anderen Teil“ auch eine Teilleistung einen Wert hat, der die eigene Teilleistung dann rechtfertigt.

---

[159] Vgl. oben, 2. Teil B. III. 2. a).

[160] Anders *van den Daele*, S. 54 ff., der seine Ansicht aber in der Rechtsfolge insoweit relativiert, als er einen Anspruch aus § 325 Abs. 1 S. 2 und damit auch die Entscheidung über die Geltendmachung dieses Anspruchs zugestehen will.

Ob und wann sich typischerweise bei einer Teil(gegen-)leistung das für einen Zuwendenden mit seiner eigenen Zuwendung verbundene Risiko (vollständig oder nur teilweise) verwirklicht, läßt sich folglich nicht einheitlich beantworten. Eine typisierende Bestimmung darüber, wann im (Restitutions-)Interesse des „anderen Teils" ein Restitutionsmechanismus ausgelöst werden soll, ist deshalb auch anders als bei § 323 Abs. 1 1. Hs. für die im 2. Hs. behandelten Fälle nicht möglich. Es gibt keine typische Interessenlage.

Alle Literaturstimmen versuchen demgemäß, eine im Vergleich zu der im zweiten Halbsatz des § 323 Abs. 1 vorgesehenen Typisierung verbesserte Berücksichtigung der Interessen des anderen Teils zu erreichen. Allerdings basieren die von der Literatur vorgeschlagenen, vor allem an Begrifflichkeiten (Unmöglichkeit, Teilunmöglichkeit) ausgerichteten Begründungsalternativen nicht auf der zutreffenden Bestimmung des zu lösenden Problems. Es ist nämlich von dem Regelungsziel des § 323 Abs. 1 2. Hs. auszugehen und deshalb unmittelbar darauf abzustellen, ob sich im konkreten Fall das Zuwendungsrisiko des „anderen Teils" nur teilweise oder in vollem Umfang verwirklicht hat, wenn die Forderungszuwendung des „einen Teils" teilweise scheitert.[161] Wenn sich bei Teilunmöglichkeit der Leistung des „einen Teils" das Zuwendungsrisiko des „anderen Teils" vollständig verwirklicht hat, so muß im Wege der teleologischen Reduktion § 323 Abs. 1 2. Hs. unangewendet bleiben. Die synallagmatische Rechtsfolge hat sich dann im Interesse des „anderen Teils" nach § 323 Abs. 1 1. Hs. zu richten. Praktisch heißt das, daß die in § 323 Abs. 1 2. Hs. vorgesehene, nicht interessengerechte Typisierung durch die Möglichkeit zu ersetzen ist, nach den Umständen des Einzelfalls darüber zu entscheiden, ob die Teilunmöglichkeit der Leistungserbringung des „einen Teils" ausgehend von dem Restitutionsinteresse des „anderen Teils" eine vollständige oder nur eine teilweise Korrektur des Zuwendungsergebnisses erfordert.

Der „eine Teil" bleibt von der Regelung des § 323 Abs. 1 unberücksichtigt. Die Frage, ob das Zuwendungsrisiko bei nur teilweiser Gegenleistung in vollem Umfang oder nur teilweise realisiert ist, stellt sich für ihn andererseits in gleicher Weise. Nach der Vorgabe des § 323 Abs.1 2. Hs. bekommt er für seine eigene Teilleistung auch nicht die ursprünglich vereinbarte volle Gegenleistung. Es ist aber sehr wohl denkbar, daß auch der „eine Teil" selbst in der nach §§ 323 Abs. 1 2. Hs. i.V.m. 472, 473 geminderten Gegenleistung keinen Ausgleich seiner eigenen Teilleistung erblickt. Es ist deshalb möglich, daß der „andere Teil" sein subjektives Zuwendungsrisiko bei Teilleistung des „einen Teils" gemäß der Vermutung des § 323 Abs. 1 2. Hs. als nur teilweise verwirklicht ansieht, daß aber der „eine Teil" mit der nach dieser Vorschrift von dem „anderen Teil" nur noch geschuldeten Teilleistung nichts anfangen kann. Die Literatur berücksichtigt das, indem sie die oben dargestellte Diskussion - wie schon angedeutet - nicht auf § 323

[161] Praktisch kommt man damit zu denselben Ergebnissen wie die Ansicht, die darauf abstellt, ob der Gläubiger ein Interesse an der Teilleistung hat, vgl. vorstehend im Text. Die hier vorgestellte Begründung kann sich allerdings auf die Einbettung in ein übergeordnetes Gesamtsystem stützen.

Abs. 1 2. Hs. beschränkt, sondern auf die Folgen der Unmöglichkeit insgesamt abstellt.[162]

c) § 323 Abs. 2

Der „andere Teil" kann bei Unmöglichkeit der Leistung des „einen Teils" auch das von diesem erlangte Surrogat herausverlangen oder sich einen etwaigen Ersatzanspruch abtreten lassen, § 281 Abs. 1.[163] In bezug auf die - hier allein interessierende - Forderungszuwendung des „anderen Teils" ordnet § 323 Abs. 2 an, daß diese in dem Umfang beständig bleibt, in welchem der Wert eines erlangten Surrogats oder eines abgetretenen Ersatzanspruchs dem Wert der ursprünglich geschuldeten Leistung entspricht. § 323 Abs. 2 geht für die Auslösung des (kausalen) Restitutionsmechanismus hier deshalb davon aus, daß sich das Zuwendungsrisiko des „anderen Teils" nur in dem Umfange realisiert, in welchem der Wert des erlangten Surrogats hinter dem Wert der ursprünglich von dem „einen Teil" geschuldeten Leistung zurückbleibt. Nur in diesem Umfang wird in bezug auf die Forderungszuwendung des „anderen Teils" ein kausaler Mechanismus ausgelöst.[164] Seine Verpflichtung wird nämlich nach §§ 472, 473 gemindert, d.h. - unter zuwendungsrechtlicher Sichtweise - es wird seine Forderungszuwendung in diesem Umfang rückgängig gemacht. Das oben im Zusammenhang mit § 323 Abs. 1 2. Hs. diskutierte Problem ist hier ohne Belang, da der Zuwendende (der „andere Teil") es selbst in der Hand hat, ob er das von dem Zuwendungsempfänger (dem „einen Teil") Erlangte herausverlangt.

Dazu, daß sich der Anspruch auf Herausgabe eines erlangten Surrogats oder auf Abtretung eines erlangten Ersatzanspruchs nicht aus dem Regelungsziel ergibt, bei Realisierung des Zuwendungsrisikos im Interesse des betroffenen Zuwendenden die Zuwendung rückabzuwickeln, wurde schon oben in allgemeinem Zusammenhang Stellung genommen.[165] Für den Anspruch aus § 281 gilt das umso mehr, wie im folgenden darzulegen ist:

§ 281 ist nach allgemeiner Ansicht weder ein Schadensersatzanspruch noch als Bereicherungsanspruch oder Wertersatzanspruch zu verstehen.[166] Vielmehr soll der Sinn der Vorschrift darin liegen, Vermögenswerte, die Personen zuge-

---

[162] Vgl. *Scherner*, passim.

[163] Insoweit soll nicht dingliche, aber schuldrechtliche Surrogation eintreten, vgl. MüKo-*Emmerich*, § 281 Rn. 23; *Soergel-Wiedemann*, § 281 Rn. 35; *Palandt-Heinrichs*, § 281 Rn. 1.

[164] Durch das dem „anderen Teil" nach §§ 323 Abs. 2; 281 Abs. 1 zustehende Wahlrecht wird verhindert, daß der „eine Teil" dem „anderen Teil" das Surrogat aufdrängt, um die Gegenleistung zu erhalten.

[165] Vgl. oben, 1. Teil C. II. 2. c) dd) a.E.

[166] *Palandt-Heinrichs*, § 281 Rn. 1.

flossen sind, denen sie nach den unterliegenden Wirtschaftsbeziehungen nicht zustehen, auf die in Wahrheit berechtigten Personen zu übertragen. Grundlage einer solchen Korrektur der tatsächlichen Verteilung von Vermögenswerten sollen Billigkeitserwägungen mit Rücksicht auf den vermuteten Parteiwillen sein.[167] In Anbetracht dieser Funktion sei der Anspruch gemäß § 281 nicht etwa auf die Höhe des gemeinen Wertes begrenzt, sondern gehe auf alles, was der Schuldner erlangt habe, also auch auf den sogenannten Mehrwert und auch das rechtsgeschäftlich erlangte Surrogat. Es sei sogar völlig unbeachtlich, wenn dieser entscheidend über dem Wert der ursprünglich geschuldeten Leistung liege.[168]

Abgesehen von den Bedenken gegen den Sinn einer Surrogatherausgabe[169] überzeugt dieses Ergebnis jedenfalls in bezug auf einen etwa erlangten Übererlös nicht. Es ist überhaupt nicht einsichtig, wie der Anspruch auf Herausgabe des gesamten Mehrwerts bei § 281 zu rechtfertigen sein soll. Auf einen mutmaßlichen Parteiwillen kann ein solches Ergebnis nicht gestützt werden, denn das würde voraussetzen, daß jede Partei potentiell vorhat, einen Übererlös auszukehren.[170] Eine solche Annahme ist aber völlig realitätsfern.

Das Reichsgericht[171] meinte, daß der Sinn des § 281 darin liege, Vermögenswerte an denjenigen, dem diese tatsächlich zustehen, umzuverteilen. Warum aber soll beispielsweise ein über dem Wert der ursprünglich geschuldeten Leistung liegender Anspruch auf eine Versicherungsleistung für ein vom Schuldner schuldlos zerstörtes Kaufobjekt in vollem Umfang dem Gläubiger zustehen, der damit von dem Mißgeschick des Schuldners ohne Grund profitiert? Es spricht doch gerade alles dafür, die Versicherungsleistung demjenigen zuzugestehen, der aus dem Versicherungsvertrag begünstigt ist (und der auch die Versicherungsprämien gezahlt hat). Bedenken sind umso berechtigter, als die Gegenleistung nicht gemäß § 323 Abs. 2 zu erhöhen ist. Auch das Argument, dem Vertragsbruch wäre sonst Tür und Tor geöffnet[172], überzeugt nicht, denn ein Verschulden bleibt von § 281 unberücksichtigt und wird durch die §§ 280, 325 über den Schadensersatzanspruch auf das positive Interesse „sanktioniert".

---

[167] RGZ 120, S. 297 ff. (299 f.); 120, S. 347 ff. (349, 351); 138, S. 45 ff. (48); BGH WM 1988, S. 791 (792); BGHZ 25, S. 1 ff. (9); 75, S. 203 f. (206); BGH NJW 83, S. 929 ff. (930); MüKo-*Emmerich*, § 281, Rn. 1.

[168] RGZ, ebd.; MüKo-*Emmerich*, § 281 Rn. 25; *Soergel-Wiedemann*, § 281 Rn. 35; *Palandt-Heinrichs*, § 281 Rn. 8.

[169] Vgl. oben, 1. Teil C. II. 2. c) dd).

[170] Vgl. *Jakobs*, lucrum ex negotiatione, S. 108.

[171] RGZ 120, S. 297 ff. (299 f.); 120, S. 347 ff. (349, 351); 138, S. 45 ff. (48).

[172] Vgl. MüKo-*Emmerich*, § 281 Rn. 8.

Aus den genannten Gründen sollte deshalb konsequenterweise der Anspruch aus § 281 auf die Höhe des Werte der geschuldeten Leistung begrenzt sein. Ist das Surrogat nicht teilbar, kann der Anspruch aus § 281 nur geltend gemacht werden, wenn der Überwert an den Schuldner zurückgezahlt wird.

d) §§ 324, 325

§ 323 regelt nach allgemeiner Auffassung den Grundfall des konditionellen Synallagma.[173] Auch die §§ 324 und 325 sollen nach der Literatur auf diesem Prinzip basieren.[174] Da das konditionelle Synallagma als Instrument zur Reaktion auf die Realisierung des Zuwendungsrisikos identifiziert wurde, sollten die §§ 324, 325 deshalb gleichfalls diesem Regelungsziel dienen. Das erscheint indessen problematisch:

Der Tatbestand, an welchen die §§ 324, 325 die jeweiligen Rechtsfolgen knüpfen (Auslösetatbestand), ist nicht lediglich die Realisierung des (typisierten) Zuwendungsrisikos. Es geht nämlich in diesen Vorschriften nicht allein darum, ein Zuwendungsergebnis wegen (bloßen) Scheiterns der Gegen–(forderungs-)zuwendung auszugleichen. Vielmehr ist (zusätzliche) Voraussetzung der in §§ 324, 325 angeordneten Rechtsfolge jeweils auch das Vertretenmüssen einer der in der betreffenden Vorschrift benannten (Zuwendungs-)Partei. Die §§ 324 ff. berücksichtigen also die Verantwortlichkeit für das Scheitern der Gegenzuwendung. In einem rechtstechnischen System zur Reaktion auf die Realisierung des Zuwendungsrisikos im (Restitutions-)Interesse des betroffenen Zuwendenden geht es demgegenüber grundsätzlich nicht um die Begründung von Rechtsfolgen aus Verantwortlichkeitsgesichtspunkten. Das Verschulden spielt vielmehr keine Rolle.[175] Die §§ 324, 325 lassen sich deshalb nicht ohne weiteres auf das aus der Realisierung des Zuwendungsrisikos erwachsende Restitutionsinteresse eines Zuwendenden zurückführen.

Gleiches folgt aus der Untersuchung der von den §§ 324, 325 angeordneten (unterschiedlichen) Rechtsfolgen: § 324 Abs. 1 S. 1 verhindert die Auslösung des in § 323 Abs. 1 vorgesehenen[176] kausalen Mechanismus, wenn die nachträgliche Unmöglichkeit des „einen Teils“ von dem „anderen Teil“ zu vertreten war. Dem aus dem Scheitern der Zuwendung des „einen Teils“ resultierenden Restitutionsinteresse des „anderen Teils“ wird in diesem Fall also nicht Rechnung getragen. Das Zuwendungsergebnis wird nicht in seinem Interesse durch

---

[173] Vgl. oben 2. Teil B. II.; *Palandt-Heinrichs*, Einf. v. § 320, Rn. 15; *Soergel-Wiedemann*, Vor § 320 Rn. 14; *van den Daele*, S. 24, 26; *Staudinger-Otto*, Vorbem. zu §§ 320-322, Rn. 12; *Benöhr*, S. 1; *M. Wolf*, S. 126.

[174] Ebd.

[175] Vgl. für das Synallagma, *van den Daele*, S. 90.

[176] Vgl. oben, 2. Teil B. III. 2. a) dd).

Auslösung der „synallagmatischen Reaktion“ korrigiert. § 324 scheint damit nicht auf die Realisierung des Zuwendungsrisikos zu reagieren.

Diesbezügliche Zweifel ergeben sich auch für § 325. Diese Vorschrift gewährt dem „anderen Teil“ das berühmte dreifache Wahlrecht[177]: der „andere Teil“ kann Schadensersatz wegen Nichterfüllung verlangen oder vom Vertrag zurücktreten, § 325 Abs. 1 S. 1. Er kann aber auch gemäß § 325 Abs. 1 S. 3 die für den Fall des § 323 bestimmten Rechte geltend machen, d.h. entweder gemäß § 323 Abs. 1 für sich in Anspruch nehmen, daß seine Verpflichtung zur Gegenleistung erloschen ist. Er kann aber auch gemäß §§ 281, 323 Abs. 2 die Herausgabe eines erlangten Surrogats, gegebenenfalls unter entsprechender Minderung seiner eigenen Leistungspflicht[178] verlangen.[179] Unter dem Gesichtspunkt der Reaktion auf die Realisierung des Zuwendungsrisikos lassen sich nicht alle diese nach § 325 möglichen Rechtsfolgen widerspruchslos erklären.

Es bereitet zunächst keine Schwierigkeiten, den Rücktritt (§ 325 Abs. 1 S. 1 2. Alt.) in die theoretischen Strukturen einer regelungstechnischen Reaktion im Interesse eines Zuwendenden einzuordnen, dessen Zuwendungsrisiko sich realisiert hat. Der Rücktritt des „anderen Teils“ bewirkt, daß (auch) seine Forderungszuwendung auf der Zuwendungsebene rückabgewickelt wird, indem der wirksam zustande gekommene Vertrag „rückgängig“ gemacht wird,[180] und die noch nicht erfüllten primären (Haupt-)Leistungspflichten erlöschen.[181] An den Rücktritt ist also in bezug auf die durch Abschluß des Schuldvertrages erfolgten Forderungszuwendungen ein kausaler Mechanismus geknüpft.[182]

---

[177] Vgl. nur. *Larenz*, SR I, § 22 II a) (S. 336 ff.).

[178] § 323 Abs. 2 2. Hs.

[179] Vgl. *Larenz*, SR I, § 22 II a) (S. 336 ff.).

[180] Vgl. nur MüKo-*Janßen*, Vor § 346 Rn.32; *Soergel-Hadding*, Vor § 346 Rn. 4; *Palandt-Heinrichs*, Einf. v. § 346, Rn. 1; *Larenz*, SR I § 26 a) (S. 403). Dabei ist es unter dem hier interessierenden Gesichtspunkt der Rückabwicklung der Forderungszuwendungen ohne Bedeutung, ob der Rücktritt das Schuldverhältnis zum Erlöschen bringt und ein neues, gesetzliches Rückabwicklungsschuldverhältnis begründet, wie die früher h.M., vgl. nur RGZ 50, S. 255 ff. (266), annahm oder ob der Rücktritt das ursprüngliche Schuldverhältnis nur in ein Rückabwicklungsschuldverhältnis umgestaltet, was heute überwiegend angenommen wird, um die aus dem Vertragsverhältnis resultierenden Nebenleistungs- und Schadensersatzpflichten erhalten zu können, vgl. BGHZ 58, S. 121 ff. (122); BGH NJW 1987, S. 1692 ff. (1693); WM 1988, 1171 ff. (1172); MüKo-*Janßen*, § 346 Rn. 31; *Soergel-Hadding*, Vor § 346 Rn. 4; *Palandt-Heinrichs*, Einf. v. § 346 Rn. 2; *Leser*, Rücktritt, S. 157 ff.; *Stoll*, S. 141 ff.; *E. Wolf*, AcP 153, S. 103 ff. (106); *Larenz*, SR I, § 26 a) (S. 404 ff.); *Stadler*, S. 311; *Wunner*, Rückgewähr, S. 449.

[181] Vgl. *Soergel-Hadding*, ebd.

[182] Die Rückgewähr der etwa schon in Erfüllung der zugewendeten Forderungen erfolgten Leistungen geschieht gemäß §§ 327, 346 ff. demgegenüber durch Geltendmachung eines obligatorischen Anspruchs, d.h. über einen abstrakten Mechanimus.

Anders ist das bei der zweiten, dem „anderen Teil" von § 325 Abs. 1 S. 2 zur Verfügung gestellten Möglichkeit, dem Schadensersatzanspruch. Ein „Schadensersatzanspruch" könnte höchstens dann (nachrangig) der Reaktion auf die Realisierung des Zuwendungsrisikos dienen, wenn seine Funktion allein darin läge, den dem Zuwendenden (dem „anderen Teil") durch seine Zuwendung entstandenen Vermögensnachteil als Wertersatzanspruch[183] auszugleichen. Es dürfte dabei dann aber nur um den Ausgleich des aus der Zuwendung resultierenden Verlustes gehen. Demgegenüber gewährt § 325 Abs. 1 S. 1 1. Alt. den Ersatz des positiven Interesses. Mit dem aus der Realisierung eines Zuwendungsrisikos resultierenden Restitutionsinteresse ist ein solcher über den Ausgleich des entstandenen Nachteils hinausgehender Anspruch nicht begründbar.[184] Dokumentiert wird diese Unvereinbarkeit durch die Bedeutung, die dem Schadensersatz nach §§ 325, 326 heute allgemein zuerkannt wird. Bekanntlich gilt nach herrschender Ansicht für die Berechnung des Schadensersatzes nach § 325 Abs. 1 S. 1 (und § 326 Abs. 1 S. 2) grundsätzlich die Differenztheorie.[185] Die Differenztheorie besagt, daß Schadensersatz wegen Nichterfüllung des ganzen Ver-

---

[183] Vgl. *Soergel-Wiedemann*, Vor § 320 Rn. 14: „Störungen im Leistungsaustausch berühren auch die Gegenleistung (konditionelles Synallagma). An die Stelle der Leistungsforderung kann ein Erstattungsanspruch in das gegenseitige Austauschverhältnis aufgenommen werden."; demgegenüber *van den Daele*, S. 90: „Der Schadensersatzanspruch knüpft an das Verschulden des Schuldners an, das synallagmatische Recht an die Zerstörung des causa-Gefüges des Vertrages. ... Daher ist anders als möglicherweise zwischen mehreren synallagmatischen Rechtsbehelfen eine Alternative zwischen Schadensersatzanspruch und synallagmatischer Reaktion auf jeden Fall verfehlt."; S. 89 f.: „Der Gläubiger hat nach allgemeinen Grundsätzen des Vertragsrechts einen Anspruch auf Ersatz des Schadens, der ihm aus der von dem Schuldner zu vertretenden Leistungsstörung erwachsen ist. ... Dieses Schadensersatzinteresse steht gleichwertig und unabhängig neben dem synallagmatischen Interesse des Gläubigers, von seiner causalos gewordenen Leistungspflicht loszukommen."; *Kegel*, FS Mann, S. 69.

[184] Vgl. oben, 1. Teil C. II. 2. c) dd). Dieser Aspekt kommt bei *Leser*, Rücktritt, S. 124 ff., insbes. S. 125, nicht klar zum Ausdruck, wenn er den Schadensersatzanspruch als Surrogat für die ursprüngliche Leistung im Synallagma ansieht.

[185] Die Differenztheorie wurde vor allem vom Reichsgericht entwickelt, vgl. RGZ 50, S. 255 ff. (262 f.); 61, S. 67 ff.; 127, S. 245 ff. (248); 149, S. 135 ff. (136); *van den Daele*, S. 84 ff. (insbes. S. 84 f.); vgl. auch schon, allerdings ausdrücklich auf den Handelskauf aufbauend, *Schöller*, passim, und dazu *Leser*, Rücktritt, S. 125 ff. Der alte Streit zwischen Austausch(Surrogations-)theorie und Differenztheorie ist wegen der allgemeinen Anerkennung der (eingeschränkten, vgl. in der vorstehenden Fußnote) Differenztheorie heute ohne praktische Relevanz, MüKo-*Emmerich*, § 325 Rn. 38; *Palandt-Heinrichs*, § 325 Rn. 11; zu den im Rahmen der Kontroverse ausgetauschten Argumenten siehe auch *van den Daele*, S. 85. Die Austauschtheorie basierte im Gegensatz zu der Differenztheorie auf der Idee, daß im Rahmen eines vollkommen gegenseitigen Vertrages die Verpflichtung des Gläubigers einer unmöglich gewordenen Leistung aus einem gegenseitigen Vertrag bestehen bleibt. Anstelle der ursprünglichen Pflicht des Schuldners tritt die Pflicht, als Surrogat ihren Wert zu erstatten. Schuldet der Gläubiger Geld als Gegenleistung, kann verrechnet werden, *Larenz*, SR, § 22 II b (S. 340 f.); *Palandt-Heinrichs* § 325, Rn. 10.

trages zu leisten ist. Wählt der Gläubiger aus den im Rahmen der §§ 325, 326 angebotenen Möglichkeiten den Schadensersatz wegen Nichterfüllung, dann erlöschen die gegenseitigen Leistungspflichten und löst sich der ganze gegenseitige Vertrag in einen einzigen Schadensersatzanspruch des Gläubigers auf.[186] Der zu ersetzende Schaden besteht in der Differenz zwischen dem Wert der Leistung des Schuldners und der des Gläubigers zuzüglich etwaiger Folgeschäden.[187]

Rechtsfolgen ergeben sich nach der Differenztheorie also in zweierlei Hinsicht.[188] Zum einen erlöschen die „wechselseitigen Leistungspflichten", d.h. unter zuwendungsrechtlicher Sichtweise werden die Forderungszuwendungen rückgängig gemacht. Diese Folge könnte deshalb als kausaler Mechanismus im oben bestimmten Sinne qualifiziert werden. In bezug (nur) auf diese Folge läßt sich die Differenztheorie damit als regelungstechnische Reaktion auf die Realisierung des Zuwendungsrisikos begreifen. Der „zusätzliche" über die Differenztheorie dem Schuldner gewährte Anspruch auf die Differenz zwischen dem Wert der Leistung des Schuldners und dem Wert der Leistung des Gläubigers ist mit dem aus der Realisierung des Zuwendungsrisikos resultierenden Restitutionsinteresse des „anderen Teils" demgegenüber nicht zu begründen.[189] Dieses Interesse ist nämlich schon in vollem Umfang durch den auf die Forderungszu-

---

[186] *van den Daele*, S. 84.

[187] BGH NJW 86, S. 1172; *Palandt-Heinrichs* § 325 Rn. 10. Heute wird die Differenztheorie bekanntlich in einer abgeschwächten Form vertreten („abgeschwächte Differenztheorie"), RGZ 96, 20 ff. (22 f.); BGHZ 20, 338 ff. (343); 87, 156 ff. (158); MüKo-*Emmerich*, § 325 Rn. 38 ff.; *Larenz*, SR I AT, § 22 II b, (S. 340 ff., 341); vgl. *M. Wolf*, S. 127. Von der Differenztheorie in der oben dargestellten Form werden danach zwei Ausnahmen gemacht: Der Gläubiger kann zum einen darauf bestehen, seine Leistung zu erbringen, und Schadensersatz nach der Austauschtheorie verlangen, RGZ 96, ebd.; BGHZ 20, ebd; VersR 80, S. 454 f. (454). Aus dem Gedanken der endgültigen Liquidation des Schuldverhältnisses und der Beschränkung des Gläubigers auf einen Geldanspruch, soll zum anderen folgen, daß, wenn der Gläubiger seine Leistung schon erbracht hat, er nur Ersatz nach der Austauschtheorie verlangen kann, RG, JW 1931, S. 1183 f. (1184), dazu kritisch *Oertmann*, JW 1931, S. 1184; BGHZ 87, S. 156 f.; *Palandt-Heinrichs*, § 325, Rn. 12, 13; kritisch MüKo-*Emmerich*, § 325 Rn. 42, wonach der Gläubiger zumindest bei Teilleistungen den selbst erbrachten Anteil zurückverlangen und nach der Differenztheorie vorgehen können müsse.

[188] Vgl. *Rolland*, S. 2381. Dem Gesetzeswortlaut entspricht die Differenztheorie nicht, da die §§ 325, 326 nur die Alternative zwischen Schadensersatz und Rücktritt erlauben, nicht aber beide nebeneinander, vgl. nur *Larenz*, SR I, § 22 II (S. 339); *van den Daele* m.w.N., S. 85 ff., der zu Recht darauf hinweist, daß § 325 Abs. 1 S. 2 auf § 280 Abs. 2 und damit auf das gesamte Leistungsinteresse, nicht nur auf das Differenzinteresse verweist.

[189] Vgl. auch *van den Daele*, S. 90 f. (91: „... verfehlte gesetzliche Alternative von Schadensausgleich und synallagmatischer Reaktion.").

wendungen bezogenen kausalen Mechanismus (= Erlöschen der wechselseitigen Leistungspflichten) berücksichtigt.[190]

Für die Möglichkeit der Herleitung der weiteren Alternativen des § 325 aus dem Bestreben, wegen Realisierung des Zuwendungsrisikos im Interesse des betroffenen Zuwendenden das Zuwendungsergebnis korrigieren zu wollen, kann wegen des in § 325 Abs. 1 S. 3 enthaltenen Verweises auf § 323 Abs. 1 und 2 auf die obigen[191] Ausführungen verwiesen werden. Besonderheiten hinsichtlich der Einordnung in die Strukturen der Reaktion auf die Realisierung des Zuwendungsrisikos im Interesse des Zuwendenden ergeben sich nur in dem dort erörterten Zusammenhang.

Zusammenfassend kann gesagt werden, daß die §§ 324, 325 nicht widerspruchslos mit dem aus der Realisierung des Zuwendungsrisikos folgenden Restitutionsinteresse eines Zuwendenden zu erklären sind. In den §§ 324, 325 kommen vielmehr Wertungen zum Tragen, die anderen Regelungszielen verpflichtet sind. Andererseits ist § 323 immer dann einschlägig, wenn keine der Parteien die Realisierung des Zuwendungsrisikos (des „anderen Teils“) durch Scheitern der Zuwendung des einen Teils zu vertreten hat. Die §§ 324, 325 modifizieren folglich die Rechtsfolge des § 323. § 323 ist Grundtatbestand, während die §§ 324, 325 Spezialregelungen treffen. Etwas Außergewöhnliches ist das nicht: oben war dargestellt worden, daß konkrete Rechtsnormen zumeist nicht das Ergebnis der Berücksichtigung nur eines einzelnen Interesses sind, sondern vielmehr die Abwägung aller beteiligten Interessen widerspiegeln.[192] Wenn also die §§ 324, 325 die Rechtsfolge des § 323 (Auslösung eines kausalen Restitutionsmechanismus) modifizieren und nicht allein an die Realisierung des für einen Zuwendenden (den „anderen Teil“) mit seiner Zuwendung verbundenen Risikos anknüpfen, dann fließen insoweit Wertungen ein, welche für die konkrete Rechtsfolge das Restitutionsinteresse des „anderen Teils“ überlagern.[193] Damit bleibt dieses aber keinesfalls unberücksichtigt, sondern tritt lediglich im Rahmen der Interessenabwägung zurück. Die Ausgangsfrage, ob §§ 324 und 325 dem konditionellen Synallagma zuzuordnen sind, ist deshalb unter Hinweis auf die (allerdings nur) latente Existenz synallagmatischer Strukturen zu bejahen.

---

[190] Vgl. auch *Reuter/Martinek*, § 17 III 3. c) aa) (1) (S. 600): „Die Differenztheorie ist indessen gerade kein Instrument der Rückabwicklung, sondern der ersatzweisen Erfüllung des gestörten Austauschvertrages.“

[191] Vgl. oben, 2. Teil B. III. 2. a) - c).

[192] Vgl. oben, 1. Teil A. II. 1. und 1. Teil C. II. 2. b) bb) (3).

[193] Vgl. *van den Daele*, S. 90 f.

e) § 326

§ 326 wird als die wichtigste und gelungenste Vorschrift des Rechts der verschuldeten Leistungsstörungen bezeichnet[194] und soll dem konditionellen Synallagma unterfallen.[195] Die Vorschrift steht systematisch im Gefolge der §§ 323 ff., was für eine gleichartige (synallagmatische) Funktion zu sprechen scheint. Den synallagmatischen Charakter könnte man weiter dadurch bestätigt sehen, daß § 326 - wie die §§ 323 bis 325 - (nur) die Gegenleistung betrifft.[196]

Das konditionelle Synallagma wurde als rechtstechnisches Instrument zur Reaktion auf die Realisierung des Zuwendungsrisikos identifiziert. Seine Besonderheit liegt (höchstens) darin, daß die Rechtsfolge durch das Scheitern einer (typischerweise angestrebten) Gegenzuwendung ausgelöst wird, hierin also (typisiert) die Realisierung des Zuwendungsrisikos gesehen wird.[197] Es erscheint freilich fraglich, ob Normzweck und Normstruktur zumindest von § 326 Abs. 1 mit diesem Gedanken in Einklang zu bringen sind: § 326 Abs. 1 setzt eine wirksame wechselseitige Verpflichtung durch Abschluß eines vollkommen gegenseitigen Vertrages voraus. Die Vorschrift betrifft also die Situation, in welcher die Parteien sich durch Abschluß eines Schuldvertrages Forderungen wechselseitig zugewendet haben.[198] Der mit der Forderungszuwendung für die jeweilige Partei verbundene Nachteil ist damit (typischerweise) durch Erhalt der (Gegen-) Forderungszuwendung ausgeglichen. Weiter ist auch keiner der zugewendeten Forderungen mangels Erfüllbarkeit (Unmöglichkeit) entwertet.[199] Für die Rechtsfolge des § 326 Abs. 1 spielt es deshalb zunächst keine Rolle, ob sich das Zuwendungsrisiko einer der (Forderungs-)Zuwendungsparteien verwirklicht hat oder nicht. § 326 Abs. 1 geht im Gegenteil davon aus, daß die beiderseitigen Forderungszuwendungen wirksam und die zugewendeten Forderungen erfüllbar sind.[200] Entscheidender Gesichtspunkt ist für § 326 Abs. 1 vielmehr, daß ein Schuldner (der „eine Teil") mit der Erfüllung seiner dem Gläubiger (dem „ande-

---

[194] *Soergel-Wiedemann*, § 326 Rn. 2; MüKo-*Emmerich*, § 326 Rn. 1. § 326 wurde in Anlehnung an Art. 356 ADHGB konzipiert, der ein allerdings verschuldensunabhängiges Rücktrittsrecht nach Fristsetzung vorgesehen hatte, vgl. *Mugdan* 2, Protokolle, S. 639 ff.; zur Gesetzesgeschichte zusammenfassend *Soergel-Wiedemann*, § 326 Rn. 1.

[195] Vgl. oben, 2. Teil B. II.; MüKo-*Emmerich*, Vor § 320 Rn. 10; *Staudinger-Otto*, Vorbem. zu §§ 320 - 322 Rn. 12; *Palandt-Heinrichs*, Einf. v. § 320 Rn. 15.

[196] Vgl. RGRK-*Ballhaus*, § 326 Rn. 1.

[197] Vgl. oben, 2. Teil B. III. 2. a) cc).

[198] Zur Zuwendung von Forderungen durch Abschluß eines Schuldvertrages vgl. oben, 1. Teil B. II. 4. b) cc).

[199] Vgl. MüKo-*Emmerich*, § 326 Rn. 1: „... auch ohne daß geradezu Unmöglichkeit vorliegt (dann §§ 323 bis 325)."

[200] Allerdings kann sich der Gläubiger bei nicht feststehender oder nicht beweisbarer Unmöglichkeit den § 326 durch Fristsetzung und Ablehnungsandrohung zunutze machen, vgl. *Soergel-Wiedemann*, § 326 Rn. 2; *Staudinger-Otto*, § 326 Rn. 2.

ren Teil") gegenüber bestehenden Leistungspflicht in Verzug kommt. § 326 Abs. 1 betrifft also (nur) die besonderen Folgen des Leistungsverzugs für die Gegenverpflichtung.[201] Dem Gläubiger (dem „anderen Teil") soll nicht zugemutet werden, endlos warten und seine eigene Leistung bereithalten zu müssen.[202] Vielmehr soll ihm mit § 326 die Möglichkeit verschafft werden, den Vertrag endgültig und im ganzen zu liquidieren.[203] § 326 Abs. 1 reagiert deshalb darauf, daß der „eine Teil" die von ihm dem „anderen Teil" zugewendete Forderung nicht erfüllt. Es geht also um die Erfüllung einer Schuld, d.h. das einer Forderung innewohnende Verpflichtungselement.[204] Ein zuwendungsrechtliches Problem steht demgegenüber nicht in Rede. § 326 Abs. 1 stellt folglich nicht das Restitutionsinteresse des „anderen Teils" an der Rückabwicklung seiner Zuwendung in den Vordergrund, sondern trägt seinem (Gläubiger-)Interesse daran Rechnung, daß der „eine Teil" die eingegangene Verpflichtung erfüllt und nicht vertragsbrüchig wird.[205] Dementsprechend ist es anders als bei §§ 324, 325 nicht so, daß bei Nichtvorliegen einer der Voraussetzungen des § 326 Abs. 1 die Regelung des § 323 automatisch wieder „auflebt".[206] § 326 Abs. 1 trägt dem im Rahmen des hier interessierenden Restitutionsinteresses des „anderen Teils" nach Altem nicht einmal latent Rechnung. Versteht man das (konditionelle) Synallagma als ein Instrument, das auf die Realisierung des Zuwendungsrisikos im Restitutionsinteresse des Zuwendenden reagiert, dann paßt § 326 Abs. 1 nicht in diesen Zusammenhang.

Anderes hat freilich für den zweiten Absatz dieser Vorschrift zu gelten. Gemäß § 326 Abs. 2 hat der andere Teil die Rechte aus Abs. 1, wenn er infolge des Verzuges des „einen Teils" kein Interesse mehr an der Erfüllung des Vertrages, d.h. an dem gegenseitigen Leistungsaustausch hat.[207] Die Rechtsfolgen des Abs. 1 sind hier also nicht deshalb vorgesehen, weil der „eine Teil" zur Er-

---

[201] RGRK-*Ballhaus*, § 326 Rn. 1; *Staudinger-Otto*, § 326 Rn. 2; MüKo-*Emmerich*, § 326 Rn. 1; *Soergel-Wiedemann*, § 326 Rn. 2.

[202] *Larenz*, SR I, § 23 II (S. 355); vgl. *Palandt-Heinrichs*, § 326 Rn. 1.

[203] MüKo-*Emmerich*, § 326 Rn. 1; *Palandt-Heinrichs*, ebd.; vgl. *Peters*, NJW 1979, S. 688.

[204] Vgl. *Soergel-Wiedemann*, § 326 Rn. 2: „... weil die zu vertretende Verzögerung der Leistung die wohl häufigste Art des Vertragsbruchs darstellt."; MüKo-*Emmerich*, § 326 Rn. 1.

[205] Vgl. *Soergel-Wiedemann*, § 326 Rn. 2: „ ... „Gnadenfrist" für den Schuldner ... „Abkühlungspause" für den Gläubiger ..."; *Larenz*, SR I, § 23 II (S. 355); MüKo-*Emmerich*, § 326 Rn. 1.

[206] § 326 Abs. 1 setzt über das Verzugserfordernis ein Verschulden des „einen Teils" für die Auslösung der Rechtsfolge voraus und nimmt den Schadensersatzanspruch auf das positive Interesse in die Rechtsfolge mit auf. Sowohl das Verschulden als Anspruchsvoraussetzung als auch die Rechtsfolge des Schadensersatzanspruchs auf das positive Interesse sind mit dem zuwendungsrechtlichen Restitutionsgedanken nicht zu begründen.

[207] Vgl. MüKo-*Emmerich*, § 326 Rn. 57; *Palandt-Heinrichs*, § 326 Rn. 21.

füllung seiner durch Vertragsschluß begründeten Verpflichtung angehalten werden soll. Daran hat der „andere Teil" gerade kein Interesse mehr. Vielmehr geht es nur um das Schicksal der von ihm dem „einen Teil" zugewendeten Gegenforderung, d.h. den Ausgleich des daraus resultierenden, nicht gerechtfertigten Nachteils. Aus Sicht des „anderen Teils" folgt ein Regelungsbedürfnis hier einzig und allein daraus, daß er selbst dem „einen Teil" eine Forderung zugewendet hat, obwohl er im Austausch wegen des Interessenfortfalls nur für ihn Wertloses bekommt.[208] Der mit seiner eigenen Forderungszuwendung für den „anderen Teil" verbundene Nachteil ist für diesen bei Fortfall des Interesses nicht mehr gerechtfertigt. Der Fortfall des Interesses in § 326 Abs. 2 meint deshalb, daß sich wegen des Verzugs des „einen Teils" für den „anderen Teil" dessen Zuwendungsrisiko verwirklicht hat. Anders als bei §§ 323 bis 325 ergibt sich die Realisierung des Zuwendungsrisikos allerdings nicht aus dem gänzlichen Scheitern der Gegenleistung. Vielmehr ist die Forderungszuwendung des „einen Teils" wirksam und kann auch noch erfüllt werden.[209] Allerdings ist diese Erfüllung für den „anderen Teil" wertlos. Die typisierende Betrachtung des Auslösetatbestandes in §§ 323 bis 325 (Realisierung des Zuwendungsrisikos, immer wenn die Gegenleistung scheitert) wird in § 326 Abs. 2 also ersetzt durch eine Bewertung des konkreten Einzelfalls.

Nach dem Wortlaut des § 326 Abs. 2 scheint die Bewertung allein dem „anderen Teil" (als Zuwendendem) überlassen. Allein seine Sichtweise scheint für die Frage entscheidend, ob ein Interessenfortfall zu bejahen ist. Demgegenüber ist nach herrschender Meinung im juristischen Schrifttum der Fortfall des Interesses an einem objektiven Maßstab zu messen und die subjektive Bewertung des „anderen Teils" auf diese Weise zu objektivieren.[210] Zur Begründung führt man an, § 326 Abs. 2 müsse einschränkend angewendet werden, um die Möglichkeiten des § 326 Abs. 1 nicht auszuhöhlen.[211]

Dem kann nur im Ergebnis, nicht aber in der Begründung gefolgt werden. Wie dargelegt haben § 326 Abs. 1 und § 326 Abs. 2 völlig unterschiedliche Regelungsziele. Während es bei Abs. 1 um die Aufrechterhaltung des Leistungsaustausches, d.h. den Vorrang des Prinzips der Naturalerfüllung vor der Vertragsliquidierung[212] geht, betrifft § 326 Abs. 2 das Interesse des „anderen Teils"

---

[208] Vgl. *Mugdan* 2, Protokolle, S. 639 ff. (643): „... das Interesse des Gläubigers nicht befriedigt sein würde."

[209] Andernfalls läge Unmöglichkeit oder Unvermögen vor und wären §§ 323 bis 325 einschlägig.

[210] RGZ 94, S. 327 ff. (323 f.); MüKo-*Emmerich*, § 326, Rn. 58; *Emmerich*, Das Recht der Leistungsstörungen, S. 213; *Peters*, NJW 79, S. 690.

[211] OLG München, NJW 1958, S. 752; OLG Ffm, OLGZ 1985, S. 90 ff. (93); BGH NJW 1980, S. 449 f.; MüKo-*Emmerich*, ebd.; *Palandt-Heinrichs*, § 326 Rn. 21.

[212] MüKo-*Emmerich*, § 326 Rn. 1; *Emmerich*, Das Recht der Leistungsstörungen, S. 213; vgl. aber anders (wohl) *Peters*, NJW 79, S. 688.

bei Realisierung seines Zuwendungsrisikos, das Ergebnis seiner eigenen Forderungszuwendung zu korrigieren. Eine Konkurrenz besteht deshalb zwischen beiden Absätzen des § 326 nicht. Das Regelungsziel ist jeweils ein anderes. Die Anwendung des einen Absatzes kann deshalb auch nicht unter Hinweis auf den anderen ausgeschlossen werden.

Die Notwendigkeit, den in § 326 Abs. 2 geregelten, an sich rein subjektiven Interessenfortfall des „anderen Teils", d.h. seine subjektive Realisierung des Zuwendungsrisikos zu objektivieren, folgt allerdings daraus, daß auch die Interessen des „einen Teils" als Vertragspartner zu berücksichtigen sind. Der von § 326 Abs. 2 i.V.m. Abs. 1 eingesetzte Restitutionsmechanismus bedeutet für ihn („den einen Teil") nämlich, daß er die ihm von dem „anderen Teil" zugewendete Forderung verliert. Das liegt selbstverständlich nicht in seinem Interesse. Die Berücksichtigung dieses Interesses des „einen Teils" erfordert es also, daß der „andere Teil" sich nicht nach Gutdünken auf seinen Interessenfortfall berufen kann. Der Interessenfortfall als Konkretisierung der Realisierung des Zuwendungsrisikos des „anderen Teils" muß deshalb objektiviert werden. Der von der herrschenden Ansicht angelegte objektive Maßstab für die Bewertung der Frage, wann ein Interessenfortfall i.S.v. § 326 Abs. 2 vorliegt, ist aus diesen Gründen berechtigt.

§ 326 Abs. 2 sieht selbst ein weiteres Korrektiv vor, welches die uneingeschränkte Berufung des „anderen Teils" auf den Interessenfortfall verhindert. Die in § 326 Abs. 2 i.V.m. Abs. 1 bezeichneten Folgen treten nämlich nur dann ein, wenn der Fortfall des Interesses kausal durch den Verzug des „einen Teils" verursacht worden ist.[213] Nur bei Verschulden (als Verzugsvoraussetzung) des „einen Teils" kann der „andere Teil" deshalb seinen Interessenfortfall in die Rechtsfolgen des § 326 Abs. 1 umsetzen. Das Verschuldenserfordnis wie auch auf der Rechtsfolgenseite die Möglichkeit des „anderen Teils", Schadensersatz wegen Nichterfüllung zu verlangen, verdeutlichen, daß § 326 Abs. 2 nicht nur dessen Restitutionsinteresse, sondern auch andere Wertungsgesichtspunkte in Rechnung stellt. Verschulden und der Anspruch auf das positive Interesse lassen sich nicht auf dieses Interesse des „anderen Teils" zurückführen.[214]

---

[213] RGZ 70, S. 127 ff. (129); 96, 126 ff. (129); BGH WM 1971, S. 615 ff. (617); BGH NJW 1970, S. 1502 f.; *Larenz*, SR I, § 23 II (S. 355). Ein durch Verzug verursachter Interessenfortfall ist z.B. in einem Fall verneint worden, in welchem Schuldnerverzug zwar vorlag, der Gläubiger sein Erfüllungsinteresse aber verloren hatte, weil er ein Deckungsgeschäft abgeschlossen hatte, RGZ 96, ebd; BGH WM 1971, ebd.

[214] Vgl. schon oben, 2. Teil B. III. 2. d).

f) Zwischenergebnis

Das in den §§ 323 ff. verkörperte konditionelle Synallagma stellt sich nach dem Gesagten grundsätzlich (nur) als Instrument zur Befriedigung des Restitutionsinteresses eines Zuwendenden dar, welches aus der Realisierung seines Zuwendungsrisikos resultiert. Die Rechtsfolge (sog. synallagmatische Reaktion) wird dann ausgelöst, wenn die Gegenzuwendung scheitert. Den das konditionelle Synallagma verkörpernden Vorschriften liegt also die Vermutung zugrunde, daß bei Scheitern der angestrebten Gegen–(forderungs-)zuwendung sich typischerweise das Zuwendungsrisiko des Gläubigers verwirklicht. Das ist die einzige hier erkennbare Besonderheit, die bei nüchterner Betrachtung alles andere als spektakulär ist. Die Wechselseitigkeit der Verpflichtungen spielt demgegenüber nur insoweit eine Rolle, als bei den vollkommen gegenseitigen Verträgen jede Partei gleichzeitig Zuwendender und Zuwendungsempfänger[215] ist, die jeweils (isolierte) Auslösung der Reaktion des konditionellen Synallagma im Interesse (nur) einer der Zuwendungsparteien deshalb von der Unwirksamkeit der (Gegen-)Forderungszuwendung abhängig ist.

In bezug auf die „synallagmatische Reaktion" läßt sich nichts Auffallendes feststellen. Sie hält sich im Rahmen der (normalen, abstrakten oder kausalen) Mechanismen, die bei Realisierung des Zuwendungsrisikos eingesetzt werden können, um dem Restitutionsinteresse des betroffenen Zuwendenden Rechnung zu tragen.

3. Genetisches Synallagma

Unter dem genetischen Synallagma wird allgemein die Verknüpfung von Forderung und Gegenforderung im Zeitpunkt ihres Entstehens verstanden. Nur wenn die eine Forderung zur Entstehung gelangt, soll auch die Gegenforderung entstehen können.[216] Ob dem genetischen Synallagma im deutschen Zivilrecht eine Bedeutung zukommt, ist allerdings bestritten.[217]

Im folgenden soll untersucht werden, ob genetische Synallagma-Strukturen, entsprechend den obigen Ergebnissen zur Funktion des konditionellen Synallagma, gleichfalls im Interesse des Zuwendenden auf die Realisierung des Zuwendungsrisikos reagieren und ob die deutsche Zivilrechtsordnung derartige Strukturen vorsieht. Hierfür hat man sich zunächst erneut zu vergegenwärtigen, daß die Besonderheit des konditionellen Synallagma (nur) darin liegt, daß der

---

[215] Vgl. demgegenüber entsprechend dem allgemeinen Verständnis *Dubischar*, FS Raiser, S. 105 („Doppelrolle als Schuldner der Leistung und Gläubiger der Gegenleistung").

[216] Vgl. oben, 2. Teil B. II.

[217] Vgl. ebd. und im folgenden.

kausale Restitutionsmechanismus ausgelöst wird, wenn die erstrebte Gegenzuwendung nachträglich scheitert. Das Gesetz vermutet, daß sich in diesem Fall typischerweise das für den Zuwendenden mit seiner Zuwendung verbundene Risiko verwirklicht hat.[218] Hinsichtlich des genetischen Synallagma fragt sich deshalb, ob eine gleichartige Typisierung des Auslösetatbestandes auch bei (anfänglicher) Realisierung des Zuwendungsrisikos schon im Zeitpunkt der Zuwendungsvornahme möglich ist.

Unter dogmatischer und rechtstechnischer Sichtweise stehen einer solchen Konstruktion keine Bedenken entgegen. Es ist nämlich problemlos eine Rechtsregel denkbar, wonach eine Zuwendung nur dann wirksam sein soll, wenn der Zuwendende gleichzeitig eine Gegenzuwendung erhält. Im BGB scheinen derartige Strukturen allerdings ausdrücklich nicht vorgesehen zu sein. Alle in diesem Zusammenhang angeführten Vorschriften, also insbesondere die §§ 125, 134, 138, 306,[219] 310, 311[220] betreffen zwar den Zeitpunkt der originären Forderungszuwendung, d.h. den Vertragsschluß, nicht aber explizit die Realisierung des Zuwendungsrisikos wegen Scheiterns einer Gegenzuwendung.[221] Die genannten Regelungen gelten vielmehr auch für nicht vollkommen gegenseitige Austauschverträge, d.h. Fälle, in welchen das Gesetz nicht davon ausgehen kann, daß sich das Zuwendungsrisiko typischerweise bei Scheitern der Gegenzuwendung verwirklicht. Damit scheint dem genetischen Synallagma im deutschen Zivilrecht in der Tat keine besondere Bedeutung zuzukommen.[222]

Zu bedenken ist aber andererseits, daß Regelungsstrukturen, wie sie für das konditionelle Synallagma identifiziert wurden, nur einen bestimmten, als typisch vorausgesetzten Fall der Realisierung des Zuwendungsrisikos betreffen, nämlich das Scheitern der Gegenzuwendung. Auch wenn eine (positiv-rechtliche oder vertragliche) Regelung in dem Auslösetatbestand diese Fälle nicht ausdrücklich benennt, können sie dennoch sehr wohl in weiter gefaßten Formulierungen enthalten sein. Würde eine entsprechende Norm beispielsweise den Auslösetatbestand in Form einer Generalklausel formulieren, so wären die Fälle, in welchen das Zuwendungsrisiko wegen Scheiterns der Gegenzuwendung

---

[218] Vgl. oben, 2. Teil B. III. 2. a) cc).

[219] Vgl. auch *Klinke*, S. 161, der § 306 als „versteckte Synallagmaregel“ bezeichnet.

[220] Vgl. *Pfister*, JZ 1971, S. 284 f.; *Palandt-Heinrichs*, Einf. v. § 320, Rn. 13.

[221] Vgl. *Schmidt-Rimpler*, Die Gegenseitigkeit bei einseitig bedingten Verträgen, S. 58: „Aber da jede Seite sich selbst zur eigenen Leistung verpflichtet und sie dadurch für die andere Seite sichert, hält sie natürlich ihr eigenes Versprechen auch nur dann für richtig, wenn sie durch das Gegenversprechen die gleiche Sicherung erhält: darauf gründet sich das sogenannte genetische Synallagma. Dessen Wirkung, daß die Verpflichtung der einen Partei entfällt, wenn die der anderen nicht entsteht, folgt freilich, was man zu übersehen pflegt, primär schon aus der Vertragsstruktur ...“

[222] A.A. *Kegel*, S. 66; vgl. zum Diskussionsstand auch schon oben, 2. Teil B. II.

realisiert wäre, unproblematisch erfaßt. Eine solche Generalklausel könnte etwa wie folgt lauten:

> „Verwirklicht sich für einen Zuwendenden sein Zuwendungsrisiko, so ist seine Zuwendung in seinem Interesse rückabzuwickeln.“

Das genetische Synallagma ginge in dieser allgemeinen Regel auf. Scheitert nämlich eine angestrebte Gegenzuwendung, die den für den Zuwendenden mit seiner Zuwendung verbundenen Nachteil ausgleichen soll, wäre für den Zuwendenden regelmäßig sein Zuwendungsrisiko verwirklicht, der Tatbestand der Generalklausel also erfüllt.

Ähnlich verhält es sich mit den einschlägigen Vorschriften des BGB. Diese entfalten ihre Wirkung auf rechtsgeschäftlicher Ebene, denn sie bestimmen als Rechtsfolge die Unwirksamkeit von Vertrag bzw. Rechtsgeschäft. Dadurch, daß die Nichtigkeit von Vertrag oder Rechtsgeschäft insgesamt angeordnet wird und nicht die Nichtigkeit beispielsweise nur einer isolierten Forderungszuwendung, ist sichergestellt, daß in diesem Zusammenhang keine (Forderungs-)Zuwendung wirksam bleibt, ohne daß die (Gegenforderungs-)Zuwendung erfolgt. Die Regelungsstrukturen der Reaktion auf die synallagmatisch-genetische Realisierung des Zuwendungsrisikos durch Scheitern der Gegenzuwendung sind damit zwar verdeckt, aber keinesfalls eliminiert.[223]

Am Beispiel des § 306 sei das verdeutlicht: § 306 ordnet die Nichtigkeit eines auf eine unmögliche Leistung gerichteten Vertrages an. Die Regelung betrifft also die durch den Vertragsschluß erfolgten Forderungszuwendungen. Ist eine vertraglich versprochene Leistung unmöglich, hat sich für den Empfänger der betroffenen Forderungszuwendung das mit seiner eigenen Forderungszuwendung verbundene Risiko verwirklicht. Er bekommt nämlich keinen angemessenen Ausgleich für den mit seiner Forderungszuwendung verbundenen Nachteil, da die erhaltene Gegenforderung wertlos, da unerfüllbar ist. Wenn § 306 für diesen Fall die Nichtigkeit des Vertrages anordnet, dann wird damit (auch) dem Interesse des Gläubigers Rechnung getragen, seine im Rahmen des Vertragsschlusses erfolgte Forderungszuwendung rückabzuwickeln.

Zusammenfassend läßt sich sagen, daß das Gesetz deshalb sehr wohl - wenn auch nicht ausdrücklich - (genetische) Strukturen zur Reaktion auf die Realisierung des Zuwendungsrisikos im Restitutionsinteresse des betroffenen Zuwendenden vorgibt, welche den Zeitpunkt der Forderungszuwendung selbst betreffen und dann eingreifen, wenn ein mit einer Zuwendung verbundener Nachteil nicht durch eine Gegenzuwendung ausgeglichen wird.

---

[223] Vgl. - allerdings auf der herkömmlichen Grundlage argumentierend - *Klinke*, S. 161.

4. Funktionelles Synallagma

Unter dem funktionellen Synallagma versteht man die wechselseitige Abhängigkeit von Verpflichtungen bei ihrer Durchsetzung. Im BGB sollen vor allem die §§ 320 bis 322 das funktionelle Synallagma verkörpern.[224] § 320 hat nach allgemeiner Ansicht vor allem zwei Funktionen: zunächst soll die Vorschrift die eigene Forderung des in Anspruch genommenen Schuldners sichern. Jede Partei eines vollkommen gegenseitigen Vertrages soll ein Leistungsverweigerungsrecht haben, solange der andere Teil selbst die von ihm geschuldete Gegenleistung nicht oder nicht gehörig erbracht hat oder anbietet.[225] Zum anderen soll über § 320 der Schuldner - ohne Risiko einer nachteiligen Folge - Druck auf den anderen Vertragsteil ausüben können, die Gegenleistung zu erbringen (Druckfunktion).[226] § 322 wird als prozessuales Gegenstück zu § 320 verstanden.[227] In bezug auf die Einordnung von § 321 in das funktionelle Synallagma ist man sich demgegenüber nicht einig. Einige leiten den Normzweck des § 321 aus dem „synallagmatischen Zweckzusammenhang" her und gehen davon aus, daß diese Vorschrift die Sicherungsfunktion des § 320 vervollständigt.[228] Nach anderer Ansicht soll die Vorschrift Ausprägung des Grundsatzes der *clausula rebus sic stantibus*[229] sein[230] bzw. der Lehre vom Wegfall der Geschäftsgrundlage unterfallen.[231]

---

[224] Vgl schon oben, 2. Teil B. II.; *Larenz*, SR I, § 15 I (S. 203); *van den Daele*, S. 26 ff. (27); *Stierle*, S. 6.

[225] BGH NJW 1958, S. 706; BGHZ 54, S. 244 f. (249) = NJW 1970, S. 2019 ff. (2021); BGH NJW 1981, S. 2801; BGH NJW 1982, S. 2494 f. (2494); *Soergel-Wiedemann*, § 320 Rn. 3; *Staudinger-Otto*, § 320 Rn. 1.

[226] BGH ebd.; MüKo-*Emmerich*, § 320 Rn. 1; *Soergel-Wiedemann*, § 320 Rn. 4.; *Staudinger-Otto*, ebd. Zur begrenzten praktischen Bedeutung des in § 320 zum Ausdruck kommenden Zug-um-Zug-Prinzips vgl. nur *Soergel-Wiedemann*, § 320 Rn. 7; neuerdings aber BGH JZ 1987, S. 767 ff. (768), dazu *Teichmann*, S. 752; *Brüggemann*, S. 207 („Hebelwirkung").

[227] MüKo-*Emmerich*, § 322 Rn. 1; *Soergel-Wiedemann*, § 322 Rn. 2.

[228] *Soergel-Wiedemann*, § 321 Rn.3; MüKo-*Emmerich*, § 320 Rn. 1; *Gernhuber*, FS Raiser, S. 73 f.

[229] Die Lehre der *clausula rebus sic stantibus* besagt, daß die Wirksamkeit eines jeden Vertragsverhältnisses von der Fortdauer derjenigen Umstände abhängig ist, die bei seinem Abschluß vorlagen und deren Existenz von den Parteien als künftig unverändert angenommen wurden, *Larenz*, Geschäftsgrundlage und Vertragserfüllung, S. 11; *Soergel-Teichmann*, § 242 Rn. 205. Die *clausula*-Lehre wurde vor allem im 18. Jahrhundert entwickelt, aber schon Ende desselben wegen ihrer Allgemeinheit und Unbestimmtheit kritisiert, *Larenz*, ebd., S. 11 f. In das BGB ist die *clausula*-Lehre nicht allgemein übernommen worden, *Soergel-Wiedemann*, § 321 Rn. 2.

[230] RGZ 50, S. 255 ff. (257); 65, S. 185 ff. (192); OLG Hamm, BB 1983, S. 1304 ff. (1305); MüKo-*Emmerich*, § 321 Rn. 1; *Larenz*, Geschäftsgrundlage und Vertragserfüllung, S. 109; unklar *Staudinger-Otto* § 321 Rn. 3 (Lehre von der objektiven Geschäftsgrundlage, wobei aber bei Anwendung des § 321 auf das konditionelle Synallagma des gegenseitigen Vertrages besondere Rücksicht zu nehmen sei).

[231] *Schmidt-Rimpler*, Die Gegenseitigkeit bei einseitig bedingten Verträgen, S. 73; *Roth*, S. 192.

Konditionelles und genetisches Synallagma sind oben als Instrumente identifiziert worden, die dem aus der Realisierung des Zuwendungsrisikos resultierenden Restitutionsinteresse Rechnung tragen. Vordergründig scheinen Ähnlichkeiten zwischen den insoweit betroffenen Regelungsstrukturen und denen der §§ 320 - 322 zu existieren. Hier wie dort scheint nämlich dem (potentiellen) Interesse eines Schuldners Rechnung getragen zu werden, für die eigene Leistung ein Entgelt zu erhalten.[232] Das ist der Grund, warum genetisches und konditionelles Synallagma einerseits mit dem funktionellen Synallagma andererseits „in einen Topf geworfen" und einheitlich unter dem Oberbegriff des Synallagma behandelt werden. Richtigerweise muß aus den folgenden Gründen differenziert werden: würden identische Regelungsziele verfolgt, d.h. würden auch die §§ 320 - 322 der Reaktion auf die Realisierung des Zuwendungsrisikos im Interesse des betroffenen Zuwendenden verpflichtet sein, müßten sich in diesen Vorschriften die oben[233] bestimmten regelungstechnischen Strukturelemente nachweisen lassen, nämlich zumindest ein die Realisierung des Zuwendungsrisikos definierender Auslösetatbestand und - auf der Rechtsfolgenseite - der zugehörige, ein Zuwendungsergebnis korrigierende Restitutionsmechanismus. Die §§ 320 bis 322 weisen diese Strukturelemente aber nicht auf:

Das diesen Vorschriften zugrundeliegende Leistungsverweigerungsrecht basiert nicht darauf, daß sich das Zuwendungsrisiko für den Berechtigten (schon) verwirklicht hat. Die wechselseitigen Forderungen, d.h. die wechselseitig zugewendeten Forderungswerte sind nämlich in den betroffenen Fällen vollwirksam. Jede Partei hat also für den durch die eigene Forderungszuwendung entstandenen Nachteil einen Ausgleich durch die Gegen–(forderungs-)zuwendung erhalten. Die Forderungen sind auch noch erfüllbar, d.h. nicht entwertet. Für keine der Parteien hat sich also das Zuwendungsrisiko verwirklicht. Dementsprechend geht es in der Rechtsfolge der §§ 320 ff. auch gar nicht um die Korrektur eines Zuwendungsergebnisses. Die Funktion der §§ 320 bis 322 ist vielmehr eine ganz andere: dem Schuldner wird eine Möglichkeit gegeben, sich gegen die Inanspruchnahme durch den ihm gleichfalls verpflichteten Gläubiger zu wehren. Er macht nach herrschender Meinung ein Gegenrecht geltend bzw. beruft sich nach der Gegenansicht (Theorie des einheitlichen Austauschanspruchs)[234] auf die Beschränkung seiner eigenen Verpflichtung. Es geht also - einerlei, welcher Ansicht man sich hinsichtlich des Charakters des Leistungsverweigerungsrechts anschließt - um eine Frage der Schuld, d.h. darum, in welchem Umfang die

---

[232] Vgl. *Soergel-Wiedemann*, § 320 Rn. 3 zu der mit § 320 bezweckten Sicherungsfunktion: „Dadurch wird verhindert, daß sich die Sach- oder Dienstleistung einerseits und das dafür zu zahlende Entgelt andererseits gleichzeitig in der Hand ein und desselben Vertragsteils befindet."

[233] Vgl. oben, 1. Teil C. II. 2.

[234] Vgl. zu der Kontroverse zwischen der Einredetheorie und der Theorie des einheitlichen Austauschanspruchs schon oben, 2. Teil B. II.

Partner eines vollkommen gegenseitigen Vertrages zur eigenen Leistung verpflichtet sind. Die §§ 320 bis 322 gewährleisten, daß tatsächlich nur so (Zug um Zug[235]) erfüllt werden muß, wie vereinbart, daß nämlich der angestrebte, mittelbare Zweck der jeweiligen Vertragspartei (Erhalt der Gegenleistung) erreicht wird.[236] Demgegenüber spielt das Ziel, eine Forderungszuwendung selbst im Restitutionsinteresse einer der Parteien zu korrigieren, keine Rolle. Anders als bei der regelungstechnischen Reaktion auf die Realisierung des Zuwendungsrisikos ist deshalb auch nur das Verpflichtungselement der zugewendeten Forderungen betroffen und nicht das Interesse an einer wegen Realisierung des Zuwendungsrisikos notwendigen Rückabwicklung. Das funktionelle Synallagma steht in bezug auf Regelungsziel und Regelungsstrukturen deshalb auf einer Stufe mit § 326 Abs. 1 S. 1, einer Vorschrift, die gleichfalls nicht in den Zusammenhang des genetischen und konditionellen Synallagma paßt.

Während es bei konditionellem und genetischem Synallagma um die Rückabwicklung geht, wenn die Gegenleistung scheitert, hilft das funktionelle Synallagma also dem Gläubiger, die versprochene Gegenleistung zu erhalten bzw. selbst nur Zug um Zug gegen Erhalt der Gegenleistung leisten zu müssen. Konditionelles und genetisches Synallagma sind Bestandteile eines übergreifenden, der Reaktion im Interesse des Zuwendenden auf die Realisierung des Zuwendungsrisikos verschriebenen Regelungssystems, das funktionelle Synallagma hingegen nicht. Dieser Unterschied von Regelungsebene, Regelungsinhalt und letztlich Regelungsziel wird in der Synallagma-Diskussion nicht thematisiert. Die Folge ist eine unsachgemäße Gleichbehandlung der verschiedenen Regelungskomplexe, nämlich des genetischen und konditionellen Synallagma einerseits und des funktionellen Synallagma andererseits unter dem einheitlichen Oberbegriff des Synallagma.[237]

Bestätigt werden die vorstehenden Ergebnisse dadurch, daß die dem funktionellen Synallagma zugeschriebenen Funktionen nur für Forderungen Bedeutung erlangen können. Es geht bei den §§ 320 - 322 nur um Fragen der Schuld und der Schulderfüllung. Im Gegensatz dazu spielt das funktionelle Synallagma bei der Zuwendung von anderen Zuwendungsobjekten, beispielsweise Sachen, zwangsläufig keine Rolle. Konditionelle und genetische Sicherungsstrukturen sind andererseits zwar im deutschen BGB vor allem für Verpflichtungsge-

---

[235] Vgl. dazu ausführlich *Oesterle*.

[236] (Nur) Das funktionelle Synallagma kann man deshalb als „Schutznorm der Entgeltlichkeit" oder „Garantie des Entgelts", vgl. *Dubischar*, FS Raiser, S. 112 f., bezeichnen.

[237] Deutlich wird das beispielsweise bei *Oesterle*, S. 56, der in bezug auf das Ausbleiben der Gegenleistung ausführt: „... hat dies ipso iure oder aber herbeiführbare Konsequenzen für die eigene Leistungspflicht (§§ 321, 323 BGB)." Oesterle selbst geht andererseits auf S. 229 davon aus, daß funktionelles und konditionelles Synallagma unterschiedliche Regelungssysteme betreffen.

schäfte (originäre Forderungszuwendungen) vorgesehen. Eine Beschränkung allein auf Forderungszuwendungen ist aber weder dogmatisch zwingend noch im BGB so vorgesehen, wie sogleich am Beispiel des entgeltlichen Erbvertrages zu demonstrieren sein wird.[238]

Nur ergänzend sei angemerkt, daß sich deshalb aus dem Gedanken der Reaktion auf die Realisierung des Zuwendungsrisikos auch keine Entscheidung für die Kontroverse zwischen Einredetheorie und Theorie des einheitlichen Austauschanspruchs herleiten läßt. Zwar setzen die regelungstechnischen Strukturen zur Korrektur einer Zuwendung bei Realisierung des Zuwendungsrisikos voraus, daß sich die Zuwendungsobjekte bzw. Zuwendungsvorgänge, für deren Rückgängigmachung ein Restitutionsmechanismus ausgelöst werden soll, isolieren lassen. Bei der Zuwendung von Forderungen im vollkommen gegenseitigen Vertrag bedeutet das aber andererseits nicht zwangsläufig, daß auch deren Verpflichtungsgehalt seine jeweilige Eigenständigkeit behält. Es ist vielmehr sehr wohl denkbar, daß die wechselseitigen Verpflichtungen ineinander verwoben sind, die Forderungen als Zuwendungsobjekte (Werte) aber getrennt bleiben.

Andererseits scheint eine Verschmelzung des jeweiligen Verpflichtungsgehalts der wechselseitigen Forderungen sehr konstruiert und läßt sich letztlich genausowenig nachweisen wie klar ist, warum eine solche Argumentation notwendig ist. Keinesfalls wird man im übrigen an den eindeutigen Vorgaben des Gesetzgebers vorbeikommen, wonach gemäß § 320 der Schuldner die ihm obliegende Leistung ausdrücklich verweigern, d.h. sein - wie auch immer dogmatisch strukturiertes Recht - geltend machen muß. Eine von Amts wegen zu beachtende „Einwendung des nicht oder nicht gehörig erfüllten Vertrages" ist in § 320 nicht vorgesehen.

5. Das „ungleiche Synallagma", dargestellt am Beispiel des entgeltlichen Erbvertrages

a) Einleitung

Die Ergebnisse zum Wesen des konditionellen und genetischen Synallagma wurden aus der Struktur der §§ 323 ff. hergeleitet. Die §§ 323 ff. betreffen andererseits nur Forderungszuwendungen. Die Erklärung des Synallagma aus dem Gedanken der regelungstechnischen Reaktion auf die Realisierung des Zuwendungsrisikos im Interesse des Zuwendenden bedeutet demgegenüber, daß der Anwendungsbereich des konditionellen und genetischen Synallagma nicht in dieser Weise beschränkt sein kann, vielmehr auch für die Zuwendung anderer Zuwendungsobjekte Bedeutung entfalten können muß. Die synallagmatische Reaktion auf die Realisierung des Zuwendungsrisikos sollte demgemäß auch dann möglich sein, wenn andere Zuwendungsobjekte, insbesondere auch ungleiche Güter (Beispiel: Forderung gegen Sache) (wechselseitig) zugewendet

---

[238] Vgl. unten, 2. Teil B. III. 5.

werden. Am Beispiel des entgeltlichen Erbvertrages soll das im folgenden exemplifiziert werden.

Die Besonderheit des Erbvertrags (Bindungswirkung, d.h. Verlust der Testierfreiheit des Erblassers) ist schon oben vorgestellt worden.[239] Man unterscheidet zwischen dem einseitigen Erbvertrag, der nur die Verfügung von Todes wegen eines Vertragspartners enthält,[240] und dem gegenseitigen Erbvertrag.[241] In letzterem treffen beide Vertragsparteien vertragsmäßige Verfügungen,[242] wobei diese nicht notwendig dem jeweils anderen zugute kommen müssen.[243] Von einem entgeltlichen Erbvertrag spricht man, wenn sich der durch die erbvertragliche Verfügung Begünstigte verpflichtet, im Gegenzug zu der erbvertraglichen Verfügung von Todes wegen dem Erblasser zu dessen Lebzeiten eine Leistung zu erbringen.[244] Verfügung von Todes wegen und Verpflichtung zur Gegenleistung müssen beim entgeltlichen Erbvertrag nicht in ein und derselben Vertragsurkunde erfolgen.[245] Im Rahmen der Vertragsfreiheit (§ 305) kann der Erbvertrag auch mit einem gegenseitigen Vertrag unter Lebenden zu einem einheitlichen Austauschvertrag verbunden werden.[246] Eine bedeutsame Unterart des entgeltlichen Erbvertrages ist der sogenannte Verpfründungsvertrag.[247] Hier trifft der Erblasser seine vertragliche Verfügung mit Rücksicht auf die Verpflichtung des Bedachten, ihm bis zu seinem Tode wiederkehrende Leistungen zu erbringen. In § 2295 hat der Gesetzgeber diesen Vertragstyp einer besonderen Regelung unterworfen.[248]

Teilweise wird vermutet, daß die besondere praktische Bedeutung des entgeltlichen Erbvertrages daraus folgt, daß der Erblasser den Verlust der Testierfähigkeit nicht ohne besonderen Anlaß, insbesondere nicht ohne Erhalt einer

---

[239] Vgl. oben, 1. Teil B. II. 4. b) dd).

[240] MüKo-*Musielak*, Vor § 2274 Rn. 23.

[241] Auch: zweiseitiger Erbvertrag, MüKo-*Musielak*, Vor § 2274 Rn. 24.

[242] Vgl. § 2298.

[243] MüKo-*Musielak*, Vor § 2274 Rn. 24.

[244] *Lüke*, S. 5 ff. Demgegenüber war früher vertreten worden, daß der Abschluß eines entgeltlichen Erbvertrages nicht möglich sei. Der Erbvertrag sei notwendig abstrakt und unentgeltlich, *Hellwig*, S. 605; *Emil Strohal*, § 47 Fn. 1; *Planck-Greiff*, Vierter Abschnitt, Vorbemerkungen (S. 812): „... unter allen Umständen als ein abstraktes und unentgeltliches Rechtsgeschäft anzusehen."; vgl. *Boehmer*, FS Lehmann, S. 467; *Stürzebecher*, Rücktritt, S. 20 ff.

[245] MüKo-*Musielak*, § 2295 Rn. 2; *Soergel-Wolf*, § 2295 Rn. 1; *Kipp/Coing*, S. 252 Fn. 41.

[246] *Soergel-Wiedemann*, Vor § 320 Rn. 26.

[247] *Boehmer*, FS Lehmann, S. 466; *Kipp/Coing*, S. 252; *Lüke*, S. 2. Der Verpfründungsvertrag wird auch „Abnährungsvertag" genannt, ebd.; *Soergel-Wolf*, § 2295 Rn. 1.

[248] Vgl. im folgenden.

entsprechenden Gegenleistung zu Lebzeiten akzeptieren wird.[249] Rechtstatsächliche Untersuchungen konnten das allerdings nicht bestätigen.[250]

b) Konditionelles und genetisches Synallagma beim entgeltlichen Erbvertrag

aa) Überblick

Es war dargestellt worden, daß konditionelles und genetisches Synallagma der Befriedigung des aus der Realisierung seines Zuwendungsrisikos resultierenden Restitutionsinteresses dienen.[251] Die Eigenheit der betroffenen Regelungsstrukturen liegt darin, daß die Auslösung eines (kausalen oder abstrakten) Restitutionsmechanismus zur Rückabwicklung einer wegen Realisierung des Zuwendungsrisikos nicht (mehr) gerechtfertigten Zuwendung typisierend daran anknüpft, daß eine angestrebte Gegenleistung scheitert.

Die Zuwendungsstrukturen beim Erbvertrag wurden schon oben vorgestellt:[252] der Erblasser wendet dem Bedachten ein „Mehr an erbrechtlicher Erwerbschance" zu, wohingegen der Bedachte sich beim entgeltlichen Erbvertrag im Gegenzug zu einer Gegenleistung verpflichtet und damit dem Erblasser eine Forderung zuwendet.[253] Die wechselseitigen Zuwendungen sind hier „ungleich". Es erfolgt - um in der hergebrachten Terminologie zu sprechen - eine Verpflichtung, um die Vorteile einer Verfügung von Todes wegen zu erhalten und umgekehrt. Hierdurch unterscheidet sich der entgeltliche Erbvertrag von dem gegenseitigen Schuldvertrag. Der gemeinsame Nenner liegt jedoch darin, daß trotz dieser Verschiedenartigkeit die Parteien in beiden Fällen typischerweise etwas zuwenden, um die Vorteile einer Gegenzuwendung zu erhalten. Das Zuwendungsrisiko ist deshalb hier wie dort typischerweise realisiert, wenn dieses Bestreben frustriert wird, d.h. die Gegenzuwendung scheitert.[254] Für den Erblasser ist das typischerweise der Fall, wenn die Verpflichtung des Bedachten gar nicht erst erfolgt, sie formnichtig ist oder der Bedachte frei wird, weil die Erfüllung der zugewendeten Forderung unmöglich wird.[255] Für den Bedachten

---

[249] Vgl. *Lange/Kuchinke*, § 25 X. 1. (S. 489); *Ebenroth*, Rn. 255; *Lange*, NJW 1963, S. 1571.

[250] Vgl. *Stürzebecher*, Rücktritt, S. 8 ff.; *Lüke*, S. 1.

[251] Vgl. oben, 2. Teil B. III. 2. a) und 2. Teil B. III. 3.

[252] Vgl. oben, 1. Teil B. II. 4. b) dd).

[253] Vgl. ebd.

[254] Die Realisierung des Zuwendungsrisikos ist aber selbstverständlich nicht auf diese Fallgruppen beschränkt. Im Rahmen der synallagmatischen Reaktion auf die Realisierung des Zuwendungsrisikos geht es freilich nur um die Fälle, in denen sich typischerweise das Zuwendungsrisiko eben durch Scheitern der Gegenzuwendung realisiert.

[255] Vgl. MüKo-*Musielak*, § 2295 Rn. 4.

kann sich andererseits das Zuwendungsrisiko verwirklichen, wenn der Erblasser in dem Fall, daß Erbvertrag und Verpflichtung zur Gegenleistung getrennt sind[256], die erbvertragliche Verfügung von Todes wegen gar nicht erst vornimmt oder der Erbvertrag aus Gründen nichtig ist, die die Verpflichtung des Bedachten unberührt lassen.

Nicht in diesen Zusammenhang gehören grundsätzlich die Fälle der Nichterfüllung, des Verzugs oder der Schlechtleistung durch den Bedachten. Diese betreffen zunächst nicht die Realisierung des Zuwendungsrisikos durch Scheitern einer (potentiell) angestrebten Gegenzuwendung, d.h. die Frage, wann sich die erbvertragliche Verfügung von Todes wegen für den Erblasser mangels Gegenleistung als nicht mehr gerechtfertigt darstellt und in seinem Interesse eine Korrektur notwendig wird. Vielmehr geht es insoweit um die Durchsetzung der von dem Bedachten dem Erblasser zugewendeten Forderung, d.h. den Forderungsinhalt.[257] Etwas anderes kann sich aber dann ergeben, wenn Verzug oder Nicht- bzw. Schlechterfüllung zu einem Interessenwegfall auf seiten des Erblassers führen. Diese Fälle, in welchen sich das Erfüllungsinteresse des Erblassers in ein Restitutionsinteresse an der Rückabwicklung seiner eigenen Zuwendung umwandelt, stehen den „normalen" Fällen der Realisierung des Zuwendungsrisikos gleich.

Das Gesetz hat für den entgeltlichen Erbvertrag (nur) in § 2295 eine „synallagmatische Regelung" getroffen.[258] § 2295 eröffnet dem Erblasser das Recht, von seiner vertragsmäßigen Verfügung von Todes wegen zurückzutreten, wenn diese mit Rücksicht auf eine rechtsgeschäftliche Verpflichtung des Bedachten, dem Erblasser für dessen Lebenszeit wiederkehrende Leistungen zu entrichten, vorgenommen wurde und diese Verpflichtung vor dem Tode des Erblassers aufgehoben wird.[259] Wird der Rücktritt ausgeübt, ist der Erbvertrag und damit die Bindungswirkung des Erblassers aufgehoben.[260]

---

[256] Vgl. MüKo-*Musielak*, § 2295 Rn. 2; *Soergel-Wolf*, § 2295 Rn. 1; *Kipp/Coing*, S. 252 Fn. 41.

[257] Das entspricht der Sachlage bei § 326 Abs. 1, vgl. oben, 2. Teil B. III. 2. e), und beim funktionellen Synallagma, vgl. oben, 2. Teil B. III. 4.

[258] § 2295 wurde als § 1957 d zusammen mit § 2294 (damals: § 1957 c) erst durch die zweite Kommission in das BGB eingefügt, vgl. *Mugdan* 5, Protokolle, S. 754, 748 ff. Zum rechtshistorischen Hintergrund der Regelung von Leistungsstörungen beim entgeltlichen Erbvertrag im BGB, vgl. *Stürzebecher*, Rücktritt, S. 36 ff.

[259] Diese Rücktrittsmöglichkeit knüpft an die Tradition im preußischen und im gemeinen Recht an, *Kipp/Coing*, § 40 I (S. 252) m.w.N. in Fn. 1.

[260] *Kipp/Coing*, § 40 I (S. 252). Die Wirkung des Rücktritts beschränkt sich auf die vertragsmäßigen Verfügungen zugunsten des Bedachten und erstreckt sich nicht automatisch auf sonstige Verfügungen. Deren Fortbestand richtet sich nach §§ 2278, 2085, vgl. *Ebenroth*, Rn. 268, der allerdings (wohl irrtümlich) von „vertragsmäßigen Verpflichtungen zugunsten des Bedachten" spricht.

§ 2295 ist ein synallagmatisches Instrument zur Reaktion auf die Realisierung des Zuwendungsrisikos mit kausalem Restitutionsmechanismus. Der Rücktritt (= kausaler Mechanismus) setzt voraus, daß die (Gegen-)Forderungszuwendung, wegen der der Erblasser die erbvertragliche Bindungswirkung auf sich genommen, d.h. dem Bedachten das „Mehr an erbrechtlicher Erwerbschance" zugewendet hat[261], nachträglich scheitert. Dieses nachträgliche Scheitern der Gegen–(forderungs-)zuwendung des Bedachten ist als Auslösetatbestand Voraussetzung für die Ausübung des Rücktrittsrechts.[262] Allerdings geht das Gesetz nicht davon aus, daß der Erbvertrag immer entgeltlich ist, der Erblasser die erbvertragliche Bindung also immer eingeht, um eine Gegenleistung zu erhalten. § 2295 verlangt deshalb auch die positive Feststellung, daß die erbvertragliche Verfügung von Todes wegen „mit Rücksicht auf die rechtsgeschäftliche Verpflichtung des Bedachten" vorgenommen worden ist, eine wiederkehrende Gegenleistung zu erhalten. Erst wenn dieser Zusammenhang zu bejahen ist, vermutet § 2295 typisierend, daß bei Scheitern der Gegenleistung sich das Zuwendungsrisiko des Erblassers verwirklicht hat und er über die Ausübung des Rücktrittsrechts die Möglichkeit haben soll, das Objekt seiner eigenen Zuwendung zurückzuerlangen.[263] Weil die (Möglichkeit der) Korrektur des Ergebnisses der Zuwendung des Erblassers aber insgesamt an das Scheitern der Gegen–(forderungs-)zuwendung geknüpft ist, ist § 2295 ein synallagmatisches Instrument zur Reaktion auf die Realisierung des Zuwendungsrisikos. § 2295 demonstriert somit, daß synallagmatische Strukturen nicht auf (wechselseitige) Forderungszuwendungen durch Abschluß eines vollkommen gegenseitigen Schuldvertrages beschränkt sind, vielmehr auch das mit der Zuwendung anderer Zuwendungsobjekte verbundene Risiko über synallagmatische Regelungsstrukturen gesichert werden kann.[264] Die Vorschrift zeigt außerdem, daß es auf die Wechselseitigkeit im synallagmatischen Zusammenhang nicht ankommt. Auch eine einseitige synallagmatische Sicherung, hier nämlich nur des Erblassers, ist möglich.

---

[261] Vgl. oben, 1. Teil B. II. 4. b) dd).

[262] Vgl. *Brox*, Erbrecht, Rn. 168: „Das Rücktrittsrecht ist wegen der Störung des bestehenden Zusammenhangs zwischen der vertragsmäßigen Verfügung des Erblassers und der Verpflichtung des Vertragspartners gerechtfertigt."

[263] Das Erfordernis der genannten Feststellung rechtfertigt sich auch deshalb, weil die erbvertragliche Verfügung und Verpflichtung zur Gegenleistung nicht in ein und derselben Urkunde erfolgen müssen, d.h. der Zusammenhang zwischen Verfügung von Todes wegen und der Verpflichtung zur Gegenleistung nicht ohne weiteres ersichtlich ist.

[264] Vgl. schon oben, 2. Teil B. III. 2. a) cc).

bb) Problem

Seinem Wortlaut nach ist der Anwendungsbereich des § 2295 sehr beschränkt.[265] Er betrifft nur die Verpflichtung des erbvertraglich Bedachten, nicht hingegen den Fall, daß die Verfügung von Todes wegen des Erblassers scheitert und sich so das Zuwendungsrisiko des Bedachten realisiert. Weiter spricht § 2295 nur davon, daß die Verpflichtung des Bedachten „aufgehoben wird". Offensichtlich ist der Wegfall der Verpflichtung auf andere Weise als durch Rechtsgeschäft nicht erfaßt.[266] Das Rücktrittsrecht scheint weiter eine nachträgliche „Aufhebung" vorauszusetzen.[267] Nicht von § 2295 betroffen ist also der Fall, daß die Verpflichtung gar nicht erst entsteht. Ausdrücklich gilt § 2295 weiter nur für den Fall, daß der Bedachte sich zu wiederkehrenden Leistungen für die Lebenszeit des Erblassers verpflichtet. Entgeltliche Erbverträge, in welchen sich der Bedachte (nur) zu einer einmaligen oder zwar wiederkehrenden, jedoch zeitlich begrenzten Gegenleistungen verpflichtet, unterfallen nicht dem Regelungsbereich des § 2295.[268]

Wie die dargestellten, in § 2295 nicht geregelten Sachverhalte zu behandeln sind, wird in der Literatur unterschiedlich beurteilt.

cc) Lösungsansätze

Stürzebecher[269] vertritt die Auffassung, Leistungsstörungen beim entgeltlichen Erbvertrag seien über die unmittelbare Anwendung der §§ 320 ff. zu lösen. Einem entgeltlichen Erbvertrag liege in der Regel nämlich ein Verpflichtungsgeschäft zugrunde, in welchem sich der Erblasser zu der erbvertraglichen Verfügung von Todes wegen und der Vertragspartner zu einer Gegenleistung verpflichte. Auf dieses Verpflichtungsgeschäft seien die §§ 320 ff. anwendbar. § 2302 hindere ein solches Verpflichtungsgeschäft nicht. Die Vorschrift sei nicht auf Verträge anwendbar, bei welchen mit der Verpflichtung *uno actu* eine

---

[265] Vgl. *Stürzebecher*, Rücktritt, S. 47; *ders.*, NJW 1988, S. 2717.

[266] Vgl. MüKo-*Musielak*, § 2295 Rn.4; *Soergel-Wolf*, § 2295 Rn. 3. Allerdings soll § 2295 nach allgemeiner Ansicht nicht auf die rechtsgeschäftliche Aufhebung beschränkt, sondern auf jede Art von Beendigung der Gegenverpflichtung anwendbar sein, ebd. Beispielsweise könne die Verpflichtung des Bedachten durch Ausübung eines Rücktrittsrechts, durch Eintritt einer Bedingung, durch nachträgliche Unmöglichkeit der zu erbringenden Leistung oder durch eine vertragliche Vereinbarung mit dem Erblasser aufgehoben werden, vgl. MüKo-*Musielak*, ebd.; vgl. *Medicus*, Bürgerliches Recht, Rn. 216.

[267] Vgl. den Wortlaut des § 2295 („aufgehoben wird"); MüKo-*Musielak*, § 2295 Rn. 6; *Brox*, Erbrecht, Rn. 154.

[268] *Soergel-Wolf*, § 2295 Rn. 3.

[269] *Stürzebecher*, Rücktritt, S. 89 ff; *ders.*, NJW 1988, S. 2719; zustimmend *Soergel-Wolf*, § 2295 Rn. 4; kritisch *Lüke*, S. 12 ff..

Verfügung von Todes wegen zusammenfalle. Der Zweck des § 2302 sei lediglich, die Freiheit, von Todes wegen zu verfügen, vor schuldrechtlicher Beschränkung zu schützen. Dieses Ziel sei aber dann hinfällig, wenn die Verfügung schon bindend getroffen sei. Die Verpflichtung habe dann keine eigenständige Bedeutung, sondern sei nur die causa des Behaltendürfens.[270]

Entgegen der Ansicht Stürzebechers ist aber fast einhellige Ansicht, daß bei nicht von § 2295 erfaßten, im Rahmen eines entgeltlichen Erbvertrages auftretenden Leistungsstörungen die §§ 320 ff. nicht einschlägig sind. Man führt zur Begründung an, ein synallagmatisches Verhältnis von Leistung und Gegenleistung, auf welches die § 320 ff. Anwendung finden könnten, liege nicht vor.[271] Die §§ 320 ff. setzten wechselseitige Verpflichtungen der Vertragsparteien voraus. Der Erblasser verpflichte sich im Rahmen eines entgeltlichen Erbvertrages aber gerade nicht, sondern verfüge nur von Todes wegen.[272] Die Konstruktion eines dem Erbvertrag zugrundeliegenden Kausalgeschäfts, in welchem sich der Erblasser zu der erbvertraglichen Verfügung von Todes wegen verpflichte, um die Gegenverpflichtung des Bedachten zu erhalten, scheitere jedenfalls an § 2302.[273]

---

[270] Ebd. „Verpflichtung" i.S.d. §§ 320 ff. habe demgemäß zum einen die Bedeutung eines zukünftigen Leistensollens und zum anderen die einer Behaltenscausa. „Verpflichtung" i.S.v. § 2302 beziehe sich demgegenüber nur auf zukünftiges Leistensollen. Nur das solle ausgeschlossen werden, ebd.

[271] MüKo-*Musielak*, Vor § 2274 Rn. 21, 29, § 2295 Rn. 1.; *Palandt-Edenhofer*, § 2295 Rn. 1, Überbl. v. § 2274 Rn. 4; *Ebenroth*, Rn. 255, 264.

[272] *Lange/Kuchinke*, § 25 X. 1. (S. 490); vgl. *Medicus*, Bürgerliches Recht, Rn. 216; *Lüke*, S. 11.

[273] *Lange/Kuchinke*, § 25 X. 2. b) (S. 491); *Kipp/Coing*, § 36 IV 1. (S. 234 f.) begründen die Nichtanwendbarkeit §§ 320 ff. auch damit, daß die rechtliche causa der Zuwendungen von Todes wegen nicht die von der anderen Seite versprochene Leistung sei. Die Zuwendung erfolge hier vielmehr immer *mortis causa*. Diese Auffassung basiert auf einem nicht näher spezifizierten und jedenfalls mit der hier vertretenen Auffassung nicht im Einklang zu bringenden causa-Verständnis. Auch belegt § 2295, daß es - jedenfalls in den dort behandelten Fällen - entgegen Kipp/Coing offenbar doch auf die Wirksamkeit der Gegenverpflichtung ankommt. *Medicus*, Bürgerliches Recht, Rn. 216, beruft sich für die Nichtanwendbarkeit der §§ 325, 326 darauf, daß die §§ 2294, 2295 das gesetzliche Rücktrittsrecht des Erblassers abweichend regeln. Dem ist jedoch entgegenzuhalten, daß die §§ 2294, 2295 zwar Sonderregeln darstellen, diese allerdings offensichtlich nicht abschließend sind.

Für die ähnlich gelagerten Probleme beim entgeltlichen Erbverzicht, vgl. nur *Lange/Kuchinke*, § 7 V 2. (S. 172 ff.), BayObLG, ZEV 1995, S. 228 f. Heute wird allgemein vertreten, daß mangels vertraglicher Verknüpfung von Erbverzicht und Gegenleistung dem entgeltlichen Erbverzicht in der Regel ein Verpflichtungsgeschäft zugrunde liegt, in welchem sich der Erbe zum Verzicht und der Erblasser zu einer Gegenleistung verpflichtet, vgl. BGHZ 37, S. 319 ff. (327); BayObLG, ebd.; RGRK-*Johannsen*, § 2346 Rn. 2 ff.; *Brox*, Erbrecht, Rn. 291; *Kipp/Coing*, § 82 VI d) (S. 461); *Lange/Kuchinke*, § 7 I 4. a) (S. 157 f.), § 7 V 2. c) (S. 173 f.); *Ebenroth*, Rn. 251 f.; *Damrau*, NJW 1984, S. 1163 ff.; *Kuchinke*, NJW 1983, passim; *Degenhart*, Rpfleger 1969, S. 147; *Lange*, FS Nottarp, S. 126 ff.; vgl. *Larenz*, JherJb.81, S. 1 ff. (insbesondere S. 9 ff.) Das Problem

Um den Interessen der Erbvertragsparteien bei Scheitern der jeweils angestrebten Gegenleistung dennoch Rechnung zu tragen, erörtert man ausführlich, welche vertraglichen Sicherungsmöglichkeiten denkbar sind. Es wird darauf hingewiesen, daß die Parteien eines entgeltlichen Erbvertrages die Wirksamkeit von Verpflichtung und Verfügung von Todes wegen durch Vereinbarung einer aufschiebenden oder einer auflösenden Bedingung voneinander abhängig machen können.[274] Außerdem sei die Verknüpfung über § 139 herstellbar.[275]

Auf welche Weise zu helfen ist, wenn es an einer solchen vertraglichen Regelung fehlt, wird nicht einheitlich beantwortet. Überwiegend wird vertreten, daß neben § 2295 nur eine Anfechtung gemäß §§ 2078 Abs. 2, 2281 in Frage kommt. Man sagt, daß der Erblasser bei Vertragsschluß von dem (Fort-)Bestehen und der vereinbarungsgemäßen Erfüllung der Verbindlichkeit des Bedachten ausgehe. Der Bedachte rechne andererseits mit dem (Fort-)Bestehen der erbvertraglichen Verfügung von Todes wegen. Entsprächen diese Vorstellungen nicht der Realität bzw. entwickele sich die Realität anders als vorgestellt, sei die Anfechtung wegen Motivirrtums möglich.[276]

---

des § 2302 stellt sich hier nicht, da der Erbverzicht keine Verfügung von Todes wegen ist, *Lange/Kuchinke*, § 7 I 2. (S. 155); *Lange*, FS Nottarp, S. 127. Auf das Verpflichtungsgeschäft sollen die §§ 320 ff. anwendbar und Leistungsstörungen auf diese Weise sinnvoll lösbar sein. Andere schlagen vor, daß der Erblasser den Erbverzicht kondizieren können soll, vgl. RGRK-*Johannsen*, § 2346 Rn.6; *Kipp/Coing*, § 82 VI c) (S. 461) (zumindest, wenn ein Pflichtteilsverzicht vorliegt); *Ebenroth*, Rn. 365. Teilweise wird auch ein Anfechtungsrecht des Erblassers befürwortet, *Emil Strohal*, S. 540. *Larenz*, JherJB 81, S. 1 ff (S. 16 ff.) will dem Erblasser analog § 2295 ein Rücktrittsrecht gewähren. *v. Lübtow*, Erbrecht 1, S. 539, hält eine an § 242 orientiert ergänzende Vertragsauslegung für nötig. Die Parteien hätten nämlich redlicherweise eine aufschiebende Bedingung vereinbart, wenn sie die fraglichen Umstände in Betracht gezogen hätten.

[274] *Lange/Kuchinke*, § 25 X. 3. a) (S. 493); *Ebenroth*, Rn. 264; *Lüke*, S. 25 ff., der allerdings nicht nachvollziehbar das Vorliegen eines Bedingungszusammenhangs von der Sachgerechtigkeit der Rechtsfolge abhängig machen will, vgl. ausdrücklich ebd, S. 55.

[275] *Lange/Kuchinke*, ebd.; *Lüke*, S. 16 ff.; *Ebenroth*, ebd., vgl. MüKo-*Musielak*, § 2295, Rn. 6.

[276] Vgl. nur *Soergel-Wolf*, § 2295, Rn. 2 f.; RGRK-*Kregel*, § 2295 Rn. 3; *Palandt-Edenhofer*, § 2295 Rn. 2; *v. Lübtow*, Erbrecht 1, S. 405; *Brox*, Erbrecht, Rn. 154; *Medicus*, Bürgerliches Recht, Rn. 216. Dabei sollen allerdings auch unbewußte Vorstellungen ausreichend sein, RGZ 77, S. 165 ff. (174); BGH WM 1971, S. 1153 ff.; WM 1983, S. 567 f. (568); WM 1987, S. 1019 f. (1020) = NJW RR 1987, S. 1412 f.; MüKo-*Leipold*, § 2078 Rn. 25 ff.; *Soergel-Loritz*, § 2078 Rn. 18 ff.; RGRK-*Johannsen*, § 2078 Rn. 44 ff.; *v. Lübtow*, Erbrecht 1, S. 321; *Kipp/Coing*, § 24 II 2. c) (S. 165 f.). *Stürzebecher*, Rücktritt, S. 60 ff., NJW 1988, S. 2718, kritisiert die Wandlung des § 2078 Abs. 2 in eine Generalklausel. Die Rechtsprechung gewähre das Anfechtungsrecht nicht nur bei Entfall der Gegenleistung, sondern schon bei irrtümlicher Vorstellung über das allgemeine Wohlverhalten des Vertragspartners. Damit würden aber die §§ 2294, 2295 praktisch überflüssig. Diese Kritik ist insoweit unzutreffend, als §§ 2294 f. Spezialregelungen sind und nicht ernsthaft behauptet werden kann, daß alle im BGB getrof-

Teilweise wird dem Erblasser auch die Möglichkeit zugestanden, den Vertragspartner in Verzug zu setzen und wegen Interesselosigkeit die Leistung abzulehnen und vom Verpflichtungsvertrag gemäß § 286 Abs. 2 zurückzutreten. Wegen des Wegfalls des Verpflichtungsvertrages ergebe sich dann das Recht des Erblassers, entsprechend § 2295 vom Erbvertrag zurückzutreten.[277] Unausgesprochen wird hier also wohl unterstellt, daß Verpflichtung und Verfügung von Todes wegen in getrennten Verträgen erfolgen. Nach anderer Ansicht kann der Erblasser auch dann gemäß § 2295 analog vom Erbvertrag zurücktreten, wenn die Gegenverpflichtung von Anfang an nicht besteht.[278] Teilweise wird versucht über § 812 Abs. 1 S. 2 2. Alt. zu helfen: die erbvertraglichen Verfügungen von Todes wegen einerseits und die Verpflichtungen des Bedachten andererseits seien der jeweils wechselseitige Zweck und - dem jeweiligen Gegner erkennbar - durch eine Erfolgsabrede verknüpft. Scheitern des Erbvertrages wie z.B. bei anfänglicher Nichtigkeit der Entgeltabrede berechtigten zur Rückforderung nach § 812 Abs. 1 S. 2 2. Alt.[279] Oftmals werden die verschiedenen Lösungen auch kumulativ bzw. in abgestufter Reihenfolge vertreten.[280]

dd) Stellungnahme

Die dargestellten Ansichten begründen kaum, warum die eine oder andere Lösung vorzuziehen sein sollte. In bezug auf das angestrebte Ergebnis ist man sich allerdings einig: man will keine der Vertragsparteien an ihrer eigenen Zuwendung festhalten, wenn die angestrebte Gegenzuwendung scheitert. Man möchte dem insoweit Betroffenen also die Möglichkeit eröffnen, das Ergebnis seiner eigenen Zuwendung zu korrigieren. Alle in Erwägung gezogenen Rechtsinstitute führen zu diesem Ergebnis, sind also Instrumente zur Reaktion auf die Realisierung des Zuwendungsrisiko. Mit Ausnahme der Ansichten, welche §§ 320 ff. oder § 2295 analog anwenden wollen, weisen die zur Lösung vorgeschlagenen Rechtsinstitute allerdings keine ausdrücklichen synallagmatischen Regelungsstrukturen auf. Voraussetzung für die Auslösung der dort jeweils vorgesehenen Rechtsfolgen (= des Restitutionsmechanismus) ist nämlich nicht nur typisierend das Scheitern einer Gegenleistung. Das bedeutet andererseits nicht, daß Fälle der Realisierung des Zuwendungsrisikos durch Scheitern der Gegen-

---

fenen Spezialregelungen deshalb überflüssig sind, weil ihr Regelungsgehalt auch über allgemeinere Vorschriften erfaßt sein könnte.

[277] *Lange/Kuchinke*, § 25 X. 2. b) (S. 491 f.), m.w.N.

[278] *Ebenroth*, Rn. 264; *Brox*, Erbrecht, Rn. 154.

[279] *Lange/Kuchinke*, § 25 X. 2. b) (S. 491).

[280] Vgl. *Lange/Kuchinke*, ebd.

zuwendung überhaupt nicht erfaßt wären. Vielmehr gehen sie in den abstrakter gehaltenen Regelungen der zur Lösung angebotenen Rechtsinstitute auf.[281]

Zu den „synallagmatischen Lösungswegen“, d.h. dem Vorschlag, die §§ 320 ff. oder § 2295 analog anzuwenden, ist das Folgende zu sagen:

Die Argumentation Stürzebechers in bezug auf § 2302, den er - unausgesprochen - im Wege der teleologische Reduktion aus dem Wege räumt, um so ein wirksames Verpflichtungsgeschäft bejahen zu können, auf welches die §§ 320 ff. anwendbar sein sollen, erscheint zunächst bestechend. In der Tat ist ein von § 2302 vorgesehener Schutz vor einer schuldrechtlichen Einschränkung der Testierfreiheit kaum sinnvoll, wo mit der Verpflichtung zugleich die fragliche Verfügung zusammenfällt, d.h. das „verpflichtende Element“ der schuldrechtlichen Abrede gar nicht zum Tragen kommt. Andererseits darf nicht übersehen werden, warum es für Stürzebecher überhaupt erst notwendig wird, sich mit der Anwendbarkeit des § 2302 auseinanderzusetzen: um die §§ 320 ff. für die im Rahmen eines entgeltlichen Erbvertrages auftretenden, von § 2295 nicht erfaßten Leistungsstörungen nutzbar zu machen, muß Stürzebecher zunächst den Abschluß eines Grundgeschäftes zwischen den Erbvertragsparteien konstruieren. Dieses „synallagmatische Grundgeschäft“ soll dann die „causa“ des Erbvertrages sein.

Die Konstruktion Stürzebechers wirkt gekünstelt und wird in der Praxis kaum dem realen Willen der Parteien entsprechen. Die Parteien machen sich in der Regel keine Gedanken über zusätzliche, wechselseitige Verpflichtungen, sondern wollen die Verpflichtung des Bedachten im Austausch gegen die erbvertragliche Verfügung von Todes wegen des Erblassers vereinbaren. Auf den realen Willen der Vertragsparteien nimmt das BGB bzw. die deutsche Zivilrechtsdogmatik zwar auch sonst keine besondere Rücksicht. So konstruiert man selbst beim Barkauf, bei der Handschenkung und beim von beiden Vertragsteilen unmittelbar vollzogenen Tauschvertrag immer ein zugrundeliegendes Verpflichtungsgeschäft, weil das im BGB angelegte Trennungsprinzip das eben so vorzusehen scheint. Der Hinweis auf die Vorstellungen der Parteien scheint deshalb auch im hier interessierenden Zusammenhang wenig hilfreich. Entscheidend ist andererseits aber, daß das Gesetz selbst offensichtlich von einer Struktur des entgeltlichen Erbvertrages ausgeht, die mit der Position Stürzebechers nicht in Einklang zu bringen ist. § 2295 setzt nämlich voraus, daß der Erblasser seine erbvertragliche Verfügung von Todes wegen unmittelbar für den Erhalt der wiederkehrenden Gegenleistung erbringt.[282] Eine Verpflichtung des

---

[281] Vgl. den vergleichbaren Sachverhalt beim genetischen Synallagma oben, 2. Teil B. III. 3.

[282] Vgl. aber die 2. Kommission, *Mugdan* 5, Protokolle, S. 754: „... werde sich aus der entsprechenden Anwendung der Bestimmungen über den Rücktritt von einem gegenseitigen Vertrage ergeben, daß, falls die Voraussetzungen des Rücktritts vorliegen,

Erblassers spielt demgegenüber keine Rolle.[283] Die Anwendung der §§ 320 ff. auf einen Schuldvertrag zwischen Erblasser und Bedachten funktioniert deshalb nicht.

Freilich ist folgendes in Betracht zu ziehen: nach allgemeiner Ansicht scheitert die Anwendung der §§ 320 ff., weil sich die Vertragsparteien beim entgeltlichen Erbvertrag nicht wechselseitig verpflichten.[284] Es ist aber nicht einsehbar, warum nicht zumindest der Gedanke der §§ 323 ff.[285] auch auf den erbvertraglichen Zuwendungsaustausch analog anzuwenden sein soll.[286] Wie bei den in den §§ 323 ff. geregelten vollkommen gegenseitigen Schuldverträgen erfolgt auch beim entgeltlichen Erbvertrag nichts anderes als der wechselseitige Austausch von Zuwendungsobjekten. Das Ziel eines jeden Partners ist es, eine Gegenleistung zu erhalten. Das Zuwendungsrisiko ist in beiden Fällen typischerweise bei Scheitern der Gegenzuwendung realisiert. Ein Unterschied zwischen den von den §§ 323 ff. erfaßten Sachverhalten und dem des entgeltlichen Erbvertrages besteht nur in bezug auf die jeweiligen Zuwendungsobjekte, nicht jedoch in bezug auf die zu schützenden Interessen und das daraus folgende Regelungsbedürfnis.[287] Die von den §§ 323 ff. behandelten Sachverhalte sind deshalb sehr wohl mit im Rahmen von entgeltlichen Erbverträgen auftretenden Leistungsstörungsfällen vergleichbar. Voraussetzung für die analoge Anwendung der

---

zwar der Erbvertrag als solcher bestehen bleibe, der Erblasser jedoch im Wege einer Kondiktion die Einwilligung des Erben in die Aufhebung des Erbvertrages fordern könne." Diese Ausführungen der 2. Kommission sind unklar, vgl. *Emil Strohal*, § 47 Fn. 1; *Stürzebecher*, Rücktritt, S. 52 ff. Es steht nicht fest, ob die Kommission von einem dem Erbvertrag zugrundeliegenden Verpflichtungsgeschäft ausgeht oder ob die Rücktrittsregeln unmittelbar auf den entgeltlichen Erbvertrag anwendbar sein sollen, vgl. *v. Lübtow*, Erbrecht 1, S. 464 Fn. 1.

[283] *Medicus*, Bürgerliches Recht, Rn. 216: „... während die andere (Partei) ohne Verpflichtungsgeschäft unmittelbar verfügt."

[284] Vgl. ausdrücklich *Lüke*, S. 11. Das Argument, beim entgeltlichen Erbvertrag stünden Verfügung von Todes wegen und rechtsgeschäftliche Verpflichtung des Bedachten nicht in einem synallagmatischen Verhältnis von Leistung und Gegenleistung, ist mangels Begründung bedeutungslos. Ursache dieser unbewiesenen Behauptung ist wohl die irrtümliche Verabsolutierung des Gegensatzes von Schuld- und Sachenrecht, von Verpflichtungs- und Verfügungsgeschäft, vgl. bezeichnend *Degenhart*, Rpfleger 1969, S. 146: „Ein abstraktes Verfügungs- und ein einseitiges Verpflichtungsgeschäft können rechtstechnisch nicht in der Form eines gegenseitigen Vertrages miteinander verbunden werden."

[285] Die §§ 320 - 322 passen demgegenüber zumindest in bezug auf die Verfügung von Todes wegen nicht. Diese ist unmittelbar, d.h. mit Vollzug wirksam, weshalb ihr keine Einrede entgegengesetzt werden kann, vgl. für den Erbverzicht, *Medicus*, Bürgerliches Recht, Rn. 217.

[286] Demgegenüber führt *Ebenroth*, Rn. 255 aus: „Die gegenseitige Verknüpfung einer Erbeneinsetzung mit der Erbringung von Leistungen würde gegen den Grundsatz der Testierfähigkeit verstoßen (§ 2302)." Allerdings ist dieser Tatbestand mangels Verpflichtung des Erblassers von § 2302 gerade nicht erfaßt.

[287] Vgl. schon oben.

§§ 323 ff. wäre andererseits weiter, daß tatsächlich eine Regelungslücke vorliegt, d.h. eine Bestimmung zu vermissen ist, die nach Sinn und Zweck der gesamten Regelung existieren sollte.[288]

Scheitert die erbvertragliche Verfügung von Todes wegen und realisiert sich so das Zuwendungsrisiko des Bedachten, so kann dieser seine eigene Forderung nach § 812 Abs. 1 S. 2 2. Alt. kondizieren[289] oder sich auf den Wegfall der Geschäftsgrundlage seiner Forderungszuwendung an den Erblasser berufen. Scheitert die Verpflichtung des Bedachten oder hat die Erfüllung wegen Verzugs für den Erblasser keinen Wert mehr, so kann der Erblasser seine erbvertragliche Verfügung von Todes wegen gemäß §§ 2075 Abs. 2, 2281 anfechten bzw. diese gleichfalls nach § 812 Abs. 1 S. 2 2. Alt. zurückfordern oder sich auf den Wegfall der Geschäftsgrundlage berufen.

Den Interessen der Parteien ist durch diese Möglichkeiten hinreichend Rechnung getragen. Eine Regelungslücke besteht höchstens insoweit als die genannten unmittelbar anwendbaren Rechtsinstitute keine synallagmatischen Strukturen aufweisen, d.h. die Rechtsfolge nicht typisierend an das Scheitern der Gegenzuwendung geknüpft ist.[290] Andererseits bedeutet das nicht, daß diese Fälle von den vorgenannten anderweitigen Regelungen nicht erfaßt sind. Nur sind sie dort nicht ausdrücklich oder gar ausschließlich geregelt, weil der Auslösetatbestand in den betreffenden Regelungen abstrakter formuliert ist und so die Rückabwicklung von Zuwendungen für einen ungleich weiteren Bereich von Fällen der Realisierung des Zuwendungsrisikos sicherstellt. Die Realisierung des Zuwendungsrisikos durch Scheitern der Gegenzuwendung geht deshalb für den entgeltlichen Erbvertrag in den von §§ 2075 Abs. 2, 2281, § 812 Abs. 1 S. 2 2. Alt. und dem Wegfall der Geschäftsgrundlage erfaßten Tatbeständen auf.

Eine Regelungslücke, welche die analoge Anwendung der §§ 323 ff. oder auch des § 2295 erfordert, liegt nach allem nicht vor. Die gegebenen Möglichkeiten sind ausreichend.

6. Synallagma und Ringtausch

a) Problem

Die bisherigen Erörterungen zum Synallagma beschränkten sich auf zweiseitige (bilaterale) Austauschverhältnisse. Es sind andererseits auch mehrseitige

---

[288] *Larenz/Wolf*, § 4 V. 1. a) (S. 114).

[289] Vgl. zur Leistungskondiktion als Instrument zur Befriedigung des aus der Realisierung des Zuwendungsrisikos resultierenden Restitutionsinteresses ausführlich unten, 2. Teil C.

[290] Vgl. schon oben, 2. Teil B. III. 2. a) cc).

(multilaterale) Austauschverhältnisse denkbar.[291] Im Grundfall eines solchen aus drei Personen[292] bestehenden mehrseitigen Austauschverhältnisses verpflichtet sich A, an B eine Leistung zu erbringen, um von C eine Leistung zu erhalten. Um die Leistung von A zu erhalten, verpflichtet sich B, eine Leistung an C zu erbringen, der dafür wiederum eine Leistung an A verspricht: *do ut des ut det.*[293] Man nennt diese Konstruktion Ringtausch[294], mehrseitiger Austauschvertrag[295] oder mehrseitig-gegenseitiger Vertrag.[296] Mehrseitige Austauschverhältnisse werfen interessante Strukturprobleme auf,[297] die vor allem an der Frage der Anwendbarkeit der §§ 320 ff. festzumachen sind. In der Praxis werden sie aber selten vereinbart.[298]

---

[291] Überwiegend wird auch für mehrseitige Austauschverhältnisse der Begriff Synallagma verwendet, vgl. nur *Pfister*, JZ 1971, passim; vgl. auch *Staudinger-Otto*, Vorbem. zu §§ 320 - 322 Rn. 6.

[292] Derartige Konstruktionen sind selbstverständlich nicht auf Dreipersonenverhältnisse beschränkt. Auch ist denkbar, daß sich eine oder mehrere Parteien nicht nur zur Leistung an eine, sondern an mehrere Parteien verpflichten. Andererseits hat sich die rechtliche Behandlung immer an einem einheitlichen Grundmodell zu orientieren, vgl. *Pfister*, JZ 1971, S. 284. Dieses Grundmodell soll im folgenden an dem „einfachen" Dreipersonenverhältnis entwickelt werden.

[293] *Soergel-Wiedemann*, Vor § 320 Rn. 29; *Larenz*, AS § 15 II (S. 210, Fn. 22: „Do ut (tertio) des ut (tertius mihi) det"); *Gernhuber*, Schuldverhältnis, § 13 V 1. (S. 326); *ders.*, FS Larenz, S. 471; *Pfister*, JZ 1971, ebd. Nicht in diesen Zusammenhang gehören Gesellschaftsverhältnisse, da die Partner sich dort nicht um der Verpflichtung eines anderen willen verpflichten, sondern ihre Leistungen zu einem gemeinsamen Zweck vereinen, vgl. *Staudinger-Otto*, Vorbem. zu §§ 320 - 322, Rn. 6.; *Soergel-Wiedemann*, ebd.; *Larenz*, ebd. (S. 209); *Pfister*, JZ 1971, ebd.

[294] BGH JZ 1968, S. 22 f.; MüKo-*Emmerich*, Vor § 320 Rn. 18; *Gernhuber*, ebd. („Ringgeschäfte"); *Pfister*, JZ 1971, S. 284 ff.

[295] *Pfister*, ebd..

[296] *Larenz*, AS, § 15 II (S. 210).

[297] *Larenz*, ebd. (S. 209).

[298] *Larenz*, ebd.; *Gernhuber*, Schuldverhältnis, § 13 V. 2. (S. 326): Die Parteien bedienten sich vielfach selbständiger Verträge, die entweder gar nicht oder durch Bedingung oder Rücktrittsvorbehalt miteinander verknüpft seien, ebd.; *Pfister*, JZ 1971, S. 284. Früher, in der Zeit der Wohnraumbewirtschaftung, ist der Mietwohnraumringtausch verbreitet gewesen, dessen Pflichtenprogramm nach *Gernhuber*, ebd., als Austauschverhältnis ausgestaltbar sei. Wirtschaftlich einheitliche Austauschverhältnisse mit mehreren Vertragspartnern werden in der Praxis im übrigen regelmäßig nicht als auch juristisch einheitlich anerkannt. *Gernhuber*, FS Larenz, S. 455, spricht von der Beschränkung des Schuldverhältnisses auf Schuldner und Gläubiger als einem nach wie vor „kaum erschütterbaren Dogma der Rechtstheorie", vgl. auch kritisch *Pfister*, JZ 1971, S. 285 f. Die Problematik ist vor allem im Zusammenhang mit den sogenannten finanzierten Abzahlungskäufen (B-Geschäften), in welchen der Käufer ein Darlehen von einer Bank erhält, das diese zur Tilgung der Kaufpreisforderung des K direkt an den Verkäufer auszahlt, relevant geworden, vgl. *Gernhuber*, FS Larenz, S. 455 ff.; *Pfister*, JZ 1971, ebd.

Den Fall der Vereinbarung eines Ringtausches hatte BGH JZ 1968, S. 22 f. zu entscheiden, wo es um die Voraussetzungen für die Ausübung eines Vorkaufsrechts ging: C hatte wegen Geldschulden ihr Hausgrundstück verkaufen, aber andernorts ein Wohnrecht behalten wollen. In einem notariellen Vertrag zwischen dem Beklagten, A, und seiner Ehefrau sowie B und C verkaufte deshalb im Jahre 1961 C ihr Eigentum an dem Hausgrundstück an den Beklagten und seine Ehefrau. Der Beklagte verkaufte sein nach württembergischen Landesrecht bestehendes Stockwerkseigentum an B. In der Vertragsurkunde wurde die folgende Klausel aufgenommen: „Wenn einer der beiden Verträge (I und II) aus irgend einem Grund unwirksam ist, soll auch der andere seine Wirksamkeit verlieren." Nachfolgend wurde das Stockwerkseigentum an B aufgelassen, der unmittelbar anschließend die Eintragung eines lebenslänglichen Wohnrechts der C bewilligte. Das Eigentum des B und das Wohnrecht der C wurden dann eingetragen. Der Kläger, D, erklärte daraufhin, daß er das ihm nach württembergischem Landesrecht zustehende Vorkaufsrecht ausübe. Er hat unter Berufung auf sein Vorkaufsrecht beantragt, den Beklagten zu verurteilen, das Stockwerkseigentum an sich lastenfrei Zug um Zug gegen Bezahlung des Kaufpreises aufzulassen. Der BGH hat die Klage abgewiesen, weil der betreffende Vertrag „wegen seiner Besonderheit, nämlich seiner Verflechtung mit dem ganzen Vertragszweck und dessen Zielsetzung, einen Ringtausch zu ermöglichen, jedenfalls nicht einem Kaufvertrag im Sinne des § 504 gleichgesetzt werden" könne.[299]

b) Lösungsansätze

Die Stellungnahmen in der Literatur zu mehrseitigen Austauschverhältnissen sind entsprechend der geringen praktischen Bedeutung eher dürftig.[300] Man ist sich - soweit das Thema überhaupt zur Sprache gebracht wird - einig, daß der Gesetzgeber die §§ 320 ff. nur auf Zweipersonenverhältnisse zugeschnitten, eine Regelung mehrseitiger Austauschverhältnisse aber unbeabsichtigt unterlassen hat.[301] Nichtsdestotrotz soll dieses Versäumnis nicht auf die Unzulässigkeit derartiger Schuldverhältnisse hindeuten.[302] Die §§ 320 ff. seien in modifizierter Form anwendbar.[303]

Problematisiert wird vor allem die nicht in den Zusammenhang der Reaktion auf die Realisierung des Zuwendungsrisikos gehörende[304] und deshalb hier nicht interessierende

---

[299] Vgl. zur Umgehung von Vorkaufsrechten durch kaufähnliche Verträge *Schermaier*, S. 256 ff. m.w.N.

[300] Vgl. *Larenz*, ebd. (S. 211): „Es muß daher hier bei dem Hinweis bleiben, daß der mehrseitig-gegenseitige Vertrag eine Reihe von noch offenen Problemen aufwirft."; *Pfister*, JZ 1971, S. 284: „Die Folgerungen aus dieser Konstuktion können hier nur angedeutet werden."

[301] *Soergel-Wiedemann*, Vor § 320 Rn. 29; MüKo-*Emmerich*, Vor § 320 Rn. 18; *Pfister*, JZ 1971, S. 284; *Staudinger-Otto*, Vorbem. zu §§ 320 - 322 Rn. 6.

[302] MüKo-*Emmerich*, ebd.; *Soergel-Wiedemann*, ebd.; *Larenz*, AS, § 15 II (S. 210); *Gernhuber*, Schuldverhältnis, § 13 V 1. (S. 326); *Pfister*, ebd.

[303] MüKo-*Emmerich*, Vor § 320 Rn. 18; *Staudinger-Otto*, Vorbem. zu §§ 320 - 322 Rn. 6; *Soergel-Wiedemann*, Vor § 320, Rn. 29.

[304] Vgl. oben, 2. Teil B. III. 4.

Anwendbarkeit der §§ 320 bis 322. Larenz[305] macht deutlich, daß grundsätzlich auch in einem mehrseitigen Austauschverhältnis keine Partei bereit sein wird, die eigene Leistung zu erbringen, wenn sie nicht die gebührende Gegenleistung erhält. Habe sich keine der Parteien zur Vorleistung verpflichtet, müsse jede gemäß § 320 analog die Leistung verweigern können, bis sie die Gegenleistung erhalte.[306] Probleme bereitet im Prozeß dann aber § 322. Die dort vorgesehene Verurteilung zur Leistung Zug um Zug scheint deshalb nicht möglich, weil nicht der Kläger seine Leistung an den Beklagten zu erbringen hat. Larenz[307] schlägt vor, daß der Beklagte zur Leistung an den Kläger unter der Bedingung verurteilt wird, daß dieser die Leistung des Dritten erhält. Der Kläger könne diese Bedingung dadurch herbeiführen, daß er gegen den Dritten auf dessen Leistung an den Beklagten - gegen Erbringung seiner eigenen Leistung an ihn, den Dritten - klage. Gernhuber[308] sieht in der Verurteilung nach § 322 analog - entgegen Larenz - keine Schwierigkeiten. Ein Urteil, das den Beklagten Zug um Zug gegen eine von dem dritten Vertragspartner zu erbringende Leistung verurteile, sei analog §§ 726, 756, 765 ZPO vollstreckbar. An die Stelle des dort genannten Gläubigers trete die dritte Partei. Deren Mitwirkung herbeizuführen, sei gegebenenfalls Sache des Gläubigers.[309] Ohne das näher auszuführen, sieht Pfister andererseits in Streitgenossenschaft und Nebenintervention „gewisse Ausweichmöglichkeiten".[310]

Werde im Ausgangsbeispiel dem A seine Leistung schuldlos unmöglich, werde er von seiner eigenen Leistungspflicht gemäß § 275 frei. Infolgedessen sollen nicht nur die Leistungspflichten des B, sondern alle Leistungs- und Gegenleistungspflichten im Rahmen des gesamten Schuldverhältnisses erlöschen.[311]

Der Frage, wie die verschuldete Unmöglichkeit zu behandeln ist, wird nur von wenigen behandelt: Nach Gernhuber[312] soll die von dem aus der Leistungsunmöglichkeit resultierenden Forderungsverlust unmittelbar benachteiligte Partei gemäß §§ 325 Abs. 1 S. 1, 326 Abs. 1 S. 2 analog vom Vertrag zurücktreten können. Werde dieses Rücktrittsrecht ausgeübt[313], so sei zwar der gesamte Leistungsaustausch gestört. Der Gläubiger des Zurücktretenden (im obigen Bei-

---

305 *Larenz*, AS, § 15 II (S. 210).

306 Ebd., *Pfister*, JZ 1971, S. 285.

307 *Larenz*, ebd.

308 *Gernhuber*, Schuldverhältnis, § 13 V 3. a) (S. 327).

309 Ebd.

310 *Pfister*, JZ 1971, S. 284, Fn. 6.

311 MüKo-*Emmerich*, ebd.; *Larenz*, AS § 15 II (S. 211); *Gernhuber*, Schuldverhältnis § 13 V. 3. a) (S. 327); vgl. auch *Pfister*, JZ 1971, S. 285: Bei Anfechtung einer der zum Vertragsschluß führenden Erklärungen falle auch das übrige Gebäude in sich zusammen. Der Anfechtende sehe sich dann aber dem Schadensersatzanspruch der anderen Parteien gemäß § 122 ausgesetzt.

312 *Gernhuber*, ebd.

313 Die Folge ist, daß der Zurücktretende von seinen vertraglichen Pflichten frei wird, *Pfister*, JZ 1971, S. 285.

spiel: C) könne jedoch von dessen Schuldner (im obigen Beispiel: A) Schadensersatz wegen Nichterfüllung verlangen.[314]

Auch wenn eine Partei Schadensersatz nach § 325 Abs. 1 S. 1 bzw. § 326 Abs. 1 S. 2 verlange, trete eine Störung des gesamten Leistungsaustausches ein. In diesem Fall könne man jedoch die Störung auf ein Geschäftsglied nach den Grundsätzen der eingeschränkten Differenztheorie beschränken, wenn die zum Schadensersatz berechtigte Partei ihre Leistung schon erbracht habe oder noch erbringen wolle. Die dritte Partei erhalte dann nämlich das, was sie nach dem Inhalt der Vereinbarung bekommen wollte und müsse demgemäß ihre eigene Leistung an die zum Schadensersatz verpflichtete Partei erbringen. Diese habe an Stelle ihrer ursprünglichen Leistungspflicht Schadensersatz zu leisten.[315] Erhalte dagegen die dritte Partei die ihr geschuldete Leistung nicht, so stehe auch ihr das Recht zu, Schadensersatz zu fordern oder vom Vertrag zurückzutreten.[316]

c) Stellungnahme

aa) Einleitung

Die dargestellten Ansichten zeichnen sich zum einen dadurch aus, daß sie ihre Lösung ausschließlich aus der (analogen) Anwendung der §§ 320 ff. herleiten wollen. Eine Einbettung in ein umfassendes dogmatisches System wird - wohl wegen der (vermeintlich) ausschließlichen Regelung der §§ 320 ff. für wechselseitige Verpflichtungen - gar nicht erst erwogen. Es nimmt nicht Wunder, daß die präsentierten Ergebnisse in gewisser Weise beliebig erscheinen. Hier soll demgegenüber auf der Grundlage der obigen Ergebnisse zur Reaktion auf die Realisierung des Zuwendungsrisikos im Restitutionsinteresse eines Zuwendenden eine Lösung hergeleitet werden.

Auszugehen ist von der Erkenntnis, daß genetisches und konditionelles Synallagma der Reaktion auf die Realisierung des Zuwendungsrisikos im Restitutionsinteresse des betroffenen Zuwendenden dienen und eine „synallagmatische Besonderheit“ (nur) in der typisierten Auslösung des Restitutionsmechanismus bei Scheitern einer Gegenzuwendung liegt.[317]

---

[314] *Gernhuber*, Schuldverhältnis, § 13 V b) (S. 327); *Pfister*, JZ 1971, ebd. Unproblematisch sei insoweit, daß Rücktrittsrecht und Anspruch auf Schadensersatz nur alternativ gewährt seien, da §§ 325, 326 auf zweiseitige Schuldverhältnisse zugeschnitten seien. Der Schuldner des Zurücktretenden werde ohnehin nur von der Entscheidung für den Schadensersatz wegen Nichterfüllung betroffen, *Gernhuber*, ebd. Nach MüKo-*Emmerich*, Vor § 320 Rn. 18, sollen bei Rücktritt einer Partei gemäß §§ 325, 326 analog die übrigen Parteien die Wahl haben, ob sie den Vertrag trotzdem weiter durchführen oder ebenfalls von dem Vertrag Abstand nehmen wollen.

[315] *Gernhuber*, ebd.; MüKo-*Emmerich*, ebd.

[316] *Gernhuber*, ebd.

[317] Vgl. oben, 2. Teil B. III. 2. a) und B. III. 3.

bb) Zuwendungsverhältnisse bei der Vereinbarung eines Ringtauschs

Um die Vereinbarung eines Ringtauschs unter dem Gesichtspunkt einer regelungstechnischen Reaktion auf die Realisierung eines Zuwendungsrisikos zu erklären, hat man sich zunächst die betroffenen (Forderungs-)Zuwendungsverhältnisse zu vergegenwärtigen. In dem obigen Ausgangsfall der Vereinbarung eines Ringtauschs zwischen drei Personen wendet A dem B eine Forderung zu, um eine Forderung von C zu erhalten. B wendet C eine Forderung zu, um eine solche von A zu erhalten. In der Verpflichtung des C schließlich liegt eine Forderungszuwendung an A, die mit der Forderungszuwendung des B entgolten werden soll. Deutlich wird in dieser Konstellation der Unterschied zwischen dem in der zugewendeten Forderung enthaltenen Verpflichtungselement und ihrer Eigenschaft, Zuwendungsobjekt zu sein. Wird ein Ringtausch vereinbart, verpflichtet sich nämlich eine Partei jeweils gegenüber allen anderen Vertragsparteien. Im obigen Ausgangsfall können deshalb B und C die Leistung des A verlangen, denn A hat sich beiden gegenüber zur Leistung an B verpflichtet.[318] Andererseits wendet immer nur eine Partei einer anderen einen Forderungswert zu, mit Erfüllung erlangt nur der Forderungszuwendungsempfänger den Erfüllungswert.[319] Im Ausgangsfall wendet A mit Abschluß des Vertrages deshalb nur dem B einen Forderungswert zu, denn nur dieser kann den zugewendeten Forderungswert (des A) bei den eigenen Aktiva verbuchen. B wendet demgemäß nur an C und C nur an A zu.

cc) Ringtausch und Realisierung des Zuwendungsrisikos

Die Besonderheit der mehrseitigen Austauschverhältnisse liegt also darin, daß für jede der Zuwendungsparteien der Ausgleich des mit der eigenen Forderungszuwendung verbundenen Nachteils durch eine Zuwendung nicht der Partei erfolgen soll, die der Empfänger der jeweils eigenen Zuwendung ist. Vielmehr soll der Ausgleich durch eine andere (dritte) Partei erfolgen. Demgemäß realisiert sich das Zuwendungsrisiko bei Scheitern der zum Ausgleich des eigenen Nachteils angestrebten Zuwendung auch nicht im Verhältnis zu der Partei, die Empfänger der eigenen Zuwendung ist, sondern im Verhältnis zu der dritten Partei. Wenn A, B und C im obigen Grundfall einen Ringtausch vereinbaren und dem A seine Leistung mit der Folge unmöglich[320] wird, daß er frei wird,

---

[318] In der Literatur wird demgegenüber oft nur von „dem Gläubiger“ einer im mehrseitigen Austauschverhältnis zu erbringenden Leistung gesprochen, vgl. MüKo-*Emmerich*, Vor § 320 Rn. 18. Gläubiger im Sinne von Forderungsberechtigten sind aber im mehrseitigen Austauschverhältnis alle Vertragspartner.

[319] Anders ist es, wenn sich eine Partei oder mehrere Parteien zur Leistung an mehrere Parteien verpflichten.

[320] Die Frage des Verschuldens kann hier dahinstehen, da dieses im Zusammenhang mit der Realisierung des Zuwendungsrisikos keine Rolle spielt.

dann hat sich für den B sein Zuwendungsrisiko verwirklicht. Er bekommt nämlich für seine eigene Forderungszuwendung an den C nicht den angestrebten Ausgleich in Form der Forderungszuwendung des A. Sein Zuwendungsrisiko realisiert sich also nur im Verhältnis zu A, nicht hingegen im Verhältnis zu dem Empfänger seiner eigenen Forderungszuwendung, C.

Wenn nun ein Restitutionsmechanismus im (Restitutions-)Interesse desjenigen, in dessen Person sich das Zuwendungsrisiko realisiert hat, aktiviert werden soll, dann stellt sich die Frage, im Verhältnis zu welcher der Parteien das zu geschehen hat. Soll - im obigen Grundfall, wenn sich durch das Freiwerden des A das Zuwendungsrisiko des B verwirklicht - ein solcher Restitutionsmechanismus im (Zuwendungs-)Verhältnis B - C oder im (Ausgleichs-)Verhältnis A - B ansetzen? Stellt man auf das Zuwendungsverhältnis (B - C) ab, dann wäre mit C eine Partei davon betroffen, die mit der Realisierung des Zuwendungsrisikos gar nichts zu tun hat. Weder liegt die Ursache für die Realisierung des Zuwendungsrisikos in der Person des C begründet, noch ist der C zunächst davon betroffen. Den ihm durch seine Zuwendung an A entstandenen Nachteil bekommt er nämlich durch die Zuwendung des B ausgeglichen. Wenn der A deshalb infolge seiner Leistungsunmöglichkeit frei wird und sich deshalb für den B sein Zuwendungsrisiko verwirklicht, dann wäre es nicht interessengerecht, dem unbeteiligten C irgendwelche Folgen aufzubürden. Vielmehr sollte der mit den Folgen belastet werden, aus dessen Sphäre die Ursache für die Realisierung des Zuwendungsrisikos stammt. Das ist im obigen Beispiel A, der nach der ursprünglichen Vereinbarung ohnehin den dem B durch die (Forderungs-)Zuwendung an C entstehenden Nachteil ausgleichen sollte. Der Restitutionsmechanismus hat bei Realisierung des Zuwendungsrisikos durch Scheitern der Gegen–(forderungs-)zuwendung folglich im Verhältnis zwischen den Parteien zu erfolgen, zwischen denen die Zuwendung mit der Folge scheitert, daß sich das Zuwendungsrisiko einer dieser Parteien realisiert.

Folge der soeben angestellten Überlegungen ist andererseits, daß der angestrebte Ausgleich des durch die Realisierung des Zuwendungsrisikos entstandenen Nachteils nicht über einen kausalen Mechanismus erfolgen kann. Eigenart eines kausalen Mechanismus ist es nämlich, daß er immer nur auf der Zuwendungsebene wirkt, dort also das Zuwendungsergebnis selbst unmittelbar rückgängig macht.[321] Der Einsatz eines kausalen Mechanismus ist damit aber auf das betroffene Zuwendungsverhältnis beschränkt. Wie schon herausgestellt, ist der Einsatz eines Restitutionsmechanismus auf der Zuwendungsebene (im Ausgangsbeispiel: B - C) hier aber gerade nicht angebracht. Ein Interessenausgleich kann deshalb im mehrseitigen Austauschverhältnis bei Scheitern einer der Zu-

---

[321] Vgl. oben, 1. Teil C. II. 2. c) bb).

wendungen nur über einen abstrakten Mechanismus[322] erfolgen. Derjenigen Vertragspartei eines mehrseitigen Austauschverhältnisses, für die sich das Zuwendungsrisiko verwirklicht hat, ist ein obligatorischer Anspruch gegen diejenige zu gewähren, aus deren Sphäre mangels fortbestehender Verpflichtung die Ursache für die Realisierung des Zuwendungsrisikos entstammt und die - nach der ursprünglichen Planung - ohnehin für den Ausgleich des Verlustes einstehen sollte. Da die Wiederherstellung des alten Zustandes (Rückführung des von B an C zugewendeten Forderungswertes durch A) nicht möglich ist, geht der Anspruch auf Begründung einer Wertersatzforderung. Im Ausgangsfall hat also B gegen A einen Anspruch auf Begründung einer Forderung, die auf Ausgleich des Nachteils gerichtet ist, die dem B durch seine eigene Zuwendung an C entstanden ist.

Da nicht unmittelbar ein Anspruch auf Ersatz des Wertes begründet wird, erscheint diese Konstruktion auf den ersten Blick kompliziert. Es ist aber zu bedenken, daß es hier um die Restitution im Rahmen der Verpflichtung zum Ringtausch geht. Nicht der Leistungsaustausch an sich, sondern (schon) eine die Verpflichtung hierzu enthaltende Forderungszuwendung ist teilweise gescheitert. Von daher ist es dogmatisch nur konsequent einen Anspruch auf Begründung der (Wertersatz-)Forderung zuzusprechen. Die Forderungszuwendung „im Ring" bliebe auf diese Weise so weit wie möglich aufrecht erhalten.

dd) Folgerungen

Es läßt sich festhalten, daß das Restitutionsinteresse eines von der Realisierung des Zuwendungsrisikos im Rahmen eines Ringtauschs Betroffenen nicht durch Rechtsinstitute mit einem kausalen Restitutionsmechanismus befriedigt werden kann. Entgegen der allgemeinen Ansicht können deshalb in den hier diskutierten Fällen die §§ 323 ff. auch nicht analog zur Anwendung kommen, da diese gerade über einen kausalen Sicherungsmechanismus das Restitutionsinteresse eines Zuwendenden umsetzen.[323] Die §§ 323 ff. passen von ihrer rechtstechnischen Ausgestaltung nicht für die Anwendung auf mehrseitige Austauschverhältnisse. Vielmehr sollte ein mit einem abstrakten Mechanismus ausgestattetes Instrument zur Anwendung kommen.[324]

Im BGB fungiert vor allem die Leistungskondiktion als mit abstraktem Restitutionsmechanismus ausgestattetes Instrument zur Reaktion auf die Realisierung

---

[322] Zur rechtstechnischen Konstruktion eines abstrakten Restitutionsmechanismus vgl. oben, 1. Teil C. II. 2. c) cc).

[323] Vgl. oben, 2. Teil B. III. 2. a) dd).

[324] Vgl. schon vorstehend.

des Zuwendungsrisikos.[325] Das wird an späterer Stelle ausführlich zu zeigen sein.[326] An dieser Stelle muß der Hinweis genügen, daß im Rahmen einer sach- und interessengerechten Lösung dem von der Realisierung des Zuwendungsrisikos Betroffenen ein Anspruch gemäß § 812 Abs. 1 S. 1 1. Alt. gegen denjenigen zu gewähren ist, dessen Forderungszuwendung (wegen Unmöglichkeit) scheitert.

7. Faktisches Synallagma

Bekanntermaßen wird die vom Reichsgericht für die bereicherungsrechtliche Rückabwicklung von tatsächlich durchgeführten, aber unwirksamen Austauschverträgen entwickelte Saldotheorie heute von der wohl herrschenden Meinung mit der Lehre vom faktischen bzw. fortwirkenden Synallagma begründet. Man geht davon aus, daß die synallagmatische Verknüpfung von Leistung und Gegenleistung auch im Bereicherungsrecht zu berücksichtigen sei. Das Risiko für Untergang oder Verschlechterung des Kondiktionsgegenstandes müsse deshalb genauso verteilt werden, wie wenn der Vertrag wirksam gewesen wäre.[327]

Die Saldotheorie betrifft ein speziell bereicherungsrechtliches Problem, nämlich die sich für den Bereicherungsgläubiger aus der pauschalen Bevorzugung der Interessen des Bereicherungsschuldners durch § 818 Abs. 3 ergebende Härte. Die ausführliche Diskussion der Saldotheorie soll deshalb an späterer Stelle, im Zusammenhang mit der Erörterung der Leistungskondiktion erfolgen.[328] Hier mag der Hinweis genügen, daß (auch) für die Saldotheorie das Synallagma regelmäßig vorausgesetzt, auf die eigentliche Bedeutung dieser Rechtsfigur aber nicht eingegangen wird.

8. Zusammenfassung

Die Besonderheiten des Synallagma werden normalerweise aus der Gegenseitigkeit der Verpflichtungen begründet. Man sagt, die Leistungspflichten seien miteinander „verknüpft" oder gar in einen einzelnen Anspruch aufgelöst.[329] Die Funktion des Synallagma ist mit Verweis auf die Wechselseitigkeit der Ver-

---

[325] Die Leistungskondiktion weist freilich keine synallagmatischen Strukturen zur Reaktion auf die Realisierung des Zuwendungsrisikos auf, da sie nicht typisierend an das Scheitern einer Gegenzuwendung anknüpft.

[326] Vgl. ausführlich unten, 2. Teil C. Die h.M. geht demgegenüber davon aus, daß durch Verpflichtungsgeschäft zugewendete Forderungen nicht kondiziert werden können, vgl. zusammenfassend *Bork*, S. 13 ff.

[327] Vgl. ausführlich unten, 2. Teil C. IV. 1. d) ee).

[328] Vgl. ebd.

[329] Vgl. oben, 2. Teil B. II.

pflichtungen aber gerade nicht zu erklären.[330] Insbesondere bleibt unklar, welche besondere juristische Bedeutung die Gegenseitigkeit haben soll und welche Regelungsziele mit synallagmatischen Regelungsstrukturen verfolgt werden.[331] Die Schwierigkeiten bei der Erklärung des Ringtauschs mit den überkommenen Ansätzen dokumentieren das nachdrücklich.[332]

Die gleiche Schwäche wohnt dem häufig anzutreffenden Hinweis inne, die Besonderheit synallagmatischer Austauschbeziehungen sei es, daß jede Partei leiste, um von der anderen Partei eine Gegenleistung zu erhalten (*do ut des*). Für die juristische Bedeutung des Synallagma gibt nämlich auch diese Aussage nichts her.

Richtigerweise ist zwischen genetischem und konditionellem Synallagma einerseits und funktionellem Synallagma andererseits zu unterscheiden. Genetisches und konditionelles Synallagma, d.h. die sie verkörpernden rechtstechnischen Strukturen, dienen der Reaktion auf die Realisierung des Zuwendungsrisikos im Restitutionsinteresse des betroffenen Zuwendenden. Die „synallagmatische Besonderheit" liegt allein darin, daß das Gesetz typisierend davon ausgeht, daß sich für den Zuwendenden immer dann sein Zuwendungsrisiko realisiert, wenn die angestrebte Gegenzuwendung anfänglich (genetisches Synallagma) oder nachträglich (konditionelles Synallagma) scheitert (Auslösetatbestand) und deshalb ein Restitutionsmechanismus ausgelöst wird.[333] Genetisches und konditionelles Synallagma stehen damit in einer Reihe mit anderen Rechtsinstituten, welchen dieselbe Aufgabe zukommt[334], und sind auch nicht auf die (wechselseitige) Zuwendung von Forderungen beschränkt. Die Synallagma-Regel des § 2295[335] zeigt das deutlich.

Unter funktionellem Synallagma ist nach allgemeiner Ansicht die wechselseitige Abhängigkeit von Verpflichtungen in ihrer Durchsetzung zu verstehen. Im BGB soll dieser Gedanke in den §§ 320 bis 322 verkörpert sein.[336] Das funktionelle Synallagma ist nicht mit dem Regelungsziel einer Reaktion auf die Realisierung des Zuwendungsrisikos zu begründen und weist demgemäß auch keine dementsprechenden rechtstechnischen Strukturen auf. Das funktionelle Synallagma betrifft vielmehr den Verpflichtungsgehalt von wechselseitig zugewendeten Forderungen und gewährt eine Möglichkeit, sich gegen die eigene Inanspruchnahme zu wehren, sofern der Gläubiger nicht seinerseits leistet oder

[330] Vgl. oben, 2. Teil B. III. 1.

[331] Ebd.

[332] Vgl. oben, 2. Teil B. III. 6.

[333] Vgl. oben, 2. Teil B. III. 2. a) und B III. 3.

[334] Vgl. unten, 2. Teil C.

[335] Vgl. oben, 2. Teil B. III. 5.

[336] Vgl. oben, 2. Teil B. II. und B. III. 4.

geleistet hat. Mit der Rückabwicklung einer Forderungszuwendung wegen Realisierung des Zuwendungsrisikos hat das nichts zu tun.[337]

Indem allgemein das genetische und das konditionelle Synallagma einerseits mit dem funktionelles Synallagma andererseits auf eine Stufe gestellt werden, werden die genannten Unterschiede in Funktion und Regelungsziel verwischt. Eine sach- und interessengerechte dogmatische Herleitung synallagmatischer Strukturen ist damit verhindert.

[337] Vgl. oben, 2. Teil C. 4.

C. Die Leistungskondiktion

I. Einleitung

Im deutschen Zivilrecht wurde die Leistungskondiktion früher als notwendige Ergänzung zum Abstraktionsprinzip verstanden.[1] Auch heute kommt dieses Verständnis oft, insbesondere in den Stellungnahmen zum Bereicherungsrecht zum Ausdruck.[2] Andererseits werden daraus kaum Schlüsse für die Erklärung der Dogmatik des Bereicherungsrechts gezogen. Insbesondere werden die mög-

---

[1] Vgl. *Mugdan* 2, Motive, S. 463: „Insoweit die Vermögensverschiebung auf einer rechtsgeschäftlichen Thätigkeit desjenigen beruht, dessen Vermögen zu Gunsten des anderen Theiles (des Bereicherten) vermindert wurde, wird der Grundsatz des Entw. von der Abstraktheit des sog. dinglichen Vertrages, wonach die Gültigkeit und Wirksamkeit des die Veräußerung enthaltenden dinglichen Vertrages unabhängig ist vom Vorhandensein oder der Gültigkeit der zugrunde liegenden causa, für die Anwendbarkeit der Kondiktionen von der höchsten Bedeutung. Ist der dingliche Vertrag selbst rechtsgültig vollzogen, der betr. Vermögensgegenstand auf den Bereicherten übergegangen, so kann im Falle eines Mangels in der unterliegenden causa nur kondiziert werden."; *Krawielicki*, S. 6 ff., insbes. S. 8: „Abstrakte Vermögensverschiebung und § 812 entsprechen sich also; ohne abstrakte Vermögensverschiebung gäbe es kein Bereicherungsrecht. Man kann die abstrakte Vermögensverschiebung auch kondiktionsfähige nennen."; *Dernburg*, Das bürgerliche Recht, Zweiter Band, zweite Abteilung, § 374 IV: „... Dies kann das Recht veranlassen, ... die Wunden zu heilen, welche es selbst schlägt."; *Neubecker*, S. 38.

[2] Vgl. *Flume*, Rechtsgeschäft, § 12 I 2. (S. 152): „Die Vorschriften über die ungerechtfertigte Bereicherung sind das notwendige Korrelat zu der Institution des abstrakten Zuwendungsgeschäfts."; *Reuter/Martinek*, § 4 I 2. (S. 76 ff.); MüKo-*Lieb*, § 812 Rn. 1, 20; *Lindemann*, S. 7; *Pawlowski*, JZ 1968, S. 402; *Larenz*, JherJb. 81, S. 1; *ders.*, AT § 18 II 3. d) (S. 328); *H. Honsell*, Die Rückabwicklung vertragswidriger oder verbotener Geschäfte, § 18 I (S. 68); *Schnitzler*, S. 272; *Rengier*, S. 421: „Der Anspruch aus § 812 schließt also die Lücke, die sich auf Grund des Abstraktionsprinzips ergibt."; *Stadler*, S. 8, 211, 726; *Schäfer*, S. 74 f.; *Peters*, Jura 1986, S. 450, 456; vgl. auch *Joerges*, S. 9: „... das Bereicherungsrecht ist betroffen, wenn das Verhältnis von Schuldrecht und Sachenrecht und die für diese Materien grundlegenden Kategorien sich ändern."; *ders.*, in AK-*Joerges*, vor § 812 ff., Rn. 1.; *Köndgen*, S. 65: „These, die Leistungskondiktion sei ein Annex des Vertragsrechts"; vgl. aber auch *ders.*, ebd., S. 58; *Canaris*, FS Larenz, S. 799 ff., insbes. S. 804, 814 ff., 856: „... die Lehre von der Leistungskondiktion weitgehend durch die Wertung des Abstraktionsprinzips geprägt ist ..."; *Häsemeyer*, Die Abhängigkeit erbrechtlicher Verträge von Verkehrsgeschäften, S. 76 ff.; *Schnauder*, Grundlagen, S. 47 f.; *Freudenberg*, S. 83; kritisch demgegenüber *J. Wolf*, S. 18 ff.; *Köndgen*, S. 54 ff. (54); vgl. *Kupisch*, Gesetzespositivismus, S. 62; *Kübler*, S. 113, 116 f., 119 ff.; *Stathopoulos*, S. 215; *Jauernig*, JuS 1994, S. 722; *Bälz*, S. 5; *Büdenbender*, S. 41; rechtsvergleichend *von Mehren*, S. 1015.

licherweise bestehenden funktionellen Gemeinsamkeiten zwischen Bereicherungsrecht und den Strukturen kausaler Zuwendungsgeschäfte nicht ernsthaft diskutiert. Dieser Ansatz scheint aber durchaus fruchtbar: Abstraktheit und Kausalheit sind keine Wesenseigenschaften von Zuwendungsgeschäften. Vielmehr ist abstrakte oder kausale Ausgestaltung eine Folge künstlicher Vorgaben der Rechtsordnung.[3] Bei den sogenannten kausalen Zuwendungsgeschäften sorgt ein kausaler Mechanismus dafür, daß bei Realisierung des Zuwendungsrisikos das Restitutionsinteresse des betroffenen Zuwendenden befriedigt wird. Abstrakte Zuwendungsgeschäfte weisen einen solchen kausalen Mechanismus nicht auf. Dem Restitutionsinteresse des Zuwendenden an der Rückabwicklung seiner Zuwendung muß deshalb auf andere Art und Weise Rechnung getragen sein. Wenn die Leistungskondiktion eine Ergänzung der sogenannten abstrakten Zuwendungsgeschäfte ist, dann liegt es nahe, daß die Leistungskondiktion die Funktion wahrnimmt, die bei den kausalen Zuwendungsgeschäften der kausale Mechanismus[4] ausübt. Die Leistungskondiktion könnte deshalb ein Instrument zur Reaktion auf die Realisierung des Zuwendungsrisikos sein. Ob diese Vermutung zutrifft, soll im folgenden untersucht werden.

Zuwendungen sind im bereicherungsrechtlichen Zusammenhang für die Leistungsfälle von Bedeutung. Nach dem herrschenden Verständnis, wonach Leistung eine ziel- und zweckgerichtete Mehrung fremden Vermögens ist[5], ist eine Leistung immer auch eine Zuwendung.[6] Die Leistungskondiktion betrifft damit unmittelbar Zuwendungen und wird deshalb unter den hier interessierenden Gesichtspunkten näher zu erörtern sein. In den Fällen der Nichtleistungskondiktion beruht der Bereicherungsvorgang demgegenüber nicht auf einer Zuwendung. Ein aus der Realisierung des Zuwendungsrisikos resultierendes Regelungsbedürfnis kann deshalb bei der Nichtleistungskondiktion keine Bedeutung haben.

Zielsetzung dieser Arbeit ist es, das aus der Realisierung seines Zuwendungsrisikos resultierende Restitutionsinteresse eines Zuwendenden als von der Rechtsordnung zu berücksichtigendes Regelungsmotiv aufzuarbeiten und die sich aus der Berücksichtigung dieses Interesses ergebenden Folgen zu skizzieren. Das Bereicherungsrecht, genauer gesagt die für Zuwendungen allein bedeutsame Leistungskondiktion, kann und soll deshalb hier (nur) unter diesem Gesichtspunkt untersucht werden.[7]

---

[3] Vgl. oben, 1. Teil B. II. 4. c) und B. II. 4. d)

[4] Vgl. oben, 1. Teil C. II. 2. c) bb).

[5] Vgl. oben, 1. Teil B. II. 4. f) und unten, 2. Teil C. IV. 2. b).

[6] Vgl. oben, ebd.; demgegenüber *Larenz*, JherJb. 81, S. 8; *J. Wolf*, S. 30.

[7] Da es hier nur darum geht, die grundsätzlichen Strukturen aufzudecken, sollen die folgenden Erörterungen vor allem den Grundfall des § 812 Abs. 1 S. 1 1. Alt. behandeln. Denn „die Eigenart eines Rechtsgebietes wird nicht durch seine Problemfälle bestimmt, sondern die davon bewältigten Alltagsaufgaben, die als erledigt in der Literatur kaum noch beachtet werden“, *Esser/Weyers*, S. 421. Der Meinungsstand muß allerdings

II. Theorien des Bereicherungsrechts

Über die dogmatischen Grundlagen des Bereicherungsrechts ist lange und viel gestritten worden.[8] In neuerer Zeit ist die Kontroverse, die vor allem in dem Streit zwischen Einheits- und Trennungslehren ihren Ausdruck gefunden hat, wieder aufgeflammt.[9] Die wesentliche Entwicklung der bereicherungsrechtlichen Dogmatik bis heute läßt sich wie folgt zusammenfassen:

Friedrich Carl v. Savigny hatte den Gedanken vertreten, daß

„... die Fälle, worin die Condictionen gelten sollen, aus einem einfachen gemeinschaftlichen Princip abzuleiten sind, welches nur stillschweigend vorausgesetzt, nicht ausgesprochen wird.“[10]

Damit hatte v. Savigny die kasuistischen Kondiktionsfälle des römischen Rechts[11], die die Pandektistik bewahrt hatte[12], auf einen einheitlichen Nenner gebracht.[13] Für v. Savigny war das

„... Zurückführen des aus unserem Vermögen Ausgegangenen ... eben der wahre Grund aller regelmäßigen Condictionen ...[14]

Grund und Bedingung der Condictionen ist die mit der Entstehung einer Obligation verknüpfte Bereicherung des gegenwärtigen Schuldners aus dem Vermögen des Gläubigers, welche wieder rückgängig gemacht werden soll.“[15]

Es sei nötig,

---

im wesentlichen vorausgesetzt werden. Die „Lawine bereicherungsrechtlichen Schrifttums“ der letzten Jahrzehnte, *Reuter/Martinek*, § 2 III. (S. 32), läßt sich hier schon aus Kapazitätsgründen lediglich schwerpunktmäßig berücksichtigen, zumal „einer begrenzten Zahl streitiger Fallkonstellationen ... eine solche Zahl divergierender Theorienansätze und Einzelmeinungen gegenüber(steht), daß sie sich in einer Gesamtdarstellung nicht mehr referieren läßt“, *Esser/Weyers*, S. 419; *Kamionka*, S. 846.

[8] *König*, Gutachten, S. 1519; vgl. *Esser/Weyers*, S. 415; *Hartlieb*, S. 721 („ärgerliche und mysteriöse Materie“); *Schlechtriem*, S. 343 („das unübersichtlich, ja chaotisch gewordene Problemgebiet“); *Jakobs*, NJW 1992, S. 2524; *Lieb*, NJW 1982, S. 2034: „Das Bereicherungsrecht gehört zu den undurchsichtigsten Partien des BGB.“; aber auch *ders.*, Jura 1990, S. 359: „... daß es voreilig ist, alle Probleme dem Bereicherungsrecht in die Schuhe zu schieben.“

[9] Vgl. dazu im folgenden.

[10] *v. Savigny*, Fünfter Band, S. 507, vgl. auch S. 511.

[11] Zum römisch-rechtlichen Kondiktionensystem und seiner Rezeption vgl. ausführlich *Schwarz*, passim; *Reuter/Martinek*, § 1 I (S. 4 ff.); *v. Mayr*, S. 1 ff.; *Leser*, Rücktritt, S. 107 ff.; *Hallebeek*, passim; *Kupisch*, Ungerechtfertigte Bereicherung, S. 238; auch unten 2. Teil C. III. 2.

[12] *König*, Tatbestände und Ordnungsprobleme, S. 16; *Kupisch*, Ungerechtfertigte Bereicherung, S. 240 ff.

[13] Vgl. *J. Wilhelm*, Rechtsverletzung, S. 26; *J. Wolf*, S. 3.

[14] *v. Savigny*, Fünfter Band, S. 567; vgl. auch *ders.*, ebd., S. 564, 566.

[15] *v. Savigny*, ebd., S. 564.

„... daß Dasjenige, welches dem Andern zur Bereicherung diente, vorher schon wirklich einmal zum Vermögen Dessen gehört habe, welcher eine Condiction gründen will."[16]

Nach diesen Sätzen, scheint das Regelungsziel des Kondiktionenrechts für v. Savigny also die Rückführung des durch die Vermögensverschiebung dem Vermögen des Bereicherungsgläubigers unberechtigterweise verlorengegangenen Gegenstandes gewesen zu sein.[17] Diese sogenannte Vermögensverschiebungslehre war und ist - einerlei ob sie wirklich dem v. Savigny'schen Konzept entspricht[18] - vor allem deshalb angreifbar, weil sie bestimmte, bereicherungsrechtlich bedeutsame Fälle nicht erklären kann. So versagt sie z.B. in den Fällen unbefugten Gebrauchs und unbefugter Nutzung, da der Bereicherungsgläubiger hier keinen konkreten Wert verloren hat. Eine gegenständliche Vermögensverschiebung vom Bereicherungsgläubiger auf den Bereicherungsschuldner fehlt.[19]

Die deutsche Gesetzgebungsgeschichte[20] zum Bereicherungsrecht verlief unglücklich. System und Wortlaut der §§ 812 ff. enthalten viele Ungereimtheiten, die für viele sich heute im deutschen Bereicherungsrecht ergebenden Schwierigkeiten verantwortlich sind.[21] Die Kommission für die 2. Lesung des BGB hatte der Vermögensverschiebungslehre eine Absage erteilt, indem sie das in dem 1. Entwurf in § 748 Abs. 1 enthaltene Merkmal „aus dem Vermögen" durch das Merkmal „auf Kosten" ersetzte.[22] Damit sollte verdeutlicht werden,

---

[16] *v. Savigny*, ebd., S. 526 f., vgl. auch S. 515: „Überall also erscheint die condictio als der Ersatz, der anstatt der verlorenen Vindication eintritt."; vgl. auch zu philosophischen Hintergründen der Position v. Savignys *Reuter/Martinek*, § 1 I 3. (S. 11 ff.); *J. Wolf*, S. 3 ff., 16 ff.

[17] Weiter interpretiert *J. Wilhelm*, Rechtsverletzung, S. 19 ff., insbes. S. 25 f., (32), die Lehre *v. Savignys*, wenn er dessen condictio nicht als Erfüllung einer Rückgewährpflicht, sondern als Rechtsverletzungsanspruch versteht, auf Beseitigung rechtswidrigen Habens gerichtet versteht, „der das Recht wiederherstellen soll, dessen Gegenstand ohne Rechtsgrund einem anderen zur Bereicherung diente".

[18] Vgl. ausführlich *J. Wilhelm*, ebd.

[19] *J. Wilhelm*, Rechtsverletzung, S. 26 f.; *J. Wolf*, S. 5, 21, der allerdings, S. 5, zu Unrecht meint, v. Savignys Vermögensverschiebungslehre erfasse die Fälle nicht, in denen der erlangte Vorteil erst durch eine eigene Handlung des Begünstigten hervorgebracht wird, vgl. *v. Savigny*, S. 523: „Auch Dasjenige kann condiciert werden, was aus meinem Vermögen anders als durch meinen Willen in fremdes Eigenthum übergeht, sei es daß der Andere durch seine Handlung, oder durch zufällige Umstände, auf meine Kosten bereichert werde."; *Jakobs*, Eingriffserwerb und Vermögensverschiebung, S. 49; vgl. *Kellmann*, Grundsätze der Gewinnhaftung, S. 76 ff.; *Kupisch*, Gesetzespositivismus, S. 57.

[20] Zu den Gesetzgebungen des achtzehnten und neunzehnten Jahrhunderts *v. Mayr*, S. 11 ff., zu den Kodifikationsentwürfen in Sachsen, Bayern und Hessen, ebd., S. 24 ff.

[21] *König*, Gutachten, S. 1519 f.; *ders.*, Tatbestände und Ordnungsprobleme, S. 16; *Probst*, S. 236, 248 („geringe Regelungsdichte des Bereicherungsrechts").

[22] Vgl. *Kellmann*, Grundsätze der Gewinnhaftung, S. 78 f.

daß das Objekt der Bereicherung nicht notwendig Bestandteil des Vermögens des Bereicherungsgläubigers sein muß, sondern

> „sein Vermögen nur zu berühren brauche.“[23]

Die Verfasser des BGB sahen das Kondiktionenrecht als auf einem einheitlichen Gedanken[24] begründet,

> „... wonach die Kondiktionen persönliche Ansprüche auf Rückgängigmachung desjenigen an sich nach den maßgebenden Vorschriften eingetretenen Rechts- und Vermögenserwerbs sind, welcher eines Rechtsgrundes entbehrt.“[25]

Obwohl dieses Zitat außerdem zu belegen scheint, daß das Bereicherungsrecht als Instrument zum Ausgleich des Vermögensverlustes auf seiten des Bereicherungsgläubigers gedacht war, orientiert sich die verabschiedete Fassung der §§ 812 ff. an der Herausgabepflicht des Bereicherungsschuldners.[26] Das scheint allerdings eher ein Zufallsprodukt als das Ergebnis der Ausrichtung auf eine bestimmte dogmatische Konzeption zu sein: der erste Entwurf eines BGB hatte nämlich in den §§ 737 ff., 745 E I noch ausgehend von der Person des Bereicherungsgläubigers formuliert[27] und dessen Recht auf die Herausgabe der Bereicherung in den Mittelpunkt der bereicherungsrechtlichen Regelung gestellt.[28] Die 2. Kommission übernahm dann in den Beratungen aber die Formulierung eines Gegenentwurfs[29], welcher entsprechend der heutigen Fassung der §§ 812 ff. auf die Herausgabepflicht des Bereicherungsschuldners[30] abstellte.[31]

---

[23] *Mugdan* 2, Protokolle, S. 1170 f. (1171); vgl. *J. Wolf*, S. 5; *Reuter/Martinek*, § 1 II 3. (S. 21); *Stathopoulos*, S. 231 f.; *Mestmäcker*, S. 521; *J. Wilhelm*, Rechtsverletzung, S. 49 ff., spricht im Zusammenhang mit der Ersetzung von „aus dem Vermögen“ durch „auf Kosten“ von dem beliebtesten Zitat aus den Gesetzesmaterialien.

[24] Vgl. auch *Hüffer*, S. 263; *Wesel*, S. 2594 f.

[25] *Mugdan* 2, Motive, S. 463; vgl. *v. Mayr*, S. 26 ff.; *Kupisch*, FS v. Lübtow, S. 501; nach Inkrafttreten des BGB hatten verschiedene andere Autoren, wie Jung, Stammler, Dernburg und später Heck und Krawielicki versucht, das Bereicherungsrecht einheitlich zu begründen, vgl. *Mühl*, Wandlungen im Bereicherungsrecht, S. 550.

[26] Vgl. *J. Wilhelm*, Sachenrecht, Rn. 11: „Der Anspruch setzt nicht an einer Lücke im Gläubiger-, sondern an einem Zuwachs im Schuldnervermögen an, der rechtlich ins Gläubigervermögen gehört ...“

[27] Vgl. *Mugdan* 2, S. CXXXII ff., Motive, S. 463; *Jakobs/Schubert*, S. 731 ff.; *Lenel*, AcP 74, S. 237, dazu *H.P. Westermann*, causa, S. 46 f., der den auf die Person des Bereicherungsgläubigers abstellenden Gesetzesvorschlag Lenels als eine der wichtigsten Quellen der §§ 812 ff. ansieht. Für den Umfang der Bereicherung stellten die §§ 739 ff. des ersten Entwurfs allerdings nicht auf den Verlust des Bereicherungsgläubigers, sondern die Bereicherung ab, vgl. *Mugdan* 2, S. CXXXII; *Jakobs/Schubert*, S. 775 ff.

[28] In § 748 hatte der 1. Entwurf „nach den Ansprüchen aus grundloser Leistung fast verlegen eine Vorschrift über „Sonstiges grundloses Haben“ eingefügt“, *Wilburg*, Lehre, S. 18.

[29] Die Fassung des Gegenentwurfs orientierte sich an Art. 70 a.F. (Art. 62 n.F.) des schweizerischen Obligationenrechts, vgl. *Reuter/Martinek*, § 1 II 3. (S. 20); *v. Caem-*

Die 2. Kommission hatte auch den Vorschlag, den „Leistungszweck" als Rechtsgrund des Bereicherungsrechts positiv-rechtlich festzuschreiben, verworfen. Es zeige sich,

> „daß jeder Versuch, die Fälle erschöpfend aufzuzählen, in welchen die Leistung des Rechtsgrundes entbehre, vom Gesetzgeber nicht unternommen werden könne, da es nicht möglich sei, das, was beabsichtigt werde, zum klaren Verständnis zu bringen, man werde immer einen lehrbuchartigen Satz aufstellen können, der in das BGB nicht passe. Die unüberwindliche Schwierigkeit liege darin, daß es sich um die Zerlegung eines in Wirklichkeit einheitlichen Geschäfts in zwei Theile handele, das Leistungsgeschäft und die Zweckbestimmung, von denen die letztere die Wirksamkeit des ersteren an sich nicht bedinge, aber doch den Einfluß übe, daß die durch das Leistungsgeschäft herbeigeführte Vermögensverschiebung wieder beseitigt werden könne, wenn die Leistung des Rechtsgrundes entbehre, wenn es an einer wirksamen Zweckbestimmung fehle oder der Zweck nicht erreicht werde. Dieses komplizierte Verhältnis könne in der Sprache des Gesetzes nicht zum Ausdruck gebracht werden."[32]

Nach 1900 erhielt die bereicherungsrechtliche Diskussion durch die Lehre von Fritz Schulz von dem „System der Rechte auf den Eingriffserwerb"[33] neue Impulse, auch wenn sich diese Lehre letztlich nicht durchsetzen konnte. Nach Fritz Schulz war der einheitliche Gedanke, daß

---

merer, FS Rabel, S. 342. *Stathopoulos*, S. 231; *v. Mayr*, S. 28; *Scheyhing*, S. 372; *Jakobs/Schubert*, S. 841 ff..

[30] Vgl. *Flume*, FS Niedermeyer, S. 103 ff. (153): „Nach geltendem Bereicherungsrecht ist der Kondiktionsgrund allgemein auf das Vermögen des Empfängers abgestellt."

[31] *Mugdan* 2, Protokolle, S. 1169. Man begründete die Übernahme des Gegenentwurfs damit, daß der erste Entwurf nicht das allgemeine (in § 745 des ersten Entwurfs enthaltene) Prinzip an die Spitze gestellt, sondern zunächst einzelne Kondiktionsfälle geregelt hatte. Kritik gegen diese Gesetzessysstematik war vor allem von *Lenel*, AcP 74, S. 213 ff. (237), und *v. Gierke*, Entwurf des BGB, S. 272 ff. vorgebracht worden, vgl. *ders.*, ebd., S. 272: „Wenn jedoch der Entwurf zwar nicht aus jeder zum Schaden eines anderen, wohl aber aus jeder ohne rechtlichen Grund erfolgten Bereicherung einen Anspruch auf Rückerstattung gewährt, warum spricht er dann nicht an der Spitze des Titels diesen Grundsatz aus, um demnächst in einheitlicher Weise die für den Bereicherungsanspruch geltenden einzelnen Rechtssätze unter Hervorhebung der bei den besonderen Anwendungsfällen eintretenden Ausnahmen und Abweichungen zu entwickeln?"; vgl. *v. Mayr*, S. 27 ff.; *Reuter/Martinek*, § 1 II. 3. (S. 20 ff.); AK-*Joerges*, vor §§ 812 ff., Rn. 3; *Esser/Weyers*, S. 422; *König*, Gutachten, S. 1515 ff. (1520), der nun wieder in seinem Vorschlag für die Neuformulierung des Bereicherungsrechts in drei Spezialkondiktionen (Leistungskondiktion als Ergänzung des Vertragsrechts, Eingriffskondiktion als Ergänzung des Deliktsrechts und Aufwendungs- und Verwendungskondiktion als Ergänzung der Geschäftsführung ohne Auftrag) unterscheiden und eine bereicherungsrechtliche Spezialklausel - wie im ersten Entwurf des BGB - als Auffangklausel anfügen will; vgl. zu dem Entwurf Königs *Reuter/Martinek*, § 3 IV 1. (S. 62).

[32] *Mugdan* 2, Protokolle, S. 1174, *Stathopoulos*, S. 236.

[33] *Schulz*, S. 1 ff.; vgl. neuestens tendenziell ähnlich *Bälz*, passim, insbes. S. 5 ff., wenn er die Leistungskondiktion aus „mit der Zustandhaftung geschützten subjektiven Rechten" herleiten will.

„niemand aus einem widerrechtlichen Eingriff in ein fremdes Recht einen Gewinn“[34]

ziehen dürfe, Grundlage des Bereicherungsrechts. Schulz begründete das gesamte Bereicherungsrecht damit aus der Widerrechtlichkeit der die Bereicherung verursachenden Handlung[35] und stellte folglich die Person des Bereicherungsschuldners in den Mittelpunkt seiner Lehre. Die so vollzogene Annäherung an das Schadensrecht kommt gerade in der von Fritz Schulz[36] herausgestellten Abgrenzung zum Ausdruck:

> „Unser Prinzip enthält eine Umkehrung der Schadensersatzidee: nicht im Vermögen des Verletzten, wie beim Schadensersatzrecht, sondern im Vermögen des Verletzers soll der Zustand hergestellt werden, wie er ohne den widerrechtlichen Eingriff bestehen würde.“[37]

Schulz hatte damit die Vermögensverschiebung aus dem Fadenkreuz der bereicherungsrechtlichen Diskussion genommen.[38] Die Einheitlichkeit der Begründung bereicherungsrechtlicher Ansprüche stand für ihn andererseits nicht nur außer Frage, sondern war Konsequenz seiner These, daß alle zivilrechtlichen Ansprüche einheitlich begründbar seien. Das Neue an der Schulz'schen Lehre lag für das Bereicherungsrecht an einer Änderung des Begründungsinhalts.[39]

Die heute herrschende[40] Trennungslehre („moderne Bereicherungslehre“)[41], die im wesentlichen von Walter Wilburg[42] und Ernst v. Caemmerer[43] begründet worden ist[44], unterscheidet zwischen Leistungskondiktion und Nichtleistungs-

---

[34] *Schulz*, S. 443.

[35] Vgl. *Köndgen*, S. 60 („rein verhaltensorientierter Widerrechtlichkeitsbegriff“).

[36] *Schulz*, S. 445.

[37] Vgl. dazu auch *Reuter/Martinek*, § 2 I 2. (S. 25); *J. Wilhelm*, Rechtsverletzung, S. 77 ff., 99.

[38] *Reuter/Martinek*, ebd., (S. 24 ff.), folgern daraus, daß Fritz Schulz die Grundlagen für die Entdeckung der Eingriffskondiktion bereitet habe; vgl. auch *Mestmäcker*, S. 523.

[39] Vgl. AK-*Joerges*, vor §§ 812 ff., Rn. 22 ff. Die Rechtswidrigkeitstheorie ist verschiedentlich, insbes. von *Jakobs*, Eingriffserwerb und Vermögensverschiebung, aufgegriffen und fortgeführt worden, vgl. *Hüffer*, 263 m.w.N. Zur Kritik an dem Begründungsansatz von Fritz Schulz vgl. mit Recht *J. Wilhelm*, Rechtsverletzung, S. 78 ff. (78): Die widerrechtliche Handlung erhalte als solche bei Fritz Schulz ein Eigengewicht in der Begründung des Bereicherungsanspruchs, welches ihm in unserem Bereicherungsrecht nicht zukomme; *Leonhard*, S. 467, 476.

[40] Vgl. nur *Reuter/Martinek*, § 2 III. (S. 32); *Kötter*, S. 193 ff.; *Wesel*, S. 2594; *Schlechtriem*, S. 330 ff. (330); *Weitnauer*, Zweck und Rechtsgrund der Leistung, insbes. S. 28; *Leser*, Von der Saldotheorie, S. 1 und passim; *Stadler*, S. 211 f.; *Wallmann*, S. 18 f.; *Jauernig u.a.-Schlechtriem*, Vor § 812 Rn. 1 f.; *Büdenbender*, S. 139.

[41] Vgl. *J. Wolf*, S. 1.

[42] *Wilburg*, Lehre, S. 25 ff.

[43] *v. Caemmerer*, FS Rabel; vgl. auch *ders.*, JZ 1962, S. 385 ff.

[44] Vgl. zur Entwicklungsgeschichte *J. Wolf*, S. 3 ff. (25 ff.); *Reuter/Martinek*, § 2 (S. 22 ff.); AK-*Joerges*, vor §§ 812 ff., Rn. 2 ff.; *Hüffer*, S. 263; *Esser/Weyers*, S. 422.

kondiktion (Hauptfall: Eingriffskondiktion)[45], wobei beiden Tatbeständen eine völlig eigenständige Bedeutung zuerkannt wird. Das Merkmal „auf Kosten" ist nach der Trennungslehre allein für die Nichtleistungskondiktion beachtlich.[46] Im Dreiecksverhältnis gilt das Dogma von der Subsidiarität der Nichtleistungskondiktion.[47]

Walter Wilburg hatte erstmals die Fälle der Bereicherung in sonstiger Weise von denen der Bereicherung durch Leistung abgegrenzt und als selbständige dogmatische Institute bestimmt.[48] Wilburg begründete die Eigenständigkeit des Anspruchs wegen Bereicherung in sonstiger Weise nicht mit der

> „... außerhalb des Rechtes liegende(n) Idee einer Vorteilsentziehung als strafender Reaktion gegen unrechtes Handeln, ..."[49]

vielmehr sei

> „... der sachliche Zweck des verkürzten Rechtes, bestimmte Güter und deren Nutzen dem Berechtigten zuzuweisen ... das Geheimnis der Ungerechtfertigtheit fremden Erwerbs ...".[50]

Der Anspruch wegen Bereicherung in sonstiger Weise war damit als Rechtsfortwirkungsanspruch identifiziert, der den Zuweisungsgehalt des „verkürzten Rechts" verwirklicht.[51] Für die Leistungskondiktion definierte Wilburg den Bereicherungsgläubiger und den Bereicherungsschuldner in Abkehr zu dem vormals gebräuchlichen Bestimmungsmerkmal einer unmittelbaren Vermögensverschiebung[52] über den finalen Leistungsbegriff.[53]

---

[45] Vgl. *Hüffer*, S. 263.

[46] *Wilburg*, Lehre, S. 113; *Kötter*, S. 201; vgl. *J. Wilhelm*, Rechtsverletzung, S. 106; *Kötter*, S. 200 ff., 206; *Köndgen*, S. 55; *Esser/Weyers*, S. 430; *Schreiber*, S. 540.

[47] *Reuter/Martinek*, § 2 III. (S. 33); BGHZ 40, S. 272 ff. (278); 56, 228 ff. (239 f.); *Schreiber*, S. 542; *Wallmann*, a.a.O. passim; kritisch *J. Wilhelm*, JuS 1973, S. 1 ff. (2); *Medicus*, Bürgerliches Recht, Rn. 727; *Esser/Weyers*, S. 480 f.; *Kupisch*, JZ 1997, S. 220.

[48] Vgl. *Wilburg*, Lehre, S. 17: „Wie man früher die Rückforderung des grundlos Geleisteten in den Rahmen der Verträge stellen wollte, so zwängte die Lehre nunmehr alle anderen Fälle ungerechter Bereicherung in die Vorstellungswelt der Leistungskondiktion.", S. 49: „Ohne auf die terminologische Frage besonderes Gewicht zu legen, möchte ich, um die fundamentale Verschiedenheit der Grundlagen zum Ausdruck zu bringen, dem Leistungsrückgabeanspruch die Klage wegen Bereicherung in sonstiger Weise als Rechtsfortwirkungsanspruch gegenüberstellen."; *Kötter*, S. 193 ff.; AK-*Joerges*, vor §§ 812 ff. Rn. 15 ff.; kritisch *J. Wilhelm*, Rechtsverletzung, S. 22 ff.

[49] *Wilburg*, Lehre, S. 27.

[50] Ebd.

[51] Vgl. *J. Wilhelm*, Rechtsverletzung, S. 21.

[52] Vgl. BGHZ 36, 30 ff. (31 f.); 46, 260 ff. (262 f.); *v. Caemmerer*, JZ 1962, S. 385 ff. (385); *Kötter*, S. 193 ff. (201 ff.); *Köndgen*, S. 62; *Canaris*, FS Larenz 1973, S. 799 ff. (823); *Kupisch*, Gesetzespositivismus, S. 35, 67; *Stathopoulos*, S. 212 ff., 225 ff.; *Zeiss*, JZ 1963, S. 7; *Wesel*, S. 2595; für die Eingriffskondiktion *Hüffer*, S. 264;

Aufbauend auf die Wilburg'schen Arbeiten betrachtete v. Caemmerer die Leistungskondiktion als auf derselben Ebene stehend

„wie sonstige schuldrechtliche Abwicklungsansprüche bei Darlehen, Leihe, Miete, Verwahrung, beim Rücktritt und bei der Wandelung."[54]

Den mit der Leistungskondiktion verwirklichten „Rückabwicklungsanspruch" sieht v. Caemmerer „als Ergänzung und Störungskorrektiv zum Recht der Güterbewegungen" gehörend an.[55] Die Nichtleistungskondiktion ist nach v. Caemmerer demgegenüber aus dem Zuweisungsgehalt des Eigentums begründet.[56] Diese Ansicht hat sich im wesentlichen durchgesetzt. Die Rechtsprechung ist seit Anfang der sechziger Jahre[57] auf die Linie der herrschenden Trennungslehre eingeschwenkt.[58]

---

für die Durchgriffskondiktion betont *Beuthien*, JZ 1968, S. 323 ff. (325) das Kriterium der Unmittelbarkeit der Vermögensverschiebung wieder.

[53] *Wilburg*, Lehre, S. 113: „Der Anspruch steht dem Leistenden nur gegen den zu, dem er die Leistung erbracht hat, gegen den Leistungsempfänger. Wer Leistungsempfänger ist, ergibt sich aus dem Inhalt und dem Zweck der Leistung."; vgl. AK-*Joerges*, vor §§ 812 ff. Rn. 16; *Kupisch*, Gesetzespositivismus, S. 35; vgl. zum finalen Leistungsbegriff auch schon oben, 1. Teil B. II. 4. f) und unten 2. Teil C. IV. 2. b).

[54] *v. Caemmerer*, FS Rabel, S. 342: „Wären die Rückgabeansprüche nicht eigens geordnet, so würde es sich einfach um Fälle der condictio causa finita handeln. Ob die eigentliche Leistungskondiktion oder die erwähnten schärferen Ansprüche gewährt werden, ist für den Gesetzgeber nicht eine Frage der Grundverschiedenheit, sondern allein eine Frage des Haftungsumfangs (vgl. §§ 323 II, 327 III, 543 II, 628 I S. 1)."; vgl. *ders.* JZ 1962, S. 385 ff. (386); *ders.*, FS *Boehmer*, S. 150; AK-*Joerges*, vor §§ 812 ff., Rn. 16 ff.; *Rengier*, S. 421; *Lieb*, NJW 1971, S. 1291; *Wesel*, S. 2594.

[55] *v. Caemmerer*, FS Rabel, S. 342, 375; vgl. *Rengier*, S. 421. Der Leistungskondiktion in Form des Grundfalls der *condictio indebiti* (§ 812 Abs. 1 S. 1 1. Alt.) sind weiter die *condictio ob causam finitam* (§ 812 Abs. 1 S. 2 1. Alt.), die *condictio ob rem* (§ 812 Abs. 1 S. 2 2. Alt.), die Kondiktion wegen einer einredebehafteten Forderung (§ 813 Abs. 1 S. 1) und die *condictio ob turpem vel iniustam causam* (§ 817 S. 1) zuzurechnen, vgl. nur *Kamionka*, S. 846.

[56] *v. Caemmerer*, FS Rabel, S. 253: „Wenn jemand also eine fremde Sache gebraucht oder nutzt, dann hat er etwas erlangt, was dem Zuweisungsgehalt des Eigentums nach dem Eigentümer gebührt." Im Gegensatz zu Wilburg umfaßt die Lehre v. Caemmerers allerdings den Zuweisungsgehalt nur des Gebrauchens, Nutzens und Verbrauchens der Sache, *v. Caemmerer*, FS Rabel, S. 356 ff., 376 ff.; vgl. dazu *Hüffer*, S. 263. Demgegenüber hatte Wilburg den Zuweisungsgehalt aus der Sache selbst abgeleitet, vgl. *J. Wolf*, S. 33 Fn. 29; *Jakobs*, Eingriffserwerb und Vermögensverschiebung, S. 33. Die Nichtleistungskondiktion betrifft die Ansprüche aus §§ 812 Abs. 1 S. 1 2. Alt.; 816 Abs. 1 S. 2 und 822, vgl. *Kamionka*, ebd.

[57] BGHZ 40, S. 272 ff. = NJW 1964, S. 399 ff. (Elektroherdefall); vgl. *Wesel*, S. 2595; *Kamionka*, S. 848.

[58] Vgl. die Nachweise bei *Reuter/Martinek*, § 2 IV (S. 34 f.); *Weitnauer*, NJW 1979, S. 2008 ff.; *Mühl*, Wandlungen im Bereicherungsrecht, passim; *J. Wilhelm*, JuS 1973, S. 1 ff. (S. 2 Fn. 22).

Die herrschende Trennungslehre ist jedoch in Einzelpunkten stark umstritten.[59] In neuerer Zeit haben bedeutende Stimmen auch gegen ihre Grundlagen Front gemacht[60] und versucht, mit einer (neuen) Einheitsformel die Dogmatik des Bereicherungsrechts zu erfassen.[61] Diese Vertreter der neuen Einheitslehre stimmen in vielen Einzelfragen nicht überein.[62] Einig ist man sich allerdings darin, daß die Ursache des Bereicherungsanspruchs nicht in der Modalität des Bereicherungsvorgangs („Leistung oder Bereicherung in sonstiger Weise") liegen könne.[63] Vielmehr seien die Bereicherungsansprüche einheitlich zu begründen.[64] Der einheitliche Grund liege in dem „unrechtmäßigen Haben aus fremdem Vermögen".[65] Im Verhältnis zur herrschenden Trennungslehre folgt aus diesem Ansatz eine Ausweitung des Anwendungsbereichs der Eingriffsbereicherung, da schon der Verstoß gegen bloße Verbotsnormen zur Anspruchsbegründung führen kann.[66] Zudem ist der Anspruchsinhalt automatisch auf den Gewinn des Eingreifers erweitert.[67] Die Angriffe dieser neuen Einheitslehre blieben aber bis jetzt ohne durchgreifenden Erfolg.[68]

---

[59] Vgl. die Darstellung bei *J. Wolf*, S. 50 ff. (zu J. Wolf *Reuter/Martinek*, § 2 IV, S. 35 Fn. 99: „mit z.T. befremdlichen Konsequenzen"; *Kupisch*, JZ 1997, S. 218: „An sich zutreffende Überlegungen ... doch bleibt Wolf mit seinem eigenen, schwer zu durchschauenden Konzept in dem stecken, was wir vorstehend Rechtspositivismus nennen ...); vgl. auch *Wesel*, S. 2594; *Schlechtriem*, S. 331: „... daß auch die Trennungstheorie längst nicht mehr ohne weiteres einsichtige, geschweige denn glatte und unanfechtbare Lösungen erlauben, sondern im Gegenteil in sich so chaotisch zerstritten sind, daß selbstverständliche Annahmen der einen von anderen als Zumutung für den unverbildeten juristischen Verstand angegriffen oder als „trotz redlicher Bemühungen nicht zu verstehen" bewertet werden."

[60] Vgl. vor allem *J. Wilhelm*, Rechtsverletzung, insbes. S. 77 ff., 173 ff.; *ders.*, JuS 1973, S. 1 ff.; *ders.*, JZ 1994, S. 585 ff.; *Kellmann*, Grundsätze der Gewinnhaftung, insbes. S. 97 ff.; *ders.*, NJW 1971, S. 862 ff. (863); *Costedde*, passim; *E. Wolf*, SR, S. 443 ff., ihm folgend *J. Wolf*, passim, sowie *Batsch*, Vermögensverschiebung, passim; MüKo-*Lieb*, § 812 Rn. 1 ff. (1); *Kupisch*, FS v. Lübtow, S. 501 ff.; *Stathopoulos*, passim; Nachweise bei *Reuter/Martinek*, § 2 V. (S. 36); *J. Wolf*, S. 102 ff.

[61] *Joerges*, Bereicherungsrecht als Wirtschaftsrecht, S. 33, bezeichnet die Lehre J. Wilhelms als eine „neue Orthodoxie".

[62] Vgl. *J. Wolf*, S. 102 ff.

[63] MüKo-*Lieb*, § 812 Rn. 6.

[64] MüKo-*Lieb*, § 812 Rn. 1 ff. (7).

[65] *J. Wilhelm*, Rechtsverletzung, S. 77 ff., 173 ff.; *ders.*, Sachenrecht, Rn. 11; vgl. MüKo-*Lieb*, § 812 Rn. 1 ff. (1): „... vor allem am unrechtmäßigen Haben anknüpfende, besondere, korrigierende Ausgleichsordnung."; *Stathopoulos*, S. 238: „Die eigentliche Funktion des Bereicherungsrechts, auch bei Leistungsverhältnissen, ist aber die Bereicherungsherausgabe."; gegen die neuen Einheitslehren vgl. für viele *Köndgen*, S. 59 ff.; *Reuter/Martinek*, § 3 I. 1. (S. 39 ff.); AK-*Joerges*, vor §§ 812 ff., Rn. 24 ff.; *Joerges*, Bereicherungsrecht als Wirtschaftsrecht, S. 34 ff. (insbes. S. 38 ff.) m.w.N.

[66] *Reuter/Martinek*, § 2 V. (S. 38).

[67] Vgl. AK-*Joerges*, vor §§ 812 ff. Rn. 25; *Reuter/Martinek*, ebd.

[68] Vgl. *Wesel*, S. 2595.

Am Ende des kurzen Überblicks über die Entwicklung der Dogmatik des deutschen Bereicherungsrechts sei das Augenmerk auf die Stellungnahmen zum Verhältnis zwischen Leistungskondiktion und Bereicherungsgedanken gelenkt: der BGH[69] hatte im Jahre 1955 ausdrücklich entschieden, der Bereicherungsanspruch solle nicht eine Veränderung im Vermögen des Benachteiligten rückgängig machen, sondern eine Vermögensmehrung im Vermögen des Bereicherten, auf deren Erhaltung oder Behalten dieser dem Bereicherten gegenüber kein Recht habe.[70] Ausdrücklich verneint z.B. auch Jakobs[71], daß dem Ausgleich des Vermögensverlusts des Anspruchsinhabers eine Bedeutung für die Begründung bereicherungsrechtlicher Ansprüche zukommt. Er kritisiert Ansätze, die Leistungskondiktion als Leistungsrückgabeanspruch begreifen zu wollen:

> „Würde die Leistungskondiktion darauf beruhen, daß der Leistende etwas aus seinem Vermögen in das des Empfängers verloren hat, so wäre sie in ihrem Inhalt durch diesen Verlust beschränkt: der Leistende kann nur kondizieren, was er verloren hat und folglich nicht mehr als seinen Verlust. Eine Fortsetzung der Haftung nach Ausscheiden des vom Leistenden Verlorenen aus dem Vermögen des Empfängers, wie sie gemäß § 818 II geltendes Recht ist, läßt sich mit dem Gedanken der Rückforderung der Vermögensverschiebung nicht erklären.“[72]

Außerdem führt Jakobs an, dem geltenden Recht sei

> „... eine derart gegenständliche Beschränkung der Leistung und demzufolge der Leistungskondiktion unbekannt. Leistung i.S. des § 812 ist nichts anderes als in § 241 jedes Tun oder Unterlassen eines vermeintlichen Schuldners. Leisten heißt im geltenden Recht also auch: facere. Auch die Leistung aufgrund nichtigen Dienst- oder Werkvertrags, das Gewähren bei nichtigem Mietvertrag berechtigt zur Kondiktion.

---

[69] BGHZ 17, S. 237 ff. (239) = MDR 1955, S. 539 f.; dazu *G. und D. Reinicke, S.* 540 f.; *Nipperdey*, MDR 1955, S. 663 f.; *J. Wilhelm*, Rechtsverletzung, S. 49; vgl. auch RGZ 120, S. 297 ff. (299 f.).

[70] Bezeichnenderweise ging es in dem vom BGH entschiedenen Fall nicht um einen Leistungsfall. *Nipperdey*, S. 664, hat diese Entscheidung kritisiert: „Aus diesem Satz“ könne nur für einige Bereicherungsfälle gefolgert werden, daß der Vermögensverlust und die Vermögensmehrung weder dem Umfange noch dem Inhalt nach gleich sein müßten. Der Umfang der herauszugebenden Bereicherung sei allerdings danach zu beurteilen, inwieweit der Bereicherte dem Entreicherten gegenüber kein Recht zur Erhaltung der Vermögensmehrung habe. Nipperdey stellt „den Satz“ an sich aber - auch in dieser Allgemeinheit - nicht in Frage. *Jakobs*, Eingriffserwerb und Vermögensverschiebung, S. 160, führt demgegenüber im Grunde zutreffend aus: „Soweit der Bereicherungsanspruch Rückforderungsanspruch ist, nämlich bei der Kondiktion einer Vermögensverschiebung ..., kann er seinem Wesen nach nicht auf mehr als das Verlorene gehen ...“, vgl. zu Jakobs aber im folgenden.

[71] *Jakobs*, Eingriffserwerb und Vermögensverschiebung, S. 160; vgl. auch *Canaris*, FS Larenz, 1973, S. 812; *Kupisch*, FS v. Lübtow, S. 506, 508, 527 ff.

[72] *Jakobs*, Eingriffserwerb und Vermögensverschiebung, S. 160 ff.; *ders.*, lucrum ex negotiatione, S. 110: „... der Orientierung der Haftung nicht am Verlust des Schuldners, sondern am Vorteil des Gläubigers in unserem heutigen Recht der ungerechtfertigten Bereicherung.“; vgl. aber auch *ders.*, NJW 1992, S. 2528 („Begriff der Leistungskondiktion als einer Rückforderungsklage“).

Ein facere aber ist kein der Rückgabe fähiges Etwas und daher kein möglicher Gegenstand der Leistungskondiktion als Rückgabeanspruch."[73]

Anders als Jakobs in seinem ausdrücklichen Plädoyer sind die Stellungnahmen zum deutschen Bereicherungsrecht bei weitem nicht immer so eindeutig, wie es der in § 812 Abs. 1 S. 1 formulierte Bereicherungsgedanke eigentlich erwarten lassen würde. Vielmehr zeichnet sich eine seltsame Ambivalenz ab, und zwar unabhängig davon, ob die jeweiligen Autoren für „Einheit oder Trennung" der Bereicherungsansprüche plädieren: entsprechend dem Wortlaut der §§ 812 ff. stellt die Trennungslehre zwar regelmäßig auf die Bereicherung des Bereicherungsschuldners ab, um die dogmatischen Grundlagen des Bereicherungsrechts zu erklären.[74] Der Grund auch der Leistungskondiktion wird danach in der „Abschöpfung der Bereicherung" gesehen.[75] Andererseits begreift die Trennungslehre im Anschluß an v. Caemmerer[76] die Leistungskondiktion als Rückabwicklungsanspruch.[77] Rückabwicklung bedeutet aber Wiederherstellung

---

[73] *Jakobs*, Eingriffserwerb und Vermögensverschiebung, S. 161.

[74] Vgl. *Larenz/Canaris*, § 72 III 2. c) (S. 275), § 72 III 4. a) (S. 280), § 71 I. 2. b) (S. 256): „... es geht um Be-, nicht um Entreicherungshaftung ..."; *Kellmann*, NJW 1971, S. 864; *König*, Tatbestände und Ordnungsprobleme, S. 58, der davon ausgeht, daß die „Abschöpfung der Bereicherung" schon für die Gesetzesverfasser der Leitgedanke der §§ 812 ff. gewesen sei.

[75] Vgl. BGHZ 17, S. 236 ff. (238); MüKo-*Lieb*, § 812 Rn. 47, wo vom Erlangten als dem „primären Ansatzpunkt jeden Bereicherungsanspruchs" die Rede ist; *Koppensteiner*, NJW 1971, S. 1769, 1770; *Hagen*, S. 868; *Mühl*, Wandlungen im Bereicherungsrecht, S. 548; *Larenz/Canaris*, § 67 I 1. a) (S. 128): „Die primäre Funktion des Bereicherungsrechts besteht somit in der Abschöpfung eines ungerechtfertigten Vorteils."; *Canaris*, FS Larenz, S. 812; *Hüffer*, S. 265 ff.; *Scheyhing*, S. 371 ff. (372); *Esser/Weyers*, S. 417, 429; *Nipperdey*, S. 663; *Kamionka*, S. 845; *Giesen*, Teil 1, S. 169; *Stephan Lorenz*, S. 884; *Lass*, S. 151; *Reuter/Martinek*, § 516 I. 1. (S. 516): „... daß das Bereicherungsrecht auf das unrechtmäßige Vermögensplus beim Schuldner abstellt", vgl. demgegenüber *dies.*, S. 521, kritisch zur Abschöpfungsfunktion.

[76] *v. Caemmerer*, FS Rabel, S. 342 ff.

[77] Vgl. schon oben, 2. Teil C. II.; *Koppensteiner*, NJW 1971, S. 1770: „... Abschöpfung einer Vermögensmehrung einerseits, der Kompensation von Vermögenseinbußen andererseits ..."; *Wilburg*, Lehre, S. 49 („Leistungsrückgabeanspruch"); MüKo-*Lieb*, § 818 Rn. 96: „... notwendige Folge der Prämisse, daß das Bereicherungsrecht nicht nur die Funktion der Abschöpfung tatsächlich noch vorhandener Vermögenswerte hat."; *Palandt-Thomas*, Einf. v. § 812 Rn. 2; „... gerechten u bill Ausgleich dch Herausgabe des Erlangten bzw Wertersatz ..."; *Kupisch*, Ungerechtfertigte Bereicherung, S. 237: „... Rechtsregeln ..., die dazu dienen, Vermögensverschiebungen, Bereicherungen, rückgängig zu machen ..."; *Larenz/Canaris*, § 67 I 2. b) (S. 130): „So dient die Leistungskondiktion evidentermaßen der Rückabwicklung fehlgeschlagener Güterbewegungen."; *Hagen*, der, S. 868, gleichfalls noch den Bereicherten in den Mittelpunkt des gesamten Bereicherungsrechts stellen will, scheint die daraus resultierende, falsche Gewichtung zu verspüren, wenn er auf S. 880 ausführt: „In dem Maße, in dem man diese Wertnuancen vernachlässigt, verfehlt man zwangsläufig den an der Person des Betroffenen orientierten vollen Ausgleich der Vermögensänderung."; *König*, Gutachten, S. 1519 ff. (1522: „Rückforderungsanspruch"); *Beuthien*, JZ 1968, S. 323 ff. (323 Fn. 1: „Rückabwicklungsfunktion"); vgl. *G. und D. Reinicke*, S. 540 f.; *Wieacker*, Zum System des

des ursprünglichen Zustandes, und zwar nicht nur auf seiten des Bereicherungsschuldners, sondern mindestens in gleichem, wenn nicht weit stärkerem Maße[78] auf der Seite des Bereicherungsgläubigers. Damit spricht die Trennungslehre der Leistungskondiktion aber zwei grundsätzlich verschiedene Funktionen zu: neben der auf dem Bereicherungsgedanken basierenden Abschöpfung der Bereicherung soll die Leistungskondiktion auch die Folgen der rechtsgrundlosen Leistung ausgleichen.[79] In welchem Verhältnis beide Funktionen zueinander stehen, wird nicht erörtert.

Diese Janusköpfigkeit[80] der Dogmatik der Leistungskondiktion ist freilich nicht auf die Trennungslehre beschränkt. Auch bei den Vertretern der Einheitslehre kommt oft das Bestreben zum Ausdruck, über das Bereicherungsrecht den Verlust auf seiten des Entreicherten als Anspruchsinhaber auszugleichen.[81]

III. Stellungnahme

1. Überblick

Der klare Wortlaut der §§ 812 ff. scheint festzulegen, daß die Funktion des deutschen Bereicherungsrechts und damit auch der Leistungskondiktion in der Abschöpfung einer nicht-gerechtfertigten Bereicherung liegt.[82] Jede Argumentation in eine andere Richtung hätte zunächst die Abweichung vom Gesetzestext zu begründen. Ein Ansatz für eine solche Begründung könnte immerhin daraus

---

deutschen Vermögensrechts, S. 42; „Da in Wahrheit die ungerechtfertigte Bereicherung an dem Tatbestand einer allgemeinen Wertverschiebung zwischen zwei Individualvermögen, gleichsam an einem Vermögenssaldo anknüpft, so ist ihr richtiger systematischer Ort das allgemeine Recht des Vermögens ...“; *Giesen*, Teil 1, S. 169.

[78] Vgl. *Crezelius*, S. 688: „Bei der Leistungskondiktion kommt es weniger auf das tatsächliche Geschehen, vielmehr auf die Rückabwicklung der fehlgeschlagenen Vertragsbeziehung an.“; vgl. auch unten, 2. Teil C. III. 3. a).

[79] Anders zutreffend *Rengier*, S. 421.

[80] Vgl. auch schon *Gans*, S. 37 Fn. 5, der im römisch-rechtlichen Zusammenhang von der „zwiefache(n) Natur der condictiones ex numeratione“ spricht.

[81] *J. Wilhelm*, Rechtsverletzung, S. 193: „... in seinem Prinzip ist der geltende Bereicherungsanspruch der abstrakt vermögensorientierte Anspruch des Gläubigers auf Wiederherstellung seines Vermögens gegenüber der widerrechtlichen gegenwärtigen Mehrung fremden Schuldnervermögens.“; *ders.* JZ 1994, S. 590, m.w.N.; *ders.*, Sachenrecht, Rn. 11; *v. Lübtow*, S. 25: „... allgemeiner Rückforderungsanspruch wegen Fehlens eines konkreten Behaltensrechts.“; MüKo-*Lieb*, § 812 Rn. 1.; *Kellmann*, NJW 1971, S. 863; vgl. *Stathopoulos*, S. 214 ff.; auch *Probst*, S. 234 f.

[82] Vgl. so ausdrücklich *J. Wilhelm*, Sachenrecht, Rn. 11; *Reuter/Martinek*, § 14 I. 1. (S. 516): „... daß das Schadensersatzrecht auf das unrechtmäßige Vermögensmanko beim Gläubiger und das Bereicherungsrecht auf das unrechtmäßige Vermögensplus beim Schuldner abstellt.“; oben, 2. Teil C. II. a.E.

herzuleiten sein, daß dem historischen Gesetzgeber die heutige Dogmatik des Bereicherungsrechts nicht klar vor Augen lag.[83] Allzu großer Respekt vor seinem Werk scheint deshalb nicht angebracht.[84] Die oben dargestellten Ansätze der Trennungslehre, der Leistungskondiktion (auch) Rückabwicklungsfunktion beizumessen, geben Zweifeln daran, daß der Wortlaut der §§ 812 ff. der eigentlichen Funktion der Leistungskondiktion gerecht wird, weitere Nahrung. Der Gedanke einer Rückabwicklung basiert nämlich auf dem Restitutionsinteresse des Bereicherungsgläubigers, auf den deshalb auch die gesetzliche Konzeption zugeschnitten sein sollte.[85]

Allgemein werden der Leistungskondiktion zwei Funktionen zuerkannt, nämlich Abschöpfung der Bereicherung einerseits und Ausgleich des durch Leistung eingetretenen Verlustes auf seiten des Bereicherungsgläubigers andererseits.[86] Beide Aufgaben sind zwar nicht miteinander unvereinbar: wer die Bereicherung des Bereicherungsschuldners dem Bereicherungsgläubiger zu(rück)-führt, schöpft die Bereicherung ab und gleicht auch die Nachteile auf seiten des Bereicherungsgläubigers aus. Beide Funktionen werden durch die Leistungskondiktion quasi in einem Atemzug erfüllt. Andererseits stehen beide Funktionen für jeweils unterschiedliche Regelungsziele, die für die Bewertung der Funktion der Leistungskondiktion von entscheidender Bedeutung sind. Sieht man die Leistungskondiktion vor allem als einen Rückabwicklungsanspruch an, dann scheint die dogmatische und regelungstechnische Ausrichtung auf den Bereicherungsschuldner - wie in den §§ 812 ff. vorgesehen - verfehlt. Regelungsziel der Leistungskondiktion wäre es dann nämlich, den ursprünglichen Zustand im Vermögen des Bereicherungsgläubigers wiederherzustellen.[87] Geht es dagegen bei der Leistungskondiktion darum, das von dem Bereicherungsschuldner ungerechtfertigt Erlangte abzuschöpfen, wäre die (Leistungs-)Bereicherungsklage als ein Institut anzusehen, das mit dem ursprünglichen Zuwendungsvor-

---

[83] *Leser*, Rücktritt, S. 107 („noch relativ undifferenzierte Lösung des Gesetzes").

[84] Vgl. *Rengier*, S. 422; *Leser*, Rücktritt, S. 95: „Auch die Väter des Bürgerlichen Gesetzbuches standen in ihrer Zeit und waren auf die Denkformen ihrer Periode angewiesen." Zu Recht hat *Braun*, Universitas 1994, S. 657 ff., (implizit) gefordert, daß die Rechtswissenschaft sich (u.a.) von den Vorgaben des Gesetzgebers freimachen und sich wieder dem Anspruch an ein methodisch erarbeitetes Wissenschaftssystem stellen muß. Demgemäß ist „offene Rechtsfortbildung, die ihre eigenen Schwächen bekennt, ... jedenfalls besser als ein gepflegter Scheinpositivismus, der zu stets neuen Anstrengungen führt, deren Scheitern von vornherein nicht zweifelhaft sein kann", *Gernhuber*, FS Larenz, S. 464. Die Tatsache, daß die Verfasser des BGB bestimmte Prinzipien nicht oder nur unzureichend berücksichtigt haben, spricht deshalb nicht unwiderruflich gegen eine Bedeutung dieser Prinzipien für das deutsche Zivilrechtssystem.

[85] Vgl. ausführlich im folgenden.

[86] Vgl. oben, 2. Teil C. II. a.E.

[87] Vgl. im folgenden.

gang in keinem Zusammenhang steht.[88] Die Ausrichtung des Wortlauts der §§ 812 ff. auf den Bereicherungsschuldner ist - auch soweit die Leistungskondiktion betroffen ist - (nur) nach der zuletzt genannten Begründungsalternative zutreffend.

2. Die historische Bedingtheit des deutschen Bereicherungsrechts

Im Gegensatz zu dem Wortlaut der §§ 812 ff. stand die Person des Bereicherten und damit die Abschöpfung der Bereicherung nicht immer im Mittelpunkt bereicherungsrechtlicher Regelungen. Vielmehr war die Liquidationstechnik des historischen Kondiktionenrechts gerade auf die Kompensation von Vermögensverlusten zugeschnitten.[89] Erst seit dem Mittelalter wurde die abstrakte Orientierung des Bereicherungsanspruchs am Vermögen des Empfängers statt am Gegenstand der Leistung und damit der Bereicherungsgedanke zum Dogma erhoben.[90] Die bereicherungsrechtlichen Regelungen des Gemeinen Rechts waren von vornherein nicht auf den erlangten Gegenstand gerichtet, sondern auf die Abschöpfung eines abstrakten Vermögensplus des Bereicherungsgläubigers.[91] Dieses an der Bereicherung des Bereicherungsschuldners ausgerichtete Konzept entsprach für lange Zeit dem Entwicklungsstand der bereicherungsrechtlichen Dogmatik. Im 20. Jahrhundert ging es zunächst darum, das römisch-rechtliche „Condictionenrecht" auf abstrakter Ebene zu erfassen und damit dessen Grundlagen zu vereinheitlichen. Um den bestechenden Gedanken von der Einheitlichkeit aller Bereicherungsfälle[92] und damit vermeintlich die Abgrenzung zum römischen Recht zu wahren, schien die Konzentration

---

[88] Vgl. *Stathopoulos*, S. 215 („gegenüber dem Vertragsrecht selbständige Klage").

[89] Im klassischen römischen Recht hatte die *condictio* der Leistung eine Rückabwicklungsfunktion, vgl. *Stathopoulos*, S. 214, 230 f.; *v. Mayr*, S. 1 ff.; *Wilhelm*, Rechtsverletzung, S. 24; *H. J. Wolff*, JVRA 3, S. 382 ff.; *Kupisch*, Versionsklage, S. 15.; AK-*Joerges*, vor § 812 ff., Rn. 11.; *Jakobs*, Eingriffserwerb und Vermögensverschiebung, S. 161; *v. Caemmerer*, FS Rabel, S. 348; *Flume*, FS Niedermeyer, S. 152 f.; *ders.*, AcP 194, S. 437; *Leser*, Rücktritt, S. 107 f.; Pringsheim, S. 153; *Rengier*, S. 431; *Schnitzler*, S. 270; *Diesselhorst*, Natur der Sache, S. 32 f.; vgl. auch *Mugdan* 2, Motive, S. 463: „... persönlicher Anspruch auf Rückgängigmachung desjenigen an sich nach den maßgeblichen Vorschriften eingetretenen Rechts- und Vermögenserwerbs ..."

[90] *Stathopoulos*, S. 214, 230; *Flume*, AcP 194, ebd.; vgl. *H. J. Wolff*, ebd.; *v. Mayr*, ebd.; Pringsheim, S. 153; vgl. *Söllner*, passim, insbes. S. 212; kritisch *Schwarz*, S. 219 ff.; Rabel, Grundzüge des Römischen Privatrechts, S. 119 f.; *Bolze*, S. 253; *Probst*, S. 235; *Wesel*, S. 2594, der § 812 Abs. 1 Satz 1 unmittelbar auf Pomp. Dig.12. 6.14 („Nam hoc natura aequum est neminem cum alteris detrimento fieri locupletionem") zurückführt; vgl. auch *v. Caemmerer*, FS Rabel, S. 334 f.; kritisch dazu zu Recht *Sonntag*, NJW 94, S. XVI f.

[91] *Rengier*, S. 422.

[92] Vgl. *Schlechtriem*, S. 330 („Gedankengebäude von bewundernswerter Geschlossenheit").

auf die Person des Bereicherungsschuldners notwendig. Nur so konnten die sich für den Bereicherungsgläubiger aus dem Bereicherungsvorgang ergebenden Unterschiede (aktive Mehrung fremden Vermögens bei der Leistungskondiktion und passiver Vermögensverlust bei der Eingriffskondiktion) umgangen werden.[93] Die Konzentration auf den Bereicherungsgläubiger erlaubte es auch, die (vermeintlichen) Widersprüche der auf v. Savigny zurückgehenden Vermögensverschiebungslehre zu vermeiden.[94] Indem man auf die Abschöpfung des rechtsgrundlos Erworbenen abstellte, konnten nämlich auch solche Bereicherungsvorgänge erfaßt werden, die keinen konkreten Vermögensverlust des Bereicherungsgläubigers zu bewirken schienen, nämlich Gebrauchs- und Nutzungsfälle. Das Restitutionsinteresse des Bereicherungsgläubigers am Ausgleich seines Vermögensnachteils blieb dabei auf der (dogmatischen) Strecke.

Die Verfasser des BGB gingen demgemäß von einer einheitlichen Begründung der Bereicherungsansprüche auf der Grundlage dieses Bereicherungsgedankens aus.[95] Besonderheiten der Leistungskondiktion im Gegensatz zur Nichtleistungskondiktion blieben ihnen verborgen. Gerade diese Besonderheiten sind es aber, welche die ausgehend vom Bereicherungsschuldner und seiner Bereicherung formulierten §§ 812 ff. als problematisch erscheinen lassen.[96]

3. Eigener Ansatz

a) Regelungsziel der Leistungskondiktion

Entsprechend dem Thema dieser Untersuchung soll im folgenden der Nachweis versucht werden, daß die Funktion der Leistungskondiktion in der Befriedigung des aus der Realisierung des Zuwendungsrisikos resultierenden Restitutionsinteresses liegt. Andererseits verträgt sich diese Idee nicht mit einem auf dem Bereicherungsgedanken basierenden dogmatischen Verständnis der §§ 812 ff. Ziel einer regelungstechnischen Reaktion auf die Realisierung des Zuwendungsrisikos im Interesse des betroffenen Zuwendenden ist es nämlich,

---

[93] Vgl. *Mestmäcker*, S. 523; *Jakobs*, Eingriffserwerb und Vermögensverschiebung, S. 160: „Gegenstand auch der Leistungskondiktion ist „die Bereicherung", und nur wegen dieses gemeinsamen Gegenstandes lassen sich Leistungskondiktion und Bereicherungsanspruch aus widerrechtlichem Handeln in einem gemeinsamen Rechtsinstitut zusammenfassen."; *Hüffer*, S. 263: „Gemeinsame Voraussetzung der Leistungs- und der Eingriffskondiktion ist ein Erwerb des Kondiktionsgegners."; vgl. *Reuter/Martinek*, § 11 I. 3. (S. 412); *J. Wilhelm*, Sachenrecht, Rn. 11.

[94] Vgl. dazu oben, 2. Teil C. II.

[95] Vgl. ebd.

[96] Vgl. im folgenden. Die Formulierung der Generalklausel § 5 im Neuformulierungsvorschlag Königs im Rahmen des Gutachtens zur Schuldrechtsreform, S. 1525, stellt demgegenüber nunmehr auf den Bereicherungsschuldner ab; vgl. auch *Jakobs*, Eingriffserwerb und Vermögensverschiebung, S. 160.

dessen Zuwendung rückgängig zu machen. Ein entsprechendes Regelungsinstrument hat deshalb als „Ergänzung und Störungskorrektiv zum Recht der Güterbewegungen“[97] ausgehend von der Person desjenigen, dessen Zuwendungsrisiko sich verwirklicht hat, (Restitutions-)Regelungen zu treffen. Die Abschöpfung der aus der Zuwendung folgenden Bereicherung des Zuwendungsempfängers (Bereicherungsschuldners) ist hierbei nur eine Nebenfolge, nicht aber primäres Regelungsziel. Während eine regelungstechnische Reaktion auf die Realisierung des Zuwendungsrisikos also seine Ursache in dem auszugleichenden Nachteil des Zuwendenden hat, ist der Bereicherungsgedanke auf die Abschöpfung des Vorteils des Bereicherten fixiert.[98] Aus beiden entgegengesetzten dogmatischen Ansatzpunkten folgen auch unterschiedliche regelungstechnische Anforderungen: wenn das Ziel der Leistungskondiktion darin läge, die Bereicherung des Bereicherungsschuldners abzuschöpfen, dann hat in der Tat zwangsläufig die Person des Bereicherungsschuldners im Mittelpunkt der Regelung zu stehen. Geht es demgegenüber darum, die Folgen des realisierten Zuwendungsrisikos auszugleichen, so muß die Regelung bei der Person des Bereicherungsgläubigers ansetzen.

Die Entscheidung für das eine oder das andere Konzept hat sich am Regelungsziel der Leistungskondiktion zu orientieren. Für dessen Bestimmung ist davon auszugehen, daß der Leistungskondiktionsanspruch gemäß § 812 Abs. 1 darauf basiert, daß es an einem die Bereicherung rechtfertigenden Rechtsgrund fehlt. Die Leistungskondiktion wäre folglich dann ein Instrument zur Reaktion auf die Realisierung des Zuwendungsrisikos, wenn das Fehlen des Rechtsgrundes als Auslösetatbestand die Realisierung des Zuwendungsrisikos verkörpern würde und aus diesem Grunde dem Zuwendenden die Leistungskondiktion gewährt würde. Der BGB-Gesetzgeber hat den Rechtsgrund i.S.v. § 812 allerdings nicht positiv-rechtlich definiert, sondern offen gelassen.[99] Der Begriff ist dementsprechend unklar geblieben. Da „Rechtsgrund“ i.S.v. § 812 ff. heute grundsätzlich mit „causa“ gleichgesetzt wird, kann für den Diskussionsstand auf die obige Darstellung und Kritik der causa-Lehre verwiesen werden:[100] die Frage nach dem Rechtsgrund bzw. der causa betrifft - das wurde oben[101] nachgewiesen - die Bestimmung des die Rückabwicklung einer (nicht gerechtfertigten) Zuwendung einleitenden (Auslöse-)Tatbestandes. Das Nichtvorliegen eines Rechtsgrundes indiziert, daß die Hingabe des Zuwendungsobjekts und der damit einhergehende Verlust des Zuwendenden nicht gerechtfertigt ist, sich sein

[97] *v. Caemmerer*, FS Rabel, S. 181.

[98] Vgl. ebd.

[99] Vgl. schon oben, 2. Teil C. II.; *Carl*, S. 17; *Leonhard*, S. 474.

[100] Vgl. oben, 1. Teil C. II. 2. b) bb) (2) (b) und (c).

[101] Vgl. ebd.

Zuwendungsrisiko also verwirklicht hat.[102] Die Funktion der Leistungskondiktion ist demgemäß auf dem aus der Realisierung des Zuwendungsrisikos des Bereicherungsgläubigers in seinem Interesse sich ergebenden Regelungsbedürfnis begründet. Ohne weiteres ist damit aber klar, daß es insoweit (nur) um die Befriedigung seines Restitutionsinteresse geht, § 812 Abs. 1 S. 1 1. Alt. ihm also wegen der Realisierung des Zuwendungsrisikos einen Restitutionsanspruch gewährt. Der Bereicherungsgläubiger soll das, was er zugewendet hat, zurückfordern können.[103]

Ein Interesse an der „Abschöpfung der Bereicherung" spielt andererseits für das genuine Regelungsziel der Leistungskondiktion keine Rolle.[104] Mit der isolierten „Abschöpfung der Bereicherung" alleine wäre nämlich für den Bereicherungsgläubiger gar nichts gewonnen.[105] Rechtsfrieden in Form der Befriedigung seiner Interessen ist vielmehr erst und nur dann hergestellt, wenn sein aus der Zuwendung resultierender Nachteil ausgeglichen ist.[106] Wäre der Bereicherungsschuldner nicht zum Nachteil des Bereicherungsgläubigers (auf dessen Kosten[107]) bereichert, dann wäre deshalb in den Leistungsfällen ein Regelungsinteresse höchstens unter Sanktionsgesichtspunkten begründbar. Dem Bereicherungsschuldner kann aber weder *per se* ein sanktionswürdiges Verhalten zur Last gelegt werden, noch kann man ihm ein rechtswidriges Haben zum Vorwurf machen, denn der Bereicherungsvorgang wurde in den Leistungsfällen nicht notwendigerweise von ihm initiiert.[108] Strafgedanken haben im übrigen im deutschen Zivilrecht keinen Platz.[109]

Für dieses Ergebnis streitet auch das folgende Argument: Mit Ausgleich des Nachteils auf seiten des Bereicherungsgläubigers wäre dessen Restitutionsinteresse grundsätzlich auch dann Genüge getan, wenn der Ausgleich nicht mit einer gleichzeitigen „Abschöpfung der Bereicherung" bei dem Bereicherungsschuld-

---

[102] Vgl. ausführlich oben, 1. Teil B. II. 4. d) und C. III. 2. b) bb) (3).

[103] Vgl. MüKo-*Lieb*, § 812 Rn. 285: „... denn das Gesetz schützt in §§ 812 ff. nicht nur ein allgemeines Vermögensinteresse des Gläubigers, sondern sein Interesse daran, gerade denjenigen Gegenstand seines Vermögens, der sich nunmehr beim Schuldner befindet, zurückzuerhalten."

[104] Anders *Esser/Weyers*, S. 421, unter Berufung auf „distributive Ziele der Privatrechtsordnung".

[105] Vgl. *Wilburg*, Lehre, S. 15: „Ein Gewinn auf fremde Kosten verpflichtet nur dann zum Ersatz, wenn er auf den Schutz der fremden Interessen stößt."

[106] Anders *Stathopoulos*, S. 230.

[107] Vgl. *Bälz*, S. 6 f., der allerdings auch die Leistungskondiktion mit „von der Zustandshaftung geschützten Rechten" begründen will, ebd., S. 5; vgl. auch ebd., S. 24: „Das Merkmal „auf Kosten" ist also alles andere als überflüssig, sondern beschreibt - und dies erschöpfend - das haftungsbegründende Unrecht."

[108] Vgl. *Esser/Weyers*, S. 421.

[109] *H. Honsell*, NJW 1973, S. 351; *ders.*, JuS 1982, S. 814; *Hans Josef Wieling*, JuS 1973, S. 401.

ner einherginge. Warum nämlich sollte der Vermögenszuwachs beim Bereicherungsschuldner interessieren, wenn der Nachteil des Bereicherungsgläubigers auf andere Weise als durch (Rück-)Übertragung des durch den Zuwendungsvorgang vom Bereicherungsschuldner erlangten Wertes ausgeglichen werden könnte? Könnte nämlich der Nachteil des Bereicherungsgläubigers mit anderen Mitteln als durch Rückübertragung des Leistungsgegenstandes ausgeglichen werden, dann bestünde bei keinem Beteiligten ein Interesse daran, dem Bereicherten den Leistungsgegenstand zu entziehen. [110] Freilich wird in der Praxis eine solche anderweitige Möglichkeit nicht gegeben sein und liegt es nahe, denjenigen mit den wirtschaftlichen Folgen des Nachteilsausgleichs zu belasten, der davon in (nicht gerechtfertigter) Weise profitiert hat. Die „Abschöpfung der Bereicherung" ist dann aber in der Tat nur ein Reflex und nicht (Haupt-)Zweck einer entsprechenden Regelung. Das primäre und genuine Ziel der Leistungskondiktion ist vielmehr der Ausgleich eines aus einem Zuwendungsvorgang resultierenden, nicht gerechtfertigten Nachteils im Interesse des Bereicherungsgläubigers.[111] Das „rechtswidrige Haben"[112] an sich ist damit in den Leistungsfällen (bereicherungs-)rechtlich genauso wenig von Bedeutung wie ein möglicherweise „widerrechtlicher Eingriff"[113]. Anderes mag für die Fälle der Nichtleistungskondiktion gelten.[114] Dem hier vertretenen Begründungsansatz steht das aber

[110] *Wilburg*, Lehre, S. 15: „Ein Gewinn auf fremde Kosten verpflichtet nur dann zum Ersatz, wenn er auf den Schutz der fremden Interessen stößt. Das ist dann der Grund der rechtlichen Mißbilligung. Die Bereicherungslehre hat jedoch die Fragestellung verkehrt, indem sie nur von Tatbeständen ausgeht, bei denen die Ungerechtfertigtheit vorweg als Regel gegeben erscheint."; kritisch dazu *J. Wolf*, S. 26: „Wenn nicht nach dem Rechtsgrund, sondern nach dem Grund der Ungerechtfertigtheit gefragt wird, wird die in § 812 Abs. 1 S. 1 enthaltene Konzeption verfehlt."

[111] Vgl. ausdrücklich *Rengier*, S. 421 ff. (421): „Der Leistende soll zurückerhalten, was er ohne Rechtsgrund erbracht und worauf der Vertragspartner daher keinen Anspruch hat. Im Vordergrund steht wie im Rücktrittsrecht der Gedanke der Restitution, der Herstellung des status quo, nicht der der Abschöpfung vorhandender Vermögensvorteile."; vgl. auch *Reuter/Martinek*, § 17 III. 3. c) aa) (1) (S. 600); MüKo-*Lieb*, § 818 Rn. 95 f., der im Zusammenhang mit der Einschränkung des Anwendungsbereichs von § 818 Abs. 3 feststellt, daß die Entwicklung einer bereicherungsunabhängigen Wertersatzpflicht hier ausnahmsweise notwendig sei, um die Restriktion des § 818 Abs. 3 zu ergänzen.

[112] *J. Wilhelm*, Rechtsverletzung, S. 98, vgl. auch S. 173 ff.

[113] *Schulz*, S. 443. Es ist deshalb auch problematisch, wenn oft pauschal dem Bereicherungsrecht das Schadensrecht gegenübergestellt wird, wo der Verletzte im Mittelpunkt der Regelung stehe, vgl. *Koppensteiner*, NJW 1971, S. 1769: „Bereicherungs- und Schadensrecht verhalten sich nämlich spiegelbildlich zueinander ... Abschöpfung einer Vermögensmehrung einerseits ... Kompensation von Vermögenseinbußen andererseits."; *Hagen*, S. 868; *Hüffer*, S. 264.

[114] Vgl. *H.P. Westermann*, causa, S. 82. Der Unterschied zwischen Leistungs- und Nichtleistungskondiktion kommt in dem Gesetzesvorschlag zur Neuformulierung des Bereicherungsrechts durch *König*, Gutachten, S. 1522, zum Ausdruck, wenn er für die Leistungskondiktion ausgehend von dem Rückforderungsanspruch des Bereicherungs-

nicht entgegen, da die Reaktion auf die Realisierung des Zuwendungsrisikos nur für die Leistungsfälle notwendig wird.[115]

Zusammenfassend gesagt: ein Regelungsbedürfnis besteht in den von der Leistungskondiktion erfaßten Fällen nur, weil dem Bereicherungsgläubigers durch die dem Bereicherungsvorgang zugrunde liegende Zuwendung ein Nachteil entstanden ist. Dem Ausgleich dieses Nachteils ist die Leistungskondiktion verpflichtet. Die damit einhergehende Abschöpfung der Bereicherung geschieht nicht um ihrer selbst und auch nicht um der Interessen des Bereicherungsgläubigers willen, sondern nur gewissermaßen beiläufig, um das Restitutionsinteresse des Bereicherungsgläubigers zu befriedigen.

Auch die Kritik von Jakobs[116] an den Tendenzen in Literatur und Rechtsprechung, den Bereicherungsgläubiger, d.h. dessen durch den Bereicherungsvorgang entgangenen Nachteil in den Vordergrund zu rücken, vermag dieses Ergebnis nicht zu erschüttern. Jakobs ist in der Tat zuzugeben, daß dann, wenn es bei der Leistungskondiktion nur um den Ausgleich eines (konkreten) Verlustes des Bereicherungsgläubigers ginge, eine Beschränkung des Anspruchs auf das Leistungsobjekt naheläge. Dies mag ein Grund dafür sein, daß die Funktion der Leistungskondiktion für den Ausgleich des durch den Bereicherungsvorgangs verursachten Vermögensnachteils auch im Rahmen der Trennungslehren bisher nur angedacht, aber für die dogmatische Herleitung der Leistungskondiktion nicht in der dargelegten Art und Weise konsequent umgesetzt wurde. Das Ziel der Leistungskondiktion ist aber nicht nur die Rückabwicklung einer gegenständlichen Vermögensverschiebung. Zuwendungen erfolgen nicht nur in Form der Hingabe gegenständlicher Vermögensgegenstände, können vielmehr sehr wohl auch, um mit den Worten von Jakobs[117] zu sprechen, durch ein „facere" erfolgen.[118] Die Realisierung des Zuwendungsrisikos kann demgemäß auch darin liegen, daß dem Zuwendungsempfänger ein Dienst erbracht oder ein Gebrauch oder eine Nutzung überlassen wird, ohne daß dies gerechtfertigt ist.[119] Über die Leistungskondiktion können in diesen Fällen die Folgen der Realisierung des Zuwendungsrisikos durch Wertersatz ausgeglichen werden, ohne daß es auf die Rückgewähr eines konkreten Zuwendungsobjekts ankäme.[120] Genauso wenig

---

gläubigers, für die Eingriffskondiktion ausgehend von der Erstattungspflicht des Bereicherungsschuldners formuliert.

[115] Gleiches hätte im übrigen aus der Sicht der herrschenden Trennungslehre zu gelten, da auch sie die Leistungskondiktion unabhängig von der Nichtleistungskondiktion begründet, vgl. oben, 2. Teil C. II.

[116] Vgl. oben, 2. Teil C. II. a.E.

[117] *Jakobs*, Eingriffserwerb und Vermögensverschiebung, S. 161 f.

[118] Vgl. oben, 1. Teil B. II. 4. b) bb).

[119] Vgl. ebd.

[120] Vgl. schon oben, 1. Teil C. II. 2. c) dd).

wie nichtgegenständliche Zuwendungen von der Kondiktion ausgeschlossen sind, ist die Leistungskondiktion deshalb auf die Rückgewähr eines konkreten Zuwendungsobjekts beschränkt.

b) Der Auslösetatbestand der Leistungskondiktion

Mit der Erkenntnis, daß das Regelungsziel der Leistungskondiktion die Reaktion auf die Realisierung des Zuwendungsrisikos im Interesse des Bereicherungsgläubigers ist,[121] ist noch keine Aussage über die konkrete rechtstechnische Ausgestaltung des Auslösetatbestandes der Leistungskondiktion im Grundfall des § 812 Abs. 1 S. 1 1. Alt. getroffen. Der BGB-Gesetzgeber hat die Formulierung des § 812 Abs. 1 S. 1 mit der Bezugnahme auf den fehlenden Rechtsgrund offen gehalten und konkrete Fälle, in welchen eine Rückabwicklung erfolgen soll, bewußt nicht bestimmt.[122] Der Auslösetatbestand der Leistungskondiktion ist deshalb als Generalklausel[123] ausgestaltet, bei dem das Fehlen des Rechtsgrundes[124] für die Realisierung des Zuwendungsrisikos steht. Die Leistungskondiktion berechtigt immer dann zu Rückforderung des Zuwendungsobjekts, wenn im konkreten Einzelfall die Zuwendung nicht gerechtfertigt ist, eine Realisierung des Zuwendungsrisikos also zu bejahen ist.

Freilich müssen Einschränkungen gemacht werden: zunächst gehen speziellere Regelungen (wie z.B. des konditionellen oder genetischen Synallagma[125] oder auch § 812 Abs. 1 S. 2 2. Alt.) der allgemeinen Leistungskondiktion vor. Weiter ergibt sich auch aus dem besonderen Verhältnis von Forderungswert und Erfüllungswert[126] eine Begrenzung. Ein Forderungswert repräsentiert den entsprechenden Erfüllungswert. Folglich ist es ausgeschlossen, daß bei Wirksamkeit einer Forderungszuwendung die Rückabwicklung der korrespondierenden Zuwendung des Erfüllungswertes wegen Realisierung des Zuwendungsrisikos verlangt wird. Das folgt schon daraus, daß die aus der wirksamen Forderungszuwendung folgende Verpflichtung weiter besteht, der Forderungszuwendungsempfänger also weiter einen Anspruch auf die Zuwendung des Erfüllungswertes hat. Bei Wirksamkeit einer Forderungszuwendung ist die Rückabwicklung des korrespondierenden Erfüllungswertes wegen Realisierung des Zuwendungsrisikos deshalb ausgeschlossen. Die durch ihre Wirksamkeit dokumentierte Gerechtfertigtheit der Forderungszuwendung präjudiziert damit auch die Gerecht-

---

[121] Vgl. oben, 2. Teil C. III. 3. a).

[122] Vgl. oben, 1. Teil C. II.

[123] Zur regelungstechnischen Umsetzung des Auslösetatbestandes durch eine Generalklausel vgl. oben, 1. Teil C. II. 2. b) bb) (3).

[124] Zum Verhältnis Zuwendung - Rechtsgrund vgl. oben, 1. Teil B. II. 4. d).

[125] Vgl. oben, 2. Teil B. III. 2. und 3.

[126] Vgl. oben, 1. Teil, B. II. 4. b) cc) (2).

fertigtheit der Zuwendung des korrespondierenden Erfüllungswertes. Umgekehrt indiziert das Scheitern der Forderungszuwendung (des Kausalgeschäfts) dementsprechend die Realisierung des Zuwendungsrisikos in bezug auf die Zuwendung des Erfüllungswertes.

Die unbeschränkte Formulierung des in § 812 Abs. 1 S. 1 vorgesehenen Auslösetatbestandes eröffnet andererseits die Möglichkeit, den Anwendungsbereich der Leistungskondiktion als offen zu begreifen. Es sprechen nämlich keine dogmatischen noch sonstige Gründe dagegen, die Leistungskondiktion als allgemeines (Auffang-)Instrument für die Reaktion auf die Realisierung des Zuwendungsrisikos einzusetzen, wenn andere an einen konkreteren Auslösetatbestand anknüpfende Restitutionsinstrumente nicht einschlägig sind. Am Beispiel der im Zusammenhang mit der Vereinbarung eines Ringtausches erfolgten (Forderungs-)Rückabwicklung wurde das bereits an anderer Stelle[127] exemplifiziert.

c) Der Restitutionsmechanismus der Leistungskondiktion

Ein Restitutionsmechanismus zur Reaktion auf die Realisierung des Zuwendungsrisikos kann abstrakt oder kausal ausgestaltet sein. Wie eingangs dargestellt wurde,[128] wirkt ein kausaler Mechanismus unmittelbar auf der Zuwendungsebene, d.h. bei Realisierung des Zuwendungsrisikos fällt der durch die Zuwendung vom Zuwendungsempfänger erlangte Vorteil unmittelbar an den Zuwendenden zurück. Ein abstrakter Mechanismus stellt dem Zuwendenden demgegenüber einen obligatorischen Anspruch zur Verfügung, von dem der Zuwendende im Falle der Realisierung seines Zuwendungsrisikos Gebrauch machen kann.

Der zuletzt genannten Möglichkeit bedient sich auch die Leistungskondiktion. Die Leistungskondiktion wirkt nicht automatisch auf der Zuwendungsebene, sondern gibt dem Bereicherungsgläubiger eine nachträgliche (obligatorische) Ausgleichsmöglichkeit in Form eines schuldrechtlichen Anspruchs, d.h. eines abstrakten Mechanismus.[129] Eine Besonderheit gegenüber anderen Instrumenten, welche die deutsche Zivilrechtsordnung im (Restitutions-)Interesse eines Zuwendenden als Reaktion auf die Realisierung des Zuwendungsrisikos bereitstellt, besteht hier nicht.

---

[127] Vgl. oben, 2. Teil B. III. 6.

[128] Vgl. oben, 1. Teil C. II. 2. c) bb) und cc).

[129] Für die insoweit gegebene Gleichwertigkeit kausaler und abstrakter Mechanismen, vgl. ebd.; *Rother*, S. 15: „Ferner wird im „Normalfall“ die Leistung auch im Bereicherungswege an den Schuldner zurückgelangen und damit derselbe Zustand erreicht sein, der von der kausalen Betrachtung auf anderem Wege angestrebt wird.“; *v. Caemmerer*, FS Rabel, S. 342.

d) Zusammenfassende Bewertung

In ihrer beschriebenen Funktion ist die Leistungskondiktion weder eine bloße Ergänzung des Abstraktionsprinzips, noch ist sie Teil eines als Recht höherer Ordnung zu verstehenden Billigkeitsrechts.[130] Vielmehr steht die Leistungskondiktion in einer Reihe mit anderen Rechtsinstituten, die demselben Ziel dienen und deshalb dieselbe Funktion wahrnehmen.[131] Sie ist somit Teil eines Gesamtsystems[132], welches der regelungstechnischen Reaktion auf die Realisierung des Zuwendungsrisikos im (Restitutions-)Interesse des betroffenen Zuwendenden verpflichtet ist.

Die beschriebene Funktion der Leistungskondiktion ist abzugrenzen von derjenigen, welche das Bereicherungsrecht in Fällen ausübt, in denen ein Zuwendungstatbestand nicht vorliegt, d.h. der ungerechtfertigte Nachteil des Bereicherungsgläubigers nicht die Folge seiner Zuwendung ist. Hier hat das Bereicherungsrecht andere Aufgaben wahrzunehmen, die mit der Notwendigkeit einer Reaktion auf die Realisierung des Zuwendungsrisikos nicht erklärbar sind.[133] Die Einheitslehre vermag das nicht hinreichend deutlich zu machen, da sie die zwischen den einzelnen Kondiktionsarten bestehenden Unterschiede nicht berücksichtigt. Die Einheitslehre entzieht sich damit auch weitgehend der Verpflichtung und der Möglichkeit, vergleichbare Interessenlagen und Regelungsstrukturen außerhalb des Bereicherungsrechts zu berücksichtigen,[134] um die Dogmatik der Leistungskondiktion in angemessener Weise zu erfassen.

Der herrschenden Trennungslehre ist demgegenüber zuzustimmen, wenn sie die dogmatischen Grundlagen von Leistungs- und Nichtleistungskondiktion unterschiedlich herleitet. Zutreffend ist weiter die Auffassung der Trennungslehre, die Funktion der Leistungskondiktion liege in der Rückabwicklung

---

[130] Vgl. *v. Caemmerer*, FS Rabel, S. 338 f.; MüKo-*Lieb*, § 812 Rn. 19 f.; § 818 Rn. 50; *Rengier*, S. 420 ff.; *Jürgen Kohler*, Rückabwicklung, S. 30 Fn. 142, S. 126 f.; vgl. demgegenüber *Mugdan* 2, Protokolle, S. 1183 f.; BGH DB 1986, 1719 ff. (1720); BGH WM 1978, S. 708 ff. (711); *Leser*, Rücktritt, S. 103.

[131] Vgl. MüKo-*Lieb*, § 818 Rn. 96.

[132] Vgl. *Canaris*, FS Larenz, S. 858: „... dem - in Wahrheit sehr engen - Zusammenhang des Kondiktionsrechts mit den das bürgerliche Recht im übrigen beherrschenden Wertungen ..."; *Heck*, Schuldrecht, S. 434: „... daß dieselben Werturteile, die in dem Bereicherungsrechte kausal gewesen sind, auch sonst als leitende Gedanken unsere Rechtsordnung durchziehen."; *Zeiss*, AcP 164, S. 58 f., der die Leistungskondiktion dem Problemkreis der Verfehlung oder des Wegfalls der subjektiven Geschäftsgrundlage in dem von *Larenz*, Geschäftsgrundlage und Vertragserfüllung, S. 184, verstandenen Sinne zuordnet; *Esser/Weyers*, S. 428 (Nähe zu den Vorschriften über den Rücktritt von Verträgen); *v. Caemmerer*, FS Rabel, S. 342; vgl. *ders.*, JZ 1962, S. 385 ff. (386); *ders.*, FS *Boehmer*, S. 150; AK-*Joerges*, vor §§ 812 ff., Rn. 16 ff.; *J. Wilhelm*, JuS 1973, S. 1 ff. (1); *Wesel*, S. 2594; *Schnauder*, Grundlagen, S. 18.

[133] Vgl. *Köndgen*, S. 64 („Funktionsverschiedenheiten des Kondiktionssystems").

[134] Vgl. *Reuter/Martinek*, § 3 I. 1. (S. 39).

rechtsgrundloser Leistungen (Zuwendungen). Die Trennungslehre hat allerdings diesen schon von v. Caemmerer formulierten Gedanken, nach dem die Leistungskondiktion mit den „sonstigen" schuldrechtlichen Abwicklungsansprüchen auf eine Stufe zu stellen ist[135], nicht konsequent zu Ende geführt. Vielmehr hält auch die Trennungslehre für die dogmatische Begründung der Leistungskondiktion weiter an dem Bereicherungsgedanken fest.[136] Damit ist auch die Trennungslehre daran gehindert, die Leistungskondiktion als Teil eines übergeordneten Regelungssystems zu begreifen, die Gemeinsamkeiten zu anderen Rückabwicklungsinstituten, insbesondere denen des allgemeinen Schuldrechts, zu erkennen und diese Erkenntnisse mit letzter Konsequenz für Rechtsetzung und Rechtsanwendung nutzbar zu machen.[137] Reuter/Martinek[138] haben demgemäß überzeugend ausgeführt:

> „Gegen die h.L. ist einzuwenden, daß sie sich hier und andernorts noch allzusehr im Bann der Abschöpfungsidee befindet."[139]

Macht man demgegenüber ernst mit der Rückabwicklungsfunktion der Leistungskondiktion, ist es nur folgerichtig, den Bereicherungsgedanken für die Leistungskondiktion aufzugeben, da er mit deren Funktion nicht in Einklang zu bringen ist.[140] Die Abkehr von dem Bereicherungsgedanken im Zusammenhang mit der Leistungskondiktion ermöglicht es andererseits, die aus Fehlvorstellungen resultierenden Fehlformulierungen des Gesetzgebers in den §§ 812 ff. zu identifizieren und für die Rechtsanwendung zu berücksichtigen.[141] Die an die Bereicherung und die Person des Bereicherungsschuldners anknüpfende Formulierung der §§ 812 ff. entspricht nämlich der Funktion der Leistungskondiktion, das aus der Realisierung des Zuwendungsrisikos resultierende Restitutionsinteresse eines Zuwendenden zu befriedigen, nicht. Soweit die Leistungskondiktion betroffen ist, ist der Wortlaut der §§ 812 ff. deshalb verfehlt. Die Leistungskondiktion ist kein Bereicherungsanspruch, sondern höchstens ein „Entreicherungsanspruch"[142], wenn man derartige Terminologie überhaupt verwenden will.

---

[135] Vgl. *v. Caemmerer*, FS Rabel, S. 342.

[136] Vgl. oben, 2. Teil B. a.E.

[137] Vgl. ausdrücklich schon *v. Caemmerer*, FS Rabel, S. 343 ff.

[138] *Reuter/Martinek*, § 17 III. 4. b) (S. 613).

[139] Die Aussage erfolgte im Zusammenhang mit der Diskussion von Schuldnermehrheiten im Bereicherungsrecht.

[140] Vgl. oben, 2. Teil C. 3. a).

[141] Stichwort: „Form follows function", nicht umgekehrt.

[142] Ausdrücklich anders *Larenz/Canaris*, § 72 III 2. c) (S. 275), § 72 III 4. a) (S. 280), § 71 I. 2. b) (S. 256); *Flume*, AcP 194, S. 438; *Jakobs*, lucrum ex negotiatione, S. 110; *Kupisch*, FS v. Lübtow, S. 506; *Stephan Lorenz*, S. 884; *Eidenmüller*, S. 891.

Die praktischen Folgen der gewonnenen Erkenntnisse sind beachtlich und sollen nunmehr durch Erörterung von Gegenstand und Umfang des Leistungskondiktionsanspruchs und der bereicherungsrechtlichen Rückabwicklung von Mehrpersonenverhältnissen verdeutlicht werden.

IV. Einzelfragen

1. Gegenstand und Umfang des Anspruchs aus der Leistungskondiktion

a) Allgemeines

In bezug auf Gegenstand und Umfang der Bereicherungsansprüche sind viele Fragen sehr umstritten. Ziel dieser Untersuchung soll es sein, die sich aus dem Restitutionsinteresse eines von der Realisierung des Zuwendungsrisikos Betroffenen ergebenden dogmatischen Grundstrukturen und regelungstechnischen Notwendigkeiten deutlich zu machen. Im folgenden soll es deshalb darum gehen, ausgehend von der insoweit betroffenen Funktion der Leistungskondiktion die zu Gegenstand und Umfang des Leistungskondiktionsanspruchs offenen Punkte zu erörtern.

Entsprechend dem Einheitsdenken des BGB-Gesetzgebers unterscheiden die §§ 812 ff. auch hinsichtlich Gegenstand und Umfang des Bereicherungsanspruchs nicht nach den unterschiedlichen Kondiktionsarten. Deren dogmatische Grundlagen sind aber gerade nicht einheitlich herleitbar[143], was auch für die Bestimmung von Gegenstand und Umfang der Bereicherungsansprüche von Bedeutung sein muß.[144] Im hier interessierenden zuwendungsrechtlichen Zusammenhang spielt nur die Leistungskondiktion ein Rolle.[145] Auch die folgenden Ausführungen sind deshalb auf diese Kondiktionsart begrenzt und gelten nicht automatisch auch für die Nichtleistungskondiktion.

b) Der primäre Gegenstand des Leistungskondiktionsanpruchs

Die Frage nach dem Gegenstand der Leistungskondiktion ist die Frage danach, was der Bereicherungsschuldner (primär) herauszugeben hat: den konkret erlangten Gegenstand oder das daraus resultierende Vermögensplus. Die praktische Bedeutung der Unterscheidung wird bei der Zuwendung eines nichtgegen-

---

[143] Vgl. oben, 2. Teil C. III.3. d).

[144] Vgl. demgemäß *Esser/Weyers*, S. 481: „Es „verlängern" sich auch hierher manche Meinungsverschiedenheiten über den Anspruchsgrund."; *König*, Tatbestände und Ordnungsprobleme, insbes. S. 19, 60; *Schlechtriem*, S. 341 f.; *Leser*, Von der Saldotheorie, S. 5.

[145] Vgl. oben, 2. Teil C. I.

ständlichen Gutes deutlich. Wer hier auf das Vermögensplus abstellt, kann das „Erlangte" i.S.v. § 812 Abs. 1 S. 1 nur in den ersparten Aufwendungen des (auch bösgläubigen) Bereicherungsschuldners sehen. Ist beispielsweise die erbrachte Nutzungsüberlassung oder Diensterbringung für den Empfänger reiner Luxus, muß nach dieser vermögensorientierten Ansicht verneint werden, daß etwas erlangt wurde, da ein Vermögensplus nicht feststellbar wäre.[146] Bei gegenständlicher Orientierung des Anspruchs aus der Leistungskondiktion wäre demgegenüber die nichtgegenständliche Zuwendung, d.h. die Nutzungsüberlassung, Diensterbringung etc. selbst das Erlangte. Die Frage des konkreten Wertes für den Bereicherungsschuldner wäre erst im Rahmen von § 818 Abs. 3[147] zu berücksichtigen, der andererseits für den bösgläubigen oder verklagten Bereicherungsschuldner wegen §§ 819, 818 Abs. 4 nicht zur Anwendung kommt.

Der historische Gesetzgeber ging in Verfolgung des Gedankens, daß das Bereicherungsrecht einheitlich der Abschöpfung des rechtsgrundlos Erlangten dient, von einem vermögensorientierten Gegenstand der Leistungskondiktion aus.[148] Herausgegeben werden sollte „die Bereicherung", wenn sich auch als „erstes Zugriffsobjekt" der erlangte Gegenstand selbst anbot.[149] Eine solche vermögensrechtliche Bestimmung des Gegenstandes der Bereicherungsansprüche vertreten heute noch Flume und seine Schüler.[150]

---

[146] Im Flugreisefall, BGHZ 55, S. 128 ff. = NJW 1971, S. 609 ff. = JZ 1971, S. 556 ff., hatte der BGH mit diesem Problem zu kämpfen. In bezug auf den bereicherungsrechtlichen Erstattungsanspruch für die Hinflugkosten ging der BGH davon aus, daß als mögliches Erlangtes nur die ersparten Aufwendungen in Frage kämen, eine Bereicherung nicht schon in der Inanspruchnahme der Beförderungsdienste durch den minderjährigen „blinden Passagier" gesehen werden könne, BGHZ, ebd., S. 132 ff. Da der Flug für ihn reinen Luxus darstellte, war bei ihm keine abschöpfbare Bereicherung vorhanden. Der BGH sah sich deshalb genötigt, dieses ungeliebte Ergebnis in (juristisch nicht haltbarer Weise) unter Bezugnahme auf die Bösgläubigkeit des Minderjährigen und das Gebot der Billigkeit zu korrigieren. Werde einem Bereicherungsschuldner, der den fehlenden Rechtsgrund beim Empfang kennt, im allgemeinen versagt, sich auf den späteren Wegfall der einmal vorhandenen Bereicherung zu berufen, so sei nicht einzusehen, warum es ihm gestattet sein solle, unter den gleichen Voraussetzungen schon die Entstehung einer Bereicherung zu leugnen, vgl. BGHZ, ebd.; zur Kritik nur *Giesen*, Teil 1, S. 171 f. und im folgenden.

[147] Zu Recht weist *J. Kohler*, S. 139, darauf hin, daß § 818 Abs. 3 bei Vermögensorientiertheit des § 812 Abs. 1 S. 1 überflüssig wäre.

[148] *Reuter/Martinek*, § 14 I. 1. (S. 517 f.); *Probst*, S. 234 f. Im römischen Recht war der Gegenstand der Bereicherung demgegenüber zunächst auf *certa res* und *certa pecunia* beschränkt, wurde aber später auf andere Leistungsgegenstände ausgedehnt, vgl. *v. Caemmerer*, FS Rabel, S. 348; *Diesselhorst*, Natur der Sache, S. 32 f.; *Leser*, Von der Saldotheorie, S. 6 f.

[149] Ebd.; vgl. demgegenüber noch *Mugdan* 2, Motive, S. 467.

[150] *Flume*, FS Niedermeyer, S. 148 ff.; *ders.*, NJW 1970, S. 1162; *ders.*, AcP 194, S. 431 ff., 436 ff.; *J. Wilhelm*, Rechtsverletzung, S. 62 ff.; vgl. auch *Schnitzler*, S. 271; *Probst*, S. 235; *Büdenbender*, S. 136.

Die grundsätzlich gegenstandsorientierte herrschende Gegenmeinung[151] kann sich vor allem auf den Wortlaut der §§ 812 Abs. 1 S. 1, 816 und 818 Abs. 1 und 2 berufen, wonach eben nicht die Bereicherung, sondern das Erlangte herauszugeben ist. Die Bereicherung komme erst im Zusammenhang von § 818 Abs. 3 zu Bedeutung.[152] Der BGH folgt heute grundsätzlich dieser zuletzt genannten Ansicht.[153]

Im Lichte der Erkenntnis, daß die Leistungskondiktion ein Instrument zur Reaktion auf die Realisierung des Zuwendungsrisikos im Restitutionsinteresse des jeweils betroffenen Zuwendenden ist, stellt sich der Ansatzpunkt sowohl der gegenstandsorientierten als auch der vermögensorientierten Position als nicht interessengerecht dar. Einhellig setzt man nämlich entsprechend dem Bereicherungsgedanken und der dementsprechenden Formulierung der §§ 812 ff. bei der Person des Bereicherungsschuldners an.[154] Das von ihm Erlangte bzw. sein Vermögensplus soll abgeschöpft werden. Eine solche Orientierung an der Person des Bereicherungsgläubigers entspricht aber nicht der besonderen (Rückabwicklungs-)Funktion der Leistungskondiktion, wie sie insbesondere auch von der Trennungslehre verstanden wird.[155] Auszugehen ist vielmehr auch für die Bestimmung des Gegenstandes der Leistungskondiktion von der Person des Leistungskondiktionsgläubigers, denn primäres Regelungsziel der Leistungskondiktion ist es, seinen durch die rechtsgrundlose Zuwendung erlittenen Nachteil auszugleichen.[156] Es ist hierfür das zurückzuführen, was der Leistungskon-

---

[151] Zuerst *v. Caemmerer*, FS Rabel, S. 350, 368; *Canaris*, JZ 1971, S. 561 ff.; *Rengier*, S. 431; *Goetzke*, S. 509 ff.; *Lieb*, NJW 1971, S. 1290; *Batsch*, NJW 1972, S. 612; *Erman-H.P. Westermann*, § 812 Rn. 3; *Kleinheyer*, S. 474; *Beuthien*, Jura 1979, S. 532; zu den Ausnahmen, welche von dem Grundsatz gemacht werden, vgl. *Reuter/Martinek*, § 14 I. 2. c) (S. 196).

[152] *Larenz/Canaris*, § 71 1. (S. 255), weisen darauf hin, daß es in § 818 Abs. 3 nicht um den primären Kondiktionsgegenstand gehe, da in dieser Vorschrift gerade nur der Fall geregelt sei, daß der primäre Kondiktionsgegenstand nicht mehr vorhanden sei.

[153] Vgl. BGHZ 72, S. 255 ff. (255 f.): „Nach §§ 812, 818 Abs. 3 hat der Bereicherungsschuldner das Erlangte oder seinen Wert herauszugeben. Erst § 818 Abs. 3 beschränkt diese Verpflichtung auf den Umfang der Bereicherung.“; vgl. demgegenüber für die vormalige Vermögensorientierung der Rechtsprechung RGZ 54, S. 137 ff. (141), 151, S. 123 ff. (127), wo davon ausgegangen wird, daß ein „Vorteil, gleichviel, welcher Art er ist,“ herauszugeben sei; BGHZ 55, S. 128 ff. (131) = NJW 1971, S. 609 ff. = JZ 1971, S. 556 ff. (Flugreisefall). *Reuter/Martinek*, § 14 I 2. c) (S. 519) wollen aus der vorgenannten Flugreiseentscheidung demgegenüber eine Gegenstandsorientierung herauslesen. Allerdings hatte der BGH - wie schon oben, 1. Teil B. II. 4. b) dd), dargestellt - im Jahre 1955 entschieden, daß Gegenstand eines Kondiktionsanspruchs nur ein vermögenswertes Gut sein könne.

[154] Vgl. nur *Kellmann*, NJW 1971, S. 864.

[155] Vgl. oben, 2. Teil C. III. 3. a).

[156] Vgl. ebd. und *v. Caemmerer*, FS Rabel, S. 376: „Immer wieder findet man in der Literatur allgemeine Wendungen des Inhalts, daß der Verlust des Betroffenen sich mit dem Gewinn des Bereicherten weder dem Umfang noch dem Inhalt nach zu decken

diktionsgläubiger durch seine rechtsgrundlose Zuwendung verloren hat. Das Zuwendungsobjekt selbst ist deshalb auch der primäre Gegenstand der Leistungskondiktion, denn dessen Rückführung ist angestrebt.[157] Im Ergebnis besteht damit bis hierher kein Unterschied zu der oben zitierten herrschenden Ansicht, die - allerdings ausgehend von der Person des Bereicherungsschuldner - den Gegenstand der Leistungskondiktion gegenständlich bestimmen will. Der vordergründige Gleichlauf der h.M. mit der hier vertretenen Ansicht folgt daraus, daß die Orientierung an Gläubiger- oder Schuldnervermögen nichts an dem Gegenstand an sich ändert.[158]

Bestimmt man - wie hier - den Gegenstand der Leistungskondiktion ausgehend vom Schuldnervermögen, dann scheint sich allerdings ein aus der Möglichkeit des gutgläubigen Erwerbs resultierendes Problem zu stellen. Verfügt nämlich ein nicht zur Verfügung berechtigter Besitzer gemäß §§ 932 ff. wirksam, aber rechtsgrundlos, dann scheint der Verfügende auch nur den (verlorenen) Besitz kondizieren zu können bzw. scheint der gutgläubige Erwerber der *condictio possessionis* die auf das (gutgläubig) erworbene Eigentum gestützte *dolo facit* - Einwendung entgegensetzen zu können.[159] Übereignet also beispielsweise der nichtberechtigte Verkäufer V den PKW des Eigentümers E an den gutgläubigen Käufer K gemäß §§ 929 S. 1, 932 und ficht K nachfolgend den zugrundeliegenden Kaufvertrag gemäß § 119 Abs. 1 wegen Erklärungsirrtums wirksam an, dann scheint die Leistungskondiktion des V an der auf das gutgläubig erworbene Eigentum gestützten *dolo facit* - Einwendung des K zu scheitern.

Dieses Ergebnis ist bedenklich. Wäre V nämlich selbst Eigentümer des PKW gewesen, hätte er also berechtigt, aber rechtsgrundlos verfügt, dann hätte er sehr wohl Eigentum und Besitz des K kondizieren können. Es ist aber nicht begründbar, warum der Erwerber nur deswegen, weil er gutgläubig erworben hat,

---

brauche.", S. 377: „Ebenso häufig findet sich aber auch die entgegengesetzte Auffassung, daß der Umfang des Bereicherungsanspruchs doppelt begrenzt sei, nämlich durch die dem Bereicherten zugeflossenen Vorteile, andererseits aber auch durch die Vermögenseinbußen des Betroffenen. Generalisierungen dieser Art führen in die Irre ..."

[157] In der Literatur stellen soweit ersichtlich nur *Kisch*, SZ 1927, S. 668, und *Boehmer*, Grundlagen, S. 20 f., auf das Gläubigervermögen ab, vgl. - allerdings auf der Grundlage des herkömmlichen Verständnisses - *v. Caemmerer*, FS Rabel, S. 350: „Gegenstand der Leistungskondiktion ist also alles, was der Leistende dem Empfänger verschaffen konnte und verschafft hat, mochte er dabei über eigenes oder fremdes Gut verfügen oder über Leistungen Dritter disponieren, auf die er Anspruch hatte und die ihm damit zur Verfügung standen."; MüKo-*Lieb*, § 812 Rn. 284 ff.; *Canaris*, FS Larenz, S. 822; *Esser/Weyers*, S. 482, 487; *Bremecker*, S. 17.

[158] Zu den Folgen der unterschiedlichen Sichtweise im folgenden.

[159] Vgl. *Boehmer*, Grundlagen, S. 20 f. Stellt man gemäß der fast einhelligen Ansicht demgegenüber auf die Person des Schuldners ab, ergeben sich diese Schwierigkeiten nicht, da dann eben das herauszugeben ist, was erlangt wurde, nämlich das Eigentum.

privilegiert sein soll. Das insbesondere deshalb, weil der gutgläubige Erwerb natürlich einen stärkeren Rechtfertigungsbedarf erzeugt als der Erwerb vom Berechtigten. Zudem wäre der nichtberechtigt Verfügende im Ausgangsfall einerseits der Regreßforderung des Altberechtigten ausgesetzt, würde andererseits wegen der fehlenden schuldrechtlichen Grundlage keinen Ausgleich für seinen Verlust von dem gutgläubig Erwerbenden erhalten. Aus der Sicht des Gutgläubigen würden die §§ 932 ff. folglich nicht nur den Erwerb vom Nichtberechtigten, sondern auch die Kostenlosigkeit des Erwerbs bewirken. Das wäre nicht interessengerecht. Es muß deshalb so sein, daß die gegen die Leistungskondiktion des Nichtberechtigten gerichtete *exceptio doli* des gutgläubigen Erwerbers treuwidrig und deshalb unzulässig ist, § 242. Der Nichtberechtigte kann folglich jedenfalls den rechtsgrundlos verlorenen Besitz kondizieren.

Gleichzeitig kann damit aber auch der gutgläubige Eigentumserwerb keinen Bestand haben. Andernfalls würden Eigentum und Besitz dauerhaft auseinanderfallen[160] bzw. wäre zu begründen, warum der Gutgläubige sein Eigentum nicht nach Herausgabe an den Leistungskondiktionsgläubiger erneut vindizieren kann. Nun könnte man daran denken, dem nichtberechtigt Verfügenden die Kondiktion des Eigentums zuzugestehen. Das würde zu dem widersinnigen Ergebnis führen, daß er über die Leistungskondiktion und als Resultat seiner nichtberechtigten Verfügung mehr erlangen würde, als er vorher hatte. Ein solches Resultat kann vermieden werden, indem man mit der Rückabwicklungsfunktion der Leistungskondiktion ernst macht: volle Rückabwicklung bedeutet, daß mit Geltendmachung des Leistungskondiktionsanspruchs das Eigentum an den zurückfällt, dem es vormals zustand, nämlich an den Altberechtigten. Die Leistungskondiktion „schlägt" also den gutgläubigen Erwerb in vollem Umfang, weil die Interessen des gutgläubigen Erwerbers wegen des fehlenden Rechtsgrunds nicht schützenswert sind.[161]

---

[160] Gegen das dauerhafte Auseinanderfallen von Eigentum und Besitz vgl. BGH NJW 1978, S. 417 ff. = BB 1978, S. 124 ff. = WM 1978, S. 122 ff.; kritisch mit beachtlichen Gründen *Dilcher*, S. 334 f.; vgl. auch RGZ 138, S. 296 ff. (299 f.): „Nun meint allerdings das Oberlandesgericht, das Eigentum und der Besitz könnten nicht dauernd auseinanderfallen. Allein ein solcher Grundsatz findet im Gesetz keine Stütze."

[161] Das Ergebnis entspricht der h.M. in der juristischen Literatur zu der Frage, ob bei Rückabwicklung des Geschäfts, aufgrund dessen gutgläubig erworben wurde, und Rückgabe der Sache an den Nichtberechtigten dieser oder der Altberechtigte Eigentum erlangt, vgl. *Soergel-Mühl*, § 932 Rn. 5; *J. Wilhelm*, Sachenrecht, Rn. 452 f.; *Hans Josef Wieling*, Sachenrecht, S. 397 ff.; *Baur/Stürner*, § 52 IV 2. (S. 529 f.); *Lopau*, JuS 1971, S. 234. Die h.M. begründet dieses Ergebnis vor allem mit dem schutzwürdigen Interesse des Altberechtigten, vgl. ebd. Die Rechtslage des § 932 führe in der Umkehrung des Erwerbsgeschäfts nur zu der Macht des Nichtberechtigten, im eigenen Namen mit Wirkung für den ursprünglich Berechtigten das Eigentum zu erwerben, *J. Wilhelm*, ebd. Die Gegenansicht, vgl. (zuerst) *Wiegand*, S. 62 ff.; *Palandt-Bassenge*, § 932 Rn. 17; MüKo-*Quack*, § 932, Rn. 63; AK-*Reich*, §§ 932-933 Rn. 6, führt vor allem an, die herrschende Ansicht führe zu einer Durchbrechung des Abstraktionsprinzips; dagegen *J. Wilhelm*, Sachenrecht, Rn. 45: das Abstraktionsprinzip sage nichts zu der Reichweite des § 932

c) *Surrogat, Nutzungen, Wertersatz, Gewinn*

aa) § 818 Abs. 1

§ 818 Abs. 1 ordnet an, daß der Bereicherungsschuldner das, was er „auf Grund eines erlangten Rechts oder als Ersatz für die Zerstörung, Beschädigung oder Entziehung des erlangten Gegenstandes erwirbt", herauszugeben hat.[162] Unter Hinweis darauf, daß die Leistungskondiktion im Interesse eines Zuwendenden auf die Realisierung des Zuwendungsrisikos reagiert, läßt sich diese in § 818 Abs. 1 angeordnete Surrogationshaftung[163] indessen nicht begründen. Es geht bei der Leistungskondiktion um den Ausgleich des dem Bereicherungsgläubiger entstandenen Nachteils durch Rückführung des ursprünglich zugewendeten Objekts oder, bei dessen Untergang, durch Wertersatz.[164] Mit diesem auf die Korrektur des Zuwendungsergebnisses ausgerichteten Regelungsziel der Leistungskondiktion läßt sich ein besonderer Anspruch auf Surrogatherausgabe nicht begründen.[165] Für die in bezug auf die Surrogationshaftung bestehenden Fragen[166] kann die Erkenntnis von der besonderen Funktion der Leistungskondiktion deshalb nichts beitragen. Da aber auch kein anderer Grund ersichtlich ist, auf den eine Surrogationshaftung im Zusammenhang mit der Leistungskondiktion zu stützen sein könnte, ist konsequenterweise § 818 Abs. 1 2. Alt. für die Leistungskondiktion unangewendet zu lassen. Das entspricht dem allgemeinen Grundsatz, daß die Realisierung des Zuwendungsrisikos grundsätzlich ei-

---

im Hinblick auf die Frage, ob vom Erwerber erworben werden kann; *Lopau*, JuS 1971, S. 233 f.

[162] Im einzelnen ist streitig, was von diesem Herausgabeanspruch erfaßt ist, vgl. *Reuter/Martinek*, § 16 I. 1. (S. 549 ff.), und im folgenden.

[163] *Larenz/Canaris*, § 72 I 1. a) (S. 264).

[164] Vgl. oben, 2. Teil C. III. 2. a).

[165] Die Situation entspricht derjenigen des § 281, vgl. oben 2. Teil B. III. 2. c).

[166] Diskutiert wird vor allem, ob das „*commodum ex negotiatione*", d.h. der Erlös aus Rechtsgeschäften über den primären Kondiktionsgegenstand Surrogat i.S.v. § 818 Abs. 1 ist. Die h.M. lehnt das unter Berufung auf den Wortlaut des § 818 Abs. 1 ab, wo im Gegensatz zu §§ 1418 Abs. 2 Nr. 3, 1473 Abs. 1, 1638 Abs. 2 und 2347 nicht ausdrücklich der Erwerb durch Rechtsgeschäft gleichgestellt ist. Weiter wird auch auf den Formulierungsunterschied zu § 281 verwiesen, vgl. nur RGZ 86, S. 343 ff. (347); 101, S. 389 ff. (391); BGHZ 24, S. 106 ff. (110 f.); 75, S. 203 ff. (206); *Reuter/Martinek*, § 16 I 3, (S. 552 ff.); *Staudinger-Lorenz*, § 818, Rn. 27; *Erman-H.P. Westermann*, § 818 Rn. 14; *Mestmäcker*, S. 523; *König*, Gutachten, S. 1544; *Giesen*, Teil 1, S. 173. Auch die Gesetzesgeschichte streite für diese Ansicht, vgl. *Mugdan* 2, Protokolle, S. 1185: „..., daß sich die Verbindlichkeit der Herausgabe oder Wertvergütung nicht auf dasjenige erstrecke, was der Bereicherte durch willkürliche Verfügung über den erlangten Gegenstand erworben habe, daß vielmehr bezüglich dieses Erwerbes lediglich die Verpflichtung zur Wertvergütung gemäß § 739 in Frage komme."; differenzierend MüKo-*Lieb*, § 818 Rn. 26; a.A. *Lange*, NJW 1951; *Koppensteiner*, NJW 1971, S. 1771 f.; *Jakobs*, lucrum ex negotiatione, S. 101 f.

nen Anspruch auf ein für das rückzuführende Zuwendungsobjekt erhaltenes Surrogat nicht zu begründen vermag.[167]

Nach § 818 Abs. 1 1. Alt. erstreckt sich die Verpflichtung zur Herausgabe weiter auf die gezogenen Nutzungen.[168] Mit Zuwendung des Kondiktionsgegenstandes wendet der Leistungskondiktionsgläubiger dem Schuldner als Zuwendungsempfänger auch die Möglichkeit der Nutzung zu. Das rechtfertigt es, die Nutzungen unmittelbar dem Leistungsgegenstand zuzuordnen.[169] Die Rückabwicklung der erfolgten Zuwendung durch die Leistungskondiktion, d.h. die Rückübertragung des Zuwendungsobjekts muß deshalb grundsätzlich auch die Nutzungen beinhalten. Allerdings begrenzt § 818 Abs. 1 1. Alt. den Herausgabeanspruch auf die tatsächlich gezogenen Nutzungen. Aus dem oben[170] spezifizierten Regelungsziel der Leistungskondiktion läßt sich diese Beschränkung nicht herleiten. Schreibt man nämlich den Ertrag der Nutzenziehung dem Bereicherungsgläubiger zu, dann ist ihm der Nachteil auszugleichen, der auch nur potentiell durch die rechtsgrundlose Zuwendung entstanden ist. Dazu gehören aber auch die Nutzungen, die er potentiell hätte ziehen können, nicht nur die, die der Bereicherungsschuldner tatsächlich gezogen hat. Die Beschränkung auf die tatsächlich gezogenen Nutzungen kann sich im Rahmen der Leistungskondiktion also nur unter Berücksichtigung der Interessen des Bereicherungsschuldners rechtfertigen. Er soll nur das herausgeben, was er durch die rechtsgrundlose Zuwendung erlangt hat, aber in seinem sonstigen Vermögen unversehrt bleiben.[171] Das Ergebnis dieser in § 818 Abs. 1 zum Ausdruck kommenden Interessenabwägung überzeugt.

bb) § 818 Abs. 2

Nach § 818 Abs. 2 hat der Bereicherungsschuldner dann Wertersatz zu leisten, wenn die Herausgabe des Erlangten wegen dessen Beschaffenheit oder aus einem sonstigen Grunde unmöglich ist. Die Leistung von Wertersatz statt der unmöglichen Rückführung des Leistungsgegenstandes entspricht den oben theoretisch dargestellten Strukturen eines abstrakten Restitutionsmechanismus.[172]

---

[167] Vgl. oben, 1. Teil C. II. 2. c) dd) a.E.; 2. Teil B. III. 2. c).

[168] Der Begriff der Nutzungen ist in § 100 legaldefiniert, vgl. zu den dennoch im Zusammenhang mit der Begriffsklärung bestehenden Problemen *Reuter/Martinek*, § 16 II. 1. (S. 555 ff.)

[169] *Larenz/Canaris*, § 72 II. 1. (S. 270 f.).

[170] Vgl. oben, 2. Teil C. III. 3. a).

[171] Vgl. zu diesem Gedanken im Zusammenhang mit der Regelung des § 818 Abs. 3 ausführlich unten, 2. Teil C. IV. 1. d).

[172] Vgl. oben, 1. Teil C. II. 2. c) dd).

Die Höhe des gemäß § 818 Abs. 2 zu leistenden Wertersatzes ist nach Rechtsprechung und herrschender Lehre in der juristischen Literatur objektiv, d.h. ausgerichtet am gängigen Marktpreis zu bestimmen (sog. objektive Theorie).[173] Weil man insoweit bei der Person des Bereicherungsschuldners anknüpft, soll der Wert danach zu berechnen sein, was der Bereicherungsschuldner für den Kondiktionsgegenstand im Markt hätte zahlen müssen.[174] Die im Vordringen befindliche Gegenansicht (sog. subjektive Theorie) stellt demgegenüber auf die persönlichen Verhältnisse des Bereicherungsschuldners ab.[175] Nach dieser Ansicht kommt es also auf den Wert des Kondiktionsgegenstandes konkret für den Bereicherungsschuldner an.[176]

Ausgangspunkt der beiden zitierten Positionen ist der Bereicherungsgedanke, weshalb der Wertersatz i.S.v. § 818 Abs. 2 - trotz der dargestellten Unterschiede - einhellig ausgehend von der Person des Schuldners bestimmt wird.[177] Es kann aber nur wiederholt[178] werden, daß dieser Ansatz der genuinen Funktion der Leistungskondiktion nicht gerecht wird. Wenn es nämlich bei der Leistungskondiktion um die Rückabwicklung einer Zuwendung, d.h. um den Ausgleich des dem Bereicherungsgläubiger entstandenen Nachteils geht, dann muß die Höhe des Wertersatzes auf der Grundlage der Bedeutung für seine Person bestimmt werden. Denn nur seinem Interesse dient die Leistungskondiktion. Die Bestimmung der Höhe des gemäß § 818 Abs. 2 zu leistenden Wertersatzes hat sich deshalb an dem (subjektiven) Verlust im Gläubigervermögen zu orientieren. Abgesehen von der schon oben[179] dargelegten dogmatischen Folgerichtigkeit dieser Sichtweise, lassen sich so auch die im Zusammenhang mit § 818 Abs. 2 diskutierten Einzelfragen sachgerecht lösen, wie nachfolgend gezeigt werden soll:

---

[173] Vgl. *Larenz/Canaris*, § 72 III. 2. (S. 275 ff.); *Goetzke*, S. 289 ff.; *Rengier*, S. 445 Fn. 134; *Larenz*, FS v. Caemmerer, passim; *Giesen*, Teil 3, S. 282; *Eidenmüller*, S. 890 ff.

[174] *Larenz/Canaris*, § 72 III 2. c) (S. 275), die sich zur Begründung ausdrücklich darauf berufen, daß es um Bereicherung und nicht um Entreicherung gehe.

[175] Vgl. *Koppensteiner*, NJW 1971, S. 1769 ff.; *Koppensteiner/Kramer*, § 16 4.; *Hagen*, FS Larenz, S. 883 f.; *Erman-H.P. Westermann*, § 818 Rn. 17. Unterbewertet wird diese Ansicht wohl von *Eidenmüller*, S. 890, wenn er ausführt: „Sicher ist nur, daß es auf den objektiven Wert, nicht aber auf die individuellen Verhältnisse des Bereicherungsschuldners ankommt."

[176] *Larenz/Canaris*, § 72 III 2. d) (S. 276), halten diese Ansicht bezeichnenderweise für schon dogmatisch verfehlt. Es gehe bei § 818 Abs. 2 (noch) nicht um die Abschöpfung einer Vermögensmehrung an sich, sondern allein um den Wert des Erlangten.

[177] Vgl. nur *Larenz/Canaris*, § 72 III 2. c) (S. 275); *Kellmann*, NJW 1971, S. 864: „Bekanntlich hängt auch der Umfang der Herausgabepflicht nicht vom Umfang der Vermögensbeeinträchtigung ab."

[178] Vgl. schon oben, 2. Teil C. III. 3. a).

[179] Vgl. ebd.

§ 818 Abs. 2 erfaßt die nur teilweise Unmöglichkeit der Herausgabe nicht.[180] Nach wohl h.M.[181] bleibt der Schuldner in diesem Fall deshalb zur Herausgabe verpflichtet. Nach anderer Ansicht soll § 818 Abs. 2 analog anzuwenden sein.[182] Wer z.B. einen rechtsgrundlos geleisteten Schinken halb gegessen habe, müsse - vorbehaltlich des Einwandes aus § 818 Abs. 3 - diese Hälfte auch bezahlen.[183] Die andere Hälfte soll dann wohl - was aber nicht ausdrücklich gesagt wird - nach § 812 Abs. 1 S. 1 1. Alt. herauszugeben sein.

Das soeben zitierte Schinkenbeispiel macht aber gerade deutlich, wie wenig interessengerecht es ist, auf die Person des Bereicherungsschuldners abzustellen: Richtig ist es zunächst, die analoge Anwendung von § 818 Abs. 2 in den Fällen der Teilunmöglichkeit für den Teil des Kondiktionsgegenstandes zu eröffnen, dessen Rückführung unmöglich ist. Da eine Rückabwicklung der rechtsgrundlos erfolgten Zuwendung im (Restitutions-)Interesse des Bereicherungsgläubigers im Umfang des verzehrten Schinkenanteils jedenfalls scheitert, muß der ihm entstandene Nachteil durch Wertersatz ausgeglichen werden, § 818 Abs. 2 analog.[184] Ob aber der halbverzehrte, übriggebliebene Schinken zusätzlich herauszugeben ist oder ob auch insoweit gemäß § 818 Abs. 2 analog der Wert zu ersetzen ist, muß gleichermaßen aus der Sicht des Bereicherungsgläubigers bestimmt werden.[185] Es ist nämlich keineswegs gesagt, daß seinem Restitutionsinteresse mit der Rückgabe des halben Schinkens noch in irgendeiner Weise gedient sein kann. Man denke etwa an den Verkäufer, der den angekauten Schinken nicht weiterverkaufen kann.[186] Ein dem Regelungsziel der Leistungskondiktion entsprechendes Ergebnis ist hier nur zu erzielen, wenn man die Frage, wann an die Stelle des Anspruchs auch Rückübertragung des noch vorhandenen Teiles des Kondiktionsgegenstandes eine Wertersatzpflicht gemäß § 818 Abs. 2 analog tritt, nach dem subjektiven (Restitutions-)Interesse des Bereicherungsgläubigers beurteilt. Denn nur um den Ausgleich des dem Bereicherungsschuldner entstandenen Nachteils geht es. Ist für ihn deshalb die „Teil-

---

[180] *Reuter/Martinek*, § 16 III. 2. (S. 565).

[181] RGRK-*Heimann-Trosien*, § 818 Rn. 16; *Staudinger-Lorenz*, § 818 Rn. 22, der einen Wertungswiderspruch zu den in §§ 950, 951 zum Ausdruck kommenden Gedanken dadurch vermeiden will, daß er bei Umgestaltung zu einer anderen (wertvolleren) Sache objektive Unmöglichkeit der Herausgabe annimmt und deshalb die Voraussetzungen von § 818 Abs. 2 bejaht. Im übrigen komme unter der Voraussetzung der §§ 818 Abs. 4 bzw. 819, 292, 989 ein Schadensersatzanspruch in Betracht.

[182] *Larenz/Canaris*, § 72 II 3. c) (S. 273); *Canaris*, NJW 1991, S. 2514.

[183] *Canaris*, NJW 1991, ebd.

[184] Vgl. allgemein schon oben, 1. Teil C. II. 2. c) dd).

[185] Die Situation ist identisch mit der des § 323 Abs. 1 2. Hs., vgl. dazu oben, 2. Teil B. III. 2. b).

[186] Ein weiteres Beispiel von *Staudinger-Lorenz*, § 818 Rn. 22: Für einen Kunsthändler ist ein rechtsgrundlos übereignetes Bild, welches der Erwerber in der Zwischenzeit übermalt hat, unbrauchbar.

rückabwicklung" ohne Interesse, ist im vollen Umfang Wertersatz gemäß § 818 Abs. 2 analog zu gewähren. Die möglicherweise widerstreitenden Interessen des Bereicherungsschuldners sind andererseits (auf einer methodisch nachfolgenden Stufe) erst über § 818 Abs. 3 zu berücksichtigen.[187]

Nach den gleichen Grundsätzen ist eine Lösung für die Fälle zu finden, in welchen der Bereicherungsschuldner besonders wertsteigernde Aufwendungen auf den Kondiktionsgegenstand gemacht hat.

Wohl überwiegend wird in diesen Fällen Unmöglichkeit der Herausgabe mit der Folge der Anwendbarkeit des § 818 Abs. 2 angenommen.[188] Die Möglichkeit der Herausgabe hänge nach „allgemeinen Grundsätzen des Bereicherungsrechts von der Zumutbarkeit der Beseitigung ... ab".[189] Nach anderer Ansicht ist ein Herausgabeverlangen wegen § 818 Abs. 3 nur gegen Erstattung der Aufwendungen begründet.[190] Larenz/Canaris[191], die ansonsten ausdrücklich auf die Person des Schuldners abstellen wollen, kommen zu ähnlichen Ergebnissen, indem sie in diesem Zusammenhang betonen, daß der Bereicherungsgläubiger trotz der Wertsteigerung ein legitimes Interesse (sic!) an der Rückübertragung haben könne. Nur wenn die Nachteile, die die Herausgabe in Natur für den Bereicherungsschuldner habe, außer Verhältnis zu den Vorteilen für den Gläubiger stünden, sei letzterer auf einen Geldersatzanspruch beschränkt, § 251 Abs. 2 analog. Umgekehrt könne auch dem Bereicherungsschuldner der Einwand des Rechtsmißbrauchs (§ 242) entgegengesetzt werden, wenn er dem Gläubiger mit Hilfe des Einwandes aus § 818 Abs. 3 eine für diesen unerwünschte und u.U. unbezahlbare Werterhöhung aufdrängen wolle. Dem Einwand des § 818 Abs. 3 stehe dann die Replik des § 242 entgegen, sofern der Bereicherungsschuldner nicht von sich aus Wertersatz für die erlangte Sache (unter Abzug der von ihm vorgenommenen Werterhöhung) anbiete.[192]

Unter dem hier verfolgten Gedanken, daß die Leistungskondiktion ein Instrument zur Reaktion auf die Realisierung des Zuwendungsrisikos ist, ist zunächst zu ermitteln, ob die Rückführung des mit Aufwendungen versehenen Kondiktionsgegenstandes im Restitutionsinteresse des Bereicherungsgläubigers liegt. Ist das zu verneinen, kommt nur Wertersatz i.S.v. § 818 Abs. 2 in Frage. Entspricht - wie in der Regel - die Rückübertragung des „veredelten" Kondiktionsgegenstandes dem Gläubigerinteresse, so ist dem Interesse des Schuldners über § 818 Abs. 3[193] Rechnung zu tragen.

---

[187] Vgl. dazu unten, 2. Teil C. IV. 1. d).

[188] Vgl. RGZ 133, S. 293 ff. (294 f.); BGH NJW 1981, S. 2687 ff. (2688); WM 1987, S. 1533 ff. (1534); *Reuter/Martinek*, § 16 III. 2. (S. 564 f.).

[189] *Reuter/Martinek*, ebd.; vgl. *Staudinger-Löwisch*, § 275 Rn. 6.

[190] MüKo-*Lieb*, § 818 Rn. 31; dagegen *Reuter/Martinek*, ebd. (S. 565) („nicht nur dogmatisch inkorrekt, sondern auch praktisch indiskutabel").

[191] *Larenz/Canaris*, § 72 III 1. a) (S. 274).

[192] Ebd.

[193] Vgl. dazu unten, 2. Teil C. IV. 1. d). Die im Rahmen von § 818 Abs. 3 vorzunehmende Interessenabwägung, vgl. unten, 2. Teil C. IV. 1. d) dd), kann dazu führen, daß der Kondiktionsgegenstand wegen des überwiegenden Interesses des Bereicherungsschuldners nicht herauszugeben ist. Dem Einwand aus § 818 Abs. 3 steht aber

Hätte aufgrund der speziellen Beziehungen zwischen Gläubiger und Schuldner der Schuldner den Kondiktionsgegenstand vom Gläubiger zu günstigeren Bedingungen als dem objektiven Marktwert erlangen können und kann der Gegenstand selbst nicht herausgegeben werden[194], dann ist Wertersatz nur entsprechend der günstigeren Variante zu leisten. Nur in dieser Höhe ist dem Bereicherungsgläubiger nämlich ein Nachteil entstanden.[195] Wollte der Bereicherungsgläubiger den Kondiktionsgegenstand in dem umgekehrten Fall nur zu einem überhöhten Preis zur Verfügung stellen, dann ist aus den vorgenannten Gründen in dieser Höhe Wertersatz zu leisten. Der überhöhte Preis ist nämlich der Wert des Nachteils im Gläubigervermögen.[196]

cc) Die Gewinnproblematik

Auch im Zusammenhang mit der vieldiskutierten[197] Frage der Gewinnherausgabe führt die hier vertretene Position nicht nur zu dogmatisch folgerichtigen, sondern auch im Einzelfall interessengerechten Lösungen:

Unter dem Stichwort der bereicherungsrechtlichen Gewinnhaftung wird zunächst im Zusammenhang mit § 818 Abs. 1 der Fall diskutiert, daß der Wert des

---

dann in der Tat die Replik aus § 242 entgegen, wenn der Bereicherungsschuldner keinen Wertersatz leistet, vgl. *Larenz/Canaris*, ebd. Ergibt die Interessenabwägung, daß der Bereicherungsgegenstand trotz wertsteigernder Aufwendung herauszugeben ist, kann umgekehrt aus § 242 folgen, daß der Bereicherungsgläubiger dem Bereicherungsschuldner die Aufwendungen zu entgelten hat.

[194] Beispiel von *Larenz/Canaris*, § 72 III 2. d) (S. 276): Ein Angestellter der Lufthansa erschleicht sich einen Flug, den die Lufthansa ihm als ihrem Angestellten bei normaler Buchung zu einem günstigen Sondertarif verkauft hätte; vgl. auch *Canaris*, JZ 1971, S. 561.

[195] Anders die Begründung desselben Ergebnisses bei *Larenz/Canaris*, ebd., die sich auf den „allgemeinen Grundsatz, daß die gemeinsame Bewertung der Parteien Vorrang vor objektiven Kriterien hat" berufen, vgl. auch *Canaris*, JZ 1971, S. 561; kritisch *Gursky*, JZ 1972, S. 284, und *Köhler*, S. 308 Fn. 213. Diese Begründung trägt das Ergebnis aber deshalb nicht, weil eine gemeinsame Bewertung der Parteien gerade nicht vorliegt, denn das Grundgeschäft ist ja unwirksam. In Wirklichkeit stellen auch *Larenz/Canaris*, ebd., (richtigerweise) auf nichts anderes als den beim Gläubiger entstandenen Nachteil ab.

[196] Anders erneut die zu demselben Ergebnis führende Begründung von *Larenz/Canaris*, § 72 III 3. a) (S. 277): Der überhöhte Preis gebe den objektiven Marktpreis wieder, da „dieses Gut" eben nur zu dem überhöhten Preis zu haben gewesen sei. Die Widersprüchlichkeit der Argumentation ist offensichtlich: ein überhöhter Preis ist gerade kein objektiver Marktpreis. Vielmehr stellen *Larenz/Canaris*, ebd., in Wirklichkeit erneut (richtigerweise) auf den Verlust im Schuldnervermögen ab. Das wird durch die nicht überzeugende Begründung umso deutlicher.

[197] Vgl. *Larenz/Canaris*, § 72 I 1. b) (S. 265) („sehr komplexe und äußerst umstrittene ... Problematik"); MüKo-*Lieb*, § 818 Rn. 16: („viel und kontrovers erörtert").

nach dieser Vorschrift herauszugebenden Surrogats höher ist, als der nach § 818 Abs. 2 für den Kondiktionsgegenstand zu ersetzende Wert es gewesen wäre.

Herrschende Lehre und Rechtsprechung gehen davon aus, daß § 818 Abs. 1 das durch den Weiterverkauf Erlangte, also auch einen über dem Wert des Kondiktionsgegenstandes liegenden Gewinn nicht erfaßt.[198] Für die h.M. spricht vor allem, daß nicht einzusehen ist, warum der Bereicherungsgläubiger von der Geschäftsfähigkeit des Bereicherungsschuldners soll profitieren können.[199] Von der Gegenansicht wird für eine Gewinnherausgabe geltend gemacht, daß der Bereicherungsgläubiger über § 818 Abs. 3 das Risiko eines Verkaufs unter Wert trägt. Demgemäß müsse ihm andererseits die Chance des Übererlöses zustehen.[200] Für eine Gewinnherausgabe wird außerdem ins Feld geführt, daß andernfalls ein Wertungswiderspruch zu § 281 bestehe.[201] Andere wollen je nach Interessenlage im Einzelfall entscheiden.[202]

Nach hier vertretener Ansicht ist schon die Surrogatherausgabe an sich als mit dem Regelungsziel der Leistungskondiktion nicht vereinbar und deshalb § 818 Abs. 1 2. Alt. in diesem Rahmen als unanwendbar anzusehen.[203] Die Frage, ob und wie ein höherwertiges Surrogat herauszugeben ist, ist für die Leistungskondiktion deshalb gleichfalls ohne Bedeutung.

Eine andere Bewertung verlangt die in § 818 Abs. 1 in bezug auf die herauszugebenden Nutzungen getroffene Regelung. Der Anspruch auf Herausgabe ist nämlich unmittelbar mit dem Restitutionsinteresse des Zuwendenden, welches aus der Realisierung des Zuwendungsrisikos folgt, zu begründen.[204] Damit stellt sich die Frage, ob auch solche vom Bereicherungsschuldner gezogene Nutzungen herauszugeben sind, die sich als überdurchschnittlicher Ertrag darstellen.[205]

---

[198] Vgl. schon oben, Fn. 166.

[199] Vgl. *Larenz/Canaris*, § 72 I 1. b) (S. 265).

[200] *Koppensteiner*, NJW 1971, S. 1771 f.; *Esser/Weyers*, S. 491; *Lieb*, NJW 1982, S. 2040; MüKo-*Lieb*, § 818 Rn. 26, der allerdings für die Leistungskondiktion die folgende Einschränkung macht: Habe sich der Bereicherungsgläubiger ursprünglich mit einer gewissen Gegenleistung zufrieden gegeben, dann sei es als venire contra factum proprium anzusehen, wenn er im Falle der Unwirksamkeit des Vertrages den höheren Gegenwert herausverlange.

[201] *Lange*, NJW 1951, S. 687; *Koppensteiner*, NJW 1971, S. 1771 f.; vgl. auch aus rechtshistorischer Sicht, *Jakobs*, lucrum ex negotiatione, S. 101 f.

[202] Vgl. *Wilburg*, Lehre, S. 128 ff., dagegen *Larenz/Canaris*, § 72 I 1. b) (S. 265) („erhebliche Rechtsunsicherheit").

[203] Vgl. oben, 2. Teil C. IV. 1. c) aa).

[204] Vgl. ebd.

[205] Die h.M. verneint auch im Zusammenhang mit der Nutzungsherausgabe einen Anspruch des Bereicherungsgläubigers auf den erzielten Gewinn, vgl. *v. Caemmerer*, FS Rabel, S. 356, 377; *König*, FS v. Caemmerer, S. 206; anders *Wilhelm*, AcP 181, S. 563; *Erman-H.P. Westermann*, § 818 Rn. 18.; *Larenz/Canaris*, § 72 II 3 a) (S. 271) mit dem Argument, § 818 Abs. 1 enthalte eine Wertung, wonach die Nutzungen dem Kondiktionsgegenstand zuzuordnen seien. Larenz/Canaris wollen aber bei Vermietung und Verpachtung eine Einschränkung machen, da es hier nur um ein commodum ex negotiatione gehe, das nach § 818 Abs. 1 gerade nicht herauszugeben sei. Die Verweisung von

Anders als fast einhellig angenommen ist auch insoweit entsprechend den obigen Grundsätzen auf die Person des Bereicherungsgläubigers abzustellen, da das Ziel der Leistungskondiktion (nur) der Ausgleich seines durch die Zuwendung entstandenen Nachteils ist.[206] Der durch den Bereicherungsschuldner bei der Nutzenziehung erlangte überdurchschnittliche Ertrag hat unter diesem Aspekt außer Betracht zu bleiben, denn er beeinflußt den Umfang des auszugleichenden Nachteils in keiner Weise. Im Ergebnis muß es deshalb so sein, daß der Bereicherungsschuldner nur die Nutzungen herausverlangen kann, die ihm durch seine (rechtsgrundlose) Zuwendung potentiell entgangen sind.[207] Überproportionale Nutzungserlöse verbleiben dem Bereicherungsschuldner, da sie dem Ausgleich des zuwendungsbedingten Nachteils beim Bereicherungsgläubiger nicht dienen können und diesem deshalb auch nicht zustehen.

Auch die in der juristischen Literatur diskutierten[208] Vermietungs- und Verpachtungsfälle lassen sich durch diese klaren Vorgaben widerspruchsfrei lösen. Hat der Bereicherungsschuldner den Kondiktionsgegenstand in zu überdurchschnittlichen Bedingungen vermietetem oder verpachtetem Zustande von dem Bereicherungsgläubiger (rechtsgrundlos) erlangt, dann hat er auch die höheren Miet- bzw. Pachterträge herauszugeben, denn diese hätte auch der Bereicherungsgläubiger erzielt. Beruhen die höheren Einnahmen demgegenüber auf einer Begründung des Miet-/Pachtverhältnisses durch den Bereicherungsschuldner, dann schuldet der Bereicherungsschuldner nur die Erträge, die potentiell auch der Bereicherungsgläubiger gezogen hätte, die er also durch die (rechtsgrundlose) Zuwendung verloren hat.[209]

Die Problematik der Gewinnherausgabe wird schließlich auch im Zusammenhang mit § 818 Abs. 2 diskutiert.[210] Da für die Berechnung der Höhe des Wertersatzes i.S.v. § 818 Abs. 2 von dem dem Gläubiger entstandenen Nachteil auszugehen ist[211], haben richtigerweise

---

§ 818 Abs. 1 auf § 99 Abs. 3 sei deshalb nur einschlägig, wenn der Bereicherungsschuldner den Kondiktionsgegenstand in vermietetem oder verpachtetem Zustand erlangt habe, dagegen *Reuter/Martinek*, § 15 II 3 b) (S. 539).

[206] Vgl. oben, 2. Teil C. III. 3. 1).

[207] Vgl. schon oben 2. Teil C. IV. 1. c) aa).

[208] Vgl. oben, Fn. 205.

[209] § 99 Abs. 1, auf den § 818 Abs. 1 verweist, ist für die Leistungskondiktion also einschränkend auszulegen, vgl. im Ergebnis genauso *Larenz/Canaris*, § 72 II 3. b) (S. 271 f.).

[210] Hintergrund ist, daß man teilweise einen Anspruch auf das commodum ex negotiatione nach § 818 Abs. 1 versagt, andererseits aber einen Ausgleich über § 818 Abs. 2 bereitstellen will, vgl. *Koppensteiner*, NJW 1971, S. 1722; *Koppensteiner/Kramer*, § 16 II 1.c.

[211] Vgl. oben, 2. Teil C. III. 3. a) und C. IV. 1. c) aa) und bb).

„schuldnerspezifische Gewinnfaktoren, wie Geschäftsrenommé, Know-how, Kenntnis besonders günstiger Verkaufsmöglichkeiten und dgl. außer Betracht"

zu bleiben.[212]

d) § 818 Abs. 3

aa) Regelungsgehalt

§ 818 Abs. 3 läßt sich mit der Funktion der Leistungskondiktion als Korrektiv einer infolge der Realisierung des Zuwendungsrisikos nicht mehr gerechtfertigten Zuwendung nicht in Einklang bringen. Durch eine Entreicherung des (gutgläubigen und unverklagten[213]) Bereicherungsschuldners wird nämlich grundsätzlich das Erreichen des genuinen Regelungsziels der Leistungskondiktion (Ausgleich des dem Bereicherungsgläubiger entstandenen Nachteils) nicht vollständig unmöglich. Das Restitutionsinteresse des Bereicherungsschuldners könnte immerhin noch mit einem Wertersatzanspruch befriedigt werden.[214] Wenn § 818 Abs. 3 dem Bereicherungsschuldner dennoch den Einwand der Entreicherung zugesteht,[215] so verdeutlicht das, daß es bei dieser Vorschrift nicht um eine Reaktion auf die Realisierung des Zuwendungsrisikos im Interesse des betroffenen Zuwendenden geht. § 818 Abs. 3 schränkt vielmehr die regelungstechnische Umsetzung des Restitutionsinteresses des Bereicherungsgläubigers zugunsten der Interessen des Bereicherungsschuldners ein.[216] § 818 Abs. 3 dient also nur dem Interesse des zuletzt Genannten (als Zuwendungsempfänger)[217] und entscheidet darüber, wann das von der Leistungskondiktion berücksichtigte Interesse des Bereicherungsgläubigers zugunsten der Interessen

---

212 *Larenz/Canaris*, § 72 III 3. (S. 278).

213 Aus §§ 818 Abs. 4, 819 folgt bekanntlich, daß § 818 Abs. 3 nur für den gutgläubigen, unverklagten Bereicherungsschuldner zur Anwendung kommt, vgl. *Larenz/Canaris*, § 71 II 1. a) (S. 257), § 73 I (S. 295).

214 Vgl. oben, 1. Teil C. II. 2. c) dd); auch *Mugdan* 2, Motive, S. 467.

215 Die Berücksichtigung des Wegfalls der Bereicherung wird überwiegend als nachklassischen Ursprungs angesehen, vgl. *v. Lübtow*, Beiträge zur Lehre von der condictio nach römischem und geltendem Recht, S. 20 f.; *Leser*, Von der Saldotheorie, S. 6 f.; *ders.*, Rücktritt, S. 107, Rn. 33; anders *Misera*, S. 271 f.; zweifelnd *Diesselhorst*, Natur der Sache, S. 33 ff. (44), der, ebd., S. 33 f., auch zur dogmengeschichtlichen Entwicklung Stellung nimmt.

216 Anders RGRK-*Heimann-Trosien*, § 818 Rn. 24; unscharf *Jürgen Kohler*, Rückabwicklung, S. 161, der von einer „Doppeltorientiertheit" des § 812 Abs. 1 S. 1 spricht.

217 Vgl. MüKo-*Lieb*, § 818 Rn. 49; *Reuter/Martinek*, § 3 I 2. (S. 589); *Larenz/Canaris*, § 71 II 1. a) (S. 257 f.), § 73 I (S. 295), sprechen von der besonderen „Milde des Bereicherungsrechts" und einem daraus folgenden „spezifischen Gerechtigkeitsgehalt". Die h.M. sieht die *ratio legis* von § 818 Abs. 3 in dem Schutz des guten Glaubens an die Rechtsbeständigkeit des Erwerbs, vgl. nur *Larenz/Canaris*, § 73 I 1. b) (S. 296) m.w.N.; *Rengier*, S. 429; schon *Mugdan* 2, Protokolle, S. 1182.

des Bereicherungsschuldners zurücktreten muß, nach dem Wortlaut nämlich immer. Dem Restitutionsinteresse des Bereicherungsgläubigers zieht § 818 Abs. 3 damit pauschal die Interessen des gutgläubigen, unverklagten Bereicherungsschuldners vor[218] und entscheidet - unter dem Vorbehalt von §§ 819 Abs. 1, 818 Abs.4[219] - damit die notwendige Interessenabwägung zugunsten des Bereicherungsschuldners.

Obwohl die dogmatischen Grundlagen der Leistungskondiktion nicht aus dem Abschöpfungsgedanken herzuleiten sind,[220] begrenzt § 818 Abs. 3 mithin die genuin viel weitere Funktion der Leistungskondiktion im Interesse des gutgläubigen, unverklagten Bereicherungsschuldner insoweit, als nur die noch vorhandene Bereicherung herausverlangt werden kann.[221] Diese Beschränkung ist freilich keine Eigenart der auf dem Restitutionsinteresse des Bereicherungsgläubigers basierenden Leistungskondiktion selbst, sondern folgt aus der Berücksichtigung der widerstreitenden Interessen des Bereicherungsschuldners. Hier offenbart sich andererseits eine bereicherungsrechtliche Besonderheit: die Leistungskondiktion selbst weist zwar keine Unterschiede gegenüber anderen in der deutschen Zivilrechtsordnung vorgesehenen Instrumenten zur Reaktion auf die Realisierung des Zuwendungsrisikos auf.[222] Eine Eigenart ergibt sich aber (erst) aus der von § 818 Abs. 3 bewirkten Privilegierung des Bereicherungsschuldners als Zuwendungsempfänger, die für andere Instrumente zur Reaktion auf die Realisierung des Zuwendungsrisikos im deutschen Zivilrecht nicht vorgesehen ist. § 818 Abs. 3 kann deshalb zumindest für die Leistungsfälle als bereicherungsrechtliche Zentralvorschrift angesehen werden.[223]

---

[218] Vgl. *Rengier*, S. 428: „... Gefahrtragungsregel, die besagt, daß der Untergang oder die Verschlechterung des Erlangten grundsätzlich zu Lasten des Bereicherungsgläubigers geht."; *Reuter/Martinek*, § 17 III 1 (S. 589); MüKo-*Lieb*, § 818 Rn. 5. Die Wirkung des § 818 Abs. 3 wird allerdings dadurch abgeschwächt, daß der Bereicherungsschuldner die Beweislast für den Wegfall der Bereicherung trägt, vgl. nur *Larenz/Canaris*, § 73 I 1. c) (S. 297).

[219] Vgl. *Probst*, passim, insbes. S. 237.

[220] Vgl. oben, 2. Teil C. III. 3. a).

[221] Vgl. *Larenz/Canaris*, § 71 II 1 (S. 258). *Rengier*, S. 422 f. hält es zu Recht für überraschend, daß die h.M. trotz des seit Erlaß des BGB veränderten bereicherungsrechtlichen Verständnisses bei der Bemessung des Umfangs der Bereicherungshaftung an den Vorstellungen des Gesetzgebers festhält. Hier stehe plötzlich nicht mehr die Ausgleichsfunktion im Vordergrund, sondern wie im Gemeinen Recht der Abschöpfungsgedanke. Zu bedenken ist andererseits, daß eben nur die Leistungskondiktion als Rückabwicklungsinstrument dem Restitutionsinteresse des Bereicherungsgläubigers dient. § 818 Abs. 3 ist mit diesem Regelungszweck nicht in Einklang zu bringen, verfolgt vielmehr - wie dargelegt - entgegengesetzte Regelungsziele. Entgegen *Rengier*, S. 432, ist § 818 Abs. 3 deshalb auch nicht aus dem Rückabwicklungsgedanken selbst herzuleiten, vgl. ebd., S. 432, begrenzt vielmehr dessen rechtstechnische Realisierung.

[222] Vgl. oben, 2. Teil C. III. 3.

[223] *Mugdan* 2, Protokolle, S. 1183; BGHZ 55, S. 128 ff. (131) (Flugreisefall) = NJW 1971, S. 609 ff. = JZ 1971, S. 556 ff.; *v. Caemmerer*, FS Rabel, S 368; vgl. *Reuter/*

Die von § 818 Abs. 3 berücksichtigten Interessen des Bereicherungsschuldners (als Zuwendungsempfänger in den Leistungsfällen) und die Abwägung mit den Interessen des Bereicherungsgläubigers als Zuwendendem sind freilich nicht Gegenstand dieser Arbeit. Die im Zusammenhang mit § 818 Abs. 3 bestehenden Meinungsverschiedenheiten können deshalb im folgenden nur kurz behandelt werden.

bb) Problem

Die pauschale Entscheidung des § 818 Abs. 3 ist eben wegen seiner kompromißlosen Bevorzugung des Bereicherungsschuldners schon *per se* der „Unausgewogenheit verdächtig“. Die Betrachtung des in der juristischen Literatur berühmten Hundefalles[224], in welchem der rechtsgrundlos geleistete Hund den Teppich des Bereicherungsschuldners zerfrißt, gibt Zweifeln an der für alle Fälle gerechten Berücksichtigung der beteiligten Interessen durch § 818 Abs. 3 weitere Nahrung. Ist der entstandene Schaden bei der Kondiktion des Hundes zu berücksichtigen? Wie ist es, wenn der Bereicherungsschuldner den Hund fahrlässig überfährt? Nach seinem Wortlaut scheint § 818 Abs. 3 in beiden Fällen dem Bereicherungsschuldner die Berufung auf den Wegfall seiner Bereicherung zu gestatten. Demgegenüber ist zumindest im zweiten Fall offensichtlich, daß es wenig interessengerecht wäre, den Bereicherungsgläubiger mit dem Risiko des von dem Bereicherungsschuldner herbeigeführten Tod des Hundes zu belasten. Der Anwendungsbereich des § 818 Abs. 3 ist deshalb einzuschränken.

cc) Lösungsansätze

Es wird demgemäß diskutiert, welche im Vermögen des Bereicherungsschuldners eintretenden Nachteile im Rahmen von § 818 Abs. 3 zu berücksichtigen sind und welche nicht.[225] Die Rechtsprechung grenzte lange danach ab, ob

---

Martinek, § 3 I. 2. (S. 45), § 17 I. 1. (S. 576), § 17 III 1. (S. 589); *Rengier*, S. 418 f.; *Beuthien*, Jura 1979, S. 532; *Büdenbender*, S. 136; anders *Flume*, NJW 1970, S. 1163; *Wilhelm*, AcP 183, insbes. S. 8, der das Freiwerden des Bereicherungsschuldners als den Regelfall und die Haftung nach §§ 818 Abs. 4, 819 in Verbindung mit den allgemeinen Vorschriften als die Ausnahme ansieht; vgl. zurückhaltend auch *Goetzke*, S. 309 f.

[224] Vgl. nur *Flume*, FS Niedermeyer, S. 155 ff.; *Larenz/Canaris*, § 73 I (S. 296); *v. Tuhr*, FS Bekker, S. 309; *Rengier*, S. 430.

[225] Keine Rolle spielt insoweit grundsätzlich, ob ein gegenständliches oder ein nichtgegenständliches Zuwendungsobjekt zugewendet (geleistet) worden ist, vgl. BGH JZ 1971, S. 556 ff. (558); *Canaris*, JZ 1971, S. 561; *Larenz/Canaris*, § 73 I. 2. b) (S. 298), III. 2. e) (S. 326); *Reuter/Martinek*, § 17 III 2 a) (S. 591 f.). Wenn der Ausgleich des entstandenen Nachteils gemäß § 818 Abs. 2 nämlich auch in Wertersatz erfolgen kann bzw. bei nicht-gegenständlichen Zuwendungen erfolgen muß, dann muß diesem Wertersatzanspruch auch über § 818 Abs. 3 das Interesse des Bereicherungsschuldners ent-

ein ursächlicher Zusammenhang mit dem ungerechtfertigten Erwerb besteht.[226] In neuerer Zeit hat der BGH allerdings entschieden, daß

> „im Einzelfall zu prüfen (*ist*), inwieweit das (jeweilige) Entreicherungsrisiko gem. § 818 Abs. 3 BGB nach den Vorschriften zu dem fehlgeschlagenen Geschäft oder nach dem Willen der Vertragsschließenden jeweils der einen oder der anderen Partei zugewiesen sein sollte."[227]

Die heute wohl herrschende Ansicht in der juristischen Literatur geht davon aus, daß § 818 Abs. 3 den guten Glauben an die Rechtsbeständigkeit des Erwerbs schützt. Der Bereicherungsschuldner habe deshalb grundsätzlich das Erlangte[228] bzw. dessen Gegenwert herauszugeben. Im übrigen dürfe er durch den Bereicherungsausgleich keine Einbuße an seinem Stammvermögen erleiden.[229]

Der Versuch, Kriterien dafür zu entwickeln, wann der weitreichende Schutz des Bereicherungsschuldners durch § 818 Abs. 3 einzuschränken ist, ist freilich alt: Schon v. Tuhr[230] wollte § 818 Abs. 3 nur auf den Bereicherungsgegenstand beziehen. Weitergehende Schäden seien bei der Eingriffskondiktion vom Bereicherungsschuldner, bei der Leistungskondiktion analog § 122 vom Leistenden zu tragen. Nach Wilburg[231] waren nur solche weitergehenden Schäden von § 818 Abs. 3 erfaßt, die durch das Vertrauen des Bereicherungsschuldners auf die Rechtsbeständigkeit des Erwerbs verursacht und vom Bereicherungsgläubiger veranlaßt sind. Neuerdings versteht Flessner[232] § 818 Abs. 3 als offenen Tatbestand, der durch die Wertungen des Schadensersatzrechts auszufüllen und einzuschränken ist. Nach Flume[233] ist für die Anwendbarkeit von § 818 Abs. 3 das Kriterium der willentlichen vermögensmäßigen Entscheidung des Bereicherungsschuldners heranzuziehen. Bei entgeltlichem Erwerb werde ihm die Privilegierung des § 818 Abs. 3 bis zur Höhe der eigenen Gegenleistung verwehrt, da er sich eben entschieden habe, eine Gegenleistung zu erbringen. Außerhalb des Kondiktionsgegenstandes liegende Verluste sind nach Flume nur zu berücksichtigen, wenn sie auf den grund-

---

gegengehalten werden können; a.A. für die Eingriffskondiktion *Mestmäcker*, S. 524; *Kleinheyer*, S. 574.

[226] Vgl. RGZ 106, S. 4 ff. (7); 170, S. 65 ff. (67); BGHZ 1, S. 75 ff. (81); BGH NJW 1981, S. 277 ff., 278; zustimmend RGRK-*Heimann-Trosien*, § 818 Rn. 26; vgl. auch *Jürgen Kohler*, NJW 1992, S. 3146; kritisch *Schnitzler*, S. 271; *Larenz/Canaris*, § 73 I 1. b) (S. 296); *Beuthien*, Jura 1979, S. 532.

[227] BGH NJW 1992, S. 1037 ff. (1038); NJW 1990, S. 314 ff. (315) unter Berufung auf *Schröder*, S. 721; zustimmend *Martinek*, EWiR 1992.

[228] Vgl. schon oben, 2. Teil C. IV. 1. b).

[229] *Larenz/Canaris*, § 73 (S. 294 ff. (297)); *Palandt-Thomas*, § 818 Rn. 27; *Leser*, Rücktritt, S. 107 ff.; *Eckert*, S. 508; vgl. *Reuter/Martinek*, § 17 III 2 a) (S. 591); *Lass*, S. 151; im Zusammenhang mit einem Fall der Eingriffskondiktion, *Blomeyer*, MDR 1976, S. 925; *Giesen*, Teil 3, S. 282; *Beuthien*, Jura, 1979, S. 532 f.; *Bremecker*, S. 17; *Lieb*, NJW 1982, S. 2039; *Braun*, JuS 1981, S. 813; kritisch *Jürgen Kohler*, Rückabwicklung, S. 133 ff.

[230] *v. Tuhr*, FS Bekker, S. 313 ff.

[231] *Wilburg*, Lehre, S. 138 ff. (S. 145 ff.).

[232] *Flessner*, Interessenjurisprudenz, S. 94 ff. (103 ff.).

[233] *Flume*, FS Niedermeyer, S. 150 ff.; *ders.*, NJW 1970, S. 1163 f.; *ders.*, AcP 194, S. 439 ff.; ihm folgend *J. Wilhelm*, Rechtsverletzung, S. 62 ff.

losen Erwerb zurückzuführen sind. Nicht anrechenbar seien demgegenüber die Nachteile, die auf einer eigenen vermögensmäßigen Entscheidung des Schuldners beruhten.[234] Rengier[235] will § 818 Abs. 3 auf den Wegfall des Erlangten beschränken und weitergehende Vertrauensschäden nur nach §§ 122, 179 Abs. 2, 307, 309 und möglicherweise den Grundsätzen der *culpa in contrahendo* ersetzen. In bezug auf den Leistungsgegenstand sei § 818 Abs. 3 durch den Grundsatz des *venire contra factum proprium* einzuschränken.[236]

dd) Stellungnahme

Richtigerweise ist zwischen dem Wegfall des Kondiktionsgegenstandes selbst und sonstigen Vermögensnachteilen zu unterscheiden. Wenn die Leistungskondiktion nämlich auf die Rückabwicklung einer konkreten Zuwendung, d.h. die Rückführung eines konkreten Zuwendungsobjekts in das Vermögen dessen, der es (rechtsgrundlos) verloren hat,[237] abzielt und § 818 Abs. 3 dem das Interesse des Bereicherungsschuldner entgegensetzt,[238] dann muß § 818 Abs. 3 denselben Regelungsgegenstand haben wie die Leistungskondiktion. Auch § 818 Abs. 3 ist deshalb trotz seines auf das Vermögen ausgerichteten Wortlauts auf den Gegenstand der Leistung zu beschränken.[239] Darüber hinausgehende Vermögensnachteile können vom Bereicherungsschuldner nur über andere Anspruchsgrundlagen[240] geltend gemacht werden, soweit deren Voraussetzungen vorliegen.

Zu klären bleibt die Frage, ob und in welchem Umfang § 818 Abs. 3 auch für den Bereicherungsgegenstand einzuschränken ist. Dafür muß man sich vergegenwärtigen, daß die Konzeption der §§ 812 ff. auf inzwischen überholten Vorstellungen aufbaut.[241] Auch § 818 Abs. 3 ist nämlich ein offensichtliches Produkt des aus dem Gemeinen Recht stammenden und zur Grundlage des BGB gemachten Abschöpfungsgedankens: Wenn der Bereicherungsanspruch auf die Abschöpfung der Bereicherung gerichtet wäre, wäre es nur folgerichtig, die Bereicherung - wie nach dem Wortlaut des § 818 Abs. 3 vorgesehen - auf das zu

---

[234] *Flume*, FS Niedermeyer, S. 152, 155; NJW 1970, 1163; vgl. die präzise Übersicht über die vorstehenden Ansichten bei *Rengier*, S. 423 ff., und *Bremecker*, S. 20 ff.; ferner *Probst*, S. 237.

[235] *Rengier*, S. 430 ff.

[236] Vgl. zustimmend, wenn auch skeptisch in bezug auf die Akzeptanz gegenüber dieser Ansicht, MüKo-*Lieb*, § 818 Rn. 59; Kritik an Rengiers Auffassung findet sich demgegenüber bei *Reuter/Martinek*, § 17 II 3. (S. 586).

[237] Vgl. oben, 2. Teil C. III. 3. a).

[238] Vgl. oben 2. Teil C. IV. d) aa).

[239] *Rengier*, S. 431 f.

[240] *Rengier*, S. 431 ff., verweist auf §§ 122, 179 Abs. 2, 307, 309 und die Grundsätze von *culpa in contrahendo*.

[241] Vgl. oben, 2. Teil C. III. 2.

beschränken, was *per saldo* noch bei dem Bereicherungsschuldner vorhanden ist.[242] Der Abschöpfungsgedanke entspricht andererseits dem modernen Verständnis des Bereicherungsrechts gerade nicht mehr.[243]

Andererseits ist auch nicht geholfen, wenn man entsprechend dem originären Regelungsziel der Leistungskondiktion den Interessen des Bereicherungsgläubigers absoluten Vorrang vor denen des Bereicherungsschuldners einräumt und § 818 Abs. 3 für die Leistungskondiktion völlig unangewendet läßt. Auch diese Verfahrensweise führt nämlich nicht immer zu interessengerechten Ergebnissen. Wenn - um bei dem schon benannten Beispiel zu bleiben - der rechtsgrundlos geleistete Hund schon beim Bereicherungsgläubiger mit anderen, tollwutinfizierten Hunden in Kontakt gebracht worden ist und infolgedessen beim Bereicherungsschuldner stirbt, dann macht die Regelung des § 818 Abs. 3 im Interesse des Bereicherungsschuldners offensichtlich Sinn.

Eine Lösung hat deshalb durch Abwägung der widerstreitenden Interessen des Bereicherungsschuldners und des Bereicherungsgläubigers zu erfolgen. Im Einzelfall kann das zu unterschiedlichen Ergebnissen führen.[244] Der wie das Damoklesschwert über dieser Erkenntnis schwebende Vorwurf der Rechtsunsicherheit[245] erfordert es, die für diese Interessenabwägung maßgeblichen Wertungsfaktoren zu bestimmen: das von der Rechtsprechung herangezogene Kriterium der Kausalität[246] hilft insoweit nicht weiter. Die aus Untergang oder Verschlechterung des Kondiktionsgegenstandes entstehenden Nachteile werden sich nämlich fast immer kausal auf den Bereicherungsvorgang zurückführen lassen.[247] Auch genügt es nicht, den Schutz des Vertrauens auf die Rechtsbeständigkeit des Erwerbs als *ratio legis* des § 818 Abs. 3 zu begreifen und daraus ei-

---

[242] *Rengier*, S. 420. *Flessner*, Wegfall, S. 4 ff.; nach *Giesen*, Teil 1, S. 169, „... liegt der Sinn des Bereicherungsrechts ... darin, den Vermögenszuwachs des Bereicherten zugunsten des Entreicherten abzuschöpfen. Daher ist jeder Kondiktionsanspruch grundsätzlich ausgeschlossen, wenn sich im Vermögen des Bereicherten bzw. Kondiktionsschuldners ein Überschuß nicht mehr befindet, wenn er also entreichert ist (§ 818 Abs. 3 BGB)."

Da der Bereicherungsanspruch ohnehin nur aus Billigkeitsgründen gewährt wurde, wollte man die Möglichkeiten des Gläubigers im Interesse des Schuldners weitestgehend einschränken, vgl. MüKo-*Lieb*, § 818 Rn. 48; *Jürgen Kohler*, Rückabwicklung, S. 124 ff.

[243] Vgl. oben, 2. Teil C. III. 3. a).

[244] Vgl. *Schnitzler*, S. 273: „Insgesamt sind unendlich viele Fallgestaltungen denkbar. Es ist nicht möglich, diese auch nur annähernd aufzuzeigen. In jedem Einzelfall wird es Aufgabe sein, unter Abwägung der beiderseitigen Interessen bei Berücksichtigung der aufgezeigten Abgrenzungsmerkmale eine gerechte Risikoverteilung zwischen Bereicherungsgläubiger und Bereicherungsschuldner vorzunehmen."

[245] Vgl. im hier diskutierten Zusammenhang *Rengier*, S. 428; *Wilhelm*, Rechtsverletzung, S. 72; *Schnitzler*, S. 272.

[246] Vgl. oben, 2. Teil C. IV. d) cc).

[247] Vgl. *Schnitzler*, S. 270; *Larenz/Canaris*, § 73 I 1 b (S. 296).

ne Lösung herleiten zu wollen, wie ein Großteil des juristischen Schrifttums es versucht.[248] Damit ist nämlich noch überhaupt nichts über den Wert des Interesses des Bereicherungsschuldners im Verhältnis zu dem Interesse des Bereicherungsgläubigers an der Rückabwicklung gesagt.

Man wird vielmehr primär danach zu entscheiden haben, aus wessen Sphäre die Ursache für das Ereignis stammt, welches letztlich die Entreicherung herbeigeführt hat. Entstammt das Ereignis aus der Sphäre des Bereicherungsgläubigers, ist es (im wahrsten Sinne des Wortes) nur recht und billig, daß § 818 Abs. 3 im Interesse des Bereicherungsschuldners greift. Entstammt die Ursache im entgegengesetzten Fall dem Einflußbereich des Bereicherungsschuldners, dann steht dem Einwand aus § 818 Abs. 3 die Replik des *venire contra factum proprium* entgegen,[249] d.h. hat das Rückabwicklungsinteresse des Bereicherungsgläubigers Vorrang.

Problematisch bleiben allein die Fälle, in welchen die Ursache der Entreicherung keiner der Parteien zugeordnet werden kann, der Kondiktionsgegenstand also zufällig untergegangen ist. In diesen Fällen ist es - sofern nicht andere, übergeordnete Wertungskriterien, wie der Minderjährigenschutz, zum Tragen kommen - entgegen dem Wortlaut des § 818 Abs. 3 interessengerecht, den Bereicherungsschuldner mit den Folgen zu belasten. Der Bereicherungsschuldner hatte den Kondiktionsgegenstand nämlich seinem Vermögen einverleibt und war deshalb „näher dran".[250] Wenn überhaupt jemand, dann hätte er die Möglichkeit gehabt, den Verlust des Bereicherungsgegenstandes zu verhindern.

Im Ergebnis kommt die Privilegierung des § 818 Abs. 3 dem Bereicherungsschuldner deshalb immer dann zugute, wenn die Entreicherungsursache der Sphäre des Bereicherungsgläubigers entstammt. Die Schärfe des § 818 Abs. 3, die die Richtigkeit der bereicherungsrechtlichen Regelungen im BGB zumindest im Zusammenhang mit Leistungsfällen oftmals zweifelhaft erscheinen läßt, ist damit gemildert, wie an späterer Stelle exemplarisch verdeutlicht werden soll.[251]

---

[248] So *Larenz/Canaris*, § 73 (S. 294 ff.).

[249] *Rengier*, S. 438 ff.

[250] *Hans Josef Wieling*, JuS 1973, S. 397; ähnlich *Flume*, FS Niedermeyer, S. 165 f.; NJW 1970, S. 1163; anders ausdrücklich *Rengier*, S. 440 f., der feststellt, daß es an einer willentlichen Risikoübernahme gerade fehle, weshalb das Risiko entsprechend der gesetzlichen Wertung des § 818 Abs. 3 dem Bereicherungsgläubiger zuzuweisen sei. Rengier beachtet aber nicht, daß auch die Entscheidung des § 818 auf einem unzutreffenden Verständnis des Bereicherungsrechts basiert, vgl. vorstehend im Text. Im übrigen geht es nicht um eine Risikoübernahme, sondern höchstens um eine Risikozurechnung.

[251] Vgl. unten, 2. Teil C. IV. d) ff).

ee) Besonderheiten bei der bereicherungsrechtlichen Rückabwicklung von Austauschverhältnissen?

(1) Problem

Nach dem traditionellen auf dem Abschöpfungsgedanken basierenden Verständnis des Bereicherungsrechts stellt sich beim Bereicherungsausgleich von fehlgeschlagenen Austauschverhältnissen das bekannte, aus der Regelung des § 818 Abs. 3 resultierende Problem: da das BGB eine bereicherungsrechtliche Sonderregelung für Austauschverhältnisse nämlich nicht enthält[252], hat jeder Partner des Austauschverhältnisses grundsätzlich einen selbständigen Leistungskondiktionsanspruch.[253] Wenn bei einem der Partner die Bereicherung weggefallen ist, scheint ihm deshalb gegenüber dem Anspruch des Empfängers der eigenen Leistung der Einwand aus § 818 Abs. 3 zuzustehen, ohne daß sein eigener Anspruch davon beeinträchtigt wäre. Es scheint also, als könne er die Folgen seiner eigenen Disposition über den selbst erlangten Bereicherungsgegenstand auf seinen Bereicherungsgläubiger verlagern.[254]

(2) Lösungsansätze

Das Reichsgericht hat bekanntlich mit der Entwicklung der - freilich noch nicht so benannten[255] - Saldotheorie reagiert. In der Leitentscheidung vom 14. März 1903[256] hat es in konsequenter Umsetzung der damals herrschenden bereicherungsrechtlichen Vermögensorientierung[257] entschieden, daß

---

[252] MüKo-*Lieb*, § 818 Rn. 84; RGRK-*Heimann-Trosien*, § 818 Rn. 61; *Staudinger-Lorenz*, § 818 Rn. 41; *Larenz/Canaris*, § 73 III (S. 321); *v. Caemmerer*, FS Larenz, S. 625; *Braun*, JuS 1981, S. 814 f.; *H. Honsell*, NJW 1973, S. 350; *Beuthien*, Jura 1979, S. 533; *Leser*, Rücktritt, S. 107, spricht von der „relativ undifferenzierten Lösung des Gesetzes."

[253] Sog. Zweikondiktionentheorie, grundlegend *Oertmann*, DJZ 1915, S. 1063; vgl. *ders.*, JW 1918, S. 132; *v. Tuhr*, FS Bekker, S. 308 f.; DJZ 1916, S. 584 f.; vgl. *Palandt-Thomas*, § 818 Rn. 47; *Larenz/Canaris*, ebd.; *v. Caemmerer*, FS Rabel, S. 385; *Reuter/Martinek*, § 17 III 3 a) (S. 595); *Bremecker*, S. 27; *Braun*, ebd., S. 814; *Hans Josef Wieling*, JuS 1973, S. 397; *Beuthien*, ebd.; *Berg*, JuS 1981, S. 181; *Tiedtke*, S. 1261.

[254] *Larenz/Canaris*, ebd.; *Reuter/Martinek*, ebd.; MüKo-*Lieb*, § 818 Rn. 84; *Palandt-Thomas*, ebd.; RGRK-*Heimann-Trosien*, § 818 Rn. 61; *H. Honsell*, NJW 1973, S. 350; *Beuthien*, ebd., S. 534; *Braun*, ebd.; *Berg*, ebd.; *Tiedtke*, ebd.; *Jürgen Kohler*, Rückabwicklung, S. 158; *Stadler*, S. 327.

[255] Vgl. *Flume*, AcP 194, S. 427. Nach *Weintraud*, S. 2, Fn. 1, stammt der Begriff von *Mansfeld*, RGR. 5 § 818, 8.

[256] RGZ 54, S. 137 ff.

[257] *Reuter/Martinek*, § 17 III. 3. a) (S. 595); *Jürgen Kohler*, Rückabwicklung, S. 159; oben, 2. Teil C. IV. 1. b).

> „unter dem nach § 812 herauszugebenden 'etwas' nicht etwa ein beliebiger einzelner aus dem Vermögen des Einen in das des Anderen hinübergeflossener Wert, sondern nur die Gesamtheit des Hinübergelangten unter gleichzeitiger Berücksichtigung der dafür gegebenen Werte und der auf dem Empfangenen ruhenden Lasten verstanden werden“[258]

könne und müsse.[259] Nach der Saldotheorie mindert die Gegenleistung also von Anfang an den Kondiktionsgegenstand selbst, ist deshalb als Abzugsposten[260] bei der Prüfung des Erlangten i.S.v. § 812 von Bedeutung.[261] Wenn die Herausgabe für eine der Parteien des Austauschverhältnisses nicht mehr möglich ist,[262] dann hat bei gleichartigen (namentlich Geld-) Leistungen nur die Partei einen Bereicherungsanspruch, für die die Gesamtsaldierung einen Negativsaldo ergibt.[263] Bei nicht verrechenbaren Leistungen gewährt die Saldotheorie dem Gegner ein von Amts wegen zu beachtendes Leistungsverweigerungsrecht.[264]

Die vom Reichsgericht im Wege der Rechtsfortbildung[265] entwickelte Saldotheorie wurde in der Folgezeit rezipiert[266] und wird teilweise als gewohnheits-

---

[258] RGZ 54, S. 137 ff. (141); vgl. auch RGZ 94, S. 253 ff. (254 f.) (Goudakäse-Fall).

[259] Vgl. dazu nur *Flume*, AcP 194, S. 449; *v. Caemmerer*, FS Rabel, S. 384; *Reuter/ Martinek*,§ 17 II 3. a) (S. 595); *Braun*, ebd., S. 815 ff.

[260] *Medicus*, Bürgerliches Recht, Rn. 225; *Rengier*, S. 437; *Braun*, JuS 1981, S. 815; *Giesen*, Teil 3, S. 284; *Jauernig u.a.-Schlechtriem*, § 818 Rn. 40.

[261] *Flume*, AcP 194, S. 449.

[262] Wegen §§ 819, 818 Abs. 4 müssen natürlich weiter Gutgläubigkeit und Unverklagtheit vorliegen.

[263] BGH NJW 1963, S. 1870 f. (1870), NJW 1988, S. 3011; *Palandt-Thomas*, § 818 Rn. 48; RGRK-*Heimann-Trosien*, § 812 Rn. 62; *Reuter/Martinek*, § 17 III. 3. a) (S. 595); *Giesen*, Teil 3, S. 284; *Braun*, JuS 1981, S. 815; *Berg*, JuS 1981, S. 181; vgl. schon oben, 2. Teil C. IV. 1. b). Liegt kein Bereicherungswegfall vor, so soll als Folge der Saldotheorie die Rückforderung nur Zug um Zug gegen Rückgabe der eigenen Leistung ohne Erhebung der Einrede zulässig sein, vgl. RGRK-*Heimann-Trosien*, § 818 Rn. 63; *Staudinger-Lorenz*, § 818 Rn. 47; *Reuter/Martinek*, ebd.; *Th. Honsell*, S. 803 ff.; *Jürgen Kohler*, Rückabwicklung, S. 163, der die damit zugelassene Ausnahme zum Anlaß nimmt, an der Tragfähigkeit des dogmatischen Prinzips der Saldotheorie zu zweifeln; vgl. insoweit anders *Medicus*, Bürgerliches Recht, Rn. 225: „Beide Ansprüche sind nur durch § 273 verbunden.“

[264] BGH NJW 1963, S. 1870 f. (1871); NJW 1973, S. 613 ff. (615); NJW 1988, S. 3011; NJW 1990, S. 314 ff. (316); *H. Honsell*, NJW 1973, S. 350; *Giesen*, Teil 3, ebd.; *Berg*, ebd.; *Tiedtke*, S. 1261; *Jauernig u.a.-Schlechtriem*, § 818 Rn. 40. Weil die Saldotheorie auch bei ungleichartigen Leistungen zur Anwendung kommt, wird vorgeschlagen, den Begriff durch andere Formulierungen, z.B. „Faktorenkompensation“ oder „bereicherungsmäßiger Ausgleich von Vor- und Nachteilen“ zu ersetzen, vgl. *Berg*, JuS 1981, S. 182; RGRK-*Heimann-Trosien*, § 818 Rn. 22. Nach *Roth*, S. 276 f., sollen alle „Rechtsfolgen der Saldotheorie nur auf Einrede des Berechtigten hin zu berücksichtigen“ sein. Auch für das „primäre Schuldverhältnis“ werde der Zusammenhang zwischen Leistung und Gegenleistung nur über die Einrede aus § 320 gesichert.

[265] MüKo-*Lieb*, § 818 Rn. 85 Fn. 269; RGRK-*Heimann-Trosien*, § 812 Rn. 61; *H. Honsell*, ebd.; *Stadler*, S. 326 f.

rechtlich anerkannt[267] bezeichnet. Insbesondere weil ihre rechtspolitischen Hintergründe und ihre Wertungsgrundlage nicht überzeugend erklärt werden konnten,[268] war sie allerdings auch immer wieder kritisiert worden.[269] In der ursprünglichen Fassung wird die Saldotheorie heute nicht mehr vertreten.[270]

Die Saldotheorie ist vielmehr durch die zuerst von v. Caemmerer[271] und Leser[272] herausgearbeitete Lehre vom „faktischen Synallagma" bzw. vom „fortwirkenden Synallagma" weiterentwickelt und ergänzt worden. Die dogmatische Begründung der Saldotheorie ergibt sich nach dieser Lehre daraus, daß in bezug auf den Leistungsgegenstand trotz Unwirksamkeit des Vertrages wegen seiner faktischen Durchführung die Risikoverteilung zu gelten habe, die auch bei Wirksamkeit des Vertrages gegolten hätte.[273] Wenn also aufgrund eines unwirksamen Kaufvertrages[274] geleistet worden und der Kaufgegenstand beim Käufer untergegangen ist, dann kann der Käufer eben nicht den Kaufpreis nach § 812 Abs. 1 S. 1 1. Alt. zurückfordern und sich für den gegen ihn gerichteten Anspruch des Verkäufers auf § 818 Abs. 3 berufen, denn der Untergang fällt in seine Risikosphäre.[275] Herrschende Meinung in der juristischen Literatur[276] und

---

[266] Vgl. *Leser*, Rücktritt, S. 109; *Jürgen Kohler*, Rückabwicklung, S. 158; *Stadler*, ebd.

[267] *v. Caemmerer*, FS Rabel, S. 387; a.A. *Jürgen Kohler*, Rückabwicklung, der davon ausgeht, die Saldotheorie habe sich in ihrer ursprünglichen Fassung nicht als Gewohnheitsrecht legitimiert und damit kritiklos gestellt; sie bedürfe auch heute noch der Rechtfertigung, vgl. auch RGRK-*Heimann-Trosien*, ebd.

[268] Vgl. auch *Larenz/Canaris*, § 73 III 1. c) (S. 322): „Eine offenkundige Schwäche dieser - unverkennbar vom Geiste der Begriffsjurisprudenz geprägten - Theorie liegt darin, daß sie die wesentlichen Sachprobleme und Wertungsgesichtspunkte nicht unmittelbar zur Sprache bringt, sondern im Gegenteil verdeckt."; *Jürgen Kohler*, Rückabwicklung, S. 176 ff.

[269] Vgl. die ausführliche Analyse und Kritik der Rechtsprechung des RG bei *Diesselhorst,* S. 51 f.; auch *Jürgen Kohler*, Rückabwicklung, S. 30, 161 f.; MüKo-*Lieb*, § 818 Rn. 85 ff.

[270] *Reuter/Martinek*, § 17 III. 3. a) (S. 595 Fn. 77); vgl. allerdings noch BGH NJW 1988, S. 3011: „Stehen sich in einem unwirksamen Geschäft Leistung und Gegenleistung gegenüber, so sind diese grundsätzlich zu saldieren. Der Bereicherungsanspruch geht hier auf Herausgabe oder Wertersatz des Überschusses der Aktiv- über die Passivposten."; RGRK-*Heimann-Trosien*, § 818 Rn. 23 f.

[271] *v. Caemmerer*, FS Rabel, S. 385 f.

[272] *Leser*, Von der Saldotheorie, passim; *ders.*, Rücktritt, S. 110 ff.

[273] *Leser*, Von der Saldotheorie, S. 44 ff.; *ders.*, Rücktritt, S. 112 ff.

[274] Die Saldotheorie hat ihren Hauptanwendungsbereich bei kaufrechtlichen Sachverhalten und führt meist zu einer Privilegierung des Verkäufers, *Stadler*, S. 328.

[275] Vgl. *Larenz/Canaris*, § 73 III 1. c) (S. 322). Die Wirkung der Saldotheorie bei beiderseitig ausgeführten Verträgen bedeutet damit aber keine konstruktive Einschränkung von § 818 Abs. 3, so *Medicus*, Bürgerliches Recht, Rn. 225. Vielmehr bleibt der Einwand aus § 818 Abs. 3 voll erhalten, wird nur im Rahmen des eigenen Leistungskondiktionsanspruchs berücksichtigt. Die Saldotheorie mildert die Folgen des § 818 Abs. 3 also nur faktisch, vgl. *Beuthien*, Jura 1979, S. 535; aber auch BGHZ 57,

Rechtsprechung[277] haben diese Begründung der Saldotheorie inzwischen übernommen.

Auch mit der „Neufundierung“[278] der Saldotheorie lassen sich jedoch bestimmte Fallgruppen nicht widerspruchsfrei klären. Dies gilt zunächst für die Vorleistungsfälle. Hat nämlich nur eine Partei des Austauschverhältnisses ihre Leistung erbracht, d.h. vorgeleistet, so scheint ihrem Leistungskondiktionsanspruch bei Nichtigkeit des Kausalverhältnisses und Untergang oder Verschlechterung des Kondiktionsgegenstandes die Einwendung aus § 818 Abs. 3 entgegenzustehen. Die Saldotheorie hilft nicht, da eine Saldierung mangels beiderseitigen Leistungsaustauschs nicht erfolgen kann.[279] Zu Recht wird geltend gemacht, daß nicht verständlich ist, warum die Vorleistungsfälle anders zu behandeln sein sollten als diejenige, in welchen der wechselseitige Austausch erfolgt ist.[280]

Aus der Sicht der Saldotheorie sind weiter diejenigen unwirksamen Austauschverträge problematisch, in denen der Bereicherungsschuldner, in dessen Person der Tatbestand des § 818 Abs. 3 erfüllt ist, geschäftsunfähig oder beschränkt geschäftsfähig ist. Müßte er den Wert des selbst Erlangten abziehen lassen, dann würde das bedeuten, daß er faktisch die Gegenleistung für das selbst Erlangte erbringen muß. Daß ein solches Ergebnis der in den §§ 104 ff. zum Ausdruck kommenden Wertung widerspricht und verhindert werden muß,

---

S. 137 ff. (150): „Die Saldotheorie ist somit die folgerichtige Anwendung des in § 818 Abs. 3 zum Ausdruck kommenden Rechtsgedankens auf gegenseitige Verträge.“; BGH NJW 1990, S. 314 ff. (316).

276 RGRK-*Heimann-Trosien*, § 812 Rn. 61; *Jauernig u.a.-Schlechtriem*, § 812 Rn. 41; *Esser/Weyers*, § 51 II 3. b.; *Reuter/Martinek*, § 17 III. 3 c. (S. 599 ff.); *H. Honsell*, NJW 1973, S. 350; *Beuthien*, Jura 1979, S. 534 ff.; *Probst*, S. 239; *Stadler*, S. 341 ff., auch zu der Übernahme saldotheoretischer Strukturen auf §§ 985 ff.; *Lass*, S. 155; differenzierend *Pawlowski*, Rechtsgeschäftliche Folgen, S. 45 ff. (48 ff.). *Reuter/Martinek*, § 17 III. 3 a) (S. 597), beklagen allerdings noch, daß die Literatur auf den vollzogenen „Paradigmawechsel“ nicht hinreichend reagiert habe.

277 Vgl. nur BGHZ 57, S. 137 ff. (150) = NJW 1972, S. 36 ff. = JZ 1972, S. 438 ff. = JR 1972, S. 110 (m. Anm. Kühne) = BB 1972, S. 14 = WM 1971, S. 1476; 72, S. 252 ff. (256); 78, S. 216 ff. (223) = NJW 1981, S. 224 ff. = JR 1981, S. 1521 (mit Anm. Schubert); *Larenz/Canaris*, § 73 III. 1. c); skeptisch demgegenüber *Reuter/Martinek*, § 17 III 3. a) (S. 596), die nur in der zuletzt genannten Entscheidung Ansätze für die Übernahme der neuen Konzeption der Saldotheorie sehen.

278 *Larenz/Canaris*, § 73 III. 1. c) (S. 322).

279 MüKo-*Lieb*, § 818 Rn. 90; *Erman-H.P. Westermann*, § 818 Rn. 43; *Staudinger-Lorenz*, § 818 Rn. 42; *Larenz/Canaris*, § 73 III 2. d) (S. 325 f.); *Medicus*, Bürgerliches Recht, Rn. 226; *Braun*, JuS 1981, S. 816; *H. Honsell*, JuS 1982, S. 814; *ders.*, NJW 1973, S. 350; *ders.*, JuS 1970, S. 717 f.; *Flessner*, NJW 1972, S. 1783; *Diesselhorst*, Natur der Sache, S. 62 f., 201; *ders.*, JZ 1972, S. 418; *Bremecker*, S. 46 ff.; vgl. *Stadler*, S. 337.

280 MüKo-*Lieb*, ebd.; *Larenz/Canaris*, ebd.; *Wilhelm*, Rechtsverletzung, S. 64; *Rengier*, S. 441; *H. Honsell*, MDR 1970, S. 718.

ist allgemeine Ansicht.[281] Es wird deshalb eine Ausnahme von der Saldotheorie zugelassen und dem Geschäftsunfähigen oder in der Geschäftsfähigkeit Beschränkten der Einwand aus § 818 Abs. 3 erlaubt.[282]

Schwierigkeiten bereitet weiter eine saldotheoretische Lösung auch dann, wenn die Nichtigkeit des Grundgeschäfts aus einer Anfechtung des Bereicherungsschuldners wegen arglistiger Täuschung des Bereicherungsgläubigers folgt und die Voraussetzungen des § 818 Abs. 3 bei dem Anfechtenden vorliegen. Die literarische Diskussion dreht sich vor allem um zwei Entscheidungen des BGH, die eben eine solche Sachlage betrafen. Zunächst hatte der BGH[283] einen Fall zu entscheiden, in dem der Untergang des Leistungsobjekts von dem Anfechtenden nicht zu vertreten war.

Es ging (vereinfacht) um folgenden Sachverhalt: Der Kläger kaufte bei der Beklagten einen PKW für DM 8000,-. Der von dem Beklagten gelieferte PKW wurde dann ohne Verschulden des Klägers stark beschädigt. Der Kläger focht den Kaufvertrag nachfolgend an, weil ihn der Beklagte vor dem Verkauf über den Tachostand getäuscht hatte. Mit der Klage hat der Kläger die Rückzahlung des Kaufpreises verlangt. Der Beklagte hat sich auf die Saldotheorie berufen.

Der BGH hat entschieden, daß die Saldotheorie hier nicht zur Anwendung kommen könne und seine Entscheidung darauf gestützt, daß der arglistig Täuschende nicht besser stehen dürfe als der Rücktrittsgegner, der sich bekanntlich wegen §§ 346, 350 nicht auf den Untergang der Gegenleistung berufen könne.[284] In einer nachfolgenden Entscheidung[285] hat er dieses Ergebnis[286] auch für einen

---

[281] Vgl. RGRK-*Heimann-Trosien*, § 812 Rn. 64; *Palandt-Thomas*, § 818 Rn. 49; *Erman-H.P. Westermann*, § 818 Rn. 43; *v. Caemmerer*, FS Rabel, S. 387; *ders.*, FS Larenz, S. 636; *Medicus*, Bürgerliches Recht, Rn. 231; *Reuter/Martinek*, § 17 III. 3. c) bb) (S. 604); *Braun*, JuS 1981, S. 816 f.; *H. Honsell*, JuS 1982, S. 814; *Th. Honsell*, S. 803; *Giesen*, Teil 3, S. 284; *Beuthien*, Jura 1979, S. 534; *Berg*, JuS 1981, S. 183; *Tiedtke*, S. 1264; *Bremecker*, S. 45; *Stadler*, S. 337.

[282] Vgl. ebd.; *Jauernig u.a.-Schlechtriem*, § 812 Rn. 43.

[283] BGHZ 53, S. 144 ff. = NJW 1970, S. 656 f. = JZ 1970, S. 416 ff. = MDR 1970, S. 408 = BB 1970, S. 229 f. = Betr. 1970, S. 392 f.; zustimmend: *Palandt-Thomas*, § 818 Rn. 49; RGRK-*Heimann-Trosien*, § 818 Rn. 65; *Weitnauer*, NJW 1970, S. 637 ff.; *Giesen*, Teil 3, S. 284; i.E. *Flessner*, NJW 1972, S. 1777 ff.; *Diesselhorst*, JZ 1970, S. 418 f.; *Bremecker*, S. 53; wohl auch *Berg*, JuS 1981, S. 182; ablehnend: *Flume*, NJW 1970, S. 1161 ff.; *Huber*, JuS 1972, S. 444; *H. Honsell*, MDR 1970, S. 717; *ders.*, JuS 1982, S. 814; *ders.*, NJW 1973, S. 351; *Leser*, Rücktritt, S. 116 ff. (119); vgl. *Stadler*, S. 337.

[284] BGHZ 53, S. 147 f. verweist im Anschluß an Larenz darauf, daß die Saldotheorie letztlich eine von der Rechtsprechung aus Billigkeitsgründen vorgenommene Korrektur darstelle, vgl. auch schon *Mugdan* 2, Protokolle, S. 1184.; kritisch zum Billigkeitsargument *Hans Josef Wieling*, JuS 1973, S. 401; *Leser*, Rücktritt, S. 112.

[285] BGHZ 57, S. 137 ff. = NJW 1972, S. 36 ff. = JZ 1972, S. 438 ff. = JR 1972, S. 110 ff. = BB 1972, S. 14 ff. = WM 1971, S. 1476 ff.; zustimmend: *Palandt-Thomas*, § 818 Rn. 49; RGRK-*Heimann-Trosien*, § 812 Rn. 65; *Kühne*, JR 1972, S. 112; wohl *Berg*, JuS 1981, S. 182; ablehnend: *Staudinger-Lorenz*, § 818 Rn. 43; *Lieb*, JZ 1972,

Fall bestätigt, in welchem der Wegfall der Bereicherung vom Bereicherungsschuldner verschuldet war.

Hier ging es (vereinfacht) gleichfalls darum, daß der Kläger bei der Beklagten einen gebrauchten PKW gekauft hatte. Nachfolgend erlitt der PKW durch einen vom Kläger verursachten Unfall Totalschaden. Erst jetzt erfuhr der Kläger, daß der Beklagte trotz gezielter Nachfrage vor Kaufabschluß verschwiegen hatte, daß der PKW nicht unfallfrei gewesen war. Der Kläger focht den Kaufvertrag deshalb an und hat Rückzahlung des Kaufpreises Zug um Zug gegen Herausgabe des Fahrzeugwracks gefordert.

Der BGH hat die Ausnahme von der Saldotheorie hier damit begründet, daß deren Anwendung unbillig sei, da andernfalls der an dem Käufer begangene Betrug außer Betracht bleibe.[287] Im übrigen folge die Nichtanwendbarkeit der Saldotheorie auch daraus, daß § 818 Abs. 3, auf den die Saldotheorie aufbaue, hier nicht einschlägig sei, da für den Beklagten von Anfang an die Voraussetzungen des § 819 Abs. 1 vorgelegen hätten.[288] Das Verschulden für den Untergang berücksichtigte der BGH lediglich über § 242.[289]

Die Saldotheorie hat auch in seiner neuen Ausprägung, die sie durch die Lehre vom faktischen Synallagma erhalten hat, vor allem wegen der mangelnden Stringenz für die Lösung der schon erwähnten problematischen Fallgruppen Kritik erfahren.[290] Man hat Alternativkonzepte entwickelt, um der vermeintlichen Probleme Herr zu werden. Vor allem der schon oben[291] im Zusammenhang mit der Einschränkung von § 818 Abs. 3 erörterte Vorschlag Flumes findet im-

---

S. 442 ff. (444); *Giesen*, Teil 3, S. 285; *Huber*, JuS 1972, S. 442 ff.; *Hans Josef Wieling*, ebd., S. 401 f.; *v. Caemmerer*, FS Larenz, S. 634 ff.; *H. Honsell*, NJW 1973, S. 351; *Leser*, ebd., S. 116 ff. (119); *Bremecker*, S. 54 ff.

[286] Vgl. *Reuter/Martinek*, § 17 III. 3. c. bb. (2) (S. 608).

[287] BGHZ, ebd., S. 148 f.

[288] BGHZ, ebd., S. 150 f.

[289] BGHZ, ebd., S. 151 f.; zustimmend zu dieser „Mitverschuldensregelung" *Flessner*, NJW 1972, S. 1782 f.; ablehnend *Huber*, ebd.; *Lieb*, ebd.; *H. Honsell*, NJW 1973, S. 352; *Reuter/Martinek*, ebd. Die Saldotheorie wird auch für die Lösung der Fälle für untauglich gehalten, in denen eine Gegenleistung an einen Dritten erbracht worden ist, vgl. *Jürgen Kohler*, Rückabwicklung, S. 164 f.; *Palandt-Thomas*, § 818 Rn. 49; *Bremecker*, S. 61 ff.; *Lehmann*, passim.

[290] Vgl. nur *Jürgen Kohler*, Rückabwicklung, S. 186 ff.; *Medicus*, Bürgerliches Recht, Rn. 227 ff.; *Larenz/Canaris*, § 73 III 1. d) (S. 322 ff.); *Stadler*, S. 341. Es wird auch geltend gemacht, die faktische Durchführung eines unwirksamen Vertrages sei kein Grund, entgegen § 818 Abs. 3 eine Risikoverteilung wie bei Wirksamkeit des Vertrages vorzunehmen, *Reuter/Martinek*, ebd.; *Tiedtke*, S. 1264; *Rengier*, S. 440. In bezug auf die Nichtanwendung der Saldotheorie in den Täuschungsfällen wird kritisiert, die *do ut des*-Zweckbestimmung könne nicht durch einen Betrug in Frage gestellt werden, *Reuter/Martinek*, ebd.; vgl. *v. Caemmerer*, FS Larenz, S. 637 f.; MüKo-*Lieb*, § 818 Rn. 87: „... letztlich ein dogmatisch viel zu starres, weil überwiegend begriffliches Institut ..., das die Einsichtigkeit seiner Ergebnisse eher verschleiert denn erhellt."; *H. Honsell*, JuS 1982, S. 814; *Bremecker*, S. 32 ff.; *Jürgen Kohler*, Rückabwicklung, S. 162 ff.

[291] Vgl. oben, 2. Teil C. IV. 1. d) cc) a.E.

mer mehr Anhänger. Nach Flume ist das Kriterium der willentlichen vermögensmäßigen Entscheidung des Bereicherungsschuldners heranzuziehen. Bei entgeltlichem Erwerb werde deshalb dem Bereicherungsschuldner die Privilegierung des § 818 Abs. 3 bis zur Höhe der eigenen Gegenleistung verwehrt, weil er sich eben entschieden habe, eine Gegenleistung zu erbringen.[292]

Andere wollen darauf abstellen, daß die Übernahme einer Sache in die eigene Rechtssphäre immer auch die Übernahme der Gefahr des zufälligen Untergangs bedeute, was aus der Wertung des § 446 folge.[293] Teilweise wird auch versucht, im Rahmen eines offenen Bewertungssystems[294] den Anwendungsbereich von § 818 Abs. 3 zu begrenzen.[295] Die Ansicht, auf die Saldotheorie ganz zu verzichten und eine Lösung unmittelbar über die Einschränkung der Anwendbarkeit von § 818 Abs. 3 herzuleiten, wird im neueren Schrifttum (wohl im Anschluß an die Lehre Flumes) zunehmend favorisiert.[296]

(3) Stellungnahme

Offensichtlich ist, daß die Saldotheorie in ihrer ursprünglichen vom Reichsgericht entworfenen Fassung nach der heute anerkannten Dogmatik des Bereicherungsrechts nicht mehr haltbar ist: Gegenstand der Leistungskondiktion ist primär das, was der Bereicherungsgläubiger verloren hat und nicht die als Vermögensplus im Schuldnervermögen verstandene Bereicherung.[297] Der Gegenstand der Leistungskondiktion ist damit einer Saldierung gar nicht zugänglich.[298]

Was bleibt, ist die Frage der Anwendbarkeit des § 818 Abs. 3 in Austauschverhältnissen, d.h. die Frage, ob über diese Vorschrift eine gerechte Verteilung des Risikos für den Untergang eines Zuwendungsobjekts erreichbar

---

[292] *Flume*, FS Niedermeier, S. 150 ff.; *ders.*, NJW 1970, S. 1163 ff.; *ders.* AcP 194, S. 439 f.; ihm folgend *J. Wilhelm*, Rechtsverletzung, S. 62 f.; *Lehmann*, S. 33 f.; vgl. *Hans Josef Wieling*, JuS 1973, S. 397; *Huber*, JuS 1972, S. 444.

[293] *Hans Josef Wieling*, AcP 169, S. 153; *ders.* JuS 1973, S. 397ff.; *H. Honsell*, MDR 1970, S. 717 ff.; *ders.* NJW1973, S. 350; *Rengier*, S. 438 ff. (441).

[294] Vgl. *Stadler*, S. 338, Fn. 72.

[295] Vgl. *Wilburg*, AcP 163, S. 353 ff. (356: „Prüfung des Zusammenspiels der Kräfte"); *Diesselhorst*, Natur der Sache, S. 58 ff., 202 ff.; 218 ff. und passim; *ders.*, JZ 1970, S. 418 f.; *Flessner*, Wegfall der Bereicherung, S. 153 ff. (158 ff.).

[296] Vgl. außer den vorstehend Genannten MüKo-*Lieb*, § 818 Rn. 87 ff.; *Larenz/Canaris*, § 73 III. 2. (S. 324: „teleologische Reduktion von § 818 III"); *Jürgen Kohler*, Rückabwicklung, S. 261 ff.; *Erman-H.P. Westermann*, § 818 Rn. 44; *König*, Gutachten, S. 1548; *Lieb*, NJW 1982, S. 2039; Überblicke zu den vertretenen Ansichten finden sich bei *Bremecker*, S. 85 ff., *Jürgen Kohler*, Rückabwicklung, S. 216 ff., und *Stadler*, S. 337 f. Fn. 72.

[297] Vgl. oben, 2. Teil C. IV. 1. b).

[298] Vgl. *Larenz/Canaris*, § 73 III 1. d) (S. 322 ff.), § 73 III 7. a) (S. 335); *Reuter/Martinek*, § 17 III. 3. a) (S. 595), die darauf hinweisen, daß die h.M. Abschied von der Vermögensorientierung des Bereicherungsrechts, nicht jedoch von der Saldotheorie genommen hat; *Stadler*, S. 341.

ist.[299] Hierfür kann zunächst auf die obigen Ausführungen verwiesen werden:[300] die pauschale Entscheidung des § 818 Abs. 3 ist nicht interessengerecht. Die Saldotheorie hat auch in seiner neuen Fassung (Lehre vom faktischen Synallagma) deshalb nur dann eine Existenzberechtigung, wenn sich für Austauschverhältnisse Besonderheiten ergeben, die mit der oben entworfenen Einschränkung des § 818 Abs. 3[301] nicht in den Griff zu bekommen sind. Das ist aber nicht der Fall. Wenn nämlich die Funktion der Saldotheorie darin gesehen werden muß zu verhindern, daß der Bereicherungsschuldner die Folgen seiner Disposition über das selbst Erlangte auf den Bereicherungsgläubiger verlagert,[302] dann ist dies kein Sonderproblem von Austauschverhältnissen. Vielmehr treten dieselben Schwierigkeiten auch bei nicht-gegenseitigen Leistungsbeziehungen in identischer Weise auf, wie schon oben dargestellt wurde.[303] § 818 Abs. 3 hat nämlich nicht nur bei Austauschverhältnissen, sondern generell zur Folge, daß das Risiko des Untergangs oder der Verschlechterung des Kondiktionsgegenstandes auf den Bereicherungsgläubiger verlagert wird.[304] Dieses Ergebnis ist in der dem Wortlaut des § 818 Abs. 3 entsprechenden Pauschalität nicht zu akzeptieren.[305]

Die notwendige Einschränkung des § 818 Abs. 3[306] führt auch bei Austauschverhältnissen zu interessengerechten Ergebnissen. Daß nämlich der Einwand des Wegfalls der Bereicherung gestattet sein muß, wenn die Ursache für Untergang oder Verschlechterung des Kondiktionsgegenstandes aus der Sphäre des Bereicherungsgläubigers stammt, leuchtet auch für die Austauschverhältnisse ohne weiteres ein.[307] In allen übrigen Fällen darf der Einwand aus § 818 Abs. 3 nicht zugelassen werden. Im Unterschied zur Saldotheorie, nach der die

---

299 Vgl. *Stadler*, S. 327.

300 Vgl. oben, 2. Teil C. IV. d) dd).

301 Vgl. ebd.

302 Vgl. oben, 2. Teil C. IV. d) ee) (1).

303 Vgl. oben, 2. Teil C. IV. d) aa) - dd); *Leser*, Rücktritt, S. 118; *H. Honsell*, JuS 1982, S. 814; *ders.*, NJW 1973, S. 350: „Es geht nicht um die Durchbrechung eines Anspruchs, sondern um die Ausschaltung einer ungerechten Gefahrtragungsregel, als die sich § 818 Abs. 3 darstellt. Die Saldotheorie ist eine Hilfskonstruktion, die ihr eigentliches Ziel gleichsam zufällig als „Nebenprodukt“ erreicht.“; vgl. auch *Tiedtke*, S. 1264; ausdrücklich anders *Larenz/Canaris*, § 73 III 7. c) (S. 336); vgl. auch *Braun*, JuS 1981, S. 815; *Reuter/ Martinek*, § 17 III 3. c) aa) (1) (S. 600).

304 Vgl. *Flume*, NJW 1970, S. 1162; *Flessner*, NJW 1972, S. 1783.

305 Vgl. oben, 2. Teil C. IV. d) dd).

306 Vgl. ebd.

307 I.E. ebenso MüKo-*Lieb*, § 818 Rn. 101 ff.; *Beuthien*, Jura, 1979, S. 535; vgl. für vom Verkäufer zu vertretende Sachmängel RGZ 95, S. 253 ff. (Goudakäse-Fall); BGHZ 78, S. 216 ff. (233 ff.) (Mähdrescher-Fall) = NJW 1981, S. 224 ff. = JR 1981, S. 151 ff.; *Erman-H.P. Westermann*, § 818 Rn. 45; *Staudinger-Lorenz*, § 818 Rn. 46, 68.

Rückabwicklung in der Höhe der Entreicherung unterbleibt,[308] ist die Folge der hier vorgeschlagenen Lösung, daß die Rückabwicklung - entsprechend der genuinen Funktion der Leistungskondiktion[309] - soweit wie möglich durchgeführt wird. An die Stelle des untergegangenen oder beschädigten Kondiktionsgegenstandes tritt nämlich, wenn § 818 Abs. 3 nach den obigen Kriterien nicht greift, ein Wertersatzanspruch, § 818 Abs. 2.[310] Der Wertersatzanspruch des Bereicherungsgläubigers ist dabei die natürliche Folge der Abkehr von dem Bereicherungsgedanken und die konsequente Umsetzung des Restitutionsinteresses des von der Realisierung des Zuwendungsrisikos betroffenen Zuwendenden.[311]

Auch die für die Saldotheorie problematischen Fälle lassen sich auf diese Weise dogmatisch stringent und mit interessengerechten Ergebnissen lösen. Da es auf die Gegenseitigkeit nicht ankommt, bereiten die Vorleistungsfälle keine Probleme.[312] Muß nach den oben entworfenen Kriterien die Anwendbarkeit von § 818 Abs. 3 - wie im Regelfall - verneint werden, dann tritt an die Stelle des Anspruchs auf Rückführung des untergegangenen Kondiktionsgegenstandes die Wertersatzpflicht gemäß § 818 Abs. 2.

Ist der Bereicherungsschuldner ein Geschäftsunfähiger oder in der Geschäftsfähigkeit Beschränkter, so wird ihm demgegenüber entsprechend der allgemeinen Ansicht[313] immer die Berufung auf § 818 Abs. 3 zustehen. Der hohe Stellenwert des Minderjährigenschutzes, den der Gesetzgeber in §§ 104 ff. zum Ausdruck gebracht hat, hat zur Folge, daß das Interesse des Geschäftsunfähigen oder in der Geschäftsfähigkeit Beschränkten generell höherwertig ist als das Interesse des Bereicherungsgläubigers am Ausgleich des mit seiner eigenen Zuwendung (Leistung) entstandenen Nachteils. Die Notwendigkeit des Schutzes des Minderjährigen wird hier also zum entscheidenden Wertungskriterium für die Abwägung zwischen den Interessen des Bereicherungsschuldners und des Bereicherungsgläubigers.

Auch die Lösung der Täuschungsfälle hat ausgehend von demselben methodischen Ansatzpunkt zu erfolgen. Es ist deshalb zu fragen, ob die Täuschung als Kriterium für die Abwägung der Interessen von Bereicherungsgläubiger und Bereicherungsschuldner beachtlich sein kann. Die Besonderheit der Täu-

---

[308] *Jürgen Kohler*, Rückabwicklung, S. 163. Die ursprüngliche, für das Grundgeschäft angeordnete Nichtigkeitsanordnung wird damit weitgehend unterlaufen, ebd.; *Bremecker*, S. 46.

[309] Vgl. oben, 2. Teil C. III. 3. a); *Jürgen Kohler*, Rückabwicklung, ebd.; *Bremecker*, S. 68.

[310] Vgl. MüKo-*Lieb*, § 818 Rn. 95.

[311] Vgl. allgemein schon oben, 1. Teil C. II. 2. c) cc) und dd).

[312] Vgl. *Larenz/Canaris*, § 73 III 2. d) (S. 325); *Reuter/Martinek*, § 17 III 3. c) bb) (1) (S. 604 f.).

[313] Vgl. oben, 2. Teil C. IV. d) ee) (2) a.E.

schungsfälle liegt in der Verantwortlichkeit des Bereicherungsgläubigers für den Wegfall des Rechtsgrundes der Leistung, d.h. für die Realisierung des Zuwendungsrisikos. Es stellt sich damit die Frage, ob diese Verantwortlichkeit für die Interessenabwägung eine Rolle spielen kann und wenn ja, welche. Zu berücksichtigen ist dafür, daß die rechtstechnische Reaktion auf die Realisierung des Zuwendungsrisikos, d.h. die Auslösung eines entweder kausalen oder abstrakten Mechanismus grundsätzlich unabhängig von Verschuldensgesichtspunkten ist.[314] Es geht insoweit nur um die Korrektur von nicht gerechtfertigten Zuwendungsergebnissen. Das hat auch hier zu gelten. Die Tatsache, daß der Bereicherungsgläubiger den Bereicherungsschuldner getäuscht hat, muß für die Rückabwicklung deshalb außer Betracht bleiben.[315] Die Auswirkungen der Täuschung können im Wege von Schadensersatzansprüchen geltend gemacht werden.[316] Der gutgläubige Bereicherungsschuldner wird damit nicht schlechter gestellt als der bösgläubige. Zwar haftet letzerer nach §§ 819, 818 Abs. 4, 282, 989 nur bei Verschulden auf Schadensersatz.[317] Jedoch muß es nach den obigen Ergebnissen so sein, daß dann, wenn wegen der Bösgläubigkeit des Bereicherungsgläubigers die Anwendbarkeit des § 818 Abs. 3 scheitert, die Schadensersatzpflicht neben die Wertersatzpflicht gemäß § 818 Abs. 2 tritt.[318]

Schränkt man § 818 Abs. 3 in der hier vorgeschlagenen Weise ein, dann ist allerdings zu begründen, warum bei der bereicherungsrechtlichen Rückabwicklung von fehlgeschlagenen Austauschverhältnissen das Risiko des zufälligen Untergangs anders als bei der Rückabwicklung wegen Rücktritts oder Wandelung gemäß § 350 von dem Anspruchsverpflichteten (d.h. dem Gegenanspruchsberechtigten) zu tragen ist.[319] Der aus § 346 folgenden Rückgewähranspruch kann nach § 350 auch geltend gemacht werden, wenn die Bereicherung des Anspruchstellers entfallen ist. Der Gegner hat also die empfangene Sache herauszugeben, ohne daß er das selbst Geleistete zurückbekommt.

---

[314] Vgl. *Hans Josef Wieling*, JuS 1973, S. 401 f.; *v. Caemmerer*, FS Larenz, S. 697.

[315] So i. E. MüKo-*Lieb* § 818 Rn. 106; *Hans Josef Wieling*, ebd.; *H. Honsell*, JuS 1982, S. 814; *ders.*, NJW 1973, S. 351; *Tiedtke*, S. 1264.

[316] *Staudinger-Lorenz*, § 818 Rn. 43; *Hans Josef Wieling*, ebd.; *Reuter/Martinek*, § 17 III 3. c. bb) (S. 610); i.E. *Leser*, Rücktritt, S. 120. In Frage kommen Ansprüche gemäß §§ 307, 309, 823 Abs. 1, 823 Abs. 2 i.V.m. § 263 StGB, 826 und nach den Grundsätzen der *culpa in contrahendo*, vgl. *Reuter/Martinek*, ebd.

[317] Vgl. MüKo-*Lieb*, § 818 Rn. 100.

[318] *Rengier*, S. 447; *Flessner*, Wegfall, S. 143 ff.; MüKo-*Lieb*, ebd., der allerdings offen läßt, ob beide Ansprüche nebeneinander stehen oder der Wertersatzanspruch in dem Schadensersatzanspruch aufgeht. Im Ergebnis macht das keinen Unterschied, da das als Wertersatz Erlangte jedenfalls nicht als Schaden geltend gemacht werden kann.

[319] Vgl. *Hans Josef Wieling*, JuS 1973, S. 398; *Diesselhorst*, JZ 1970, S. 419.

Die §§ 346 ff. werden weitgehend als Regelungsvorbild auch für die bereicherungsrechtliche Rückabwicklung von Austauschverhältnissen angesehen.[320] In der Tat dienen die §§ 346 ff. wie die Leistungskondiktion der Rückabwicklung von Zuwendungen. Freilich ist damit nicht bewiesen, daß die Wertung von § 350 auch für die Leistungskondiktion zu gelten hat, zumal man zumindest für das Kaufrecht den §§ 446, 447 eine genau entgegengesetzte Wertung entnehmen kann.[321] Die obige[322] Analyse der im Rahmen der Rückabwicklung von Austauschverhältnissen betroffenen Interessen spricht demgemäß vielmehr dafür, die Wertung des § 350 in Frage zu stellen. Zu Recht wird deshalb an der rechtspolitischen Richtigkeit dieser Vorschrift gezweifelt.[323]

Soweit man die Wertung des § 350 für unrichtig hält,[324] versucht man den Anwendungsbereich von § 350 einzuschränken. Das hat zur Folge, daß die Rückabwicklung verhindert wird, was dem Ergebnis der Saldotheorie entspricht.[325] Sinnvoll oder interessengerecht ist das nicht, da die aus der Nichtigkeit des Kausalgeschäfts (Realisierung des Zuwendungsrisikos) herrührende Nichtigkeits- und damit Rückabwicklungsanordnung weiter besteht. Entsprechend den obigen Ausführungen[326] ist es demgegenüber angebracht, an Stelle des Anspruchs auf das untergegangene Erlangte einen Anspruch auf Wertersatz zu gewähren. Die Rückabwicklung würde damit so weit wie möglich aufrecht erhalten. Die Begründung könnte über eine analoge Anwendung von § 818 Abs. 2 erfolgen. Auf diese Weise würde auch ein Gleichlauf mit § 3 Abs. 1 S. 2 HTWG, § 7 Abs. 4 VerbrKrG und § 13 a UWG erreicht. In den dort genannten Fällen ist ein Rücktritt sogar bei vorsätzlicher Zerstörung des Erlangten möglich. Gemäß § 3 Abs. 1 S. 3 HTWG, auf den § 7 Abs. 4 VerbrKrG und § 13 a Abs. 3 UWG verweisen, ist - entspre-

---

[320] MüKo-*Lieb*, § 818 Rn. 101 ff.; *Erman-H.P. Westermann*, § 818 Rn. 44; *Larenz/Canaris*, § 73 III 1. d) (S. 322 ff.); *Reuter/Martinek*, § 17 III 3. (S. 595 ff., 598: „wirklich aussagekräftiges Regelungsmuster"); *v. Caemmerer*, FS Rabel, S. 387; vgl. *ders.*, FS Larenz, S. 625; *Huber*, JuS 1972, S. 443; *Beuthien*, Jura, 1971, S. 535; *Flessner*, NJW 1972, S. 1780; *Hans Josef Wieling*, ebd.; *Bremecker*, S. 108 ff.; grundsätzlich anders *Leser*, Rücktritt, S. 156 f., 160, der auf der Grundlage einer Abschöpfungsfunktion des gesamten Bereicherungsrechts zu unterschiedlichen Funktionen von Bereicherungs- und Rücktrittsrecht kommt.

[321] Vgl. *Hans Josef Wieling*, JuS 1973, S. 397; *H. Honsell*, MDR 1970, S. 717 ff. mit Hinweis auch auf eine dem § 323 Abs. 1 zu entnehmende Wertung.

[322] Vgl. oben, 2. Teil C. IV. d) dd).

[323] Vgl. *Hans Josef Wieling*, JuS 1973, S. 398 m.w.N. in Fn. 8; *v. Caemmerer*, FS Larenz, S. 622, 627 ff.; *H. Honsell*, JuS 1982, S. 814; *ders.*, NJW 1973, S. 351; anders: *Weitnauer*, NJW 1970, S. 638; *Beuthien*, Jura 1979, S. 535; *Flessner*, NJW 1972, S. 1780 f.; *Bremecker*, S. 50 f.; *Leser*, Von der Saldotheorie, S. 35; differenzierend *Rengier*, S. 426 ff.; für die im Gesetzgebungsverfahren gegen § 350 vorgebrachten Argumente, vgl. *Leser*, Rücktritt, S. 63 f. Die Härte des § 350 wird im übrigen damit gerechtfertigt, daß der Rücktritts- oder Wandelungsgegner den Rücktritts- oder Wandelungsgrund zu vertreten habe, vgl. *Mugdan* 2, Protokolle, S. 646; *Reuter/Martinek*, § 17 III 3. c) aa) (2) (S. 602); *Diesselhorst*, JZ 1970, S. 419. Dieses Argument trifft für die Bereicherungsfälle so pauschal jedenfalls nicht zu.

[324] Vgl. die vorstehend zuerst Zitierten.

[325] Vgl. vorstehend im Text.

[326] Vgl. oben, 1. Teil C. II. 2. c) cc) und dd).

chend dem obigen Vorschlag für § 350 - eine Wertersatzpflicht vorgesehen. Daß hierfür ein Vertretenmüssen für Untergang oder Verschlechterung vorliegen muß, ist mit dem besonderen Schutzzweck der genannten Gesetze zu begründen.

Zusammenfassend ist zu konstatieren, daß eine Sonderbehandlung von Austauschverhältnissen im Zusammenhang mit § 818 Abs. 3 weder angebracht noch notwendig ist. Die Saldotheorie hat im modernen deutschen Bereicherungsrecht keinen Platz.[327]

ff) Beispiel für die Problematik des § 818 Abs. 3: die Rückforderung im Rahmen des „Anspruchs aus Minderung“

(1) Problem

Welche Schwierigkeiten aus dem herkömmlichen Verständnis des § 818 Abs. 3 resultieren und wie sich diese Probleme durch die hier verfolgte „Entschärfung“ des § 818 Abs. 3 auflösen, soll im folgenden an dem Beispiel des Anspruchs aus Minderung demonstriert werden.

Die Minderung hat im Rahmen der Sachmängelhaftung nach den Vorgaben des BGB in verschiedenen Vertragsverhältnissen Bedeutung, nämlich im Kaufrecht (§§ 462, 465, 472), beim Tauschvertrag über die Verweisung des § 515[328], bei der Miete (§ 537), für die Pacht über § 581 Abs. 2[329], beim Werkvertrag (§ 634 Abs. 1 S. 3, Abs. 4 i.V.m. §§ 465, 472 bis 475) und beim Reisevertrag, der in § 651 d auf § 472 verweist. Minderung setzt nach allen diesen Vorschriften einen Sachmangel der Leistung voraus. Der „Preis“ der mangelhaften Leistung unterliegt der Minderung. Die Minderung tritt teilweise per Gesetz ein, so beim Mietvertrag (§ 537)[330] und beim Reisevertrag (§ 651 d).[331] Beim Kaufvertrag (§ 462)[332], beim Tauschvertrag (§§ 515 i.V.m. 462) und beim Werkvertrag (§ 634 Abs. 1 S. 3, Abs. 4)[333] gewährt das Gesetz dem Berechtigten demgegenüber bekanntlich einen „Anspruch auf Minderung“, den der Berechtigte al-

---

[327] MüKo-*Lieb*, § 818 Rn. 94.

[328] Zu den besonderen Problemen der Minderungsberechnung beim Tausch vgl. *Larenz*, SR II 1, § 46 (S. 194 ff.).

[329] Der Verweis des § 581 Abs. 2 gilt allerdings nicht für die Landpacht, da § 585 Abs. 2 nicht auf § 581 Abs. 2 verweist.

[330] Vgl. BGH NJW 1995, 254 ff. (255); Senat ZMR 1985, S. 493 ff. (404); *Medicus*, Bürgerliches Recht, Rn. 349 a; *Schlotmann*, S. 87.

[331] Vgl. *Palandt-Thomas*, § 651 d Rn. 5; *Medicus*, Bürgerliches Recht, Rn. 349 a; *Larenz*, SR II 1, § 53 V (S. 384); *Schlotmann*, ebd.; *Jauernig u.a.-Schlechtriem*, § 651 d, Rn. 1.

[332] Vgl. nur *Larenz* SR II 1, § 41 II b (S. 57)

[333] Vgl. *Medicus*, Bürgerliches Recht, Rn. 349 a; *Staudinger-Peters*, § 634 Rn. 59 f.

lerdings nach herrschender Ansicht zusammen mit dem „Anspruch aus Minderung“ geltend machen kann.[334]

Aus der gesetzlichen Minderung oder aus dem Vollzug des Anspruchs auf Minderung folgt der „Anspruch aus Minderung“: der Berechtigte kann entweder die Bezahlung des Minderungsbetrages verweigern[335] oder aber dann, wenn er seine Leistung schon erbracht hat, das zuviel Geleistete zurückfordern. Nur um diesen zuletzt genannten Anspruch soll es hier gehen. Das BGB gibt nämlich anders als für die Wandelung[336] keinen Hinweis darauf, wie dieser Anspruch im einzelnen ausgestaltet ist.[337] Da durch den Vollzug der Minderung die Forderung gegen den Minderungsberechtigten entsprechend herabgesetzt ist, ist der Minderungsbetrag ohne Rechtsgrund geleistet. Die Voraussetzungen der Leistungskondiktion (§ 812 Abs. 1 S. 2 1. Alt.) sind deshalb eigentlich gegeben.[338] Von der juristischen Literatur und Rechtsprechung wird dieses Ergebnis freilich teilweise abgelehnt:

(2) Lösungsansätze

Die Stellungnahmen zu dem Problem sind allerdings dürftig. Grund dafür ist wohl, daß die Minderungsfolgen vor allem im kaufvertraglichen Zusammenhang diskutiert werden, die Minderung eines vorgeleisteten Kaufpreises in der Praxis aber selten ist. Größere Bedeutung hat das Problem für das Mietrecht und das Reisevertragsrecht[339], da Mietzins und Reisepreis in der Regel vorgeleistet werden.

Für das Kaufrecht geht Huber[340] und wohl auch Westermann[341] ohne nähere Begründung davon aus, daß sich ein Rückforderungsanspruch des Minderungsberechtigten unmittelbar aus den §§ 462, 472 ergebe. Es werde insoweit eine einseitige Rückzahlungspflicht des Verkäufers begründet, auf welche § 818 Abs. 3 wohl nicht zur Anwendung kommen soll.[342] Für das Mietrecht hatte der historische Gesetzgeber demgegenüber ausdrücklich darauf abstellt, daß ein

---

[334] Vgl. zum Meinungsstand *Larenz*, SR II 1, § 41 II b (S. 54 ff.).

[335] Insoweit besteht kein echter Anspruch, sondern ein Gegenrecht.

[336] § 467 bzw. §§ 634 Abs. 4 i.V.m. 467 verweisen für die Wandelung auf das Rücktrittsrecht. Der Anspruch auf Rückgewähr des Geleisteten folgt hier unmittelbar aus § 346, vgl. nur MüKo-*H.P. Westermann*, § 467 Rn. 8.

[337] MüKo-*H.P. Westermann*, § 465 Rn. 10.

[338] Vgl. MüKo-*Voelskow*, § 537 Rn. 11 f.; *Schlotmann*, S. 87.

[339] Vgl. *Larenz*, SR II 1, § 53 V b. (S. 385).

[340] *Soergel-Huber*, § 472 Rn. 15.

[341] MüKo-*H.P. Westermann*, § 472 Rn. 2; vgl. auch *v. Caemmerer*, FS Rabel, S. 339, der allerdings den „Rückzahlungsanspruch aus Wandelung“ allgemein diskutiert.

[342] Ebd.

vorausgezahlter Mietzins bei nachfolgender Minderung nach den Grundsätzen des Bereicherungsrechts zurückgefordert werden könne.[343] Der BGH hat erst in jüngerer Zeit demgemäß entschieden.[344] In der Literatur wird kritisiert, daß die Konsequenz einer solchen Auffassung eine Rückabwicklung des Mietverhältnisses sei. Das BGB vermeide eine Rückabwicklung von Dauerschuldverhältnissen aber im allgemeinen, weil das zu Schwierigkeiten führe.[345] Trotz der wünschenswerten Angleichung des Mietrechts an das Kauf- und Werkvertragsrecht seien die Gerichte aber derzeit an die gesetzliche Konstruktion des § 537 mit der genannten Folge gebunden. Die Korrektur sei Sache des Gesetzgebers.[346]

Auch für das Werkvertragsrecht wird in der Literatur teilweise vertreten, daß vor Vollzug der Minderung bezahlter Werklohn gemäß § 812 Abs. 1 S. 2 1. Alt. zurückgefordert werden könne.[347] Im Reisevertragsrecht begründet man demgegenüber die Rückforderung eines - wie üblich - vorausgezahlten Reisepreises allgemein mit einem reisevertraglichen Anspruch eigener Art.[348]

---

[343] Vgl. *Mugdan* 2, Protokolle, S. 209.

[344] BGH NJW 1995, S. 254 ff., (255); vgl. NJW 1988, S. 329 = ZMR 1988, S. 135 f. (135); Senat ZMR 1985, S. 403 ff. (404); *Medicus*, Bürgerliches Recht, Rn. 349 a; MüKo-*Voelskow*, § 537 Rn. 11. Die Rechtsprechung vermeidet eine bereicherungsrechtliche Rückabwicklung von Mietverhältnissen aber bisweilen im Wege der analogen Anwendung von § 539, vgl. BGH WM 1970, S. 1740 ff. (1742); NJW 1974, S. 2233 ff. (2334); MüKo-*Voelskow*, § 539 Rn. 5. Teilweise wird in der Literatur die Weiterzahlung der Miete trotz erkannten Mangels auch als Verzicht gewertet, vgl. *Roquette*, § 539 Rn. 12.

[345] MüKo-*Voelskow*, § 537 Rn. 11, der gegen die Konstruktion des § 537 weiter anführt, daß wegen der automatischen, gesetzlichen Minderung die Minderung grundsätzlich von Amts wegen zu beachten sei. In Höhe des Minderungsbetrages dürfe bei einer Miet-(Pacht-)Klage deshalb kein Versäumnisurteil ergehen, wenn sich aus dem Sachvortrag des Klägers Mängel der Mietsache ergäben.

[346] MüKo-*Voelskow*, ebd.

[347] *Staudinger-Peters*, § 634 Rn. 54 f. Die schwer verständliche Begründung lautet: Im Gegensatz zur Wandelung erzeuge die Minderung keinen eigenen Anspruch, sie führe vielmehr gemäß §§ 634 Abs. 4 i.V.m. 477 zur automatischen Herabsetzung des Werklohnes. Die h.M. geht demgegenüber davon aus, daß wegen des Verweises in § 634 Abs. 4 auf die kaufrechtlichen Vorschriften die Minderung des Werklohns nicht automatisch eintritt.

[348] LG Ffm, NJW 1983, S. 1127 ff. (1127); MüKo-*Tonner*, § 651 d Rn. 14, (vgl. aber auch MüKo(1. Aufl.)-*Löwe*, § 651 d, Rn. 6: „... gesetzlicher Anspruch auf Rückerstattung. Da es sich hierbei um keinen bloßen Bereicherungsanspruch handelt (anders nach der Kündigung nach § 651 e ...), ist der Reisende hier also nicht dem Risiko des § 818 Abs. 3 (Wegfall der Bereicherung) ausgesetzt."; *Staudinger-Schwerdtner*, § 651 d Rn. 3: „... an sich Anspruch aus Leistungskondiktion ... Dessen ungeachtet ist davon auszugehen, daß es sich bei dem Anspruch aus Minderung um einen Anspruch aus Reisevertrag handelt."; *Seidel*, S. 58 (Fn. 58); *Schlotmann*, S. 87; *Coester-Waltjen*, S. 331; vgl. für das ähnlich gelagerte Problem bei der Kündigung des Reisevertrages wegen Sachmangels gemäß § 651 e BGH WM, 1983, S. 63 ff. (64 f.); 1982, S. 1204 ff. (1206); *Larenz*, SR II 1 (S. 385 f.), die zur Vermeidung der Folge des § 818 Abs. 3

(3) Stellungnahme

Die Ausgangslage ist in bezug auf die Frage nach der Anspruchsgrundlage für die Rückforderung des Minderungsbetrages für alle genannten Minderungsfälle gleich. Der Mietvertrag weist als Dauerschuldverhältnis nur vermeintliche Besonderheiten auf. Besondere Schwierigkeiten bereitet die Minderung nämlich auch bei Dauerschuldverhältnissen nicht,[349] weil der hier zur Diskussion stehende „Anspruch aus Minderung" immer auf Geldleistung geht.[350] Es ist nicht ersichtlich, warum Berechnung und Rückzahlung des Minderungsbetrages bei Dauerschuldverhältnissen unter irgendeinem Aspekt besonders schwierig sein sollen. Es kann deshalb auch nicht richtig sein, daß die Rückforderung des Minderungsbetrages nicht für alle Vertragstypen einheitlich, sondern einmal aus § 812 Abs. 1 S. 2 1. Alt. und einmal aus Vertrag herzuleiten sein soll.

In allen Minderungsfällen stellt sich aber in der Tat das Problem, daß ein bereicherungsrechtlicher Anspruch auf Rückgewähr des Minderungsbetrages dem Einwand aus § 818 Abs. 3 unterliegt. Das erscheint deshalb unbillig, weil der Minderungsberechtigte wegen eines dem Verantwortungsbereich des Minderungsverpflichteten entstammenden Sachmangels die Rückzahlung des Minderungsbetrages fordert. Der Minderungsberechtigte sollte deshalb nicht mit dem Risiko des Bereicherungswegfalls belastet werden.

Die unbefriedigende Anwendung des § 818 Abs. 3 zugunsten des Minderungsverpflichteten wird in der juristischen Literatur (inkonsequenterweise nur) für einen Teil der Minderungsfälle vermieden, indem ein im Gesetz nicht vorgesehener vertraglicher Rückforderungsanspruch eigener Art konstruiert wird, für den § 818 Abs. 3 nicht gilt. Andere wollen § 818 Abs. 3 auch bei bereicherungsrechtlicher Anspruchsgrundlage nicht zur Anwendung bringen.[351] Die Konstruktion eines solchen vertraglichen Rückforderungsanspruches ist freilich überflüssig, da es gerade die Aufgabe der Leistungskondiktion ist, rechtsgrundlos Zugewendetes (hier: den Minderungsbetrag) in das Vermögen des Bereicherungsgläubigers (hier: des Minderungsberechtigten) zurückzuführen.[352] Genau dieses Ziel soll mit der Rückforderung des Minderungsbetrages erreicht werden.

---

einen eigenen reisevertraglichen Anspruch auf Rückerstattung des Reisepreises annehmen. *Larenz* spricht, ebd., von einem Anspruch aus „(umgestaltetem) Vertragsverhältnis".

[349] Anders MüKo-*Voelskow*, § 537 Rn. 11.

[350] Das gilt sogar für den Tausch, obwohl dort die Leistung des Minderungsberechtigten selbst gerade nicht in einer Geldleistung besteht, vgl. *Larenz*, SR II 1, § 46 (S. 194 ff.).

[351] Vgl. *Staudinger-Lorenz*, § 634 Rn. 59.

[352] Vgl. oben, 2. Teil C. III. 3. a).

§ 818 Abs. 3 kann nach den obigen Ergebnissen[353] auch nicht zu Unbilligkeiten führen, da der Anwendungsbereich dieser Vorschrift in der dargelegten Weise einzuschränken ist. Nur dann, wenn die Entreicherungsursache aus der Sphäre des Minderungsberechtigten stammt, stünde dem Minderungsverpflichteten (als Bereicherungsschuldner) der Einwand aus § 818 Abs. 3 zu. Bedenken gegen die Folge des § 818 Abs. 3 bestehen in diesem Fall nicht.

2. Die bereicherungsrechtliche Rückabwicklung von Mehrpersonenverhältnissen, dargestellt am Beispiel der Anweisungslagen

a) Problem

Die bereicherungsrechtliche Rückabwicklung von Mehrpersonenverhältnissen ist für das deutsche Bereicherungsrecht heftig umstritten.[354] Dem Streit wird deshalb besondere Bedeutung beigemessen, weil die Tauglichkeit bereicherungsrechtlicher Theorien eben an ihrer Fähigkeit gemessen wird, die bereicherungsrechtliche Rückabwicklung bei Beteiligung von mehr als zwei Personen in möglichst einfacher und widerspruchsfreier Weise zu begründen.[355] Die Schwierigkeiten folgen nach überwiegender Ansicht in den einschlägigen Fällen daraus, daß in Mehrpersonenverhältnissen die dinglichen Vermögensbewegungen nach der Vorstellung der Parteien nicht zwangsläufig dem zuzurechnen sind, der sie unmittelbar veranlaßt hat.[356] Am dogmatischen Grundmodell bereicherungsrechtlicher Dreiecksbeziehungen[357], nämlich der Anweisungslage, sei das verdeutlicht:[358] wenn A den B anweist, an C DM 100 zu zahlen, wird davon

---

[353] Vgl. oben, 2. Teil C. IV. d) dd).

[354] *Bälz*, S. 3, konstatiert 1993, daß es bis heute nicht gelungen sei, „die Rückabwicklung fehlgeschlagener und erledigter Dreiecksbeziehungen in die ruhigen Bahnen gesicherter rechtlicher Routine zu lenken."; vgl. auch *Schnauder*, Grundfragen, S. 7 (Vorwort).

[355] Vgl. *Köndgen*, S. 58; *Lieb*, NJW 1982, S. 2035; *Esser/Weyers*, S. 427; *Kamionka*, S. 848.

[356] *Kupisch*, Gesetzespositivismus, S. 19; *C. Wolf*, S. 44.

[357] *Köndgen*, S. 69; *Canaris*, FS Larenz, S. 800; skeptisch hinsichtlich der engen Anlehnung der Rechtsprechung an die Rechtsfigur der Anweisung, *Schnauder*, NJW 1994, S. 541. Auch in bezug auf die Anweisungslagen sind freilich alle einschlägigen Fallgestaltungen kaum noch überschaubar, vgl. *Canaris*, WM 1980, S. 368; *Heinrich Wieling*, JuS 1978, S. 801; *Möschel*, S. 299 („Vielgestaltigkeit der möglichen Sachverhalte").

[358] Der Begriff der Anweisung wird im Bereicherungsrecht untechnisch als Anweisung im weiteren Sinne, also nicht begrenzt auf Anweisungen i.S.v. §§ 783 - 792 verstanden, vgl. MüKo-*Lieb*, § 812 Rn. 29; *Larenz/Canaris*, § 70 II 1. b) (S. 202); *Schreiber*, S. 544; *Kamionka*, S. 929; *Wertheimer*, S. 287. Es geht allgemeiner um die Fälle, in denen der Anweisende (A) den Angewiesenen (B) zu einer Vermögensverfügung zugunsten eines Dritten (C) auffordert.

ausgegangen, daß die gegenständliche Zuwendung der DM 100 von B an C dem A zuzurechnen[359] ist. Gleichzeitig leiste B an A, weshalb man von einer Doppelleistung[360] oder Simultanleistung[361] spricht. Die bereicherungsrechtliche Rückabwicklung habe bei fehlendem Rechtsgrund nur in dem (sog. Valuta-) Verhältnis zwischen A (Anweisender) und C (Anweisungsempfänger) bzw. im (sog. Deckungs-)Verhältnis zwischen B (Zuwendender) und A zu erfolgen.[362] Wie das zu begründen ist und welche Ausnahmen von diesem Grundsatz zuzulassen sind, ist Gegenstand der erwähnten, teilweise hitzig geführten Debatte.[363] Grundstrukturen der vertretenen Ansichten sollen nachfolgend skizziert werden, um so eine Grundlage für die anschließende Entwicklung und Einordnung des eigenen Ansatzes zu gewinnen.

b) Lösung der h.M.: finaler Leistungsbegriff

Die herrschende Meinung in der juristischen Literatur sowie die Rechtsprechung versuchen bekanntlich, dem Problem über den finalen Leistungsbegriff beizukommen. Leistung i.S.v. § 812 ist danach in Abgrenzung zur bloßen Zuwendung[364] die bewußte, zweckgerichtete Mehrung fremden Vermögens.[365] Be-

---

[359] *Köndgen*, S. 63; vgl. *Canaris*, FS Larenz, S. 801; vgl. *Zeiss*, JZ 1963, S. 8; *Beuthien*, JZ 1968, S. 323 ff. (324): „Tragender Bestandteil der Leistung im Sinne einer zweckgerichteten Mehrung fremden Vermögens ist die Wertverschaffung, also die Zuwendung. Schon insoweit ist wenig verständlich, inwiefern jemand Leistender sein soll, ohne dem Leistungsempfänger etwas zuzuwenden."

[360] *Larenz/Canaris*, § 70 II 1. b) (S. 202).

[361] MüKo-*Lieb*, § 812 Rn. 30.

[362] Für die h.M. vgl. nur BGHZ 61, 289 ff. (291); MüKo-*Lieb*, § 812 Rn. 32; *Lieb*, Jura 1990, S. 359; *Stierle*, S. 120 ff.; *Esser/Weyers*, S. 431: „... daß nach dem Sinn des Kondiktionenrechts die Frage nach den Beteiligten eines Bereicherungsanspruchs ... nicht schon damit geklärt sein kann, zwischen welchen Personen physisch Vermögensteile verschoben worden sind."; *C. Wolf*, S. 44.

[363] Vgl. BGHZ 61, S. 289 ff. (291); *Reuter/Martinek*, § 10 I. 1. (S. 387); *Wesel*, S. 2595.

[364] Vgl. schon oben, 2. Teil C. II.; für die synonyme Verwendung von Leistung und Zuwendung § 1.1 (1) des Gesetzesvorschlags von *König*, Gutachten, S. 1527, dazu *Lieb*, NJW 1982, S. 2034 f.

[365] BGHZ 40, S. 272 ff. (277) (Elektrogerätefall); 61, S. 289 ff. (291: „gefestigte Rechtsprechung"); 82, S. 28 ff. (30); *Schreiber*, S. 540 f.; vgl. *Schnauder*, NJW 1994, S. 538 ff.; *ders.*, AcP 187, S. 142 und zur Entwicklungsgeschichte, S. 153 ff.; *Köndgen*, S. 55; *Weitnauer*, FS v. Caemmerer, S. 257; *Esser/Weyers*, S. 429; *Weitnauer*, Zweck und Rechtsgrund der Leistung, S. 29; *ders.*, NJW 1979, S. 2008 f.; neuestens, *Bälz*, S. 5 ff.; *Stürzebecher*, NJW 1988, S. 2718; *ders.*, Rücktritt, S. 75; *Stolte*, a.a.O.; *Kamionka*, a.a.O., insbes. S. 934; *Wertheimer*, S. 295; die Formel geht auf *Kötter*, a.a.O., zurück, vgl. *Reuter/Martinek*, § 4 II 1 (S. 80 f.); *Martinek*, EWiR 1992, S. 396; *Heinrich Wieling*, JuS 1978, S. 801; *Wesel*, S. 2595; *Bork*, S. 22; *Wallmann*, S. 20 ff.; vgl. zu den Unstimmigkeiten innerhalb der h.L. *Schnauder*, S. 59 ff.; der speziell bereicherungsrechtliche Leistungsbegriff wird teilweise von der Leistung i.S.v. § 241 abgegrenzt, da

reicherungsrechtlich komme es nicht auf das dingliche Schicksal des Leistungsobjekts an,[366] sondern auf die Zwecksetzung.[367] Der Bereicherungsausgleich soll nur zwischen den Beteiligten stattfinden, zwischen denen die Zuwendung als „Leistung" einen Zweck erfüllen soll.[368] Nachdem mit einer Zuwendung regelmäßig nicht nur ein bestimmter, sondern viele, mehr oder weniger bedeutsame und mehr oder weniger bewußte Zwecke verbunden sind,[369] ist es hiernach notwendig, die (bereicherungs-)rechtlich bedeutsamen Zwecke näher zu bestimmen.[370] Die Uneinheitlichkeit der hierzu vertretenen Ansichten[371] dokumentiert, daß der finale Leistungsbegriff jedenfalls nicht so klare Lösungen vorgibt, wie es die herrschende Meinung gerne Glauben machen möchte.

Voraussetzung für den Lösungsansatz der Theorie vom finalen Leistungsbegriff ist es, daß der Bereicherungsausgleich in Leistungsfällen nur innerhalb von Leistungsbeziehungen erfolgen kann.[372] Wenn nämlich auch dort kondiziert werden könnte, wo nicht geleistet worden ist, wäre der Leistungsbegriff für die

---

letztere niemals ohne Rechtsgrund erfolgen könne, vgl. *Kötter*, S. 195; kritisch *J. Wolf*, S. 29; *Kupisch*, WM 1979, S. 9; *Weitnauer*, FS v. Caemmerer, S. 259 ff.

[366] *Beuthien*, JZ 1968, S. 323 ff.(324): „Tatsächlich gesehen ist zweifellos der Dritte der Zuwendende; denn er übereignet."; *Kupisch*, Gesetzespositivismus, S. 19, 45 ff., 54, der bei einer Anweisungslage die Zahlung des Angewiesenen an den Empfänger als die einzige Leistung in dieser Fallkonstellation überhaupt ansieht, mit der Besonderheit, daß Leistungsrichtung und Richtung der an die Leistung sich knüpfenden Rechtsfolgen auseinanderfallen; *ders.*, FS v. Lübtow, S. 514; *Stathopoulos*, S. 229 („... hat ja nie in ihrem Vermögen gestanden ..."); *Pinger*, S. 308, 312; vgl. *Reuter/Martinek*, § 10 I 2. a) (S. 393); *Canaris*, FS Larenz, S. 829; *ders.*, WM 1980, S. 368; *Kötter*, S. 221; *J. Wilhelm*, JuS 1973, S. 3; *ders.*, Rechtsverletzung, S. 107 ff.; *Kamionka*, S. 847; a.A. zumindest soweit nicht Grundstücke betroffen sind *Hassold*, S. 25 ff. Innerhalb der h.L. ist man sich nicht einig, nach wessen Sicht die Leistungsbeziehungen zu bestimmen sind. Herrschend und seit BGHZ 40, S. 272 (278 f.) = NJW 1964, S. 399 ff. ständige Rechtsprechung, vgl. BGHZ 72, S. 246 ff. (248 f.); LG Bonn, NJW 1991, S. 1360 ff. (361), ist die Auffassung, die auf den Empfängerhorizont abstellt, vgl. *Palandt-Thomas*, § 812 Rn. 42; *Hans Wieling*, JZ 1977, S. 292 ff.; *Pfister*, JR 1969, S. 48; *Zeiss*, JZ 1963, S. 7 ff. (10); *Stolte*, S. 223; kritisch demgegenüber *Flume*, JZ 1962, S. 281 f. (282 Fn. 14); *J. Wilhelm*, JuS 1973, S. 1 ff.; *Canaris*, FS Larenz, S. 826 f.; *Schnauder*, JuS 1994, S. 539; *Köndgen*, S. 71 f..

[367] BGHZ 82, S. 28 (30); vgl. *Medicus*, Bürgerliches Recht, Rn. 686; *Lopau*, JuS 1975, S. 773 ff. (775).

[368] BGHZ 40, S. 272 (277 f.); 48, S. 70 ff. (73); 50, S. 227 ff. (228); NJW 1974, S. 38 ff. (40); *Esser/Weyers*, S. 430; *C. Wolf*, S. 44.

[369] Vgl. schon oben, 1. Teil B. II. 2.; *J. Wilhelm*, JZ 1994, S. 585 ff. (589).

[370] Vgl. *Kötter*, S. 199; *J. Wolf*, S. 29.

[371] Vgl. *Hassold*, S. 12; *J. Wolf*, S. 28 Fn. 15.

[372] BGHZ 40, S. 272 (277 f.); 48, S. 70 ff. (73); 50, S. 227 ff. (228); NJW 1974, S. 38 ff. (40); *Palandt-Thomas*, § 812 Rn. 41; *Beuthien*, JZ 1968, S. 323 ff. (325); *Stathopoulos*, S. 214; *Zeiss*, JZ 1963, S. 7 ff. (7): „Leistungsverhältnis und Kondiktionsverhältnis entsprechen also einander mit vertauschten Rollen."; vgl. *Medicus*, Bürgerliches Recht, Rn. 666.

Bestimmung der Kondiktionsbeziehungen unbrauchbar. Die Leistungskondiktion soll nach der Theorie vom finalen Leistungsbegriff in den fraglichen Mehrpersonenverhältnissen andererseits gerade nicht dort stattfinden, wo die dingliche Vermögensbewegung wirklich erfolgt.[373] Besonders deutlich wird das bei der „angewiesenen Übereignung" von Grundstücken. Es wird nur eine einzige Auflassung zwischen dem Angewiesenem (B) und dem Empfänger (C) und eine einzige Eintragung des Empfängers (C) im Grundbuch erforderlich. Das Grundstück wird nicht einmal für eine juristische Sekunde dem Vermögen des Anweisenden (A) einverleibt.[374] Die dingliche Vermögensbewegung findet damit nicht zwischen den Parteien statt, denen sie die h.M. zurechnen und in denen sie bei fehlendem Rechtsgrund die Kondiktion zulassen will. Die herrschende Meinung muß deshalb in der Tat abweichend von den tatsächlichen dinglichen Zuwendungsbeziehungen über den im finalen Leistungsbegriff enthaltenen Zweckgedanken künstliche Leistungsbeziehungen fingieren, um innerhalb derselben die Kondiktion zulassen zu können. Im obigen Ausgangsbeispiel bezweckt (und bewirkt) nach der herrschenden Meinung der Angewiesene (B) mit seiner Zuwendung zunächst eine eigene Leistung an den Anweisenden (A). Zugleich bewirke er eine Leistung des Anweisenden (A) an den Anweisungsempfänger (C), weil dies dem Zweck des Anweisenden (A) entspricht.[375]

Die gegen den (noch) herrschenden Leistungsbegriff vorgebrachte gewichtige Kritik ist bekannt.[376] Erst jüngst hat Berthold Kupisch[377] nochmals auf die

---

[373] Vgl. *Canaris*, FS Larenz, S. 829 („Scheinbegründung"); *Kötter*, S. 221: „Was eine Zuwendung im Einzelfalle zur Leistung macht, gehört in den Bereich der rechtlichen Wertung."; der Begründungsnotstand der h.M. in bezug auf den bereicherungsrechtlichen Leistungsbegriff führt dann zu Ausführungen wie der von *Beuthien*, JZ 1968, S. 324: „Die Zuwendung erfolgt nicht dort, wo sie tatsächlich stattfindet."; vgl. auch *Schnauder*, AcP 187, S. 144 („Leistung ohne Zuwendung, Leistungskondiktion ohne Bereicherung").

[374] Vgl. *Hassold*, S. 74 f.; *Canaris*, WM 1980, S. 368; *Reuter/Martinek*, § 10 I 2. a) (S. 393); *Kupisch*, JZ 1997, S. 214.

[375] Vgl. BGHZ 61, S. 289 (291). Durch die Zuwendung B an C trete zum einen Erfüllung im Deckungsverhältnis zwischen A und B wegen der in der Anweisung liegenden Ermächtigung nach §§ 783 2. Hs., 787 Abs. 1 oder §§ 362 Abs. 2, 185 ein. Im Valutaverhältnis zwischen A und C folgt nach einer Ansicht die Erfüllungswirkung aufgrund der mit der Anweisung verbundenen Zweck- und Tilgungsbestimmung des Anweisenden, die von der Angewiesenen (B) konkludent übermittelt werde, *Larenz/Canaris*, § 70 II 1. b) (S. 202); *Canaris*, WM 1980, S. 355 f.; *Martinek*, EWiR 1992, S. 396. Nach *Flume*, NJW 1991, S. 2523, ist die Erfüllungswirkung im Valutaverhältnis über § 267 begründet.

[376] MüKo-*Lieb* § 812 Rn. 5: „... begriffsjuristisch anmutende Übersteigerung des Leistungsbegriffs."; *Flume*, NJW 1991, S. 2523: „... Verworrenheit, welche die sogenannte Lehre vom Leistungsbegriff im Denken zum Bereicherungsrecht angerichtet hat ..."; *Lieb*, NJW 1982, S. 2036; *Wesel*, S. 2595; *J. Wilhelm*, Rechtsverletzung, S. 102, weist zu Recht darauf hin, daß es eine Selbstverständlichkeit ist, daß eine Leistung als willentliche Mehrung fremden Vermögens zweckgerichtet ist. Ein Mehrung fremden Vermögens ohne Zweck sei unter Normalen nicht denkbar, vgl. auch ebd., S. 111; *ders.*,

Mängel der herrschenden Lehre hingewiesen.[378] Auch der BGH hat demgemäß in neueren Entscheidungen die Kondiktionsbeziehungen nicht immer in strikter Anwendung des finalen Leistungsbegriffs bestimmt, sondern auch andere Kriterien wie Vertrauensschutz und Risikoverteilung[379] berücksichtigt,

> „da die Ableitung aus dem Leistungsbegriff allein nicht immer überzeugend erscheint."[380]

Bedenklich ist die Lösung der h.M. auch aus dem folgenden Grund. Da die h.M. für die Leistungskondiktion auf das Merkmal „auf Kosten" verzichtet,[381] ist nach dem Wortlaut des § 812 Abs. 1 S. 1 für die Leistungskondiktion eigentlich zunächst die Notwendigkeit entfallen, nur in einer Leistungsbeziehung zu kondizieren. Denn die Kondiktion einer durch Leistung erlangten Bereicherung setzt nicht voraus, daß der Anspruchsinhaber selbst dinglich Leistender war. Dem Wortlaut des § 812 Abs. 1 S. 1 ist die Beschränkung der Leistungskondiktion auf eine Leistungsbeziehung demgemäß auch nur zu entnehmen, wenn man - was nach dem Wortlaut nicht zwingend ist[382] - auch für die Leistungskondikti-

---

JuS 1973; *Canaris*, FS Larenz, S. 800, 805 ff., 812: „in an die Hochblüte schlechtester Begriffsjurisprudenz erinnernder Weise ...", 857 ff.; *ders.*, WM 1980, S. 367 ff.; *Kupisch*, Gesetzespositivismus, insbes. S. 14 ff.; *J. Wolf*, S. 31; vgl. *Schnauder*, Grundlagen, S. 17: „... der zweckgetragene Leistungsbegriff hat sich nicht als Zauberformel erwiesen ..."; *ders.*, AcP 187, S. 143 ff.; demgegenüber *Beuthien* JZ 1968, S. 323: „... gerade bei den oft verwirrenden bereicherungsrechtlichen Drittbeziehungen bedarf es klarer, einprägsamer und in sich widerspruchsfreier Begriffe."; auch *Schlechtriem*, S. 336, der dem Streit um dem Leistungsbegriff „glaubenskriegartigen Charakter" beimißt.

377 *Kupisch*, JZ 1997, S. 213 ff.

378 Vgl. auch *Kupisch*, WM 1979, S. 10; *ders.*, FS v. Lübtow, S. 538 ff.; *Canaris*, FS Larenz, S. 805, 829, 859; *Kötter*, AcP 153 (1954), S. 221; *Stathopoulos*, S. 228; *Becker*, S. 336; *Zeiss*, AcP 164, S. 59 ff. (Abgrenzung zwischen Zweckvorstellungen, deren Verfehlung unmittelbar die Kondiktion begründet, und sonstigen rechtserheblichen Zwecken); *ders.*, AcP 187, S. 147; , S. 1118; *J. Wilhelm*, JZ 94, S. 585 ff., (589 f.).

379 BGH JZ 1993, S. 1118 a.E. berücksichtigt auch das Merkmal des wirtschaftlichen Schwerpunkts der Leistungsbeziehungen, vgl. dazu wie auch zum Vertrauensschutzargument kritisch *J. Wilhelm*, JZ 1994, S. 591 f.

380 BGHZ 122, S. 46 ff. (51) = NJW 1993, S. 1578 ff. (1579) = JZ 1993, S. 1116 ff. (1117); vgl. auch schon BGHZ 61, S. 289 ff. (291 ff.); 66, S. 372 ff. (374 ff.); 89, S. 376 ff. (378 ff.); 105, S. 365 ff. (370); vgl. *Canaris*, WM 1980, S. 354; *Schnauder*, NJW 1994, S. 537; *Nicolai*, S. 1118; *Esser/Weyers*, S. 432; *Schlechtriem*, S. 335; *Kamionka*, S. 933; *Schreiber*, S. 541; *Stolte*; S. 226 a.E., formuliert ausgehend von den nach seiner Ansicht dem Leistungsbegriff zugrunde liegenden Wertungen wie folgt neu: „Leistung ist die Zurechnung aufgrund wirksamer Veranlassung bzw. aufgrund von Rechtsscheinstatbeständen, auf die der Empfänger vertrauen durfte."; vgl. auch *Lieb*, Jura 1990, S. 359 f.

381 Vgl. oben, 2. Teil C. II.; *Kamionka*, S. 847 f.

382 *Canaris*, FS Larenz, S. 862; *Stathopoulos*, S. 204 Fn. 3; anders *Medicus*, NJW 1974, S. 541; *Kupisch*, Gesetzespositivismus, S. 28, 53; *ders.* WM 1979, S. 11; *ders.* FS v. Lübtow, S. 509; *Kellmann*, NJW 1971, S. 864. Dem Wortlaut des § 812 kann aller-

on das Merkmal „auf Kosten“ als notwendig ansieht.[383] Mit der Einführung des finalen Leistungsbegriffs beschränkt die h.M. die Anwendung der Leistungskondiktion dann allerdings doch wieder auf die Leistungspartner, indem sie über das im finalen Leistungsbegriff enthaltene Zweckelement die Vermögensbewegung dem jeweiligen Bereicherungsgläubiger zurechnet.[384] Die h.M. muß das Erfordernis, daß nur innerhalb einer Leistungsbeziehung kondiziert werden darf, also aufstellen, um das Zweckelement fruchtbar machen zu können.[385] Sie fingiert damit Leistungsbeziehungen, um dieselben identifizieren zu können. Die dogmatische und methodische Fragwürdigkeit dieses zirkulären juristischen Kunstgriffs liegt auf der Hand.

c) Die Lehren vom dinglichen und quasi-dinglichen Durchgangserwerb

Wegen der dargestellten Probleme der herrschenden Lehre will eine andere Ansicht die Kondiktionsbeziehungen in Mehrpersonenverhältnissen danach bestimmen, wo (nicht dingliche, aber) zumindest wirtschaftliche Vermögensbewegungen stattgefunden haben. In Ablehnung des herrschenden Leistungsbegriffs bedient man sich allerdings anderer Kriterien, um die Vermögensbewegungen zu identifizieren. Es sei hierfür nämlich das Merkmal „auf Kosten“ aus dem Tatbestand des § 812 Abs. 1 S. 1 auch für die Leistungskondiktion heranzuziehen.[386] Da dieses Merkmal zu allgemein sei, um die Kondiktionsbeziehungen in Mehrpersonenverhältnissen bestimmen zu können,[387] soll das von Flume[388] entwickelten „Kriterium der willentlichen vermögensmäßigen Entscheidung“ für Spezifizierung sorgen.[389] Danach seien Vermögensbewegungen dem Vermögensherrn zuzurechnen, wenn sie auf seiner Vermögensentscheidung, d.h. seinem Einsatz von Vermögen beruhen. Diese Ansicht[390] nimmt mithin eine „hypo-

---

dings ohnehin nur beschränkte Bedeutung zukommen, da diese Vorschrift erkennbar nur auf Zweipersonenverhältnisse und nicht auf Dreipersonenverhältnisse zugeschnitten ist, *Canaris*, ebd.

383 Vgl. *Kupisch*, Gesetzespositivismus, S. 56; *Schnauder*, Grundlagen, S. 88 ff.

384 Vgl. *Kupisch*, FS v. Lübtow, S. 50 ff.

385 Vgl. *Klinke*, S. 18, der den Leistungsbegriff deshalb als für das Bereicherungsrecht notwendig ansieht, weil durch ihn erst der Zweck wieder in die Betrachtung eingeführt werde; kritisch zu Recht *Kupisch*, Gesetzespositivismus, S. 35, 64; auch *Stathopoulos*, S. 228, der zutreffend darauf hinweist, daß sich in den bereicherungsrechtlichen Vorschriften kein Anhaltspunkt für den finalen Leistungsbegriff findet.

386 *J. Wilhelm*, Rechtsverletzung, S. 73, 115 ff.; *Kupisch*, JZ 1997, S. 219.

387 Vgl. *Köndgen*, S. 62.

388 *Flume*, FS Niedermeyer, S. 154 f.; vgl. *ders.*, NJW 1970, S. 1161 ff. (1163).

389 *J. Wilhelm*, Rechtsverletzung, S. 62 ff., 73, 115 ff.; vgl., sich auch auf das „Kriterium der Vermögensentscheidung beziehend“, *Canaris*, FS Larenz, S. 816; kritisch hinsichtlich der praktischen Brauchbarkeit dieses Kriteriums *Köndgen*, S. 73; *Kupisch*, Gesetzespositivismus, S. 48; *Schreiber*, S. 540.

390 *J. Wilhelm*, JuS 1973, S. 3.

thetisch-dingliche Betrachtungsweise"[391] vor: der Angewiesene vermehre zwar das Vermögen des Anweisenden nicht durch gegenständliche Leistung in dessen Vermögen. Aber er vermehre das Vermögen des Anweisenden um den Leistungsgegenstand, indem er die Disposition des Anweisenden über diesen Gegenstand ausführe. Der Leistungsgegenstand komme in einer dem dinglichen Durchgang durch das Vermögen des Anweisenden vermögensmäßig und deshalb rechtlich gleichstehenden Weise zu Lasten des Vermögens des Anweisenden dem Empfänger zu, indem „für Rechnung" des Anweisenden geleistet werde.[392]

Auch diese Ansicht sieht sich also genötigt, mit Fiktionen zu arbeiten: entsprechend dem Erklärungsansatz der h.M. sind von dem tatsächlichen dinglichen Tatbestand losgelöste Vermögensbewegungen zu fingieren, um die bereicherungsrechtliche Rückabwicklung außerhalb der tatsächlichen Zuwendungsbeziehungen begründen zu können.[393] Einen realen dinglichen Vermögensübergang zunächst in das Vermögen des Anweisenden und nachfolgend in das des Empfängers kann nämlich auch diese Konstruktion nicht nachweisen.[394]

---

[391] *Köndgen*, S. 63. *Kupisch*, JZ 1997 219 ff. spricht von einer „als ob"-Betrachtung. Wirtschaftlich gesehen verhalte es sich bei der Anweisungslage nämlich so, als ob B an A und A an C übereignet habe, *Kupisch*, ebd., S. 219 (wobei der Anweisende bei *Kupisch* „B" und der Angewiesene „C" heißen), zustimmend *Lieb*, § 812 Rn. 31.

[392] *J. Wilhelm*, JuS 1973, S. 3; *ders.*, Rechtsverletzung, S. 107 ff.; wie J. Wilhelm *Pinger*, S. 312: „Der Anweisende verliert den Leistungsgegenstand, den er durch eine Zuwendung des Angewiesenen während einer juristischen Sekunde erhalten hatte, an den Empfänger der realen Vermögensübertragung."; noch weitergehender *Hassold*, S. 25 ff., der mit seiner Durchgangstheorie einen wirklichen dinglichen Durchgangserwerb beim Anweisenden zu begründen versucht. Zumindest für Grundstücksgeschäfte muß *Hassold*, S. 74 ff., freilich Ausnahmen zulassen, die seine Annahme widerlegen, vgl. kritisch deshalb auch MüKo(2. Aufl.)-*Lieb*, § 812 Rn. 34 a; *Reuter/Martinek*, § 10 I 2. a) (S. 391 ff.); *Kupisch*, JZ 1997, S. 214.

[393] Vgl. *Kupisch*, Gesetzespositivismus, S. 47.

[394] Vgl. *Reuter/Martinek*, § 3 I 1. (S. 41), § 11 I 3. (S. 411); *Kupisch*, Gesetzespositivismus, S. 45 ff.; *ders.*, WM 1979, S. 3; *ders.*, FS Coing, S. 240; *Kupisch* will konsequent darauf abstellen, daß die Erfüllungswirkung jeweils dort eintrete, wo nicht geleistet werde. Es könne nur davon gesprochen werden, daß die Parteien sich so behandeln lassen müßten, als ob dort geleistet worden sei, wo die Erfüllungswirkung eintreten soll, *Kupisch*, Gesetzespositivismus, S. 19 ff.; *ders.*, WM 1979, passim; ähnlich *Stolte*, S. 221 f., 226. Da das Bereicherungsrecht allerdings nur auf Zweipersonenverhältnisse zugeschnitten sei, liege für die bereicherungsrechtliche Rückabwicklung von Mehrpersonenverhältnissen eine Regelungslücke vor, die im Wege der analogen Anwendung der Vorschriften zur Leistungskondiktion zu lösen sei, *Kupisch*, Gesetzespositivismus, S. 21 ff., 56 f.; *ders.*, WM 1979, S. 5 f.; *ders.* FS Coing, S. 245. Die Leistungskondiktion habe analog dort zu erfolgen, wo der Eintritt der Erfüllungswirkung geplant gewesen sei, ebd. Kupisch kommt so im wesentlichen zu gleichen Ergebnissen wie die h.M., vgl. *Kupisch*, WM 1979, S. 4; *Kamionka*, S. 930; *Schreiber*, S. 541. Gegen die Ansicht von Kupisch wird geltend gemacht, daß auch Kupisch über seine „Als-ob-Betrachtung" subjektive Zweckverfolgungszusammenhänge nutzbar machen muß, obwohl die mit der Ablehnung des herrschenden Leistungsbegriffs eigentlich keine Rolle spielen sollten,

d) Die Lehre von Claus-Wilhelm Canaris

Fraglich ist, ob eine Lösung der hier diskutierten Probleme tatsächlich über die (fiktive) Bestimmung von Vermögensbewegungen erfolgen muß bzw. ob in diese Richtung zielende Begründungsansätze den betroffenen Interessen nicht nur im Ergebnis, sondern auch in der dogmatischen Begründung gerecht werden.[395] Auszugehen ist davon, daß § 812 Abs. 1 nur auf Zweipersonenverhältnisse zugeschnitten ist, weshalb seinem Wortlaut, d.h. auch dem dort festgeschriebenen Leistungserfordernis für die Bestimmung der Kondiktionsbeziehungen nicht zuviel Bedeutung zugemessen werden sollte.

Erstmals hat - soweit ersichtlich - Claus-Wilhelm Canaris[396] versucht, einen anderen Weg zu gehen. Canaris will mit dem Ziel einer gerechten Risikoverteilung die Kondiktionsbeziehungen auf der Grundlage des Prinzips der Risikozurechnung bestimmen. Die Rechtsfolge müsse auf das Prinzip der Selbstverantwortung zurückgeführt werden und folglich an das Verhalten der Betroffenen anknüpfen. Die Parteien seien insoweit auch bei Fehlerhaftigkeit des zugrunde liegenden Rechtsverhältnisses an der von ihnen geschaffenen Risikoordnung festzuhalten. Jede Partei solle die Risiken hinsichtlich des Partners tragen, mit dem ihn das mangelhafte Kausalverhältnis verbinde.[397] Die damit korrespondierende Schutzwürdigkeit des Kondiktionsgläubigers ergebe sich aus dem Abstraktionsprinzip und dem ihm zugrunde liegenden Gedanken des Verkehrs- und Vertrauensschutzes. Das Abstraktionsprinzip bewirke nämlich, daß der Empfänger einer Leistung von den Mängeln eines Kausalverhältnisses, an dem er nicht beteiligt sei, grundsätzlich unberührt bleibe und sich allenfalls die Fehlerhaftigkeit des zugehörigen Erfüllungsgeschäfts entgegenhalten lassen müsse.[398]

Aus diesen für den Bereicherungsausgleich in Anweisungslagen maßgeblichen Wertungskriterien (Risikozurechnung und durch das Abstraktionsprinzip

---

Reuter/Martinek, § 4 II 5. b) (S. 114) („terminologische Spielart der h.M."); *Schreiber*, S. 541.

[395] *Wesel*, S. 2595, bezeichnet die Formel „Leistungskondiktion nur in der Leistungsbeziehung" als „das kleine Unglück", welches auf dem Aufsatz von Kötter beruht.

[396] *Canaris*, FS Larenz, S. 799 ff.; WM 1980, S. 354 ff. (insbes. 367 ff.); auch *C. Wolf*, S. 44 f.; *Kupisch*, Gesetzespositivismus, passim, insbes. S. 19 ff., *ders.*, Festgabe v. Lübtow, S. 514 ff.; *ders.*, WM 1979, S. 4 f., geht von der richtigen Beobachtung aus, daß tatsächlich Vermögensverschiebungen in Anweisungsfällen nur zwischen dem Angewiesenen (B) und dem Anweisungsempfänger (C) stattfinden.

[397] *Canaris*, ebd., S. 814, der selbst, ebd., S. 816, Parallelen zwischen „seinem" die Risikoordnung begründenden Akt und dem von *J. Wilhelm* unter Bezugnahme auf *Flume* nutzbar gemachten Kriterium der Vermögensentscheidung sieht; vgl. *C. Wolf*, S. 44 ff.; *Köndgen*, S. 65.; *Reuter/Martinek*, § 8 I. 4. b) (S. 316); *Schreiber*, S. 541.

[398] *Canaris*, FS Larenz, S. 817.

gewährleisteter Verkehrs- und Vertrauensschutz)[399] ergebe sich die von der herrschenden Lehre befürwortete Beschränkung der Kondiktion auf das fehlerhafte Kausalverhältnis, das korrespondierende Durchgriffsverbot und auch der von der herrschenden Lehre angestrebte, aber nicht erreichte Einwendungsausschluß.[400]

Der Canaris'sche Ansatz überzeugt, soweit er versucht, die bereicherungsrechtliche Rückabwicklung in Mehrpersonenverhältnissen nicht aus der (fiktiven) Bestimmung von Vermögensbewegungen und insbesondere nicht mit (Leistungs-)Begrifflichkeiten zu erklären. Soweit Canaris „auf einschlägige Wertungskriterien unmittelbar" zurückgreifen will,[401] werden die dahinter stehenden Interessen und ihre Abwägung gegeneinander allerdings nicht klar genug,[402] um überzeugen zu können. Die Herleitung seiner Ergebnisse wird deshalb als in Einzelfällen oft kompliziert und wenig einleuchtend empfunden.[403] Wenn Canaris mit den von ihm als „beherrschende Kriterien"[404] bezeichneten Gedanken der Risikozurechnung und des im Abstraktionsprinzip verkörperten Verkehrs- und Vertrauensschutzes[405] zu Lösungen kommen will, scheint er im übrigen vom soweit wie möglich offen zu haltenden Ergebnis her zu argumentieren.[406] Es ist nämlich sehr fraglich, ob die jeweils höchst unterschiedlichen Probleme in Dreiecksverhältnissen durch derart allgemeine Kriterien für jeden Einzelfall vollkommen gerecht präjudiziert werden können.[407] Dazu im folgenden.

e) Stellungnahme

aa) Allgemeines

Grundsätzlich geht der Ansatz von Canaris trotz der hier geäußerten Bedenken in die richtige Richtung. Nicht nur, aber auch wegen aller Unsicherheiten, die in bezug auf die bereicherungsrechtliche Rückabwicklung von Mehrpersonenverhältnissen (weiterhin) bestehen, liegt es in der Tat entsprechend der Idee

---

[399] Vgl. auch die Wertungskriterien bei *Schreiber*, S. 542.

[400] *Canaris*, FS Larenz, S. 819.

[401] *Canaris*, ebd., S. 859.

[402] Vgl. *Costedde*, S. 5 ff.; zu dieser Notwendigkeit allgemein auch schon oben, 1. Teil A. II. 1.

[403] *Köndgen*, S. 64 f.; vgl. *Kupisch*, Gesetzespositivismus, S. 33 ff.; *Martinek*, NJW 1992, S. 3142; *J. Wolf*, S. 79.

404 *Canaris*, FS Larenz, S. 859.

[405] Daß das Abstraktionsprinzip Verkehrs- und Vertrauensschutz verkörpert, unterstellt *Canaris*, ebd.; vgl. kritisch *Medicus*, NJW 1974, S. 541; ihm folgend *Stathopoulos*, S. 223; *J. Wolf*, S. 80.

[406] Vgl. so ausdrücklich *Canaris*, WM 1980, S. 587; ähnlich *Kupisch*, Gesetzespositivismus, S. 13.

[407] Vgl. *Schnauder*, Grundlagen, S. 88.

von Canaris nahe, von stark am Wortlaut des § 812 orientierten Lösungen Abstand zu nehmen und für die Bestimmung der Kondiktionsbeziehungen nicht an tatsächliche oder fingierte Vermögensbewegungen anzuknüpfen. Es ist vielmehr von der genuinen Funktion der Leistungskondiktion[408] auszugehen und zu untersuchen, wie diese Funktion in Mehrpersonenverhältnissen zur Geltung kommen muß, um den beteiligten Interessen Rechnung zu tragen. Die bereicherungsrechtliche Behandlung von Mehrpersonenverhältnissen sollte auf diese Weise auch ohne Fiktionen überzeugend lösbar sein.

Das wesentliche Interesse, welchem die Leistungskondiktion auch in Mehrpersonenverhältnissen Rechnung zu tragen hat, ist die Befriedigung des aus der Realisierung des Zuwendungsrisikos resultierenden Restitutionsinteresses. Die Leistungskondiktion hat die primäre Funktion, bei Realisierung des Zuwendungsrisikos das Zuwendungsobjekt in die Zuständigkeit des Zuwendenden zurückzuführen.[409] Sie bedient sich dafür eines abstrakten Restitutionsmechanismus.[410]

Die Reaktion auf die Realisierung des Zuwendungsrisikos hat im Restitutionsinteresse des betroffenen Zuwendenden dort einzusetzen, wo sich das Zuwendungsrisiko verwirklicht hat, denn dort sind die Folgen dieser Risikoverwirklichung zu korrigieren, d.h. ist der Nachteil desjenigen auszugleichen, dessen Zuwendungsrisiko sich verwirklicht hat. In der Regel realisiert sich das Zuwendungsrisiko innerhalb einer Zuwendungsbeziehung selbst, weshalb ein Restitutionsmechanismus auch dort seine Wirkung zu entfalten hat.[411] Denn aus dem Verhältnis zu dem Zuwendungsempfänger leitet der Zuwendende die Rechtfertigung seiner Zuwendung her.[412] Scheitert diese Rechtfertigung, d.h. realisiert sich sein Zuwendungsrisiko, dann richtet sich das Restitutionsinteresse natürlicherweise gegen den, der davon unmittelbar profitiert hat. Das ist der Zuwendungsempfänger.[413] Das Entgeltinteresse des Zuwendenden verwandelt sich deshalb mit Realisierung des Zuwendungsrisikos in ein Restitutionsinteres-

---

[408] Schon *v. Caemmerer*, JZ 1962, S. 385 ff. (386), hatte zutreffend festgestellt, daß die sich aus der Rückabwicklung von Mehrpersonenverhältnissen ergebenden Fragen nicht rein bereicherungsrechtlicher, sondern grundsätzlicher Natur sind. v. Caemmerer sieht die Bestimmung von Leistungsbeziehungen als Problem aller Rückgewähransprüche an, vgl. auch *ders.*, FS Rabel, S. 342; *Canaris*, FS Larenz, S. 862; *Hassold*, S. 4.

[409] Vgl. oben, 2. Teil C. III. 3. a).

[410] Vgl. oben, 2. Teil C. III. 3. b).

[411] Vgl. *Kupisch*, Gesetzespositivismus, S. 56.

[412] Zur Vereinfachung und damit zum besseren Verständnis soll der eigene Lösungsvorschlag hier am Beispiel der Frustrierung des Entgeltinteresses entwickelt werden. Dazu, daß die Realisierung des Zuwendungsrisikos auch auf andere Weise stattfinden kann, vgl. schon oben, 1. Teil, B. II. 2.

[413] Vgl. oben, 2. Teil C. III. 3. a).

se, mit der Folge, daß er im Verhältnis zu dem Zuwendungsempfänger einen Restitutionsmechanismus aktiviert sehen will, der ihm den eigenen, durch die Zuwendung eingetretenen Nachteil ausgleicht.[414]

Zu untersuchen ist nunmehr, ob und wenn ja, welche Besonderheiten sich in Bezug auf Mehrpersonenverhältnisse ergeben, d.h. ob die soeben dargestellten Grundsätze auch in diesen Fällen Bedeutung haben.

bb) Die Zuwendungsverhältnisse

Die Eigenart von Zuwendungen in Mehrpersonenverhältnissen kann - wie dargelegt[415] - nicht darin gesehen werden, daß die von herrschender Meinung und Rechtsprechung als Leistung bezeichnete Zuwendung nicht dort stattfindet, wo die dingliche Vermögensbewegung erfolgt. Dieser von der h.M. eingeschlagene Weg basiert auf rein begrifflichen, fiktiven Hilfserwägungen, um einen Anhaltspunkt für die Bestimmung der Parteien des Rückabwicklungsverhältnisses zu erhalten. An den realen Zuwendungsbeziehungen ändert sich demgegenüber grundsätzlich auch in Mehrpersonenverhältnissen nichts.[416]

Die Besonderheit der Mehrpersonenverhältnisse liegt vielmehr in der Frage, im Verhältnis zu wem sich die Rechtfertigung einer Zuwendung herleitet. Wenn im Ausgangsfall der Angewiesene B seine Zuwendung (anweisungsgemäß) an den C erbringt, dann rechtfertigt sich für ihn sein mit der Zuwendung verbundener Nachteil nicht im Verhältnis zu dem Zuwendungsempfänger C, sondern im Verhältnis zum Anweisenden A. Zu diesem besteht nämlich normalerweise eine schuldrechtliche Beziehung, welche die Ausgleichsverpflichtung des A zum Inhalt hat.[417] Erbringt der A dem B demgemäß eine den Nachteil des B ausgleichende Zuwendung, dann entsteht dem A wiederum ein eigener Nachteil. Die Rechtfertigung dieses Nachteils ergibt sich aus dem Verhältnis des A gegenüber C, d.h. grundsätzlich ist C dafür verantwortlich, durch Erbringung einer eigenen Zuwendung an A dessen Nachteil auszugleichen. Der damit wiederum verbundene Nachteil des C rechtfertigt sich durch die (Ausgangs-)Zuwendung des Angewiesenen B an C, womit sich der Ring schließt.[418]

---

[414] Vgl. oben, 1. Teil C. II. 2. c); *Kupisch*, WM 1979, S. 3: „Das Zwei-Personen-Verhältnis trägt, mit anderen Worten, seinen Gerechtigkeitsgehalt in sich selbst.“; *Hüffer*, S. 267.

[415] Vgl. vorstehend, 2. Teil C. IV. 2. a) und b).

[416] Vgl. ebd.

[417] Vgl. *V. Wolff*, S. 107; *J. Wilhelm*, JuS 1973, S. 3; *Stathopoulos*, S. 219.

[418] Soll eine der Zuwendungen unentgeltlich erfolgen, dann gelten diese Grundsätze in gleicher Weise. Die Rechtfertigung erfolgt dann durch ein Schenkungsversprechen, das einen Verzicht auf den Nachteilsausgleich beinhaltet.

Charakteristisch für die Anweisungsfälle ist es also, daß die Rechtfertigung einer Zuwendung und damit auch die Möglichkeit der Realisierung des Zuwendungsrisikos nicht in dem Verhältnis zu dem unmittelbaren Zuwendungsempfänger, sondern in dem Verhältnis zu einem Dritten begründet ist.

cc) Die Kondiktionsbeziehungen

(1) Grundsatz

Für die Bestimmung der Kondiktionsbeziehungen ist nunmehr zu klären, wo, d.h. im Verhältnis zwischen welchen Parteien in den einschlägigen Fällen der (abstrakte) Mechanismus der Leistungskondiktion einsetzen muß, um das Restitutionsinteresse des von der Realisierung des Zuwendungsrisikos Betroffenen zu befriedigen.[419]

Wenn in dem obigen Ausgangsfall das Deckungsverhältnis A - B nichtig ist, dann hat sich für den B sein Zuwendungsrisiko verwirklicht. Folge der Nichtigkeit ist es nämlich, daß er keinen Ausgleich des aus seiner eigenen Zuwendung an C folgenden Nachteils von A verlangen kann. Seine eigene Zuwendung an C ist für ihn deshalb nicht mehr gerechtfertigt und sein Erfüllungsinteresse wandelt sich um in ein Restitutionsinteresse.[420] Die Befriedigung dieses Restitutionsinteresses ist die Aufgabe der Leistungskondiktion, die sich naturgemäß gegen den A richten muß, denn diesem obliegt der Ausgleich des aus der Zuwendung des B an C entstehenden Nachteils.[421] Der C ist von der Realisierung des Zuwendungsrisikos des B im Verhältnis zu A andererseits nicht betroffen.

Scheitert das Valutaverhältnis A - C, dann realisiert sich das Zuwendungsrisiko des A. A müßte nämlich gleichwohl dem B dessen Zuwendung an C entgelten, bekäme aber nicht den geplanten Ausgleich von C. Hier wandelt sich also das Entgeltinteresse des A in ein Restitutionsinteresse um. Dieses Restitutionsinteresse richtet sich gegen C, da sich im Verhältnis zu diesem das Zuwendungsrisiko des A verwirklicht hat.[422] Die Realisierung des Zuwendungsrisikos des A im Verhältnis zu C betrifft den B andererseits grundsätzlich nicht.

Kennzeichnend für die hier interessierenden Sachverhalte ist es deshalb, daß sich das Zuwendungsrisiko nicht im Verhältnis des Zuwendenden zum Zuwendungsempfänger, sondern im Verhältnis des Zuwendenden zu einem Dritten realisiert. Anders gesagt: die Realisierung des Zuwendungsrisikos erfolgt außerhalb der betroffenen Zuwendungsbeziehung. Es ist darum nur folgerichtig,

---

[419] Vgl. *Canaris*, FS Larenz, S. 861.

[420] Vgl. *Hüffer*, S. 267: „An die Stelle des Erfüllungsanspruchs tritt die Leistungskondiktion."

[421] Vgl. oben, 2. Teil C. IV. 2. e) bb).

[422] Vgl. *Kupisch*, Gesetzespositivismus, S. 47.

daß die Leistungskondiktion nicht in der konkreten Zuwendungsbeziehung selbst Wirkung entfaltet. Vielmehr hat dies dort zu geschehen, wo die Ursache dafür liegt, daß die Rechtfertigung der Zuwendung scheitert.[423] Die Leistungskondiktion muß innerhalb derjenigen Beziehung zum Einsatz kommen, innerhalb welcher sich das mit einer konkreten Zuwendung verbundene Risiko verwirklicht hat.[424] Mit der Existenz von Zuwendungs- bzw. Leistungsbeziehungen hat das nicht notwendig etwas zu tun.[425]

(2) Interessenabwägung

Die bisherigen Ergebnisse berücksichtigen allerdings nur das (Restitutions-) Interesse des jeweiligen Zuwendenden. Anderweitige Interessen sind außer Betracht geblieben. Zu bedenken ist jedoch, daß die Entscheidung darüber, ob die Pflicht zum Ausgleich des mit einer Zuwendung verbundenen Nachteils nicht den unmittelbaren Zuwendungsempfänger, sondern einen Dritten treffen soll, regelmäßig zumindest auch die Interessen des Dritten (im obigen Grundfall in bezug auf die Zuwendung des B an C: A) und auch die des Empfängers (im obigen Grundfall: C) tangiert. Es fragt sich deshalb zum einen, unter welchen Voraussetzungen ein an der Zuwendung nicht unmittelbar beteiligter Dritter (A) in Abwicklung und Rückabwicklung einer Zuwendung einbezogen werden kann. Weiter ist zu untersuchen, ob und wie den Interessen des Empfängers (C) Rechnung zu tragen ist.

Die Entscheidung BGHZ 113, S. 62[426] mag die Problematik beispielhaft verdeutlichen. Vereinfacht ging es um folgenden Sachverhalt: Nachdem er von einem Scheingläubiger, dem späteren Beklagten, in Anspruch genommen worden war, gab der Betroffene die Zahlungsaufforderung an seinen Haftpflichtversicherer, den späteren Kläger, weiter. Er bemerkte dazu, nach Überprüfung müsse er feststellen, daß die Schadensersatzforderung zu Recht bestehe und aufgrund der vorliegenden Dokumente sowie

---

[423] Vgl. *Canaris*, WM 1980, S. 370: „Entscheidend ist also nicht, wer was geleistet hat, sondern in welchem Rechtsverhältnis der kondiktionsauslösende Mangel seinen Ursprung hat ..."; *Kupisch*, Gesetzespositivismus, S. 47.

[424] Vgl. im Ergebnis zu Recht *Canaris*, WM 1980, S. 370.

[425] Ausgehend von diesem Regelungsziel erweist sich auch der Versuch als nicht zutreffend, die bereicherungsrechtliche Rückabwicklung von Mehrpersonenverhältnissen auf der Grundlage einer Parallele zum Erfüllungsrecht zu begründen, so *Kupisch*, Gesetzespositivismus, S. 19 ff.; *Reuter/Martinek*, § 10 I 2. a) (S. 88 ff.) und passim; *Stolte*, a.a.O. Das Erfüllungsrecht betrifft die schuldrechtliche Ebene, die Frage nämlich, unter welchen Voraussetzungen der Schuldner seine Verpflichtung erfüllt hat und damit die Forderung gemäß § 362 zum Erlöschen gebracht hat. Bei dem hier in Rede stehenden, im zuwendungsrechtlichen Zusammenhang bedeutsamen Restitutionsinteresse spielen diese Fragen demgegenüber keine Rolle, vielmehr geht es um die Rückführung des Zuwendungsobjekts.

[426] BGHZ 113, S. 62 ff. = NJW 1991, S. 919 ff. = JZ 1991, S. 410 ff. = WM 1991, S. 639 ff. = VersR 1991, S. 356 ff. = ZIP 1991, S. 595 ff. = DB 1991, S. 858 = MDR 1991, S. 533 = JuS 1991, S. 693 (K. Schmidt).

möglicher Zeugenaussagen in einem Rechtsstreit kaum abzuwenden sei. Der Kläger zahlte darauf die geforderte Summe an den Scheingläubiger. Fraglich war, ob der Kläger mit der Leistungskondiktion unmittelbar gegen den Scheingläubiger vorgehen können sollte oder ob der Bereicherungsausgleich „über Eck" erfolgen, d.h. der Kläger (Haftpflichtversicherer) gegen seinen Versicherungsnehmer und dieser gegen den Beklagten (Scheingläubiger) vorgehen müsse.

Der BGH hat im Sinne der ersten Alternative entschieden. Mit der Zahlung an den Beklagten habe der Kläger seine Haftpflichtschuld gegenüber seinem Versicherungsnehmer erfüllen wollen und habe deshalb auf fremde Schuld geleistet. Allerdings habe er nicht auf Anweisung des Versicherungsnehmers geleistet, zumal eine solche Anweisung diesem gar nicht zustehe.[427] Bei einer nicht auf Weisung eines vermeintlichen Schuldners beruhenden Leistung sei kein hinreichender Zurechnungsgrund dafür ersichtlich, diesen statt den Zahlenden als den Leistenden anzusehen. Es bestehe deshalb auch kein Grund, ihn in die Rückabwicklung einzubeziehen.[428]

Nach Flume[429] ist die Entscheidung des BGH von selbstverständlicher Richtigkeit. Eindeutig habe es sich um eine Leistung des Haftpflichtversicherers an den Zahlungsempfänger gehandelt, da eine Weisung oder Anweisung des Versicherungsnehmers nicht vorgelegen und es sich für den Haftpflichtversicherer um einen Schadensausgleich in eigener Sache gehandelt habe.[430] Ebenso stimmt auch Martinek[431] der Entscheidung im Ergebnis zu. Er kritisiert aber, daß der BGH nicht hinreichend differenziert auf die eigentliche Fragestellung eingegangen sei. Es gehe nämlich darum, ob die „veranlaßte" Drittleistung wie die „aus eigenem Antrieb" (Direktkondiktion) oder wie eine Anweisungsleistung (Abwicklung „über Eck") zu behandeln sei.[432]

Canaris[433] lehnt die Entscheidung des BGH im Ergebnis ab und befürwortet eine Rückabwicklung „über Eck". Es sei kein Grund ersichtlich, warum die Rückabwicklung anders erfolgen solle, als wenn der Versicherungsnehmer selbst an den Putativgläubiger gezahlt und der Versicherer ihm das Geld erstattet hätte, zumal der Versicherer auf den (vermeintlichen) Freistellungsanspruch des Versicherungsnehmers zahle und also an diesen leiste.[434] Die Direktkondiktion des Versicherers habe zur Folge, daß legitime Schutzinteressen sowohl des Zahlungsempfängers als auch des Versicherungsnehmers verletzt und überdies dem Versicherer die Risiken einer Anspruchsdurchsetzung gegen

---

[427] BGHZ 113, S. 65.

[428] BGHZ, ebd., S. 69 f.

[429] *Flume*, NJW 1991, S. 2523 ff.; ihm wohl folgend *Jakobs*, NJW 1992, S. 2525.

[430] Ebd.

[431] *Martinek*, JZ 1991, S. 395 ff.; *ders.*, NJW 1992, S. 3141 ff.

[432] *Martinek*, JZ 1991, S. 396, 399 ff.; dagegen *Jakobs*, NJW 1992, S. 2525 ff.; gegen *Jakobs* wiederum *Martinek*, NJW 1992, S. 3141 ff.; vgl. zustimmend zu der BGH-Entscheidung auch *Wertheimer*, JuS 1992, S. 284 ff., der aber kritisiert, daß der BGH versicherungsrechtliche Besonderheiten außer Betracht gelassen habe; *Grüter*, S. 119 f.

[433] *Canaris*, NJW 1992, S. 868 ff.; dagegen *Jakobs*, NJW 1992, S. 2527 ff.; gegen Jakobs wiederum *Canaris*, NJW 1992, S. 3143 ff.

[434] *Canaris*, NJW 1992, S. 868 ff. (873); *ders.*, NJW 1992, S. 3144.

den Versicherungsnehmer (Insolvenz, Unauffindbarkeit usw.) ohne zureichenden Sachgrund abgenommen würden.[435]

Unter Berücksichtigung der oben erarbeiteten Besonderheiten der Anweisungsfälle stellt sich der vom BGH entschiedene Sachverhalt wie folgt dar: der Kläger (Haftpflichtversicherer) hatte dem Beklagten die eingeklagte Summe zugewendet. Da ein Schadensersatzanspruch des Beklagten nicht bestand, war die Zuwendung des Klägers nicht gerechtfertigt, hatte sich also mit der Zahlung das Zuwendungsrisiko des Klägers verwirklicht. Fraglich war freilich, gegenüber wem dem Kläger die Leistungskondiktion zustand, ob sich also sein Zuwendungsrisiko im Verhältnis zum Beklagten oder zu dem Versicherungsnehmer verwirklicht hatte. Die Entscheidung hängt davon ab, unter welchen Voraussetzungen ein Dritter (hier: der Versicherungsnehmer) in Abwicklung und Rückabwicklung einer Zuwendung einbezogen werden kann. Das ist nunmehr zunächst zu untersuchen.

Würde es für die Einbeziehung einer mit dem Zuwendungsempfänger nicht identischen Person in Abwicklung und Rückabwicklung einer Zuwendung allein auf den Willen des Zuwendenden ankommen, dann hieße das, daß dieser eigenständig jeden an dem konkreten Zuwendungsvorgang unbeteiligten Dritten nach Gutdünken „belästigen"[436] könnte. Für den Dritten wäre das konkret nachteilig. Er würde nämlich das Risiko tragen, seinerseits den durch die Inanspruchnahme von seiten der Zuwendenden (B) entstandenen Nachteil ersetzt zu bekommen.[437] Eine Außerachtlassung der Interessen des Dritten ist aber durch nichts zu rechtfertigen, hat er doch im Extremfall in keiner Weise Veranlassung[438] für seine Einbeziehung in das Geschehen gegeben, geschweige denn zugestimmt.[439] Käme es allein auf die Entscheidung des Zuwendenden an, würde das auf eine Verpflichtung zu Lasten Dritter hinauslaufen und damit gegen den im deutschen Zivilrecht verankerten Grundsatz der Privatautonomie verstoßen. Die Einbeziehung eines an dem konkreten Zuwendungsvorgang nicht beteiligten Dritten bedarf deshalb besonderer Legitimation in Form seines Einverständnisses.

Im Ergebnis ist das weitgehend anerkannt, wird freilich anders und nicht einheitlich begründet. Ausdrücklich auf die fehlende Zustimmung beruft sich BGHZ 50, 231, für die Direktkondiktion (B-C).[440]

Canaris[441] macht mit Recht geltend, daß die h.L. vom finalen Leistungsbegriff keine systematische Kategorie besitzt, um die Sonderbehandlung des Fehlens einer wirklichen

---

[435] *Canaris*, NJW 1992, S. 870 ff.; kritisch *Martinek*, NJW 1992, S. 3142 („vielleicht allzu freihändige 'Interessenanalyse'").

[436] *Reuter/Martinek*, § 11 III 2. b) (S. 418); *Kupisch*, JZ 1997, S. 214.

[437] Vgl. *Larenz/Canaris*, § 70 IV 2. b) (S. 226 f.).

[438] Zum Veranlassungsargument vgl. im folgenden.

[439] *Reuter/Martinek*, § 11 III 1. (S. 418): „... fragt man sich, welchen Sinn die „Belästigung" des A haben soll, der mit dem ganzen Geschehen überhaupt nichts zu tun gehabt hat."; vgl. *J. Wilhelm*, JuS 1973, S. 6, für das Beispiel der Drittzahlung i.S.v. § 267.

[440] BGHZ 50, S. 227 ff. (231); vgl. zur Rechtsprechung auch im folgenden.

Anweisung organisch in ihre Theorie einzuordnen.[442] Denn die Finalität einer Zuwendung ist von dem Bestehen oder Nichtbestehen einer Anweisung unabhängig. Canaris selbst[443] führt seine Lösung auf das Prinzip der Risikozurechnung,[444] auf der Grundlage der Selbstverantwortung der Parteien zurück: „Denn die in Betracht kommenden Risiken sollen nicht in freier Wertung und in einer vom Verhalten der Parteien unabhängigen Weise verteilt werden, sondern so, wie diese selbst sie geordnet haben ...“[445] J. Wilhelm[446] fordert die Disposition des Anweisenden über den Leistungsgegenstand und stellt damit gleichermaßen auf dessen Einverständnis ab. Bei Reuter/Martinek[447] ist das Entscheidende die Tilgungsbestimmung des A, also auch eine die Zustimmung zu seiner Einbeziehung zum Ausdruck bringende Willensäußerung. Für E. Ulmer[448] und v. Caemmerer[449] ist das Vorliegen der Anweisung Geschäftsgrundlage der Zuwendung.

Anderer Ansicht unter strikter Bezugnahme darauf, ob sich die Zuwendung aus der Sicht des Empfängers als Leistung des vermeintlich Anweisenden darstellt, ist H.J. Wieling: „... (*Es*) hat sich herausgestellt, daß das Vorliegen oder Fehlen einer Weisung keinerlei Bedeutung hat für die Frage des Durchgriffs. Entscheidend ist nicht, ob eine Weisung vorliegt, sondern wer an wen geleistet hat.“[450] Diese Ansicht bringt doktrinär, aber konsequent die herrschende Lehre vom finalen Leistungsbegriff zur Anwendung, was zu dem unvertretbaren Ergebnis führt, daß ein Fremder in den Rückabwicklungsvorgang eingebunden werden kann, ohne jemals etwas mit dem Zuwendenden und/oder dem Empfänger zu tun gehabt zu haben. Ihr kann deshalb nicht gefolgt werden.

Das Einverständnis des Dritten zu seiner Einbeziehung in den Zuwendungsvorgang braucht nicht ausdrücklich erklärt zu werden, kann vielmehr auch konkludent erfolgen. Die erforderliche Willensäußerung muß allerdings - abstrakt formuliert - zum Ausdruck bringen, daß der Dritte für die Rechtfertigung der Zuwendung einstehen, er normalerweise also den dem Zuwendenden mit der Zuwendung entstehenden Nachteil ausgleichen will. Das erforderliche Einverständnis wird in der Praxis regelmäßig darin liegen, daß der Dritte die Zuwendung für sich in Anspruch nimmt, in den Anweisungsfällen also in der Anweisung. Diese Übernahme der Ausgleichs- und Restitutionspflicht ist anderer-

---

[441] *Canaris*, FS Larenz, S. 808 f.

[442] Vgl. auch *Lieb*, NJW 1982, S. 2036; *Kupisch*, WM 1989, S. 5.

[443] *Canaris*, FS Larenz, S. 814.

[444] Vgl. dazu schon oben, 2. Teil C. IV. 2. dd).

[445] Vgl. *ders.*, BB 1972, S. 777 f.; *Larenz/Canaris*, § 70 IV 2. b) c) (S. 226 ff.); *Kupisch*, WM 1979, S. 3: „... daß ohne Berücksichtigung des Willens des B ... ein Urteil darüber, ob B entsprechend der Veräußerungskette zu behandeln ist, nicht abgegeben werden kann.“ (Bei Kupisch ist B der Anweisende.)

[446] *J. Wilhelm*, Rechtsverletzung, S. 115 ff., 158 ff.; *ders.* JuS 1973, S. 4; *ders.*, JZ 1994, S. 593.

[447] *Reuter/Martinek*, § 11 III 4. (S. 425 ff.).

[448] *E. Ulmer*, AcP 126, S. 163 ff.

[449] *v. Caemmerer*, JZ 1962, S. 387.

[450] *Hans Josef Wieling*, JuS 1978, S. 807 f. (807); vgl. ebenso *Pfister*, JR 1969, S. 49; *Eike Schmidt*, S. 607.

seits kein erfüllungsrechtliches Problem,[451] sondern betrifft die Frage, wer bei Realisierung des Zuwendungsrisikos das Restitutionsinteresse des Zuwendenden zu befriedigen hat. Eine Tilgungsbestimmung des Anweisenden auf das Valutaverhältnis ist deshalb mit dem aus der Anweisung zu abstrahierenden Einverständnis des Anweisenden nicht identisch. Das notwendige Einverständnis ergibt sich auch nicht automatisch aus dem Bestehen (schuld-)rechtlicher Beziehungen zwischen dem Dritten und dem Zuwendenden. Das Erfordernis eines Einverständnisses des Dritten, für die Rechtfertigung der Zuwendung einstehen zu wollen, besteht vielmehr davon unabhängig und ist für die Entscheidung eines Falles demgemäß gesondert zu prüfen.[452]

Liegt das notwendige Einverständnis des nicht unmittelbar an dem Zuwendungsvorgang beteiligten Dritten nicht vor, fehlt es beispielsweise in den Anweisungsfällen also an einer wirksamen Anweisung, so muß/kann der Zuwendende (B) unmittelbar beim Empfänger (C) kondizieren und zwar entgegen der h.M.[453] mit der Leistungskondiktion[454], die mangels wirksamer „Auslagerung" des Restitutionsmechanismus innerhalb der konkreten Zuwendungsbeziehung Wirkung entfalten muß.

Es darf freilich nicht verkannt werden, daß sehr wohl Fälle denkbar sind, die zwischen den beiden „Extremen" einer Einverständniserklärung des Dritten zu seiner Einbeziehung und dem gänzlichen Fehlen einer solchen liegen.[455] Eine Entscheidung über die Einbeziehung des Dritten hat in solchen Zweifelsfällen in jedem Einzelfall unter Abwägung der beteiligten Interessen und Berücksichtigung aller Umstände (als Wertungskriterien) zu erfolgen.[456] Für die im Zusam-

---

[451] Ohne Bedeutung für die Frage der Einbeziehung des Anweisenden ist es deshalb, wann und unter welchen Voraussetzungen im Valutaverhältnis Erfüllungswirkung eintritt. Bekanntlich ist das umstritten. Man diskutiert, ob die reine Leistungsbewirkung ausreicht, ob eine Tilgungsbestimmung oder sogar eine Erfüllungsvereinbarung notwendig ist, vgl. ausführlich *Gernhuber*, Erfüllung, § 5 II (S. 103 ff.). In den Anweisungsfällen ist demgemäß fraglich, wie durch die Zuwendung von B an C im Valutaverhältnis Erfüllung eintritt. Unabhängig davon, welcher Erfüllungstheorie man sich anschließt, müßte der A sich aber jedenfalls, um Leistungskondiktionsschuldner zu werden, grundsätzlich mit seiner Einbeziehung in die Abwicklung einverstanden erklären und das hat mit dem Erfüllungsrecht nur insoweit etwas zu tun, als ein an der Zuwendung B - C unbeteiligter Dritter (A) sein Einverständnis regelmäßig nur deshalb erteilen wird, weil er damit im Valutaverhältnis gemäß § 362 Abs. 1 von seiner Verpflichtung gegenüber dem Empfänger frei wird.

[452] *Kupisch*, ZIP 1983, S. 1418.

[453] *Larenz/Canaris*, § 70 IV 2. c) (S. 228); *Canaris*, BB 1972, S. 777; *Medicus*, Bürgerliches Recht, Rn. 677; *Reuter/Martinek*, § 11 III, 4. b) aa) (S. 428 f.); vgl. *Möschel*, S. 302; *Kamionka*, S. 851, Fn. 89, und im folgenden.

[454] Wie hier i.E. *Flume*, NJW 1987, S. 636; *Kupisch*, Gesetzespositivismus, S. 22; *ders.*, WM 1979, S. 10.

[455] Vgl. *Canaris*, WM 1975, S. 355.

[456] Vgl. *Reuter/Martinek*, § 11 III 1. (S. 418).

menhang mit Anweisungslagen problematischen[457] Fälle[458] ergibt sich danach folgendes: das Einverständnis ist als rechtsgeschäftsähnliche Handlung anzusehen, weshalb insbesondere auch die §§ 104 ff. analog zur Anwendung kommen müssen.[459] In der Anweisung eines Geschäftsunfähigen oder eines in der Geschäftsfähigkeit Beschränkten kann folglich nur nach Maßgabe der §§ 104 ff. ein Einverständnis gesehen werden. Der Minderjährigenschutz überlagert hier alle anderen betroffenen Interessen.[460] Bei Anfechtung einer ursprünglich wirksamen Anweisung scheitert die „Auslagerung des Restitutionsmechanismus" an dem Fehlen des notwendigen Einverständnisses. Die aus der Anfechtung folgende *ex tunc*-Nichtigkeit (§ 142) der Anweisung bewirkt, daß die Anweisung so zu behandeln ist, als sei sie gar nicht erst erteilt worden.[461] Der Zuwendende

---

[457] MüKo-*Lieb*, § 812 Rn. 45, weist zu Recht darauf hin, daß sich die eigentliche Problematik der Rückabwicklung von Dreiecksverhältnissen bei Fehlen einer Anweisung zeigt. Im Vordergrund der vormaligen rechtswissenschaftlichen Diskussion stand demgegenüber die Fehlerhaftigkeit der Kausalverhältnisse (Deckungs- und/oder Valutaverhältnis), vgl. dazu unten, 2. Teil C. IV. 2. e) cc) (3) - (5).

[458] Neben dem Fehlen der Anweisung einschließlich der Überzahlung und der Zahlung an den falschen Adressaten gehören hierzu die folgenden Konstellationen: Fälschung der Anweisung, Anweisung eines Vertreters ohne Vertretungsmacht, eines Geschäftsunfähigen oder in der Geschäftsfähigkeit Beschränkten, Anfechtung, Widerruf, Bedingungseintritt und Ablauf einer für die Wirksamkeit bestimmten Frist, vgl. *Canaris*, BB 1972, S. 778; *Kupisch*, Gesetzespositivismus, S. 75, und im folgenden. Da hier nur die Rückabwicklung wegen Realisierung des Zuwendungsrisikos behandelt werden soll, ist zunächst nicht auf die Fälle einzugehen, in welchen die Zuwendung als Drittleistung i.S.v. § 267 qualifiziert werden kann, dazu unten, 2. Teil C. IV. 2. e) cc) (4).

[459] Vgl. BGHZ 106, S. 163 ff. (166); *Canaris*, FS Larenz, S. 823 f.; *ders.*, WM 1980, S. 355; *Stolte*, S. 2250.

[460] Vgl. BGHZ 111, S. 382 ff. (387); *Canaris*, BB 1972, S. 778; *Larenz/Canaris*, § 70 IV 2. c) (S. 227); *Reuter/Martinek*, § 11 III 1. (S. 418); *Esser/Weyers*, § 48 III 3. b) (S. 441); *Werner Lorenz*, S. 52; *J. Wilhelm*, JuS 1973, S. 4; *Pfister*, JR 1969, S. 49; a.A. *Möschel*, JuS 1972, S. 301, mit dem Argument, das Problem ergebe sich nur aus der Risikosphäre des Deckungsverhältnisses und müsse deshalb dort behoben werden. Die nötige Trennung zwischen Grundgeschäft und Anweisung ist damit aber gerade aufgegeben; ebenso *Heinrich Wieling*, JuS 1978, S. 809 f.

[461] Vgl. nur *Reuter/Martinek*, § 11 III 4. b) dd) (S. 434 ff.), die allerdings bei dem A zurechenbaren Rechtsschein eine wirksame Tilgungsbestimmung „über Eck" befürworten; zum Rechtsscheinsargument sogleich. A.A. *Möschel*, JuS 1972, S. 301, der wiederum nur auf das Deckungsverhältnis abstellt und damit die Interessen des Anfechtenden und die Wirkung des § 142 Abs. 1 ignoriert. *Köndgen*, S. 69 f., meint, Widerruf und Anfechtung könnten nur die in der Anweisung liegende Willenserklärung, nicht stets dagegen die gleichfalls in der Anweisung liegende Vermögensverschiebung beseitigen. Dem Anweisenden sei das Risiko der Irreversibilität der Anweisung zuzuweisen. Der Leistungsakt sei mit der Erteilung der Anweisung perfekt, der anschließende Weg sei vom Leistenden nicht mehr beherrschbar. Diese kaum nachvollziehbaren Ausführungen zeigen, zu welch seltsamen Argumentationsmustern die herrschende Lehre vom finalen Leistungsbegriff (ver-)führt. Sie muß Vermögensbewegungen (B - A und A - C) fingieren, wo keine stattfinden, und kann nicht zugeben, daß mit Wegfall der Anweisung der ganze fingierte Prozeß rückabzuwickeln ist, vgl. zu Recht in diesem Sinne kritisch *Kupisch*, Gesetzespositivismus, S. 75 f.

kann/muß deshalb mit der Leistungskondiktion unmittelbar beim Zuwendungsempfänger kondizieren. Der Zuwendende (im Ausgangsfall: B) wird als Anfechtungsgegner gegenüber dem Anfechtenden (im Ausgangsfall: A) über § 122 geschützt.

Das gleiche Ergebnis hat entgegen der Ansicht des BGH und entgegen Bestrebungen im neueren juristischen Schrifttum[462] auch zu gelten, wenn die Wirksamkeit der Anweisung vor Vollzug der Zuwendung mit Wirkung *ex nunc* aufgehoben wird. Zu dieser Kategorie zählen vor allem die Fälle, in welchen die Wirksamkeit wegen Eintritts einer Bedingung oder Ablaufs der für die Wirksamkeit festgesetzten Frist entfällt oder bei dem sehr praxisrelevanten[463] Anweisungswiderruf. Auch in diesen Fällen liegt nämlich ein wirksames Einverständnis des Dritten, d.h. des vermeintlich Anweisenden, nicht vor. Es bleibt deshalb bei der Kondiktion des Zuwendenden (B) gegen den Empfänger (C).[464]

Der BGH[465] beruft sich demgegenüber für die zuletzt genannte Fallgruppe darauf, daß nur bei fehlender „Veranlassung" durch den vermeintlich Anweisenden und bei Gutgläubigkeit des Empfängers ein „Durchgriff" in Frage komme.[466] Stelle sich ausgehend vom Empfängerhorizont die Zuwendung in den einschlägigen Fällen als Leistung des vermeintlich Anweisenden dar, scheide ein Durchgriff (B - C) aus. Der Fehler „wurzele" dann im Verhältnis zwischen dem vermeintlich Anweisenden (A) und dem Zuwendenden (B).[467] Die Belastung des vermeintlich Anweisenden (A) sei deshalb begründet, weil er die Zuwendung wenigstens veranlaßt habe.[468] Gegen diese Ansicht des BGH, die im übrigen eine Abkehr von der alleinigen Dominanz des finalen Leistungsbegriffs bedeutet,[469] spricht, daß sie die Notwendigkeit[470] der Unterscheidung zwischen

---

[462] Dazu sogleich.

[463] Vgl. nur BGHZ 61, S. 289 ff.; 87, S. 393 ff. (jeweils Sperre eines schon begebenen Schecks); BGHZ 87, S. 246 ff. (Widerruf eines Überweisungsauftrags); 89, S. 376 ff.; BGH NJW 1984, S. 2205 (jeweils Widerruf eines Dauerauftrags).

[464] Vgl. MüKo-*Lieb*, § 812 Rn. 70 a; *Canaris*, BB 1974, S. 778 f. (778): „... daß eine unterschiedliche rechtliche Behandlung zu kaum tragbaren Wertungswidersprüchen führen müßte."; *Kupisch*, Gesetzespositivismus, S. 75; *ders.*, ZIP 1983, S. 1416 ff.

[465] BGHZ 61, S. 289 ff. (293); 87, S. 246 ff. (249 f.); 87, S. 393 ff. (395 ff.); 89, S. 376 ff. (379 ff.); WM, 1984, S. 890 ff. (891).

[466] Die Bedeutung der beiden Kriterien, insbesondere im Verhältnis zu der grundsätzlich aufrecht erhaltenen Ansicht, die Kondiktionsbeziehungen seien auf der Grundlage des finalen Leistungsbegriffs zu bestimmen, ist aber im einzelnen unklar geblieben. Eine Kondiktion des Zuwendenden unmittelbar gegen den Zuwendungsempfänger hat der BGH in BGHZ 66, S. 362 ff. (363); 66, 372 ff. (375) bejaht.

[467] BGHZ 61, S. 289 ff., und 89, S. 393 ff.

[468] BGH WM 1984, S. 890 ff. (891); vgl. auch grundsätzlich ebenso *Lieb*, Jura 1990, S. 359; *Stolte*, S. 224 ff.; *Esser/Weyers*, § 48 III 3. b) (S. 441 ff.); , S. 844.

[469] *Reuter/Martinek*, § 11 III 2. b) (S. 421).

[470] Vgl. vorstehend.

dem der Anweisung zugrundeliegenden Deckungsverhältnis und der Anweisung selbst zu ignorieren scheint. Im übrigen legt der BGH nicht überzeugend dar, warum der Veranlassung so große Bedeutung beikommen soll, wenn diese wieder rückgängig gemacht worden ist.[471] Der Anweisende (A) hat doch (juristisch) gerade alles getan, um seine Einbeziehung zu beseitigen. Der Unterschied zu der von Anfang an fehlenden Anweisung ist schlichtweg nicht begründbar.[472]

Nach anderer, im neueren juristischen Schrifttum vertretenen Ansicht sind die hier diskutierten Fälle über Rechtsscheingrundsätze zu lösen, denen durch eine analoge Anwendung der §§ 170 ff. Rechnung zu tragen sei.[473] Der Zuwendende überbringe nämlich als Bote die Tilgungsbestimmung des Anweisenden.[474] Auf die Botenschaft seien die §§ 170 ff. analog anzuwenden. Bei Vorliegen der Voraussetzungen einer Rechtsscheinhaftung soll der vermeintlich Anweisende (A) deshalb trotz Widerrufs Anspruchsgegner des Rückabwicklungsbegehrens des Zuwendenden (B) sein.[475]

Ob dieser Ansicht zuzustimmen ist, hängt nicht von den oben entwickelten Ergebnissen ab, sondern davon, ob in den betroffenen Fällen die Voraussetzungen einer Rechtsscheinhaftung gegeben sind. Ist das zu bejahen, wären die betreffenden Sachverhalte so zu behandeln, als hätte der Anweisende (A) das für seine Einbeziehung notwendige Einverständnis erteilt. Am grundsätzlichen Erfordernis eines solchen Einverständnisses ändert das nichts. Freilich spricht hier mehr gegen als für eine „Belästigung"[476] des A, d.h. gegen seine Rechtsscheinhaftung. Entscheidend muß nämlich auch hier sein, daß der vermeintlich Anweisende alles getan hat, um die Wirkung seiner einmal erteilten Einwilligung zu beseitigen.[477] Es kann ihm deshalb auch nicht angelastet werden, er habe ir-

---

[471] Kritisch gegen das Veranlassungsargument zu Recht *Reuter/Martinek*, § 11 III 4. a) (S. 427): „Die Veranlassungstheorie stützt sich auf ein Kriterium, das in keiner Weise gesetzlich abgeleitet ist. Ihre Wurzel in der Vorstellung vom Bereicherungsrecht als eines Billigkeitsrechts weist sie schon in ihren Grundlagen als antiquiert aus."

[472] OLG Düsseldorf, WM 1975, S. 875 f. (876); *Heinrich Wieling*, Jus 1978, S. 809: „Die Unterscheidung ist willkürlich und nicht begründbar."

[473] Vor allem *Larenz/Canaris*, § 70 IV 3. a) (S. 230 ff. m.w.N. in Fn. 70); *Canaris*, WM 1980, S. 355 f.; *Stolte*, S. 225 f.; *Reuter/Martinek*, § 11 III 4. b) cc) (S. 432 ff., 433: „Anscheinsbotenmacht"); *Möschel*, JuS 1972, S. 301.

[474] *Larenz/Canaris*, ebd.; *Canaris*, NJW 1992, S. 868; *Martinek*, JZ 1991, S. 396; vgl. *ders.*, EWiR 1992, S. 396; schon oben, 2. Teil C. IV. 2. b).

[475] *Larenz/Canaris*, ebd.

[476] *Reuter/Martinek*, § 11 III 1. (S. 418).

[477] Die von *Larenz/Canaris*, § 70 IV 3. a) (S. 231) gezogene Analogie zu §§ 170, 171 Abs. 2, 172 Abs. 2 paßt demgegenüber nicht. In allen dort genannten Fällen geht es um einen Kundgabeakt des Vollmachtgebers gegenüber dem auf den Rechtsschein Vertrauenden. In den hier diskutierten Anweisungsfällen tut der vermeintlich Anweisende (A) dem Empfänger gegenüber aber nichts kund. Vielmehr setzt nur der vermeintlich Angewiesene den Rechtsschein einer wirksamen Anweisung.

gendeinen Rechtsschein gesetzt. Die Interessen des Zuwendenden (B) erfordern keine andere Betrachtungsweise, denn er wußte um die Unwirksamkeit der Anweisung und ist deshalb nicht schützenswert. Auch für den Empfänger der Zuwendung (C) ist nicht ersichtlich, warum er wegen des Fehlers des Zuwendenden das Recht und die Pflicht haben sollte, nicht dem Zuwendenden selbst zur Rückübertragung verpflichtet zu sein.[478] Wenn überhaupt, dann setzt schließlich nur dieser und nicht etwa der vermeintlich Anweisende den Rechtsschein eines wirksamen Einverständnisses bzw. - nach der h.M. - der Botenmacht für die Überbringung der Tilgungsbestimmung des Anweisenden.[479]

Die bisherigen Ausführungen betrafen die Interessen des am unmittelbaren Zuwendungsvorgang nicht Beteiligten Dritten, in den Anweisungsfällen also des (vermeintlich) Anweisenden (A). Weiter ist nunmehr zu untersuchen, inwieweit auch die Interessen des Empfängers (C) zu berücksichtigen sind. Dafür ist zu bedenken, daß dieser zunächst von der Zuwendung unmittelbar nur (dinglich) profitiert. Schon daraus folgt, daß seine Interessen nicht in gleich strenger Weise Schutz verdienen wie die des neu involvierten Dritten (A). Jedoch muß der Zuwendungsempfänger, wenn er das Zuwendungsobjekt ohne Kenntnis[480] von der „Auslagerung" der Rechtfertigung und damit des Restitutionsmechanismus in das Verhältnis des Zuwendenden zu einem Dritten erlangt, davon ausgehen können, selbst das Entgelt- bzw. Restitutionsinteresse des Zuwendenden befriedigen zu müssen. Wer etwas erlangt, was ihm nicht zusteht, muß nämlich annehmen, daß er das Erlangte dem zurückgeben muß, von dem er es bekommen hat. Einer entsprechenden Forderung eines Dritten - im obigen Anweisungsgrundfall des A - könnte der Zuwendungsempfänger immer entgegenhalten, daß er nur dem Zuwendenden zum Ausgleich verpflichtet ist. In bezug auf ein möglicherweise zwischen ihm und dem Dritten (A) bestehendes Grundverhältnis kann er ohne weiteres anderweitig disponieren, beispielsweise erfüllen, aufrechnen etc. Diese Möglichkeit entfällt, wenn er entsprechende Kenntnis davon

---

[478] Vgl. ausführlich *Wilhelm*, Rechtsverletzung, S. 160; *Canaris*, BB 1972, S. 779 f.; *Gottwald*, S. 844: „Der bloße Vertrauensschutz für die Empfängerin kann die fehlende Zurechenbarkeit nicht überbrücken." Im Rahmen der obigen Vorgaben, vgl. oben, 2. Teil C. IV. 1. d) dd), bleibt dem Empfänger im übrigen der Schutz über § 818 Abs. 3, vgl. *Reuter/Martinek*, § 11 III 4. b) aa) (S. 428); anders *Lieb*, Jura 1990, S. 359, der aus der Veranlassung durch den (vermeintlich) Anweisenden den Schutz des Empfängers herleitet, freilich ohne zu begründen, warum der Empfänger weniger schützenswert sein soll, wenn überhaupt keine Anweisung vorliegt.

[479] Nach den vorstehenden Grundsätzen ist auch der bei *Canaris*, WM 1975, S. 355, erwähnte Fall des Mißverständnisses über einen (objektiv) mehrdeutigen Überweisungsauftrag zu lösen. Es geht auch insoweit nur um die Frage, ob ein wirksames Einverständnis vorliegt oder nicht, d.h. inwieweit den Anforderungen an eine Willenserklärung Genüge getan ist. Rechtsscheinsgesichtspunkte spielen demgegenüber keine Rolle.

[480] Der positiven Kenntnis wird man die fahrlässige Unkenntnis gleichstellen müssen, da in diesem Fall der Empfänger nicht schützenswert ist.

hat, daß die Zuwendung (des B) auf das Valutaverhältnis erfolgt.[481] Kenntnis erlangt er in der Regel durch die von B als Bote überbrachte Tilgungsbestimmung des A.

Zusammenfassend läßt sich festhalten, daß für die bereicherungsrechtliche Rückabwicklung einer Zuwendung „über Eck" die Einwilligung des Dritten in seine Einbeziehung und die Kenntnis des Zuwendungsempfängers notwendig sind. Liegt eine dieser Voraussetzungen nicht vor, so steht dem Zuwendenden die Leistungskondiktion unmittelbar gegen den Zuwendungsempfänger zu.[482]

Im obigen Beispielsfall BGHZ 113, S. 62 ff. kommt es deshalb darauf an, ob das „Regulierungsbegehren"[483] des Versicherungsnehmers als eine solche Einwilligung zu werten ist. Das ist zu verneinen, denn es lag gerade in seinem Bestreben, daß sein Haftpflichtversicherer, der Kläger, vollständig für ihn die Schadensregulierung übernahm. Der Versicherungsnehmer selbst wollte aus der Abwicklung herausgehalten werden. Der Lösung des BGH (Direktkondiktion des Haftpflichtversicherers gegen den Scheingläubiger) ist deshalb zuzustimmen.

Der hier entwickelte Begründungsvorschlag basiert auf den Interessen der an einem Mehrpersonenverhältnis beteiligten Parteien. Dem „leistungsorientierten" Wortlaut des § 812 entspricht er allerdings weniger. Da dessen Formulierung jedoch auf einem überholten bereicherungsrechtlichen Verständnis beruht[484] und insbesondere auch nur für Zweipersonenverhältnisse konzipiert ist, kann ihm keine entscheidende Beweiskraft gegen den hier vertretenen Ansatz zukommen.[485]

Die praktischen Auswirkungen der gewonnenen Ergebnisse zur bereicherungsrechtlichen Rückabwicklung von Mehrpersonenverhältnissen sollen nunmehr noch konkret am Beispiel der fehlerhaften Anweisungslagen[486] (Nichtigkeit von Deckungs- oder Valutaverhältnis bzw. Vorliegen eines Doppelmangels) veranschaulicht werden.

(3) Fehlerhaftes Valutaverhältnis

Unproblematisch ist der Fall, daß das Valutaverhältnis (A - C) fehlerhaft ist und es zudem an einer wirksamen Anweisung fehlt. Eine Rückabwicklung „über Eck" scheidet unabhängig davon aus, welche Beziehungen im Deckungsver-

---

[481] Vgl. i.E. ebenso *Kellmann*, JR 1988, S. 98 ff.

[482] Vgl. *Kupisch*, JZ 1997, S. 221.

[483] *Martinek*, NJW 1992, S. 3141.

[484] Vgl. oben, 2. Teil C. III. 2.

[485] Vgl. zu den aus der Formulierung des § 812 Abs. 1 S. 1 resultierenden Problemen, *Kupisch*, FS Coing, S. 241 ff.

[486] Zur Unüberschaubarkeit der möglichen Konstellationen vgl. schon oben, 2. Teil C. IV. 2. a); *Canaris*, WM 1980, S. 368; *Möschel*, S. 299.

hältnis zwischen dem vermeintlich Anweisenden (A) und dem Angewiesenen (B) bestehen, denn der Anweisende hat zu seiner Einbeziehung niemals zugestimmt.[487] B muß/kann unmittelbar bei C kondizieren.

Ist die Anweisung (des A) andererseits nach den oben[488] formulierten Grundsätzen wirksam, so hat sich bei fehlerhaftem Valutaverhältnis zwischen dem Empfänger C und dem Anweisenden A für letzteren sein Zuwendungsrisiko im Verhältnis zu C verwirklicht, da C nicht - wie vorgesehen - den durch die Zuwendung des A diesem entstehenden Nachteil auszugleichen verpflichtet ist.[489] Da der Ausgleich wegen der Fehlerhaftigkeit des Valutaverhältnisses nicht stattfindet, kann A bei C kondizieren.[490] Für den B verwirklicht sich hingegen sein Zuwendungsrisiko nicht, da seine Zuwendung an C von A entgolten wird.

Ist nur das Valutaverhältnis zwischen dem Anweisenden A und dem Empfänger C nichtig, so steht dem A unter dem Gesichtspunkt der Realisierung des Zuwendungsrisikos das von B an C zugewendete Objekt nicht zu, denn der Verlust dieses konkreten Gutes macht nicht seinen eigenen Nachteil aus. Anders gesagt: das Objekt der Zuwendung B an C war und ist dem A nie (dinglich) zugewiesen. Wenn zudem die Leistungskondiktion des A gegen C an Stelle der (im fehlerhaften Valutaverhältnis vorgesehenen) Erfüllung tritt,[491] dann ist es nur folgerichtig, daß der Gegenstand des Leistungskondiktionsanspruchs nur ein Wert (gemäß § 818 Abs. 2) und nicht das von B an C zugewendete Objekt ist.[492] Denn die Leistungskondiktion soll hier nur den bei A entstandenen Nachteil ausgleichen, welcher aber gerade nicht in dem Verlust des von B an C zugewendeten Objekts besteht. Das Restitutionsinteresse des A kann sich deshalb auch nicht auf dieses Zuwendungsobjekt beziehen.

(4) Fehlerhaftes Deckungsverhältnis

Bei fehlerhaftem Deckungsverhältnis sind erneut grundsätzlich zwei Fallgruppen zu unterscheiden. Die erste Fallgruppe umfaßt die Fälle, in welchen sich A nie mit seiner Einbeziehung einverstanden erklärt hat, in den Anwei-

---

[487] Vgl. oben, 2. Teil C. IV. 2. e) cc) (2).

[488] Ebd.

[489] Vgl. oben, 2. Teil C. IV. 2. e) bb).

[490] Dies ist im Ergebnis allgemein anerkannt, vgl. nur MüKo-*Lieb*, § 812 Rn. 37; *Lieb*, NJW 1982, S. 2036; *Larenz/Canaris*, § 70 IV 1. c) (S. 225); *Canaris*, WM 1980, S. 356 f. („gesicherte Einsicht der heutigen bereicherungsrechtlichen Dogmatik"); *Esser/Weyers*, § 48 III 3. a) (S. 438); *Reuter/Martinek*, § 11 II 1. (S. 413); *Martinek*, EWiR 1992, S. 396; *Flume*, NJW 1991, S. 2522; *Möschel*, S. 300; *Giesen*, Teil 1, S. 174; *Kamionka*, S. 930.

[491] Vgl. oben, 2. Teil C. IV. 2. e) bb); *Hüffer*, S. 267.

[492] Das Gesetz löst mögliche Schwierigkeiten, indem es die Herausgabe des Erlangten anordnet, vgl. *Reuter/Martinek*, § 11 I 1. (S. 407 f.).

sungsfällen eine Anweisung also nie vorlag.[493] Hier scheitert eine Kondiktion des B gegen C, wenn der B mit erklärtem Drittleistungswillen[494] auf die Schuld des A leistet, B also eine eigene, wirksame Tilgungsbestimmung getroffen hat. C hat dann jedenfalls das Zuwendungsobjekt mit Rechtsgrund (wirksames Valutaverhältnis) erworben.[495] Die Befugnis des B, mit Erfüllungswirkung auf die Schuld des A bei C zu zahlen, folgt aus § 267.[496] Den ihm durch die Zuwendung an C entstandenen Nachteil kann B andererseits nicht gegenüber A mit der Leistungskondiktion geltend machen, da es an dessen Einverständnis zu der Übernahme der Restitutionspflicht mangels Anweisung gerade fehlt.[497] Für den B hat sich demgemäß auch kein Zuwendungsrisiko verwirklicht, denn das Ergebnis seiner Zuwendung entspricht voll und ganz seiner Intention. Demgemäß kann es in dieser Konstellation auch keiner der Parteien um die Rückabwicklung von vorgenommenen Zuwendungen wegen Realisierung des Zuwendungsrisikos gehen. Dem B stehen freilich andere Regreßmöglichkeiten gegen A zur Verfügung, nämlich solche aus §§ 683 S. 1, 670 und Nichtleistungskondiktion in Form der Rückgriffskondiktion.[498]

Trifft B andererseits keine eigene Tilgungsbestimmung, so ist § 267 Abs. 1 nicht einschlägig.[499] Es bleibt dann - mangels wirksamer „Auslagerung" der Restitutionsmechanismus - bei der Leistungskondiktion im Verhältnis zwischen den Zuwendungsparteien B - C.[500]

Als zweite Gruppe sind von den soeben erörterten Konstellationen die Fälle zu unterscheiden, in welchen die Anweisung zum Zeitpunkt der Zuwendung wirksam und nur das zugrundeliegende (Deckungs-)Verhältnis fehlerhaft war

---

[493] *Canaris*, WM 1980, S. 355, spricht von „absoluten oder allgemeinen Zurechnungsausschlußgründen".

[494] *Reuter/Martinek*, § 10 I 2. a) (S. 291); vgl. *Martinek*, EWiR 1992, S. 397.

[495] Nach *Larenz/Canaris*, § 70 IV 2. b) (S. 226) kommt es nicht darauf an, ob die Schuld, auf die die Zahlung erfolgt, besteht oder nicht. Voraussetzung für diese Ansicht ist, daß man generell ausschließt, die Zuwendende (B) als Drittleistende i.S.v. § 267 qualifizieren zu können, so in der Tat *Larenz/Canaris*, ebd., Fn. 63; dagegen zu Recht *Flume*, NJW 1991, S. 2523.

[496] Ausführlich *Flume*, NJW 1991, S. 2522 f.; vgl. *Heinrich Wieling*, JuS 1978, S. 803.

[497] Vgl. oben, 2. Teil C. IV. 2. e) cc) (2).

[498] Vgl. *Canaris*, FS Larenz, S. 844; *Medicus*, Bürgerliches Recht, Rn. 949 ff.; *v. Caemmerer*, FS Rabel, S. 360 ff.; *Heinrich Wieling*, JuS 1978, S. 803.

[499] *Stolte*, S. 224; vgl. *Braun*, ZIP 1996, S. 617.

[500] So i.E. *Flume*, NJW 1987, S. 636; *J. Wilhelm*, Rechtsverletzung, S. 129; *Kupisch*, Gesetzespositivismus, S. 22; *ders.*, WM 1979, S. 10; anders die h.M., die mangels wirksamer Zweckbestimmung von einer Nichtleistungskondiktion ausgehen muß, vgl. *Larenz/Canaris*, § 70 IV 2. c) (S. 228); *Canaris*, BB 1972, S. 777; *Medicus*, Bürgerliches Recht, Rn. 677; *Reuter/Martinek*, § 11 III, 4. b) aa) (S. 428 f.); *Möschel*, S. 302; *Kamionka*, S. 851 Fn. 89, S. 932.

bzw. fehlerhaft geworden ist.[501] Hier hat sich das Zuwendungsrisiko des B im Verhältnis zu A verwirklicht, da die Rechtfertigung seines mit der Zuwendung an C verbundenen Nachteils an der Fehlerhaftigkeit des Deckungsverhältnisses scheitert. Mangels Verpflichtung des A bekommt B von diesem nicht den regelmäßig im Deckungsverhältnis vorgesehenen Ausgleich. Dem A gegenüber kann B demgemäß über die Leistungskondiktion den durch die Zuwendung an C erlittenen Nachteil liquidieren[502] und so sein Restitutionsinteresse befriedigen. A wird dadurch nicht übervorteilt. Sein mit der Erfüllung des Leistungskondiktionsanspruchs erlittener Verlust findet seine Rechtfertigung im Verhältnis zu C, wodurch (per Saldo) sein durch die Erfüllung des Bereicherungsanspruchs der B verbundener Nachteil kompensiert wird.[503]

Dem B scheint gegen C allerdings auch die Nichtleistungskondiktion zuzustehen.[504] Das sich damit ergebende Problem, welches unter der Überschrift „Subsidiarität der Nichtleistungskondiktion" diskutiert wird, ist allerdings kein solches des Zuwendungsrisikos, sondern betrifft das umstrittene Verhältnis von Leistungs- und Nichtleistungskondiktion. Teilweise wird das Dogma von der Subsidiarität der Nichtleistungskondiktion generell bestritten. Bei Kollision beider Kondiktionsformen sei derjenige, der seinen Rechtsverlust bestimmten schuldrechtlichen Beziehungen zugeordnet habe, auf die

---

[501] Die einmal erteilte Einwilligung in die Einbeziehung (im Ausgangsbeispiel: die Anweisung) wird durch einen Mangel des zugrundeliegenden Kausalverhältnisses nicht beeinträchtigt. Die Übernahme der Restitutionspflicht knüpft nämlich genau an diesen Fall an, vgl. unter Berufung auf die Abstraktheit der Anweisung *Canaris*, FS Larenz, S. 814 f.; *ders.*, WM 1980, S. 356.

[502] Allgemeine Ansicht, vgl. nur BGHZ 61, S. 289 (293 ff.) = NJW 1974, S. 39 ff.; BGH JZ 1962, S. 404 f. (405); MüKo-*Lieb*, § 812 Rn. 33 ff.; *Lieb*, NJW 1987, S. 2035 f.; *Larenz/Canaris*, § 70 II 2. d) (S. 215 f.), § 70 IV 1. a) (S. 224); *Esser/Weyers*, § 48 III 3. a) (S. 438); *Reuter/Martinek*, § 11 II 1. (S. 413); *Canaris*, WM 1980, S. 356 f.; *Kamionka*, S. 930; *Schreiber*, S. 544.

[503] Eine andere Lösung, nämlich die Direktkondiktion B gegen C ist auch nicht dann begründbar, wenn der Empfänger (C) die Fehlerhaftigkeit des Deckungsverhältnisses bei Entgegennahme des Zuwendungsobjekts kannte, so aber BGHZ 87, S. 393 ff. (397 ff.) = NJW 1983, S. 2499 ff.; zustimmend *Medicus*, Bürgerliches Recht, Rn. 677 a.E.; *Kellmann*, JR 1988, S. 102; *Giesen*, Teil 1, S. 175; *Schreiber*, S. 544; a.A. *Flume*, NJW 1987, S. 636, der freilich von einer Genehmigungsmöglichkeit und - mangels entgegenstehender Interessenlage - von einer grundsätzlichen Genehmigungspflicht ausgeht; *Larenz/Canaris*, § 70 IV 2. d) (S. 228); *Canaris*, WM 1980, S. 366 f.; *ders.*, WM 1980, S. 356, 364; vgl. *J. Wilhelm*, Rechtsverletzung, S. 160. In dem vom BGH entschiedenen Fall hatte der Gläubiger den ihm von seinem Schuldner ausgestellten Scheck bei dessen Bank eingelöst, obwohl er von der nachfolgend von S vorgenommenen Schecksperre wußte. Durch ein Versehen zahlte die Bank den vollen Betrag an den Gläubiger. Der BGH ließ die Direktkondiktion der Bank gegen den Empfänger mit der Begründung zu, daß wegen der Kenntnis des Gläubigers die Auszahlung nicht als Leistung des S angesehen werden könne, BGH, ebd.; vgl. *Giesen*, ebd. Richtigerweise ist darauf abzustellen, daß es wegen der Schecksperre - und nicht etwa erst wegen der Bösgläubigkeit des Empfängers - an dem nötigen Einverständnis des Schuldners fehlte, weshalb die Leistungskondiktion nur innerhalb der Zuwendungsbeziehung Bank-Gläubiger greifen konnte, vgl. oben, 2. Teil C. IV. 2. e) cc) (2).

[504] Vgl. *Giesen*, Teil 1, S. 175.

Rechte aus diesem Verhältnis beschränkt. In den übrigen Fällen sei eine auf den Wertungen der §§ 932 ff. aufbauende Lösung zu finden.[505]

Nach herrschender Ansicht ist die Nichtleistungskondiktion gegenüber der Leistungskondiktion subsidiär, weil bei fehlgeschlagenen Grundverhältnissen die Rückabwicklung von erfolgten Leistungen grundsätzlich im Verhältnis zwischen den Vertragspartnern stattfinden solle, um die jeweiligen Gegenrechte zu erhalten und das Insolvenzrisiko auf den jeweiligen Vertragspartner zu beschränken.[506]

Zu der Kontroverse kann mangels Bedeutung für die hier zu behandelnde Thematik nicht abschließend Stellung genommen werden. Jedenfalls schließen sich Leistungs- und Nichtleistungskondiktion nicht schon logisch oder begrifflich aus.[507] Eine notwendige Alternativität ergibt sich aber daraus, daß ein Kondiktionsschuldner nicht zweimal in Anspruch genommen werden bzw. auf seiten des Kondiktionsgläubigers nicht mehrfacher Ausgleich erlangt werden soll.[508] Richtig erscheint es deshalb, vorrangig dort die Kondiktion zuzulassen, wo die Parteien selbst den Ausgleich des dem Entreicherten entstandenen Nachteils geplant hatten. Daraus folgt der Vorrang der Leistungskondiktion.

Der Angewiesene B kann von A allerdings nicht das konkrete Objekt herausverlangen, das er dem C auf Anweisung des A zugewendet hat. A hat dieses Objekt nämlich gar nicht[509] und kann es auch von C nicht herausverlangen, da dieser mit Rechtsgrund (mit gültigem Valutaverhältnis) erworben hat. B ist deshalb auf einen Wertersatzanspruch gemäß § 818 Abs. 2 verwiesen.

Die überkommenen, auf die Bereicherung des Kondiktionsschuldners („Abschöpfungsgedanke") abstellenden Lehren müssen begründen, was der A überhaupt erlangt hat. Die herrschende Meinung geht davon aus, daß der A durch die Zuwendung des Angewiesenen B an C Befreiung von seiner Schuld eben gegenüber dem C erlangt hat.[510] Andere sehen das Zuwendungsobjekt B - C oder zumindest dessen wirtschaftlichen Wert als erlangt an.[511] Nach dem hier vertretenen Verständnis von der Funktion der Leistungskondiktion besteht dieses Problem der überkommenen Ansichten indessen nicht: entscheidend ist der Ausgleich des durch die Zuwendung verursachten Nachteils. Die Bestimmung des vom Kondiktionsschuldner Erlangten tritt in den Hintergrund und ist nur insofern von Bedeutung, als grundsätzlich der mit den Folgen der Rückabwicklung belastet werden soll, der auch von dem Zuwendungsvorgang profitiert hat, bzw. daß

---

[505] *H.P. Westermann*, causa, S. 229; *Koppensteiner/Kramer*, S. 114 ff. (119); *Hüffer*, S. 268; vgl. *Picker*, a.a.O.; *Larenz/Canaris*, § 70 III 2. d) (S. 215 f.); auf der Grundlage der Einheitslehre *J. Wilhelm*, JuS 1973, S. 2 ff.; *Kupisch*, JZ 1997, S. 220.

[506] Vgl. BGH NJW 1993, S. 1578 ff. (1579); *Schreiber*, S. 542; *Wallmann*, S. 20 ff. und passim; zusammenfassend, *Giesen*, Teil 1, S. 236.

[507] Vgl. *Reuter/Martinek*, § 4 I. 3. (S. 79); vgl. auch a.A. *Huber*, JuS 1970, S. 373; *Berg*, NJW 1964, S. 720 f.; *H.P. Westermann*, ebd., S. 22.

[508] Vgl. *Reuter/Martinek*, § 4 I. 1. a) (S. 80); *Larenz/Canaris*, § 70 II 1. c) (S. 203).

[509] Vgl. *Kupisch*, Gesetzespositivismus, S. 23.

[510] Vgl. nur *Kötter*, S. 218; *Koppensteiner/Kramer*, S. 40.

[511] Vgl. *J. Wilhelm*, Rechtsverletzung, S. 122; *Hassold*, S. 25 ff., 62 ff.; auch *Kupisch*, Gesetzespositivismus, S. 22 f.; *ders.*, JZ 1997, S. 215; *Reuter/Martinek*, § 11 I 2. (S. 409 ff.).

primär das Zuwendungsobjekt in die Ausgangszuständigkeit zurückgeführt werden soll. Dazu sogleich ausführlich.[512]

Sowohl bei Nichtigkeit nur des Valutaverhältnisses als auch bei Nichtigkeit nur des Deckungsverhältnisses gleicht die Leistungskondiktion somit den jeweils bei dem Bereicherungsgläubiger entstandenen Nachteil aus, befriedigt also das Restitutionsinteresse des jeweiligen Bereicherungsgläubigers.[513] In beiden Fällen kann jedoch nicht das konkrete von B an C zugewendete Objekt kondiziert werden, was daraus folgt, daß bei Nichtigkeit von Deckungs- oder Valutaverhältnis das jeweils andere aufrecht erhalten wird. Eine Rückführung „über Eck" des von B an C zugewendeten Objekts in die Zuständigkeit des B ist damit verhindert.

(5) Doppelmangel

Die Tatsache, daß der Gesetzgeber das Bereicherungsrecht nur auf Zweipersonenverhältnisse zugeschnitten, eine den Besonderheiten der Rückabwicklung von Mehrpersonenverhältnissen entsprechende bereicherungsrechtliche Regelung jedoch unterlassen hat, wird besonders deutlich für die Fälle, in denen Deckungs- und Valutaverhältnis fehlerhaft sind (sog. Doppelmangel). Die Behandlung dieser Doppelmangel-Fälle ist seit jeher umstritten:

Die ältere Rechtsprechung[514] und ein Teil der älteren Literatur[515] sprach sich für den unmittelbaren Durchgriff des Angewiesenen (im obigen Beispielsfall: B) gegen den Leistungsempfänger (im obigen Beispielsfall: C) aus (sog. Direktkondiktion). Zur Begründung verwies man vor allem darauf, daß der Anweisende (A) nichts erlangt habe, was kondiziert werden könne.[516]

---

[512] Vgl. unten, 2. Teil C. IV. 2. e) cc) (4).

[513] Das hier gefundene Ergebnis, nämlich die bereicherungsrechtliche Rückabwicklung nur in dem jeweils fehlerhaften (Deckungs- oder Valuta-)Verhältnis entspricht der allgemein anerkannten Lösung von Rechtsprechung und Literatur, vgl. BGH WM 1967, S. 482 ff.; BGH NJW 1962, S. 1051; BGHZ 36, S. 30 ff. (32) (Idealheim); *Medicus*, Bürgerliches Recht, Rn. 675; *Palandt-Thomas*, § 812 Rn. 49 ff.; *Canaris*, FS Larenz, S. 801; *Stathopoulos*, S. 205 ff. jeweils m.w.N.

[514] RG JW 1934, S. 2457 ff. (2458); BGHZ 5, S. 281 ff. (284); 36, S. 30 ff. (32). In keinem der zitierten Fälle kam es aber auf die Frage an. In späteren Entscheidungen hat der BGH die Frage offen gelassen, vgl. BGHZ 48, S. 70 ff. (72) = JZ 1967, S. 492 ff.; 61, S. 289 ff. (292).

[515] *V. Wolff*, S 148 ff.; *Enneccerus-Lehmann*, § 221 III 1.b. (S. 881); neuerdings *Stathopoulos*, S. 205 ff.; *Meyer-Cording*, Das Recht der Banküberweisung, S. 50; auch schon Julian Dig. 39, 5, 2, 3 und Dig. 44, 4, 7, 1.

[516] *V. Wolff*, S. 148 ff.

Die heute herrschende Ansicht[517] geht davon aus, daß auch im Falle des Doppelmangels der Bereicherungsausgleich „über Eck" erfolgen müsse.[518] Im obigen Anweisungsgrundfall soll also nur B bei A und A bei C kondizieren können (sog. Doppelkondiktion). Nur so könne gewährleistet werden, daß jeder der Kondiktionsgläubiger nur den Einreden desjenigen ausgesetzt sei und nur das Insolvenzrisiko in bezug auf denjenigen tragen müsse, mit dem er sich - wenn auch erfolglos - schuldvertraglich habe binden wollen.[519] Weiter werde so auch ein Gleichlauf mit den interessenmäßig ähnlichen Durchlieferungsfällen erzielt, in denen B zuerst an A und A nachfolgend an C zuwendet (Bereicherungskette). Auch hier werde bei Fehlerhaftigkeit der Grundverhältnisse jeweils nur in den Beziehungen B - A und A - C kondiziert.[520]

Man ist sich innerhalb der herrschenden Lehre allerdings nicht einig, was der Anweisende (A) erlangt haben und was demgemäß der Angewiesene (B) bei ihm kondizieren können soll. Teilweise wird vertreten, der Anweisende (A) habe das von dem Angewiesenen (B) dem Empfänger (C) zugewendete Objekt erlangt bzw. müsse sich zumindest so behandeln lassen.[521] Vor allem früher wurde demgegenüber befürwortet, daß der Angewiesene (B) die Kondiktion des Anweisenden (A) gegen den Empfänger (C) kondizieren könne (sog. Kondiktion der Kondiktion).[522]

Gegen die Begründung der Doppelkondiktion durch die herrschenden Lehre vom Leistungsbegriff bestehen grundlegende dogmatische Bedenken: die Annahme, daß der Anweisende A das von B an C zugewendete Objekt erlangt

---

[517] *v. Caemmerer*, JZ 1962, S. 388 f.; *Larenz/Canaris*, § 70 II 2. a) (S. 204 ff.); *Esser/Weyers*, § 48 III 3. c) (S. 443); *Werner Lorenz*, S. 51 ff. (53 f.); *Reuter/Martinek*, § 11 I. 1. (S. 407); MüKo-*Lieb* § 812 Rn. 38 ff.; *Lieb*, NJW 1982, S. 2036; *Stierle*, S. 123 ff.; vgl. *Giesen*, Teil 1, S. 174; *Kamionka*, S. 930; *Jauernig u.a.-Schlechtriem*, § 812 Rn. 28, 42.

[518] *v. Caemmerer*, ebd., S. 404 f. (405).

[519] Vgl. MüKo-*Lieb*, § 812 Rn. 39; *Larenz/Canaris*, § 70 II 1. a) (S. 202), 70 II 2. a) (S. 225); *Möschel*, S. 301 („Insolvenzrisiko, Gegenrechtsrisiko, Prozeßrisiko"); *Werner Lorenz*, S. 53; *Schreiber*, S. 542.

[520] *Larenz/Canaris*, § 70 I, (S. 200 f.): „Gleichbehandlung von Lieferung 'über Eck' und 'direkter Durchlieferung'", § 70 II 2. a) (S. 204); *v. Caemmerer*, JZ 1962, S. 389; *Giesen*, Teil 1, S. 174. Daß eine die einzelnen Glieder einer Leistungskette überspringende Kondiktion im deutschen Recht nicht gegeben sei, ergebe sich für das deutsche Recht nicht zuletzt aus der Ausnahmevorschrift des § 822, *Werner Lorenz*, S. 53; *Wilburg*, Lehre, S. 115 f.; vgl. *H.P. Westermann*, JuS 1968, S. 20.

[521] *v. Caemmerer*, ebd., S. 386; MüKo-*Lieb*, § 812 Rn. 39 f.; *Lieb*, NJW 1982, S. 2036; *H.P. Westermann*, JuS 1968, S. 21 ff.; *Canaris*, FS Larenz, S. 813; *König*, Gutachten, S. 1585; *Reuter/Martinek*, § 11 I 1. (S. 408).

[522] BGHZ 71, S. 359 ff. (365 f.) = NJW 1978, S. 1970 ff.; *Esser/Weyers*, § 48 III 3. c) (S. 442 f.); *Werner Lorenz*, S. 53; vgl. *Kamionka*, S. 930; *Kupisch*, JZ 1997, S. 215; dagegen *v. Caemmerer*, ebd.; *Martinek*, JZ 1991, S. 397 f.

hat[523], beruht auf reiner Fiktion.[524] Das Objekt der Zuwendung B an C war dem A zu keinem Zeitpunkt dinglich zugewiesen. Der Ansatz der h.M. trägt der Rückabwicklungsfunktion der Leistungskondiktion im übrigen gerade nicht Rechnung. Das Ziel einer solchen müßte nämlich die Rückführung des von B dem C zugewendeten Objekts in die Zuständigkeit des B sein. Von A kann B dieses Objekt aber nur herausverlangen, wenn A zufällig schon vorher bei dem C kondiziert hätte. Das dürfte andererseits nicht der Regelfall sein, denn der Anweisende hat zunächst keine Veranlassung, von dem C irgend etwas zu fordern. Damit wäre B im Normalfall auf Wertersatz verwiesen, § 818 Abs. 2. Wenn der Angewiesene (B) aber nur Wertersatz bekommt, dann wird die angestrebte Rückabwicklung gerade nicht erreicht und B wäre (gegen Wertersatz) das Objekt seiner Zuwendung an C losgeworden, obwohl Deckungs- und auch Valutaverhältnis unwirksam sind.[525]

Auch die Annahme, der Anweisende (A) habe die Leistungskondiktion gegen den Empfänger (C) erlangt, ermöglicht keine dogmatisch stringente Lösung. Aus der Rückabwicklungsfunktion der Leistungskondiktion folgt, daß diese primär einen Anspruch (nur) auf das verlorene Zuwendungsobjekt gibt oder, falls das nicht möglich ist, nachrangig auf Wertersatz. Man wird aber kaum begründen können, daß der B eine Kondiktion verloren hat. Gegen die Konstruktion einer Kondiktion der Kondiktion spricht im übrigen auch, daß man den Anspruch des A gegen C damit rechtfertigen müßte, daß er durch B in Anspruch genommen wird. Warum sonst nämlich sollte man dem A die Leistungskondiktion gegen C zusprechen? Die Kondiktion des B gegen A wäre dann Voraussetzung für die Kondiktion des A gegen C. Die zuletzt genannte Kondiktion des A gegen C wäre nach dieser Ansicht andererseits notwendig, um die Kondiktion des B gegen den A zu begründen, da A sonst nichts erlangt hätte. Beide Kondiktionen (B - A und A - C) würden sich also wechselseitig bedingen. Die Argumentation dreht sich im Kreise.[526]

Die aufgezeigten Begründungsdefizite dokumentieren, daß die herrschende Meinung dogmatische Bedenken weithin zurückstellen muß und die gewünschte

---

[523] Vgl. schon oben, 2. Teil C. IV. 2. b) und d). Bezeichnenderweise sprechen die Stellungnahmen immer nur von der Erlangung des Kondiktionsgegenstandes, ohne die rechtliche Beziehung des Anweisenden zu demselben näher zu charakterisieren. Ein besonders krasses Beispiel gibt *Giesen*, Teil 1, S. 171: „Wer in einem solchen Fall seine Prüfung mit dem Satz: „K hat die Geige erlangt“, beginnt, steht schon am Rande des Abgrundes.“ *Giesen* erörtert nachfolgend, ob Eigentum oder Besitz erworben wurde. Zwei Seiten später, S. 173, stürzt er selbst in den besagten Abgrund: „Denkbar ist es jedoch auch, davon auszugehen, B habe die Maschine erlangt.“; vgl. auch ebd., S. 174: „Daher erscheint es richtiger, die Kaufsache selbst als den vom Erstkäufer erlangten Gegenstand anzusehen.“

[524] Vgl. schon oben, 2. Teil C. IV. 2. b); *V. Wolff*, S. 149.

[525] Vgl. *H.P. Westermann*, JuS 1968, S. 22.

[526] *Stathopoulos*, S. 207; *V. Wolff*, S. 150.

Lösung vor allem wertungsmäßig herleitet.[527] Die dahin zielende Argumentation, jede der Parteien dürfe nur den Einwendungen desjenigen ausgesetzt sein, mit dem sie sich schuldrechtlich habe binden wollen,[528] steht allerdings auch nicht auf unerschütterbarer Grundlage: wer davon ausgeht, daß B die Kondiktion A gegen C kondizieren kann, kommt sogar zu einer Verdoppelung des Insolvenzrisikos des B, da er nunmehr auch das des C zu tragen hat. C kann wegen § 404 alle Einwendungen, die ihm gegen A zustanden, gegen den Angewiesenen (B) geltend machen.[529] Es besteht also tatsächlich kein Unterschied zu der Situation, bei der B unmittelbar bei C kondiziert.[530]

Geht man trotz der formulierten dogmatischen Vorbehalte davon aus, daß der Anweisende sich zumindest so behandeln lassen muß, als habe er das Zuwendungsobjekt B - C erlangt, welches deshalb wiederum der Gegenstand der Kondiktion B - A sein soll, dann scheint A dem B in der Tat nur eigene Einwendungen entgegensetzen zu können. Denn die Einwendungen, die dem C gegen A zustehen, gelten nicht für das Verhältnis des A zu B. Allerdings ist nicht völlig einsichtig, warum den letztlich gescheiterten Versuchen, schuldrechtliche Beziehungen zu begründen, derart entscheidendes Gewicht zukommen soll. Immerhin hat B zu C wirksam dingliche (Zuwendungs-)Beziehungen begründet. Warum sollte man diese Folge des Trennungsprinzips leugnen und den (ohnehin unwirksamen) schuldrechtlichen Beziehungen vorrangige Bedeutung für die Entscheidung darüber beimessen, wer welchen Gegenrechten und Risiken ausgesetzt sein soll?[531]

Trotz aller Bedenken ist der herrschenden Lehre von der Doppelkondiktion aber im Ergebnis für den Fall zuzustimmen, daß zwar eine wirksame Anweisung vorliegt[532], jedoch Deckungs- und Valutaverhältnis unwirksam sind.

---

[527] Vgl. *Giesen*, Teil 1, S. 173 f.

[528] Vgl. ebd.

[529] *Canaris*, FS Larenz, S. 811; *Larenz/Canaris*, § 70 II 2. b) (S. 205: „Kumulierung der Einwendungs- und Konkursrisiken"); *H.P. Westermann*, JuS 1968, S. 21 f.; MüKo-*Lieb*, § 812 Rn. 39 f.; *Esser/Weyers*, § 43 III 3. c) (S. 443); *Medicus*, Bürgerliches Recht, Rn. 670. Teilweise wird deshalb befürwortet, den Anspruch von Anfang an auf den Sachwert (§ 818 Abs. 2) zu begrenzen, vgl. *Larenz/Canaris*, ebd.; *H.P. Westermann*, ebd.; *Köndgen*, S. 74; *Kupisch*, Gesetzespositivismus, S. 81 f.; *J. Wilhelm*, Rechtsverletzung, S. 126, geht von einem Wahlrecht zwischen Abtretung des Anspruchs gegen den Empfänger und Wertersatz aus.

[530] *Canaris*, ebd.

[531] Eine von C an A erbrachte Gegenleistung braucht, da von der Nichtgeltung der Saldotheorie auszugehen ist, vgl. oben, 2. Teil C. IV. 1. d) ee) (3), B sich jedenfalls nicht entgegenhalten zu lassen, vgl. noch anders *v. Caemmerer*, JZ 1962, S. 389.

[532] Anders ist die Situation zu beurteilen, wenn schon ein wirksames Einverständnis des Anweisenden (A) hinsichtlich seiner Einbeziehung, d.h. eine Anweisung fehlt. Hier kann/muß B mit der Leistungskondiktion unmittelbar bei C kondizieren, vgl. oben, 2. Teil C. IV. 2. e) cc) (2) und (3) a.E.; *Flume*, NJW 1991, S. 2521. Einen solchen Sachverhalt betreffen die folgenden Entscheidungen: BGHZ 66, S. 362 ff. (Zahlung auf

Grundlage einer sach- und interessengerechten Lösung ist erneut, daß die Leistungskondiktion die Funktion hat, im Restitutionsinteresse des betroffenen Zuwendenden auf die Realisierung des Zuwendungsrisikos zu reagieren.[533] Ausgangspunkt der Betrachtungen muß deshalb die Person des Bereicherungsgläubigers bzw. dessen Nachteil sein.[534]

Die herrschende Lehre von der Doppelkondiktion und im übrigen auch die früher vertretene Ansicht von der Direktkondiktion stellen demgegenüber entsprechend den überkommenen bereicherungsrechtlichen Vorstellungen („Abschöpfungsgedanke“) auf die Person des Bereicherungsschuldners ab.[535] Infolgedessen entsteht die Notwendigkeit zu begründen, was der Anweisende A erlangt hat, um dem Angewiesenen B den Leistungskondiktionsanspruch gewähren zu können. Die sich daraus ergebenden dogmatischen Probleme sind kaum lösbar, wie schon deutlich gemacht wurde.

Demgegenüber ist mit der Rückabwicklungsfunktion der Leistungskondiktion ernst zu machen und auch die bereicherungsrechtliche Rückabwicklung von Mehrpersonenverhältnissen ausgehend von dem dem Leistungskondiktionsgläubiger entstandenen Nachteil zu erklären[536]: die Rechtfertigung des dem Angewiesenen (B) durch seine Zuwendung an C entstandenen Nachteils ist auch im Fall des Doppelmangels grundsätzlich im (Deckungs-)Verhältnis zu dem Anweisenden (A) angelegt.[537] Es ist deshalb - entsprechend der herrschenden Doppelkondiktionslehre - auch richtig, daß sich das Restitutionsinteresse des B gegen A richtet, B also von A über die Leistungskondiktion den Ausgleich des ihm durch die Zuwendung an C erlittenen Nachteils verlangen kann. Die Leistungskondiktion tritt auch hier an die Stelle der mangels wirksamen Deckungs-

---

einen nicht unterschriebenen Scheck); BGHZ 66, S. 372 ff. (irrtümliche Überweisung an den falschen Empfänger), vgl. i.E. zustimmend, *Flume*, ebd.; *Canaris*, WM 1980, S. 364; BGHZ 72, S. 9 ff. (12) = NJW 1978, S. 2149 ff. (Doppelzahlung); BGH NJW 1987, S. 185 = JZ 1987, S. 199 (Zuvielüberweisung), mit Anm. *Canaris*, ebd.; i.E. zustimmend *Flume*, NJW 1987, S. 635 f.; *ders.*, NJW 1991, S. 2522; *Möschel*, S. 302; BGH NJW 1994. S. 235 (Ausführung eines gefälschten Überweisungsauftrags aufgrund kollusiven Zusammenwirkens des Empfängers mit dem Bankangestellten); *Meyer-Cording*, NJW 1987, S. 940 f.; a.A. *Heinrich Wieling*, 807 ff. Der BGH hat in diesen Fällen jeweils dem tatsächlich Zuwendenden eine Nichtleistungskondiktion gegen den Empfänger gewährt. Der Zuwendende verfolge gegenüber dem Empfänger keinen eigenen Leistungszweck. Dasselbe gelte für den jeweils vermeintlich Anweisenden, weshalb die Auszahlung niemandem als Leistung im Rechtssinne zugerechnet werden könne; vgl. zustimmend *Schreiber*, S. 544; zusammenfassend *Giesen*, Teil 1, S. 175 f.; kritisch zu Recht *Flume*, ebd., S. 635, der darauf verweist, daß eine Leistung der Bank an den Empfänger vorliege.

[533] Vgl. oben, 2. Teil C. III. 3. a); *Möschel*, S. 304 („Wiederherstellung des vorigen Zustandes“).

[534] Vgl. oben, ebd.

[535] Vgl. dazu schon oben, 2. Teil C. II. und C. III. 3. a).

[536] Vgl. oben, 2. Teil C. III. 2. a).

[537] Vgl. schon oben, 2. Teil C. IV. 2. e) cc) (1) bis (3).

verhältnis nicht einforderbaren Erfüllungsleistung des Anweisenden (A) an den Angewiesenen (B).[538]

Da B das an C zugewendete Objekt verloren hat, kann er primär auch nur dieses von A zurückfordern. Nur wenn dem A die Herausgabe unmöglich wäre, ist B auf Wertersatz verwiesen, § 818 Abs. 2. Es kann nun nicht so sein, daß eine solche Unmöglichkeit schon dann zu bejahen ist, wenn dem A das von B an C zugewendete Objekt aktuell nicht zur Verfügung steht, er es sich aber grundsätzlich (von C) besorgen könnte. Ein solches Ergebnis würde im Widerspruch zu der Rückabwicklungsfunktion der Leistungskondiktion stehen. Deren genuines Regelungsziel ist es nämlich gerade, das fragliche Objekt wieder in die Rechtszuständigkeit des B zurückzuführen. Wenn B aber primär auf die Rückforderung des an C zugewendeten Objekts beschränkt ist und A tatsächlich die rechtliche Möglichkeit hätte, dieses selbst von C zu fordern, dann ist es nur folgerichtig, wenn B den A auch zur Geltendmachung des ihm gegen C zustehenden Rechts zwingen kann.[539] Dieser Verschaffungsanspruch des B folgt aus der Rückabwicklungsfunktion der Leistungskondiktion bzw. dem der Leistungskondiktion zugrundeliegenden Restitutionsinteresse des B. Anders gesagt: unter der Voraussetzung, daß A das Objekt der Zuwendung B - C selbst von dem Empfänger (C) fordern kann, sind keine Gesichtspunkte ersichtlich, die dafür sprechen, dem A die Berufung darauf zuzugestehen, die Herausgabe sei ihm unmöglich, weil er seinen eigenen Anspruch gegen den Empfänger C noch nicht realisiert habe.

Daß A von C das Objekt der Zuwendung B - C auch tatsächlich fordern kann, ergibt sich aus folgender Überlegung: die Realisierung des Zuwendungsrisikos des A ist in seinem Verhältnis zu C angelegt, da er von C den Ausgleich für seine eigene Zuwendung im Verhältnis zu B erlangen wollte.[540] Da aber im Falle des Doppelmangels zunächst kein Nachteil ersichtlich ist, der dem A durch eine Zuwendung entstanden ist, scheint sein Zuwendungsrisiko auch nicht verwirklicht, die Leistungskondiktion gegen C also auch nicht mit seinem Restitutionsinteresse begründbar. Zu bedenken ist jedoch, daß die Leistungskondiktion des B gegen A an die Stelle des mangels Gültigkeit des Deckungsverhältnisses nicht von A einforderbaren Entgelts für die Zuwendung des B an C

---

[538] Vgl. schon oben, 2. Teil C. IV. 2. e) cc) (1); *Hüffer*, S. 267.

[539] So i.E. *Reuter/Martinek*, § 11 II 2. b) (S. 415 ff.), dagegen MüKo-*Lieb*, § 812 Rn. 41: Der Doppelmangel sei nichts anderes als ein glücklicher Zufall, der dem Angewiesenen ebenso wie dem Glied in der Bereicherungskette allenfalls die Hoffnung lasse, es möge das Valutaverhältnis rückabgewickelt werden. Dieser Ansicht ist jedoch entgegenzuhalten, daß in der echten Bereicherungskette der Mittelmann eben eine eigene dingliche Rechtsposition in bezug auf den Leistungsgegenstand erworben hatte, der Anweisende demgegenüber durch sein Einverständnis nur in die Rückführung desselben eingebunden wird.

[540] Vgl. oben, 2. Teil C. IV. 2. e) cc) (1).

tritt. Wenn A von B in Anspruch genommen wird, dann ist die Situation für ihn deshalb nicht anders, als wenn er tatsächlich - wie im Deckungsverhältnis geplant - seine Erfüllungsleistung erbracht hätte. Er erleidet dann nämlich in gleicher Weise einen Nachteil und muß deshalb in gleicher Weise von C Ausgleich verlangen können, wie wenn er an B aufgrund des wirksamen Deckungsverhältnisses geleistet hätte. Der die Leistungskondiktion des A gegen C begründende Nachteil resultiert deshalb aus der Inanspruchnahme durch B. Nur B, der das dem C zugewendete Objekt wirklich verloren hat, kann deshalb die Rückabwicklung („über Eck") einleiten. Der (Leistungskondiktions-)Anspruch A gegen C baut darauf auf. Die Ansprüche B gegen A und A gegen C bedingen sich nach dem hier vertretenen Begründungsansatz aber nicht wechselseitig. Der Anspruch B gegen A ist vielmehr unabhängig von, seine Geltendmachung ist Voraussetzung für denjenigen des A gegen den C.[541]

Weiter ist allerdings noch zu begründen, warum A zur Leistungskondiktion gegen C berechtigt sein kann, bevor er auf den gegen ihn selbst gerichteten Verschaffungsanspruch in Form der Leistungskondiktion des B an diesen etwas zugewendet hat. Ein konkreter Nachteil ist ihm zu diesem Zeitpunkt nämlich noch nicht entstanden, weshalb sein Zuwendungsrisiko auch noch nicht verwirklicht scheint. Die Voraussetzungen der Leistungskondiktion des A gegen C scheinen deshalb nicht vorzuliegen. Der Anspruch des B gegen A geht andererseits primär auf Rückübertragung eben des von B an C zugewendeten Objekts, welches A aber noch gar nicht hat. Das Interesse an der (möglichen) Rückführung des Objekts der Zuwendung B - C in die Ausgangszuständigkeit des B, ist deshalb auch die Grundlage der Leistungskondiktion des A gegen C. Da A das bei C zu kondizierende Objekt ohnehin nur an B „durchreicht", rechtfertigt sich die Leistungskondiktion des A gegen C letztlich aus der Realisierung des Zuwendungsrisikos des B.

dd) Zusammenfassende Bewertung

Es wurde in den vorangehenden Abschnitten deutlich, daß entgegen dem herrschenden Verständnis zum Bereicherungsrecht eine bereicherungsrechtliche Rückabwicklung nicht notwendig an konkrete Zuwendungs- oder Leistungsbeziehungen anzuknüpfen hat.[542] Vielmehr ist für den Einsatz eines abstrakten Restitutionsmechanismus - über einen solchen funktioniert die Leistungskondiktion[543] - nur die Frage entscheidend, wo sich das Zuwendungsrisiko des Betroffenen verwirklicht hat.[544] Das kann aber grundsätzlich auch außerhalb einer kon-

---

[541] Vgl. schon vorstehend.

[542] Vgl. *Kupisch*, Gesetzespositivismus, S. 67.

[543] Vgl. oben, 2. Teil C. III. 3. a).

[544] Vgl. *Canaris*, WM 1980, S. 370.

kreten Zuwendungsbeziehung der Fall sein, wenn ein Dritter die Einstandspflicht für die Rechtfertigung der Zuwendung übernommen hat und der Empfänger der fraglichen Zuwendung davon Kenntnis erlangt, daß die Zuwendung auf eine ihm gegenüber bestehende Schuld des Dritten erfolgt. Eine Unterscheidung zwischen Leistung und Zuwendung ist damit überflüssig: die Leistungskondiktion ist Zuwendungskondiktion.[545]

Zu Ergebnissen, welche grundlegend von der herrschenden Lehre abweichen, führen diese Erkenntnisse allerdings kaum. Das liegt daran, daß auch im Rahmen des hier vorgeschlagenen Begründungsansatzes Interessenabwägungen vorgenommen werden müssen, die von den bisher vertretenen Positionen in anderem Zusammenhang erfolgen. Die auftretenden Schwierigkeiten erwachsen daraus, daß von der Frage, wann und wie eine Zuwendung mit der Leistungskondiktion rückabzuwickeln ist, vielfältige Interessen betroffen und unterschiedliche Abwägungskriterien von Bedeutung sein können.[546] Alle Versuche, die bereicherungsrechtliche Rückabwicklung von Mehrpersonenverhältnissen dogmatisch und rechtstechnisch in den Griff zu bekommen, sind darauf ausgerichtet, vorab praktikable Kriterien für die Entscheidung über die Abwägung dieser Interessen zu finden und dadurch das bestehende gesetzgeberische Defizit zu kompensieren. Die sich in diesem Zusammenhang ergebenden und schon oben im allgemeinen Zusammenhang angesprochenen[547] Probleme sind nicht speziell bereicherungsrechtlicher, sondern allgemeinerer Natur. Die jeweils betroffenen Interessen und bedeutsamen Wertungsmomente lassen sich nämlich nie mit absoluter Sicherheit voraussagen und demgemäß *ex ante* in für jeden Einzelfall praktikable Regelungen umsetzen. Der vom BGH im Anschluß an v. Caemmerer[548] ständig wiederholte und oft „allzu leichthin“[549] kritisierte[550] Satz, daß sich bei der bereicherungsrechtlichen Behandlung von Mehrpersonenverhältnissen jede schematische Lösung verbiete[551], hat deshalb hier seinen richtigen Kern. Daraus, daß der Gesetzgeber die bereicherungsrechtliche Rückabwicklung von Mehrpersonenverhältnissen nicht für alle Einzelfälle geregelt hat[552] und auch

---

[545] Vgl. zum Verhältnis von Zuwendung und Leistung demgemäß schon oben, 1. Teil B. II. IV. f).

[546] Vgl. oben, 1. Teil C. II. 2. b) bb) (1).

[547] Vgl. oben, 1. Teil, C. II. 2. b) bb) (3).

[548] *v. Caemmerer*, JZ 1962, S. 386.

[549] Vgl. *Esser/Weyers*, S. 419; *Schlechtriem*, S. 335,

[550] Vgl. nur *Lieb*, NJW 1982, S. 2036 („in voreiliger Resignation“); *Mühl*, Diskussionsbeitrag, S. 98, nach dem die Formulierung des BGH „natürlich völlig verfehlt“ ist; *Jürgen Kohler*, WM 1989, S. 1629; *Jakobs*, NJW 1992, S. 2525.

[551] Vgl. BGHZ 50, S. 227 ff. (229); 58, S. 184 ff. (187); 61, S. 289 ff. (292); 87, S. 393 ff. (396) = NJW 1983, S. 2499 ff.; NJW 1977, S. 38 ff. (40); auch *Reuter/Martinek*, § 10 I. 3. (S. 398); *Kupisch*, Gesetzespositivismus, S. 67; *Schreiber*, S. 541; *Bälz*, S. 3; *Kamionka*, S. 848 f.; *Wertheimer*, S. 286.

[552] Vgl. *C. Wolf*, S. 44.

nicht regeln konnte, d.h. eine positive Entscheidung über die jeweilige Abwägung der beteiligten Interessen nicht unmittelbar dem Gesetz zu entnehmen ist, folgt freilich auch, daß jeder Lösungsansatz in gleicher Weise unter Hinweis auf falsche Wertungen angreifbar ist.[553]

[553] Vgl. *Esser/Weyers*, S. 420; *Kupisch*, JZ 1997, S. 221.

3. Teil

Schlußbetrachtung

Ausgangspunkt dieser Untersuchung war die Feststellung, daß jeder, der einem anderen etwas zuwendet, immer das Risiko eingeht, daß sich sein eigener Einsatz für ihn nicht auszahlt, er also den mit seiner Zuwendung verbundenen Aufwand als nicht gerechtfertigt empfindet.[1] In diesen Fällen der Realisierung des Zuwendungsrisikos[2] geht sein natürliches Interesse regelmäßig dahin, das dem Zuwendungsempfänger zugewendete Gut zurückzuerlangen, d.h. das Ergebnis seiner Zuwendung zu korrigieren.[3] Dieses Restitutionsinteresse und das daraus folgende Regelungsbedürfnis besteht unabhängig davon, ob gegenständliche Werte, nichtgegenständliche Werte (Beispiel: Arbeitserbringung) oder auch immaterielle Güter zugewendet werden.[4] Insbesondere sind auch Forderungen taugliche Zuwendungsobjekte.[5] Eine Rechtsordnung hat dem Rechnung zu tragen, indem sie für den Fall der Realisierung des Zuwendungsrisikos Instrumente vorsieht, welche eine Rückübertragung des betroffenen Zuwendungsobjekts, d.h. die Befriedigung des aus der Realisierung des Zuwendungsrisikos resultierenden Restitutionsinteresses ermöglichen.[6]

Derartige Instrumente müssen entsprechend dem bekannten Konditionalschema („wenn ..., dann ...") bestimmte rechtstechnische Elemente aufweisen, um ihre vorbenannte Funktion erfüllen zu können[7]: zum einen muß bestimmt sein, wann, d.h. unter welchen Voraussetzungen die Realisierung des Zuwendungsrisikos anerkannt werden soll. Es muß also der Tatbestand definiert werden, an welchen die Korrektur des Zuwendungsergebnisses, d.h. die Rückabwicklung der erfolgten Zuwendung geknüpft werden soll.[8] Die rechtstechnische Umsetzung kann hier Schwierigkeiten bereiten, weil die Reaktion auf die Realisierung des Zuwendungsrisikos zunächst allein im subjektiven Restitutionsinteresse des Zuwendenden liegt. Für eine konkrete regelungstechnische Umset-

[1] Oben, 1. Teil B. I.

[2] Oben, 1. Teil. B. II. 2.

[3] Oben, 1. Teil B. I.

[4] Vgl. oben, 1. Teil B. II. 4. b).

[5] Vgl. oben, 1. Teil B. II. 4. b) cc).

[6] Ebd.

[7] Oben, 1. Teil C. II. 2.

[8] Oben, 1. Teil C. III. 2. b).

zung sind andererseits auch anderweitige Interessen, nämlich vor allem solche des Zuwendungsempfängers und - möglicherweise - auch am Zuwendungsvorgang selbst nicht beteiligter Dritter sowie der Allgemeinheit zu berücksichtigen. Die damit notwendige Interessenabwägung hat in die konkrete rechtstechnische Umsetzung einzufließen und ist für die Rechtsanwendung zu berücksichtigen.[9]

Neben dem die Korrektur des Zuwendungsergebnisses auslösenden Tatbestandes ist in einem rechtstechnischen Instrument zur Reaktion auf die Realisierung des Zuwendungsrisikos auch die Rechtsfolge, d.h. der eigentliche Restitutionsmechanismus näher zu bestimmen.[10] Hierfür sind zwei unterschiedliche, grundsätzlich aber dogmatisch gleichwertige regelungstechnische Alternativen denkbar: zunächst kann ein unmittelbar auf der Zuwendungsebene wirkender Mechanismus eingesetzt werden, der die Zuwendung selbst rückgängig macht. Ein solcher Mechanismus wird im Rahmen dieser Arbeit als kausaler Mechanismus bezeichnet.[11] Zum anderen besteht die grundsätzliche Möglichkeit, dem Zuwendenden für den Fall der Realisierung seines Zuwendungsrisikos einen obligatorischen Anspruch gegen den Zuwendungsempfänger auf Rückgewähr des Zuwendungsobjekts zu gewähren. Diese Rechtsfolge wird hier abstrakter Mechanismus genannt.[12]

Beispielhaft war aufgezeigt worden, daß das konditionelle und das genetische Synallagma[13] einerseits und die Leistungskondiktion[14] andererseits als Instrumente zur Reaktion auf die Realisierung des Zuwendungsrisikos im Restitutionsinteresse des Zuwendenden funktionieren. Konditionelles und genetisches Synallagma sind mit einem kausalen, die Leistungskondiktion dagegen mit einem abstrakten Restitutionsmechanismus ausgestattet. Es hatte sich gezeigt, daß zu Synallagma und Leistungskondiktion offene Fragen auf der Grundlage dieser Erkenntnisse neu bewertet werden können. Schlagwortartig lassen sich die wesentlichen Ergebnisse wie folgt zusammenfassen:

(1) Die Besonderheit des konditionellen und des genetischen Synallagma gegenüber anderen Instrumenten zur Reaktion auf die Realisierung des Zuwendungsrisikos liegt darin, daß die (Rückabwicklungs-)Rechtsfolge typisierend an das Scheitern der Gegenzuwendung geknüpft ist.[15]

(2) Diese Typisierung ist in § 323 Abs. 1 2. Hs. für den Fall der Teilunmöglichkeit übernommen worden. Das ist problematisch, weil nicht automatisch davon ausgegangen

---

[9] Oben, 1. Teil C. II. 2. b) bb) (1) bis (3).

[10] Oben, 1. Teil, C. II. 2. c) aa).

[11] Oben, 1. Teil C. II. 2. c) bb).

[12] Oben, 1. Teil C. II. 2. c) cc).

[13] Oben, 2. Teil B. III. 2. und 3. Das funktionelle Synallagma läßt sich nicht mit dem aus der Realisierung des Zuwendungsrisikos resultierenden Restitutionsinteresse erklären, vgl. oben, 2. Teil B. III. 4.

[14] Oben, 2. Teil C. III., insbes. C. III. 3. a).

[15] Oben, 2. Teil B. III. 2. a) cc).

werden kann, daß der „andere Teil" überhaupt ein Interesse an einer Teilleistung des „einen Teils" hat. Der zweite Halbsatz von § 323 Abs. 1 muß deshalb durch den ersten Halbsatz ersetzt werden, wenn sich durch die Teilunmöglichkeit das Zuwendungsrisiko des „anderen Teils" in vollem Umfange realisiert hat.[16]

(3) Der Anspruch auf ein Surrogat steht dem „anderen Teil" gemäß §§ 323 Abs. 2 i.V.m. 281 nur bis zur Höhe des Wertes der ursprünglich geschuldeten Leistung zu.[17]

(4) §§ 324 bis 326 dienen nur teilweise dem Ziel, das aus der Realisierung des Zuwendungsrisikos resultierende Restitutionsinteresse zu befriedigen.[18]

(5) Regelungsstrukturen betreffend die anfängliche Realisierung des Zuwendungsrisikos durch Scheitern der Gegenzuwendung (genetisches Synallagma) sind im deutschen Zivilrecht nicht ausdrücklich vorgesehen, aber latent vorhanden.[19]

(6) Das Beispiel des entgeltlichen Erbvertrages zeigt, daß der Einsatz synallagmatischer Regelungsstrukturen nicht auf Forderungszuwendungen beschränkt ist und daß es insoweit auf eine Gegenseitigkeit nicht ankommt. Beim entgeltlichen Erbvertrag wird typischerweise ein Forderungswert um einer Verfügung von Todes willen zugewendet und umgekehrt. § 2295 knüpft (nur) die Rückabwicklung der Zuwendung des Erblassers an das Scheitern der Gegenzuwendung des Bedachten. Andere Leistungsstörungsfälle sind nicht von synallagmatischen Regelungsstrukturen erfaßt, können aber über §§ 2075 Abs. 2, 2281, 812 Abs. 1 S. 2 2. Alt. gelöst werden.[20]

(7) Bei Realisierung des Zuwendungsrisikos für eine der Parteien eines Ringtauschs (mehrseitiges Austauschverhältnis) können die §§ 323 ff. wegen regelungstechnischer Besonderheiten (Rückabwicklung auf der Zuwendungsebene) nicht zur Anwendung kommen.[21]

(8) Gegenstand des Leistungskondiktionsanspruchs ist primär das Objekt der Zuwendung des Bereicherungsgläubigers.[22]

(9) Eine Surrogationshaftung gemäß § 818 Abs. 2 läßt sich für die von der Leistungskondiktion erfaßten Fälle nicht mit dem Restitutionsinteresse des Bereicherungsgläubigers begründen.[23]

(10) Ist das ursprüngliche Objekt der Zuwendung des Leistungskondiktionsgläubigers nicht mehr vorhanden, dann ist gemäß § 812 Abs. 2 Wertersatz auf der Grundlage des subjektiven (Restitutions-)Interesses des Gläubigers zu leisten. Ein Anspruch auf Gewinnherausgabe besteht nicht.[24]

(11) Negative Entwicklungen des Kondiktionsgegenstandes im Schuldnervermögen können im Rahmen der von § 818 Abs. 3 verkörperten Abwägung des Restitutionsinteresses des Bereicherungsgläubigers mit dem widerstreitenden Interesse des Bereicherungsschuldners berücksichtigt werden. Allerdings ist der Anwendungsbereich von § 818 Abs. 3 einzuschränken. Zum einen betrifft diese Vorschrift nur Verschlechterun-

---

[16] Oben, 2. Teil B. III. 2. b).

[17] Oben, 2. Teil B. III. 2. c).

[18] Oben, 2. Teil B. III. 2. d) und B. III. 2. e).

[19] Oben, 2. Teil B. III. 3.

[20] Oben, 2. Teil B. III. 5. b).

[21] Oben, 2. Teil B. III. 6. c).

[22] Oben, 2. Teil C. IV. 1.

[23] Oben, 2. Teil C. IV. 1. c) aa).

[24] Oben, 2. Teil C. IV. 1. c) bb) und cc).

gen des Kondiktionsgegenstandes selbst. Im übrigen kommt § 818 Abs. 3 dem Bereicherungsschuldner nur dann zugute, wenn die Ursache für den „Wegfall der Bereicherung" aus der Sphäre des Bereicherungsgläubigers stammt.[25]

(12) Besonderheiten bei der bereicherungsrechtlichen Rückabwicklung von Austauschverhältnissen ergeben sich danach nicht. Insbesondere besteht kein Bedarf für die mit den gesetzlichen Vorgaben nicht zu vereinbarende Saldotheorie.[26]

(13) Das BGB hat die bereicherungsrechtliche Rückabwicklung von Mehrpersonenverhältnissen nicht gesondert berücksichtigt. Die Eigenart dieser Fälle liegt darin, daß die Realisierung des Zuwendungsrisikos außerhalb der jeweiligen (dinglichen) Zuwendungsbeziehung stattfindet. Grundsätzlich muß dort, wo sich das Zuwendungsrisiko verwirklicht hat, die bereicherungsrechtliche Rückabwicklung erfolgen.[27]

Regelungsstrukturen zur Reaktion auf die Realisierung des Zuwendungsrisikos im Interesse eines Zuwendenden lassen sich andererseits nicht nur bei Synallagma und Leistungskondiktion, sondern auch in anderen Rechtsinstituten des deutschen Zivilrechts nachweisen und können für deren dogmatische Herleitung herangezogen werden. Hier einige Beispiele: als mit kausalem Restitutionsmechanismus ausgestaltete Instrumente zur Reaktion auf die Realisierung des Zuwendungsrisikos stellen sich bezogen auf Forderungszuwendungen etwa die heute nur noch rechtsgeschichtlich bedeutsame Lehre von der *clausula rebus sic stantibus*[28] und die Windscheid'sche Voraussetzungslehre[29] sowie die auf diesen beiden Modellen basierende[30] Lehre vom Wegfall der Geschäftsgrundlage dar. Auch ein (vertragliches oder gesetzliches) Rücktrittsrecht wirkt in bezug auf die Forderungszuwendung des Zurücktretenden unmittelbar auf der Zuwendungsebene und damit über einen kausalen Mechanismus, der bei Realisierung seines Zuwendungsrisikos die betroffenen Forderungszuwendungen rückabwickelt. Abstrakte Restitutionsmechanismen weisen in bezug auf Sachzuwendungen der Anspruch aus § 346 bzw. § 467 i.V.m. § 346, der Anspruch aus Minderung in bezug auf den Minderungsbetrag[31] sowie in der Anspruch auf Rückgewähr der empfangenen Leistung nach § 3 Abs. 1 S. 1 HaustürWG auf.

Die juristische Literatur konzentriert sich darauf, die genannten (und andere) Rechtsinstitute voneinander abzugrenzen. Die Schwierigkeiten, welche sich im Zusammenhang mit der Abgrenzung ergeben, verdeutlichen, daß die Gemeinsamkeiten möglicherweise größer sind als die Unterschiede. Alle genannten Rechtsinstitute haben in der Tat einen einheitlichen Nenner, nämlich das Rege-

---

[25] Oben, 2. Teil C. IV. 1. d) dd).

[26] Oben, 2. Teil C. IV. 1. d) ee).

[27] Oben, 2. Teil C. IV. 2. e).

[28] Vgl. dazu oben, 2. Teil B. III. 4.

[29] Vgl. dazu oben, 1. Teil C. II. 2. b) bb) (2.2).

[30] Vgl. *Soergel-Teichmann*, § 242 Rn.199 ff.

[31] Oben, 2. Teil C. IV. 4. d) ff) (2).

lungsziel, das aus der Realisierung des Zuwendungsrisikos resultierende Restitutionsinteresse des betroffenen Zuwendenden zu befriedigen.

Verschiedene Gründe sind dafür verantwortlich, daß die in dieser Arbeit entwickelten Strukturen bisher nicht umfassend für die juristische Dogmatik fruchtbar gemacht worden sind. Zum einen wirkt das begriffsjuristische Erbe des letzten Jahrhunderts noch immer nach. Begriffe, wie „causa" und „Synallagma" werden als solche hingenommen und für dogmatische Erklärungsversuche herangezogen, ohne daß die dahinterstehenden Regelungsinteressen hinterfragt und in nutzbringender Weise analysiert werden. Durch die vermeintlich endgültigen Vorgaben des BGB scheinen die dogmatischen Strukturen des deutschen Zivilrechts zudem unabänderlich festgeschrieben und scheint die Auseinandersetzung mit dem dogmatischen Gesamtsystem überflüssig geworden zu sein.[32] Die juristische Diskussion hat sich deshalb auf die Erörterung einzelner Rechtsinstitute verlagert und insoweit auch jeweils verselbständigt. Der dogmatische Gesamtzusammenhang ist aus dem Blickfeld gedrängt worden.

Weiter ist von Bedeutung, daß die von der deutschen Zivilrechtsdogmatik erreichte Abstraktionshöhe den differenzierten Blick auf alle von der Rechtsordnung wahrgenommenen und wahrzunehmenden, in den jeweiligen Rechtsinstituten und Denkfiguren aber nicht (mehr) unmittelbar zum Ausdruck kommenden Funktionen verschleiert. Als Beispiel seien hier nur Trennungs- und Abstraktionsprinzip genannt, in deren Gefolge die strikte Trennung von Verpflichtungs- und Verfügungsgeschäft fast zwingend erscheint. Die von beiden Rechtsgeschäftsarten in identischer Weise wahrgenommenen (Zuwendungs-) Funktionen sind so in den Hintergrund getreten.

Aus den vorstehenden Gründen war ausreichender Anlaß gegeben, die betroffenen Regelungsstrukturen und die dahinterstehenden Interessen im Rahmen dieser Arbeit in das Bewußtsein zu rufen, um so für Rechtstheorie und -praxis eine neue dogmatische Perspektive zu eröffnen.

---

[32] Vgl. prägnant *Braun*, Universitas 1994, S. 659 f., 660: „... Rechtsdogmatiker ... am Gängelband des Gesetzgebers ...", S. 662 ff., 664: „... ist nicht zu leugnen, daß die Gesetzgebung der Rechtswissenschaft heute nicht bloß den Inhalt, sondern vielfach auch die Systemstrukturen vorgibt."

Literaturverzeichnis

AK-Bearbeiter: Kommentar zum Bürgerlichen Gesetzbuch (Reihe Alternativkommentare), Bd. 3/4 (Besonderes Schuldrecht / Sachenrecht), Neuwied/Neuwied und Darmstadt 1979/1983.

Allfeld, Philipp: Das Urheberrecht an Werken der Literatur und der Tonkunst - Kommentar, 2. Aufl., München 1928.

— Kommentar zu den Gesetzen vom 19. Juni 1901 betreffend das Urheberrecht an Werken der Literatur und der Tonkunst und über das Verlagsrecht sowie zu den internationalen Verträgen zum Schutze des Urheberrechts, 1902.

Badelt, Christoph: Altruismus, Egoismus und Rationalität, in: K. Heinemann (Hrsg.), Soziologie Wirtschaftlichen Handelns (Kölner Zeitschrift für Soziologie und Sozialpsychologie, Sonderheft 28, 1984), S. 54 ff.

Bähr, Otto: Zur Cessionslehre, Jherings Jahrbücher 1 (1857), S. 351 ff.

Bälz, Ulrich: Leistung - Rückgriff - Durchgriff, in: H. Lange/K. W. Nörr/H. P. Westermann (Hrsg.), Festschrift für Joachim Gernhuber zum 70. Geburtstag, Tübingen 1993, S. 3 ff.

Ballerstedt, K.: Anmerkung, JZ 1951, S. 227 ff.

Bappert, Walter: Entspricht das gesetzliche Vertragsrecht den modernen Bedürfnissen?, GRUR 1959, S. 582 ff.

Bappert, Walter/*Maunz*, Theodor/*Schricker*, Gerhard: Verlagsrecht, 2. Aufl., München 1984.

Baseler, Gerhard von: (Einzelne Stellen) (50.16) 19 Ulp. 11 ed., Sav.Z. (rom. Abt.) 52 (1932), S. 293 ff.

Batsch, Karl Ludwig: Bereicherungshaftung ohne Vermögensmehrung?, NJW 1972, S. 611 ff.

— Vermögensverschiebung und Bereicherungsherausgabe in den Fällen unbefugten Gebrauchens bzw. sonstigen Nutzens von Gegenständen (Eine Kritik der Lehre von der 'Eingriffskondiktion'), Marburg 1968.

Baur, Fritz: Der Beseitigungsanspruch nach § 1004 BGB, AcP 160 (1961), S. 463 ff.

Baur, Fritz/*Stürner*, Rolf: Lehrbuch des Sachenrechts, 16. Aufl., München 1992.

Baus, Gerd: Kausale Verfügung und gutgläubiger Erwerb (Schranken des abstrakten Erwerbs), Berlin 1939.

Bechmann, August: Der Kauf nach gemeinem Recht, Teil 1, (Neudruck der Ausgabe Erlangen 1876) Aalen 1965.

Becker, Walter G.: Gegenopfer und Opferverwehrung - Strukturen des Schuldrechts auf der Grundlage des anglo-amerikanischen „check-and-balance“-Systems, Berlin und Frankfurt a.M. 1958.

Benöhr, Hans-Peter: Das sogenannte Synallagma in den Konsensualkontrakten des klassischen römischen Rechts, Hamburg 1965.

Berg, Hans: Der angefochtene Gebrauchtwagenkauf - BGHZ 72, 252, JuS 1981, S. 179 ff.

— Zu Nr. 4 Anmerkung, NJW 1964, S. 720 ff.

Betti, Emilio: Zum Problem der Gefahrtragung bei zweiseitig verpflichtenden Verträgen, Sav.Z. (rom. Abt.) 82 (1965) S. 1 ff.

Beuthien, Volker: Das Rätsel Saldotheorie. Nachteilsanrechnung und Rückleistungssynallagma im Bereicherungsrecht, Jura 1979, S. 532 ff.

— Zuwendender und Leistender, JZ 1968, S. 323 ff.

— Zweckerreichung und Zweckstörung im Schuldverhältnis, Tübingen 1969.

Biermann (ohne Angabe des Vornamens): Rezension von Julius Lassen, Haandbog i Obligationsretten, RabelsZ 3 (1929), S. 447 ff.

Blomeyer, Arwed: Anmerkung, MDR 1976, S. 925.

— Studien zur Bedingungslehre, Berlin/Leipzig 1939.

Boehmer, Gustav: Einführung in das bürgerliche Recht, 2. Aufl., Tübingen 1965.

— Entgeltliche Erbverträge - Ein Rechtsgutachten, in: H. C. Nipperdey u.a. (Hrsg.), Das deutsche Privatrecht in der Mitte des 20. Jahrhunderts - Festschrift für Heinrich Lehmann zum 80. Geburtstag, I. Band, Berlin 1956, S. 461 ff.

— Grundlagen der Bürgerlichen Rechtsordnung, Zweites Buch Zweite Abteilung, Tübingen 1952.

Bolze (ohne Angabe des Vornamens): Zur Lehre von den Kondiktionen, insonderheit von der condictio sine causa, AcP 78 (1892), S. 422 ff.

de Boor, Hans Otto: Vom Wesen des Urheberrechts, Marburg 1933.

Bork, Reinhard: Der Vergleich, Berlin 1988.

Bourne, Lyle E./*Ekstrand*, Bruce R.: Einführung in die Psychologie, Eschborn bei Frankfurt a.M. 1992.

Brandt, Hans: Eigentumserwerb und Austauschgeschäft: Der abstrakte dingliche Vertrag und das System des deutschen Umsatzrechts im Licht der Rechtswirklichkeit, Leipzig 1940.

— Was folgt aus dem Ende der dinglichen Einigung?, DRW 6 (1941), S. 67 ff.

Braun, Johann: Dienerin des Zufalls? Der Streit um die Rechtswissenschaft, Universitas 1994, S. 657 ff.

— Einführung in die Saldotheorie, JuS 1981, S. 813 ff.

— Rechtliche Folgen einer Überweisung bei unzureichender Information des Empfängers, ZIP 1996, S. 617 ff.

Bremecker, Dieter: Die Bereicherungsbeschränkung des § 818 Abs. 3 BGB bei nichtigen gegenseitigen Verträgen, Berlin 1982.

Brown, Roger/*Herrnstein*, Richard J.: Grundriß der Psychologie, Berlin/Heidelberg/New York/Tokio 1984.

Brox, Hans: Allgemeiner Teil des Bürgerlichen Gesetzbuches, 21. Aufl., Köln/Berlin/Bonn/München 1997.

— Erbrecht, 16. Aufl., Köln/Berlin/Bonn/München 1996.

Brüggemann, Dieter: Causa und Synallagma im Recht des Vorvertrages, JR 1968, S. 201 ff.

Buchholz, Stephan: Abstraktionsprinzip und Immobiliarrecht - Zur Geschichte der Auflassung und Grundschuld, Frankfurt a.M. 1978.

Büdenbender, Ulrich: Rückgewähransprüche im Bürgerlichen Recht, JuS 1998, S. 38 ff., 135 ff., 227 ff.

Bydlinski, Franz: Die Einrede des nicht erfüllten Vertrages in Dauerschuldverhältnissen, in: H. Blattl (Hrsg.), Festschrift für Artur Steinwenter, Graz/Köln 1958, S. 140 ff.

— Juristische Methodenlehre und Rechtsbegriff, Wien/New York 1982.

Caemmerer, Ernst von: Bereicherung und unerlaubte Handlung, in: H. Dölle/M. Rheinstein/K. Zweigert (Hrsg.), Festschrift für Ernst Rabel, Band 1, Tübingen 1954, S. 333 ff.

— Bereicherungsansprüche und Drittbeziehungen, JZ 1962, S. 385 ff.

— Leistungsrückgewähr bei gutgläubigem Erwerb, in: Festschrift für Gustav Boehmer, Bonn 1954, S. 145 ff.

— „Mortuus redhibetur". Bemerkungen zu den Urteilen BGHZ 53, 144 und 57, 137, in: G. Paulus/U. Diederichsen/C.-W. Canaris, Festschrift für Karl Larenz zum 70. Geburtstag, München 1973, S. 629 ff.

— Rechtsvergleichung und Reform der Fahrnisübereignung, RabelsZ 12 (1938/39), S. 675 ff.

Canaris, Claus-Wilhelm: Anmerkung, JZ 1971, S. 560 ff.

— Anmerkung, JZ 1987, S. 201 ff.

— Bereicherungsausgleich im bargeldlosen Zahlungsverkehr, WM 1980, S. 354 ff.

— Der Bereicherungsausgleich bei Zahlung des Haftpflichtversicherers an einen Scheingläubiger, NJW 1992, S. 868 ff.

— Der Bereicherungsausgleich im Dreipersonenverhältnis, in: G. Paulus/U. Diederichsen/C.-W. Canaris (Hrsg.), Festschrift für Karl Larenz zum 70. Geburtstag, München 1973, S. 799 ff.

— Die Vertrauenshaftung im deutschen Privatrecht, München 1971.

— Einwendungsausschluß und Bereicherungsausgleich im Girovertragsrecht, BB 1972, S. 774 ff.

— Systemdenken und Systembegriff entwickelt am Beispiel des deutschen Privatrechts, 2.Aufl., Berlin 1983.

— Überforderte Professoren?, NJW 1992, S. 3143 ff.

Carl, Jens Peter: Die causa der Sicherungsrechte, Diss. jur. Universität Tübingen, 1969.

Coester-Waltjen, Dagmar: Die Rechte des Reisenden bei mangelhaften Leistungen im Reisevertragsrecht, Jura 1995, S. 329 ff.

Cohn, Ernst: Zur Lehre vom Wesen des abstrakten Geschäfts, AcP 135 (1932), S. 67 ff.

Coing, Helmut: Anmerkung, JZ 1954, S. 437 f.

— Grundzüge der Rechtsphilosophie, 5. Aufl., Berlin/New York 1993.

— Zum Begriff der Teilerfüllung, SJZ 1949.

Costedde, Jürgen: Dogmatische und methodologische Überlegungen zum Verständnis des Bereicherungsrechts, Bern 1977.

Crezelius, Georg: Bereicherungshaftung der BGB-Gesellschafter - BGH, NJW 1985, 1828, JuS 1986, S. 685 ff.

Crome, Carl: System des Deutschen Bürgerlichen Rechts, Zweiter Band, Tübingen 1902.

van den Daele, Wolfgang: Probleme des gegenseitigen Vertrages - Untersuchungen zur Äquivalenz gegenseitiger Leistungspflichten, Hamburg 1968.

Damrau, Jürgen: Nochmals: Bedarf der dem Erbverzicht zugrundeliegende Verpflichtungsvertrag notarieller Beurkundung, NJW 1984, S. 1163 f.

Degenhart, Max: Erbverzicht und Abfindungsvereinbarung, Rpfleger 1969, S. 145 ff.

Deneke, Gerhard: Das Causaproblem des Zivilrechts unter Berücksichtigung der Literatur seit 1900, Diss. jur. Universität Göttingen, 1900.

Dernburg, Heinrich: Das bürgerliche Recht des Deutschen Reiches und Preußens, Zweiter Band, 4. Aufl. erste Abteilung - Allgemeine Lehren, 1909, zweite Abteilung - Einzelne Obligationen, Halle a.d. Saale 1915.

— Geschichte und Theorie der Kompensation nach römischem und neuerem Rechte, (Neudruck der 2. Aufl. Heidelberg 1868) Aalen 1965.

Diesselhorst, Malte: Anmerkung, JZ 1970, S. 418 f.

— Die Natur der Sache als außergesetzliche Rechtsquelle verfolgt an der Rechtsprechung zur Saldotheorie, Tübingen 1968.

Dilcher, Herrmann: Der Eigentumsvorbehalt bei verjährter Kaufpreisforderung - BGHZ 70, 96, JuS 1979, S. 331 ff.

Dubischar, Roland: Prinzipien-Platonismus, Anmerkungen zur Synallagmadiskussion, in: F. Baur u.a. (Hrsg.), Funktionswandel der Privatrechtsinstitutionen, Festschrift für Ludwig Raiser zum 70. Geburtstag, Tübingen 1974, S. 99 ff.

Duden: Wissenschaftlicher Rat der Dudenredaktion (Hrsg.), Duden - Fremdwörterbuch, 3. Aufl., Mannheim/Wien/Zürich 1974.

Ebenroth, Carsten Thomas: Erbrecht, München 1992.

Eckert, J.: Anmerkung, JR 1992, S. 507 f.

Ehmann, Horst: Die Gesamtschuld - Versuch einer begrifflichen Erfassung in drei Typen, Berlin 1972.

— Über den rechtlichen Grund im Sinne des § 812 BGB, NJW 1969, S. 398 ff.

Eidenmüller, Horst: Wertersatz für rechtsgrundlos erbrachte Bauleistungen, JZ 1996, S. 889 ff.

Emmerich, Volker: Das Recht der Leistungsstörungen, 4. Aufl., München 1997.

Endemann (ohne Angabe des Vornamens): (Urteilsanmerkung zu 2.), JW 1921, S. 523 f.

Engisch, Karl: Die Einheit der Rechtsordnung, (Neudruck der Ausgabe Heidelberg 1935) Darmstadt 1987.

Enneccerus, Ludwig/*Lehmann*, Heinrich: Recht der Schuldverhältnisse, 15. Aufl., Tübingen 1958.

Enneccerus, Ludwig/*Nipperdey*, Hans Carl: Allgemeiner Teil des Bürgerlichen Rechts, 15. Aufl. 1960.

Erman, Walter: Handkommentar zum Bürgerlichen Gesetzbuch, 1. Band, 9. Aufl., Münster 1993.

Esser, Josef/*Weyers*, Hans-Leo: Schuldrecht, Band II, Besonderer Teil, 7. Aufl., Heidelberg 1991.

Fikentscher, Wolfgang: Die Geschäftsgrundlage als Frage des Vertragsrisikos, München 1971.

— Methoden des Rechts in vergleichender Darstellung, Band I - V, Tübingen 1975 - 1977.

Fitting (ohne Angabe des Vornamens): Über das Wesen des Titels der Ersitzung (Schluß), AcP 52 (1869), S. 381 ff.

Flessner, Axel: Haftung und Gefahrbelastung des getäuschten Käufers, NJW 1972, S. 1777 ff.

— Interessenjurisprudenz im internationalen Privatrecht, Tübingen 1990.

— Wegfall der Bereicherung, Berlin/Tübingen 1970.

Flume, Werner: Allgemeiner Teil des Bürgerlichen Rechts II - Das Rechtsgeschäft, 3. Aufl., Berlin/Heidelberg/New York 1979.

— Anmerkung, JZ 1962, S. 281 f.

— Banküberweisung und ungerechtfertigte Bereicherung, NJW 1987, S. 635 f.

— Der Wegfall der Bereicherung in der Entwicklung vom römischen zum geltenden Recht, in: Rechts- und Staatswissenschaftliche Fakultät der Universität Göttingen (Hrsg.), Festschrift für Hans Niedermeyer zum 70. Geburtstag, Göttingen 1953, S. 103 ff.

— Die Entreicherungsgefahr und die Gefahrtragung bei Rücktritt und Wandelung, NJW 1970, S. 1161 f.

— Die Saldotheorie und die Rechtsfigur der ungerechtfertigten Bereicherung, AcP 194 (1994), S. 427 ff.

— Zum Bereicherungsausgleich bei Zahlungen in Drei-Personen-Verhältnissen, NJW 1991, S. 2521 ff.

Förster, Franz: Preußisches Privatrecht - I. Band, bearbeitet von M. G. Eccius, 7. Aufl., Berlin 1886.

Forkel, Hans: Gebundene Rechtsübertragungen - Ein Beitrag zu den Verfügungsgeschäften über Patent-, Muster-, Urheber- und Persönlichkeitsrechte, Erster Band: Patent, Musterrechte, Urheberrecht, Köln 1977.

Freud, Sigmund: Das Unterbewußte und die Motivation, in: H. Thomae (Hrsg.), Die Motivation menschlichen Handelns, 9. Aufl., Köln 1976, S. 97 ff.

Freudenberg, Christian: Die Entwicklung des rechtsgeschäftlichen Eigentumserwerbs in der DDR, Frankfurt am Main, 1997.

Fricke, Otto: Das abstrakte Schuldversprechen und seine Gestaltung im bürgerlichen Gesetzbuche, Diss. jur. Universität Göttingen, 1902.

Gans, Eduard: Ueber Römisches Obligationenrecht insbesondere die Lehre von den Innominatcontracten und dem jus poenitendi, Heidelberg 1819.

Gernhuber, Joachim: Austausch und Kredit im rechtsgeschäftlichen Verbund - Zur Lehre von der Vertragsverbindungen, in: G. Paulus/U. Diederichsen/C.-W. Canaris (Hrsg.), Festschrift für Karl Larenz zum 70. Geburtstag, München 1973, S. 455 ff.

— Das Schuldverhältnis, 1989.

— Die Erfüllung und ihre Surrogate sowie das Erlöschen der Schuldverhältnisse aus anderen Gründen, 2. Aufl., Tübingen 1994.

— Synallagma und Zession, in: F. Baur u.a. (Hrsg.), Funktionswandel der Privatrechtsinstitutionen, Festschrift für Ludwig Raiser zum 70. Geburtstag, Tübingen 1974, S. 57 ff.

Gierke, Otto von: Der Entwurf eines bürgerlichen Gesetzbuches und das deutsche Recht, Leipzig 1889.

— Deutsches Privatrecht, Dritter Band, Leipzig 1917.

Giesen, Dieter: Grundsätze der Konfliktlösung im Besonderen Schuldrecht. Die ungerechtfertigte Bereicherung, Jura 1995, S. 169 ff., 234 ff., 281 ff.

Goetzke, Heinrich: Subjektiver Wertbegriff im Bereicherungsrecht? Zugleich eine Besinnung auf den Wert dogmatischen Denkens im heutigen Zivilrecht, AcP 173 (1973), S. 289 ff.

Gottwald, Peter: Direktkondiktion des unvorsichtigen Notars - BGHZ 88, 232, JuS 1984, S. 841 ff.

Gradenwitz, Otto: Wort-Verzeichnis zum Bürgerlichen Gesetzbuche, Berlin 1902.

Grimms Wörterbuch: Jacob Grimm/Wilhelm Grimm, Deutsches Wörterbuch - Zwölfter Band I. Abteilung, Leipzig 1956.

Gruhle, H.W.: Ursache, Grund, Motiv, Auslösung, in: H. Thomae (Hrsg.), Die Motivation menschlichen Handelns, 9. Aufl., Köln 1976, S. 40 ff.

Grundmann, Stefan: Zur Anfechtbarkeit des Verfügungsgeschäfts, JA 1985, S. 80 ff.

Grüter, Manfred: BGB - Schuldrecht BT: Bereicherungsausgleich bei Leistung durch Dritte nach § 267 BGB; Zahlung der Versicherung auf nicht bestehende Schuld des Versicherungsnehmers; zur Abgrenzung zwischen den Fällen der Drittleistung und den Anweisungsfällen, JA 1992, S. 119 ff.

Gschnitzer, Franz: Österreichisches Sachenrecht, 2. Aufl., Wien/New York 1985.

Habermeier, Stefan: Das Trennungsdenken - Ein Beitrag zur europäischen Privatrechtstheorie, AcP 195 (1995), S. 283 ff.

Habersack, Mathias: Die Akzessorietät - Strukturprinzip der europäischen Zivilrechte und eines künftigen europäischen Grundpfandrechts, JZ 1997, S. 857 ff.

Hadding, Walther: Schuldverhältnis und Synallagma beim Vertrag zu Rechten Dritter, in: H. Lange/K. W. Nörr/H. P. Westermann (Hrsg.), Festschrift für Joachim Gernhuber zum 70. Geburtstag, Tübingen 1993, S. 153 ff.

Hagen, Horst: Funktionale und dogmatische Zusammenhänge zwischen Schadensrecht und Bereicherungsrecht, in: G. Paulus/U. Diederichsen/C.-W. Canaris (Hrsg.), Festschrift für Karl Larenz zum 70. Geburtstag, München 1973, S. 867 ff.

Hager, Günter: Der Gedanke der Solidarität in der Lehre vom Synallagma, in: P. Schlechtriem/H. G. Leser (Hrsg.), Zum Deutschen und Internationalen Schuldrecht. Kolloquium aus Anlaß des 75. Geburtstages von Ernst von Caemmerer, Tübingen 1983, S. 26 ff.

Hallebeek, Jan: Developments in Mediaevel Roman Law, in: E. J. H. Schrage, Unjust Enrichment - The Comparative Legal History of the Law of Restitutions, Berlin 1995, S. 59 ff.

Harrer, W.: Der Testamentsvollstrecker und das Recht des Vertragserben, LZ 1926, S. 214 ff.

Hartlieb, Hans-Peter: Zum Bereicherungsausgleich bei irrtümlicher Überschreitung des Überweisungsauftrags durch die Bank (Anmerkung zu BGH, MDR 1987, 226 f.), MDR 1987, S. 721 f.

Häsemeyer, Ludwig: Die Abhängigkeit erbrechtlicher Verträge von Verkehrsgeschäften, Diss. jur. Universität Göttingen, 1966.

— Geschäftsgrundlage und Vertragsgerechtigkeit, in: H. Ehmann/W. Häsemeyer/ A. Laufs (Hrsg.), Privatautonomie, Eigentum und Verantwortung, Festgabe für Hermann Weitnauer zum 70. Geburtstag, Berlin 1980, S. 67 ff.

Hassold, Gerhard: Zur Leistung in Dreipersonenverhältnissen: Anweisung und Vertrag zugusten Dritter als Modell, München 1981.

Heck, Philipp: Begriff und Konstruktion in der Lehre der Interessenjurisprudenz, in: H. Stoll (Hrsg.), Festgabe für Philipp Heck, Max Rümelin, Arthur Benno Schmidt (AcP 133/2 (1931)), S. 60 ff.

— Das abstrakte dingliche Rechtsgeschäft, Tübingen 1937.

— Gesetzesauslegung und Interessenjurisprudenz, AcP 112 (1914), S. 1 ff.

— Grundriß des Schuldrechts, Tübingen 1929.

Hellwig, Konrad: Die Verträge auf Leistung an Dritte, (2. Neudruck der Ausgabe Leipzig 1899) Aalen 1980.

Henke, Horst-Eberhard: Die sog. Relativität des Schuldverhältnisses, Berlin 1989.

Henkel, Heinrich: Einführung in die Rechtsphilosophie, 2. Aufl., München 1977.

Henssler, Martin: Risiko als Vertragsgegenstand, Tübingen 1994.

Hermes, Hans: Schulderlaß (§ 397 BGB) gegen Gegenleistung, JR 1961, S. 495 f.

Hieber, Hans: Noch einmal: Die Vormerkbarkeit des erbrechtlichen Anspruchs, DNotZ 1953, S. 635 ff.

Hoeniger, Heinrich: Die gemischten Verträge in ihren Grundformen, Mannheim/Leipzig 1910.

Holthöfer (ohne Angabe des Vornamens): Sicherung des Vertragserben zu Lebzeiten des Erblassers, JR 1955, S. 11 f.

Honsell, Heinrich: Bereicherungsanspruch bei arglistiger Täuschung, NJW 1973, S. 350 ff.

— Der defekte Mähdrescher - BGHZ 78, 216, JuS 1982, S. 810 ff.

— Die Rückabwicklung sittenwidriger oder verbotener Geschäfte - Eine rechtsgeschichtliche und rechtsvergleichende Untersuchung zu § 817 BGB -, München 1974.

— Gefahrtragung und Schadensersatz bei arglistiger Täuschung, MDR 1970, S. 717 ff.

Honsell, Thomas: Die Saldotheorie - Erweiterung oder Restriktion des § 818 Abs. 3 BGB?, JZ 1980, S. 802 ff.

Huber, Ulrich: Bereicherungsansprüche beim Bau auf fremden Boden, JuS, 1970, S. 342 ff.

— Der Unfall des betrogenen Gebrauchtwagenkäufers - BGHZ 57, 137, S. 439 ff.

— Leistungsstörungen - Empfiehlt sich die Einführung eines Leistungsstörungsrechts nach dem Vorbild des Einheitlichen Kaufgesetzes? Welche Änderungen im Gesetzestext und welche praktischen Auswirkungen im Schuldrecht würden sich dabei ergeben?, in: Bundesminister der Justiz (Hrsg.), Gutachten und Vorschläge zur Überarbeitung des Schuldrechts, Band I, Köln 1981, S. 647 ff.

— Verpflichtungszweck, Verpflichtungsinhalt und Geschäftsgrundlage, JuS 1972, S. 57 ff.

Hubmann, Heinrich: Die Methode der Abwägung, in: H. Hubmann/H. Hübner (Hrsg.), Festschrift für Ludwig Schnorr von Carolsfeld zum 70. Geburtstag 26. Januar 1973, Köln/Berlin/Bonn/München 1972, S. 173 ff.

— Grundsätze der Interessenabwägung, AcP 155 (1956), 85 ff.

Hubmann, Heinrich/*Rehbinder*, Manfred: Urheber- und Verlagsrecht, 8. Aufl., München 1995.

Hüffer, Uwe: Die Eingriffskondiktion, JuS 1981, S. 263 ff.

Jäggi, Peter: Zur „Rechtsnatur“ der Zession, Schweizerische Juristenzeitung 1971, S. 6 ff.

Jahr, Günther: Die Einrede des bürgerlichen Rechts, JuS 1964, S. 293 ff.

— Romanistische Beiträge zur modernen Zivilrechtswissenschaft, AcP 168 (1968), S. 9 ff.

— Zur iusta causa traditionis, Sav.Z. (rom. Abt.) 80 (1963), S. 141 ff.

Jakobs, Horst Heinrich: Die Rückkehr der Praxis zur Regelanwendung und der Beruf der Theorie im Recht der Leistungskondiktion, NJW 1992, S. 2524 ff.

— Eingriffserwerb und Vermögensverschiebung in der Lehre der ungerechtfertigten Bereicherung, Bonn 1964.

— lucrum ex negotiatione, Tübingen 1993.

Jakobs, Horst Heinrich/*Schubert*, Werner (Hrsg.): Die Beratung des Bürgerlichen Gesetzbuchs in systematischer Zusammenstellung der unveröffentlichten Quellen - Recht der Schuldverhältnisse III §§ 652 bis 853, Berlin/New York 1983.

Jauernig, Othmar: Trennungsprinzip und Abstraktionsprinzip, JuS 1994, S. 721 ff.

— Zur Akzessorietät bei der Sicherungsübereignung, NJW 1982, S. 268 ff.

Jauernig u.a.-Bearbeiter: Jauernig, Othmar (Hrsg.), Bürgerliches Gesetzbuch, München 1997.

Jermann, Prisca: Die Vorgegebenheiten und Randbedingungen der Rechtsetzung, in: K. Eichenberger u.a. (Hrsg.), Grundfragen der Rechtsetzung, Basel 1978.

Jhering, Rudolf von: Geist des römischen Rechts in den verschiedenen Stufen seiner Entwicklung Teil 3, 9. Aufl. (Neudruck der letzten unveränderten 5. Aufl., Leipzig 1906) Aalen 1968.

— Der Zweck im Recht, Erster Band, 4. Aufl., Leipzig 1904.

— Unsere Aufgabe, Jherings Jahrbücher 1 (1857), S. 1 ff.

Joerges, Christian: Bereicherungsrecht und Wirtschaftsrecht, Köln 1977.

Jung, Erich: Die Bereicherungsansprüche und der Mangel des „rechtlichen Grundes“, Leipzig 1902.

Kant, Immanuel: Die Metaphysik der Sitten, in: W. Weischedel (Hrsg.), Immanuel Kant, Werke in sechs Bänden - Band IV, Darmstadt 1963, S. 303 ff.

Kaser, Max: Das römische Privatrecht, Erster Abschnitt - Das altrömische, das vorklassische und klassische Recht, 2. Aufl., München 1971.

Kegel, Gerhard: Empfiehlt es sich, den Einfluß grundlegender Veränderungen des Wirtschaftslebens auf Verträge gesetzlich zu regeln und in welchem Sinn? (Geschäftsgrundlage, Vertragshilfe, Leistungsverweigerungsrecht), Gutachten zum 40. deutschen Juristentag, Verhandlungen, Band 1, 1953, S. 138 ff.

Kegel, Gerhard: Verpflichtung und Verfügung - Sollen Verfügungen abstrakt oder kausal sein?, in: W. Flume/H. J. Hahn/G. Kegel/K. R. Simmonds (Hrsg.), Internationales Recht und Wirtschaftsordnung, Festschrift für F. A. Mann, München 1977, S. 57 ff.

Kegel, Gerhard/*Rupp*, Hans/*Zweigert*, Konrad: Die Einwirkung des Krieges auf Verträge in der Rechtsprechung Deutschlands, Frankreichs, Englands und der Vereinigten Staaten von Amerika, Berlin 1941.

Kellmann, Christof: Bereicherungsausgleich bei Nutzung fremder Rechtsgüter, NJW 1971, S. 862 ff.

— Erfüllungsgehilfen kondizieren nicht, JR 1988, S. 97 ff.

— Grundsätze der Gewinnhaftung - Rechtsvergleichender Beitrag zum Recht der ungerechtfertigten Bereicherung, Berlin 1969.

Kipp, Theodor/*Coing*, Helmut: Erbrecht, 14. Bearbeitung, Tübingen 1990.

Kisch, Wilhelm: Der Schadensersatz wegen Nichterfüllung bei gegenseitigen Verträgen, JherJb. 44 (1902), S. 68 ff.

— Die Wirkungen der nachträglich eintretenden Unmöglichkeit der Erfüllung bei gegenseitigen Verträgen nach dem Bürgerlichen Gesetzbuch für das deutsche Reich, Jena 1900.

— Schadensersatz und Bereicherung bei Patentverletzung, LZ 1927, S. 667 ff.

Kleineidam, Feodor: Unmöglichkeit und Unvermögen nach dem Bürgerlichen Gesetzbuche für das Deutsche Reich, Jena 1900.

Kleinheyer, Gerd: Eingriffsbereicherung und unbefugte Nutzung und Wertersatz, JZ 1961, S. 477 ff.

Klingmüller, Fritz: Der Begriff des Rechtsgrundes, Breslau 1901.

Klinke, Ulrich: Causa und genetisches Synallagma - Zur Struktur der Zuwendungsgeschäfte, Berlin 1983.

Knieper, Rolf: Die Verbindung des Erbvertrages mit anderen Verträgen, DNotZ 1968, S. 331 ff.

Köbler, Gerhard: Etymologisches Rechtswörterbuch, Tübingen 1995.

Köndgen, Johannes: Wandlungen im Bereicherungsrecht, in: R. Dubischar u.a. (Hrsg.), Dogmatik und Methode - Josef Esser zum 65. Geburtstag, Kronberg/Ts. 1975, S. 55 ff.

König, Detlev: Gewinnhaftung, in: H. C. Ficker u.a. (Hrsg.), Festschrift für Ernst v. Caemmerer zum 70. Geburtstag, Tübingen 1978, S. 179 ff.

— Ungerechtfertigte Bereicherung, in: Bundesminister der Justiz (Hrsg.), Gutachten und Vorschläge zur Überarbeitung des Schuldrechts, Band II, Köln 1981, S. 151 ff.

— Ungerechtfertigte Bereicherung - Tatbestände und Ordnungsprobleme in rechtsvergleichender Sicht, Heidelberg 1985.

Kötter, Hans Wilhelm: Zur Rechtsnatur der Leistungskondiktion, AcP 153 (1954), S. 193 ff.

Kohler, J.: Zwölf Studien zum Bürgerlichen Gesetzbuch, ArchBR. 12 (1887), S. 9 ff.

Kohler, Jürgen: Bereicherungshaftung in Zessionsfällen, WM 1989, S. 1629 ff.

— Erforderliche und klare Worte zum Entreicherungseinwand, NJW 1992, S. 3145 ff.

— Die gestörte Rückabwicklung gescheiterter Austauschverträge, Köln/Berlin/Bonn/München 1989.

Koller, Ingo: Die Risikozurechnung bei Vertragsstörungen in Austauschverträgen, München 1979.

Koppensteiner, Hans-Georg: Probleme des bereicherungsrechtlichen Wertersatzes (II), NJW 1971, S. 1769 ff.

Koppensteiner, Hans-Georg/*Kramer*, Ernst A.: Ungerechtfertigte Bereicherung, 2. Aufl., Berlin u.a. 1975.

Koziol, Helmut/*Welser*, Rudolf: Grundriß des bürgerlichen Rechts, Band I, 8. Aufl. Wien 1987.

— Grundriß des bürgerlichen Rechts, Band II, 7. Aufl., Wien 1985.

Kraße, Rudolf: Verpflichtung und Verfügung im Immaterialgüterrecht, GRUR Int. 1973, S. 230 ff.

Krause, Hermann: Das Einigungsprinzip und die Neugestaltung des Sachenrechts, AcP 145 (1939), S. 312 ff.

Krawielicki, Robert: Grundlagen des Bereicherungsanspruchs, (Neudruck der Ausgabe Breslau 1936) Aalen 1964.

Krech, David/*Crutchfield*, Richard S./*Livson*, Norman/*Wilson* jr., Wiliam A./*Parducci*, Allen: Grundlagen der Psychologie, Band 5 Motivations- und Emotionspsychologie, Weinheim/Basel 1985.

Kress, Hugo: Lehrbuch des allgemeinen Schuldrechts, (unveränderter Neudruck der Ausgabe München 1929) Aalen 1974.

— Natürliche Grundlagen des Privatrechts, in: H. Kress, Lehrbuch des Allgemeinen Schuldrechts, (unveränderter Neudruck der Ausgabe München 1929) Aalen 1974, S. XXXV ff.

Kriegsmann, Herrmann: Der Rechtsgrund (causa) der Eigentumsübertragung nach dem Recht des bürgerlichen Gesetzbuches für das deutsche Reich, Berlin 1905.

Krückmann, Paul: Die Voraussetzung als virtueller Vorbehalt, AcP 131 (1929), S. 1 ff.

— Kalkulationsirrtum und ursprüngliche Sinn-, Zweck- und Gegenstandslosigkeit, AcP 128 (1928), S. 157 ff.

Kubes, Vladimir: Theorie der Gesetzgebung, Wien/New York 1987.

Kuchinke, Kurt: Bedarf der dem Erbverzichtsvertrag zugrunde liegende Verpflichtungsvertrag notarieller Beurkundung?, NJW 1983, S. 2358 ff.

Kübler, Friedrich: Feststellung und Garantie - Eine rechtsvergleichende und dogmatische Abhandlung wider die Lehre vom abstrakten Schuldvertrag im bürgerlichen und Handelsrecht, Tübingen 1967.

Kühne, G.: Anmerkung, JR 1972, S. 112 f.

Kupisch, Berthold: Die Versionsklage, Heidelberg 1965.

— Einheitliche Voraussetzung des Bereicherungsanspruchs - ein Mißgriff des Gesetzgebers, in: M. Harder/G. Thielmann (Hrsg.), De iustitia et iure - Festgabe für Ulrich von Lübtow zum 80. Geburtstag, Berlin 1980, S. 501 ff.

— Bankanweisung und Bereicherungsausgleich - zugleich Besprechung des BGH-Urteils vom 20. VI. 1977 - WM 1979, Beilage 2, S. 3 ff.

— Der Bereicherungsanspruch der Bank bei irrtümlicher Durchführung der widerrufenen Anweisung, ZIP 1983, S. 1412 ff.

— Gesetzespositivismus im Bereicherungsrecht - Zur Leistungskondiktion im Dreipersonenverhältnis, Berlin 1978.

— „Normative Betrachtungsweise, als ob" - Zur dogmatischen Fiktion im Kondiktionsrecht, in: N. Horn (Hrsg.), Europäisches Rechtsdenken in Geschichte und Gegenwart. Festschrift für Helmut Coing zum 70. Geburtstag, München 1982, S. 239 ff.

— Rechtspositivismus im Bereicherungsrecht, JZ 1997, S. 213 ff.

— Ungerechtfertigte Bereicherung, in: E. J. H. Schrage, Unjust Enrichment - The Comparative Legal History of the Law of Restitution, Berlin 1995, S. 237 ff.

Lange, Heinrich: Bindung des Erblassers an seine Verfügungen, NJW 1963, S. 1571 ff.

— Der entgeltliche Erbverzicht, in: P. Mikat (Hrsg.), Festschrift der rechts- und staatswissenschaftlichen Fakultät der Julius - Maximilian - Universität Würzburg zum 75. Geburtstag von Hermann Nottarp, Karlsruhe 1961, S. 119 ff.

— Rechtsgrundabhängigkeit der Verfügung im Boden- und Fahrnisrecht, AcP 146 (1941), S. 28 ff.

— Zur Umstellung der Bereicherung, NJW 1951, S. 685 ff.

Lange, Heinrich/*Kuchinke*, Kurt: Erbrecht, 4. Aufl., München 1995.

Larenz, Karl, Allgemeiner Teil des deutschen Bürgerlichen Rechts - Ein Lehrbuch, 7. Aufl., München 1989.

— Der Erbverzicht als abstraktes Rechtsgeschäft, JherJb. 81 (1969), S. 1 ff.

— Wandlung des Vertragsbegriffs: DR 1935, S. 488 ff.

— Geschäftsgrundlage und Vertragserfüllung, 3. Aufl., München und Berlin 1963.

— Methodenlehre der Rechtswissenschaft, 6. Aufl., Berlin 1991.

— Methodische Aspekte der „Güterabwägung", in: F. Hauss/R. Schmidt (Hrsg.), Festschrift für Ernst Klingmüller, Karlsruhe 1974, S. 235 ff.

— Lehrbuch des Schuldrechts Band 1 - Allgemeiner Teil, 14. Aufl., München 1987.

— Lehrbuch des Schuldrechts, Band II Halbband 1 - Besonderer Teil, 13. Aufl., München 1986.

— Zur Bedeutung des „Wertersatzes" im Bereicherungsrecht, in: H. C. Ficker u.a. (Hrsg.), Festschrift für Ernst von Caemmerer zum 70. Geburtstag, Tübingen 1978, S. 209 ff.

Larenz, Karl/*Canaris*, Claus-Wilhelm: Lehrbuch des Schuldrechts Band II/2, 13. Aufl., München 1994.

Larenz, Karl/*Wolf*, Manfred: Allgemeiner Teil des Bürgerlichen Rechts, 8. Aufl., München 1997.

Lass, Christiane, Die bereicherungsrechtliche Rückabwicklung des nichtigen Darlehensvertrages, WM 1997, S. 145 ff.

Leiss, Ludwig: Verlagsgesetz - Kommentar mit Vertragsmustern, Berlin/New York 1973.

Lehmann, Heinrich: Berücksichtigung der für den Erwerb einer fremden Sache gemachten Aufwendungen bei der Bereicherungshaftung, in: R. Dietz/A. Hueck/ R. Reinhardt (Hrsg.), Festschrift für Hans Carl Nipperdey zum 60. Geburtstag 21. Januar 1955, München/Berlin 1955, S. 31 ff.

Lenel, Otto: Die Lehre von der Voraussetzung, AcP 74 (1889), S. 213 ff.

— Nochmals die Lehre von der Voraussetzung (im Hinblick auf den Entwurf eines bürgerlichen Gesetzbuches), AcP 79 (1892), S. 49 ff.

Leonhard, Franz: Besonderes Schuldrecht des BGB, München 1931.

Leser, Hans G., Der Rücktritt vom Vertrag - Abwicklungsverhältnis und Gestaltungsbefugnisse bei Leistungsstörungen, Tübingen 1975.

— Von der Saldotheorie zum faktischen Synallagma, Diss. jur. Freiburg/Br. 1956.

Lieb, Manfred: Anmerkung, JZ 1972, S. 442 ff.

— Das Bereicherungsrecht de lege ferenda, NJW 1982, S. 2034 ff.

— Nutzungsmöglichkeiten als Gegenstand von Bereicherungsansprüchen. Zugleich eine Stellungnahme zum „Flugreise"-Urteil des BGH, NJW 1971, S. 1289 ff.

— „Wegfall der Arbeitskraft" und normativer Schadensbegriff, JZ 1971, S. 358 ff.

— Zur bereicherungsrechtlichen Rückabwicklung bei der Zession, Jura 1990, S. 359 ff.

— (schriftlich fixierter, mündlicher Diskussionsbeitrag) in: Symposium der Juristischen Fakultät der Universität Heidelberg zum Gedenken an Professor Dr. iur. Detlev König LL.M, Ungerechtfertigte Bereicherung - Grundlagen, Tendenzen, Perspektiven, Heidelberg 1984, S. 94 ff.

Lindemann, Achim: Die Durchbrechung des Abstraktionsprinzips durch die höchstrichterliche Rechtsprechung seit 1900 - zugleich ein Beitrag zum interessen- und systemgerechten Einsatz der Durchbrechungsmittel, Konstanz 1989.

Lindworsky, J.: Zur Klärung des Begriffes Motiv, in: H. Thomae (Hrsg.), Die Motivation menschlichen Handelns, 9. Aufl., Köln 1976, S. 37 ff.

Locher, Eugen: Geschäftsgrundlage und Vertragszweck, AcP 121 (1923), S. 1 ff.

Löbl, Rudolf: Geltendmachung fremder Forderungsrechte im eigenen Namen, AcP 129 (1928), S. 257 ff.

Lörcher, Gino: Die Anpassung langfristiger Verträge an veränderte Umstände, DB 1996, S. 1269 ff.

Lopau, Eberhard A.: Bürgerliches Recht: Die treuwidrige Zahlungsaufforderung des Eigentumsvorbehaltsverkäufers an seine Kunden, JuS 1974, S. 653 ff.

— Gutglaubensschutz und Bereicherungsausgleich bei Zuwendungen durch einen Putativschuldner auf Veranlassung eines Dritten - BGH NJW 1974, S. 1132 -, JuS 1975, S. 773 ff.

— Noch einmal: Der Rückerwerb des Nichtberechtigten, JuS 1971, S. 234.

Lorenz, Stephan: Gescheiterte Vertragsbeziehungen zwischen Geschäftsführung ohne Auftrag und Bereicherungsrecht: späte Einsicht des BGH?, NJW 1996, S. 883 ff.

Lorenz, Werner: Zur Frage des bereicherungsrechtlichen „Durchgriffs" in Fällen des Doppelmangels, JZ 1968, S. 51 ff.

Lübtow, Ulrich von, Erbrecht - 2. Halbband, Berlin 1971.

— Studien zum römischen und bürgerlichen Recht, Band I, Beiträge zur Lehre von der Condictio nach römischem und geltendem Recht, Berlin 1952.

Lüke, Wolfgang: Vertragliche Störungen beim „entgeltlichen Erbvertrag", Heidelberg 1990.

Manthe, Ulrich: Rezension von Johannes Triantaphyllopoulos, Das Rechtsdenken der Griechen, Gnomon 1990, S. 289 ff.

— Rezension von Okko Behrends, Die fraus legis. Zum Gegensatz von Wortlaut- und Sinngestaltung in der römischen Gesetzesinterpretation, Gnomon 1984, S. 139 ff.

Martinek, Michael: Der Bereicherungsausgleich bei veranlaßter Drittleistung auf fremde nicht-bestehende Schuld, JZ 1991, S. 395 ff.

— Kurzkommentar, EWiR § 818 1/1992, S. 343 f.

— Die veranlaßte Drittleistung oder „Haare in der Suppe“, NJW 1992, S. 3141 ff.

May, Erich: Die Möglichkeit der Beseitigung des Abstraktionsprinzips bei den Verfügungsgeschäften des Fahrnisrechts, Mainz 1952.

Mayer, Jörg: Der Änderungsvorbehalt beim Erbvertrag - erbrechtliche Gestaltung zwischen Bindung und Dynamik, DNotZ 1990, S. 755 ff.

Mayer-Maly, Theo: Der liberale Gedanke und das Recht, in: M. Imboden u.a. (Hrsg.), Festschrift für Adolf J. Merkel zum 80. Geburtstag, München/Salzburg 1970, S. 247 ff.

— Fragmente zur causa, in: Festschrift für Walter Wilburg zum 70. Geburtstag, Graz 1975, S. 243 ff.

Mayr, Robert von: Der Bereicherungsanspruch des deutschen Bürgerlichen Rechts, Leipzig 1903.

Medicus, Dieter: Bürgerliches Recht, 17. Aufl., Köln/Berlin/Bonn/ München 1996.

— Karl Larenz, Festschrift zu seinem 70. Geburtstag, NJW 1974, S. 538 ff.

Mehren, Arthur T. von: Civil Law Analogues to Consideration: An Exercise in Comparative Analysis, Harvard Law Review 72 (1959), S. 1009 ff.

Merz, Hans: Die Widerrechlichkeit gemäß Art. 41 OR als Rechtsquellenproblem, in: Rechtsquellenprobleme im schweizerischen Recht, Festgabe der rechts- und wirtschaftswissenschaftlichen Fakultät der Universität Bern für den schweizerischen Juristenverein, Bern 1955, S. 301 ff.

Mestmäcker, Ernst-Joachim: Eingriffserwerb und Rechtsverletzung in der ungerechtfertigten Bereicherung, JZ 1958, S. 521 ff.

Meyer-Cording, Ulrich: Das Recht der Banküberweisung, Tübingen 1951.

— Der Bereicherungsanspruch bei Gutschriften trotz Fehlens eines Überweisungsauftrags, NJW 1987, S. 940 f.

Meyers: Bibliographisches Institut (Hrsg.), Meyers Enzyklopädisches Lexikon Band 20, Mannheim/Wien/Zürich 1979.

Misera, Karlheinz: Der Bereicherungsgedanke bei der Schenkung unter Ehegatten, Köln/Wien 1974.

Möschel, Wernhard: Fehlerhafte Banküberweisung und Bereicherungsausgleich, JuS 1972, S. 297 ff.

Mühl, Otto: Wandlungen im Bereicherungsrecht, in: M. Harder/G. Thielmann (Hrsg.), De iustitia et iure - Festgabe für Ulrich von Lübtow zum 80. Geburtstag, Berlin 1980, S. 547 ff.

— (schriftlich fixierter, mündlicher Diskussionsbeitrag) in: Symposium der Juristischen Fakultät der Universität Heidelberg zum Gedenken an Professor Dr. iur. Detlev König LL.M, Ungerechtfertigte Bereicherung - Grundlagen, Tendenzen, Perspektiven, Heidelberg 1984, S. 98 ff.

MüKo-Bearbeiter: K. Rebmann/F. J. Säcker (Hrsg.), Münchener Kommentar zum Bürgerlichen Gesetzbuch, Band 1 - 9, 3. Aufl., München 1993 ff.

MüKo(1. Aufl.)-Bearbeiter: K. Rebmann/F. J. Säcker (Hrsg.), Münchener Kommentar zum Bürgerlichen Gesetzbuch, Schuldrecht. Besonderer Teil. 1. Halbband, 1. Aufl., München 1978 ff.

MüKo(2. Aufl.)-Bearbeiter: K. Rebmann/F. J. Säcker (Hrsg.), Münchener Kommentar zum Bürgerlichen Gesetzbuch, Schuldrecht. Besonderer Teil. Zweiter Halbband, 2. Aufl. München 1986.

Müller, Friedrich: Juristische Methodik, 6. Aufl., Berlin 1995.

Müller-Erzbach, Rudolf: Die Rechtswissenschaft im Umbau - Ihr Vordringen zu den bestimmenden Elementen des Zusammenlebens, München 1950.

Münzberg, Wolfgang: Verhalten und Erfolg als Grundlagen der Rechtswidrigkeit und Haftung, Frankfurt a.M. 1966.

Mugdan, Benno, Die Gesamten Materialien zum Bürgerlichen Gesetzbuch für das Deutsche Reich, Band 1-5, (Neudruck der Ausgabe Berlin 1899) Aalen 1979.

Musielak, Hans-Joachim: Grundkurs BGB, 5. Aufl., München 1997.

Nelson, H. L. W.: Überlieferung, Aufbau und Stil von Gai Institutiones, Leiden 1971.

Neubecker, Friedrich Karl: Der abstrakte Vertrag in seinen historischen und dogmatischen Grundzügen, ArchBR. 22 (1903), S. 34 ff.

Neuhoff, Rudolf/*Richrath,* Jochen: Rückabwicklung nichtiger Kreditsicherungsverträge nach der Lehre von der Doppelcausa, NJW 1996, S. 2894 ff.

Neuner, Robert: Abstrakte und kausale Übereignung beweglicher Sachen, Rhein.Z. 1926, S. 9 ff.

Nicolai, Andrea: Anmerkung, JZ 1993, S. 1118 ff.

Nipperdey, Hans Carl: Anmerkung, MDR 1955, S. 663 f.

Nolting, Dietmar: Der Änderungsvorbehalt beim Erbvertrag, Berlin 1994.

Oertmann, Paul: Bereicherungsansprüche bei nichtigen Geschäften, DJZ 1915, S. 1063 ff.

— Das Problem der relativen Rechtszuständigkeit, Jherings Jahrbücher 66 (1911), S. 130 ff.

— Die Geschäftsgrundlage, Leipzig/Erlangen 1921.

— Einrede und Verzug, ZHR 78 (1916), S. 1 ff.

— zu 4., JW 1931, S. 1183 f.

— zu 5., JW 1918, S. 132.

Oesterle, Fritz: Die Leistung Zug um Zug, Berlin 1980.

Palandt, Otto: Bürgerliches Gesetzbuch, 57. Aufl., München 1998.

Pawlowski, Hans-Martin: Ausgleich zwischen Bürgen und Hypothekenschuldner?, JZ 1974, S. 124 ff.

— Feststellung und Garantie - Bemerkungen zu dem gleichnamigen Werk von Friedrich Kübler, JZ 1968, S. 401 ff.

— Rechtsgeschäftliche Folgen nichtiger Willenserklärungen (Amts- und Parteinichtigkeit von Rechtsgeschäften - zum Verhältnis von Privatautonomie und objektivem Recht), Göttingen 1966.

Peters, Frank: Kauf und Übereignung - Zum sogenannten Abstraktionsprinzip -, Jura 1986, S. 449 ff.

— Schadensersatz wegen Nichterfüllung und Verzug beim gegenseitigen Vertrag, NJW 1979, S. 688 ff.

Pfister, Bernhard: Der mehrseitige Austauschvertrag, JZ 1971, S. 284 ff.

— Zum Bereicherungsausgleich im Dreiecksverhältnis bei Fehlen einer Anweisung, JR 1969, S. 47 f.

Picker, Eduard: Gutgläubiger Erwerb und Bereicherungsausgleich bei Leistungen im Dreipersonenverhältnis, NJW 1974, S. 1790 ff.

Pinger, Winfried: Was leistet der Leistungsbegriff im Bereicherungsrecht, AcP 179 (1979), S. 300 ff.

Planck-Bearbeiter: Planck's Kommentar zum Bürgerlichen Gesetzbuch nebst Einführungsgesetz: Band V (Erbrecht), Hrsg. von E. Strohal, 4. Aufl., Berlin/Leipzig 1930.

Pound, Roscoe: A Survey of Social Interest, Hav.L.R. 57 (1943), S. 1 ff.

— Der Geist des gemeinen Rechts (Übersetzung von The Spirit of Common Law, 1921, durch W. R. Rickmers), Söcking 1947.

Priester, Hans-Joachim: Die Verwendung von Gesellschaftsforderungen zur Kapitalerhöhung bei der GmbH, DB 1976, S. 1801 ff.

Pringsheim, Fritz: Bonum et aequm, Sav.Z. (rom. Abt.) 52 (1932), S. 78 ff.

Probst, Martin: Rückabwicklung und Rechtskenntnis - zur Interpretation des § 819 Abs. 1 BGB, AcP 196 (1996), S. 225 ff.

Rabel, Ernst: Grundzüge des Römischen Privatrechts, 2. Aufl., Basel 1955.

Raiser, Ludwig: Dingliche Anwartschaften, Tübingen 1961.

Reinicke, G./*Reinicke*, D.: Anmerkung, MDR 1955, S. 540 f.

Rengier, Bernhard: Wegfall der Bereicherung, AcP 177 (1977), S. 418 ff.

Reuter, Dieter/*Martinek*, Michael: Ungerechtfertigte Bereicherung, Tübingen 1983.

RGRK-Bearbeiter: Mitglieder des Bundesgerichtshofes (Hrsg.), Kommentar zum BGB mit besonderer Berücksichtigung der Rechtsprechung des Reichsgerichts und des Bundesgerichtshofs, 12. Aufl., Berlin/New York 1974.

RGR. 5: Das Bürgerliche Gesetzbuch mit besonderer Berücksichtigung der Rechtsprechung des Reichsgerichts, I. Band: Allgemeiner Teil - Recht der Schuldverhältnisse, 5. Aufl., Berlin/Leipzig 1923.

Rittner, Fritz: Über die Entbehrlichkeit des sog. genetischen Synallagmas, in: K. Kuchinke (Hrsg.), Rechtsbewahrung und Rechtsentwicklung: Festschrift für Heinrich Lange, München 1970, S. 213 ff.

— (schriftlich fixierter, mündlicher Diskussionsbeitrag) in: P. Schlechtriem/H. G. Leser (Hrsg.), Zum Deutschen und Internationalen Schuldrecht, Tübingen 1983, S. 49 f.

Rolland, Walter: Schuldrechtsreform - Allgemeiner Teil, NJW 1992, S. 2377 ff.

Roquette, Hermann: Das Mietrecht des Bürgerlichen Gesetzbuchs - Systematischer Kommentar, Tübingen 1966.

Roth, Herbert: Die Einrede des Bürgerlichen Rechts, München 1988.

Rother, Werner: Die Erfüllung durch abstraktes Rechtsgeschäft, AcP 169 (1969), S. 1 ff.

Rubinstein, S.: Die Interessen, in: H. Thomae (Hrsg.), Die Motivation menschlichen Handelns, 9. Aufl., Köln 1976, S. 136 ff.

Rümelin, Max: Zur Lehre von den Schuldversprechen und Schuldanerkenntnissen des BGB, AcP 97 (1905), S. 211 ff.

Savigny, Friedrich Carl von: System des heutigen römischen Rechts, Erster Band, (Neudruck der Ausgabe Berlin 1840) 1973, Fünfter Band, (Neudruck der Ausgabe Berlin 1841) Aalen 1974.

Schäfer, Alexander Maria: Das Abstraktionsprinzip beim Vergleich, Bielefeld 1992.

Schanbacher, Dietmar: Zur Bedeutung der Leistungszweckbestimmung bei der Übereignung durch traditio und beim Leistungsversprechen durch stipulatio, Tijdschrift voor Rechtsgeschiedenis, 1992, S. 1 ff.

Schermeier, Martin Josef: Die Umgehung des Vorkaufsrechts durch "kaufähnliche Verträge", AcP 196 (1996), S. 256 ff.

Scherner, Karl-Otto: Qualifizierte Teilnichterfüllung als Vollunmöglichkeit oder Quasi-Vollunmöglichkeit der geschuldeten Leistung, JZ 1971, S. 533 ff.

Scheyhing, Robert: Leistungskondiktion und Bereicherung „in sonstiger Weise", AcP 157 (1958-59), S. 371 ff.

Schlechtriem, Peter: Prinzipien und Vielfalt: Zum gegenwärtigen Stand des deutschen Bereicherungsrechts, ZHR 149 (1985), S. 327 ff.

Schlotmann, Regina: Das Reisevertragsgesetz - Theorie und Praxis, Bochum 1992.

Schmalz, Dieter: Methodenlehre für das juristische Studium, 3. Aufl., Baden-Baden 1992.

Schmidt, Eike: Der Bereicherungsausgleich beim Vertrag zu Rechten Dritter, JZ 1971, S. 601 ff.

Schmidt-Rimpler, Walter: Die Gegenseitigkeit bei einseitig bedingten Verträgen, insbesondere beim Versicherungsvertrag - Zugleich ein Betrag zur Lehre vom Synallagma, Stuttgart 1968.

— Grundfragen einer Erneuerung des Vertragsrechts, AcP 147 (1941), S. 130 ff.

— Zum Problem der Geschäftsgrundlage, in: H. Dietz/A. Hueck/R. Reinhardt (Hrsg.), Festschrift für Hans Carl Nipperdey zum 60. Geburtstag 21. Januar 1953, München/Berlin 1955, S. 1 ff.

— Zum Vetragsproblem, in: F. Baur u.a. (Hrsg.), Funktionswandel der Privatrechtsinstitutionen, Festschrift für Ludwig Raiser zum siebzigsten Geburtstag, Tübingen 1974, S. 3 ff.

Schmidt-Salzer, Joachim: Grundfragen des Vertragsrechts im Zivil- und Verwaltungsrecht, NJW 1971, S. 5 ff.

Schnauder, Franz: Der Stand der Rechtsprechung zur Leistungskondiktion, NJW 1994, S. 537 ff.

— Grundfragen zur Leistungskondiktion bei Drittbeziehungen, Berlin 1981.

— Leistung ohne Bereicherung? - Zu Grundlagen und Grenzen des finalen Leistungsbegriffs, AcP 187 (1987), S. 142 ff.

Schneider, Uwe H.: Die Rückdatierung von Rechtsgeschäften - Unter besonderer Berücksichtigung der Probleme rückdatierter Gesellschaftsverträge -, AcP 175 (1975), S. 279 ff.

Schnitzler, Elmar: Unbeachtlichkeit des Bereicherungswegfalls trotz guten Glaubens, JZ 1972, S. 270 ff.

Schöller, W.: Der Schadensersatz wegen Nichterfüllung bei gegenseitigen Verträgen nach dem BGB, Gruchots Beitr. 44 (1900), S. 603 ff.

— Nochmals der Schadensersatz wegen Nichterfüllung bei gegenseitigen Verträgen nach dem BGB, Gruchots Beitr. 45 (1901), S. 511 ff.

Schöninger, Adolf: Die Leistungsgeschäfte des bürgerlichen Rechts, Tübingen 1906.

Schreiber, Klaus: Der Bereicherungsausgleich im Mehrpersonenverhältnis, Jura 1986, S. 539 ff.

Schröder, Albert: Rückabwicklung des Leasingvertrages bei entfallener Geschäftsgrundlage und Wegfall der Bereicherung, JZ 1989, S. 717 ff.

Schulte (ohne Angabe des Vornamens): Wie kann der Eigentümer einer landwirtschaftlichen Besitzung für seinen Todesfall seinen Ehegatten sichern und zugleich die Besitzung seinen Abkömmlingen erhalten? DNotZ 1953, S. 355 ff.

Schulz, Fritz: System der Rechte auf den Eingriffserwerb, AcP 105 (1909), S. 1 ff.

Schurig, Klaus: Interessenjurisprudenz contra Interessenjurisprudenz im IPR - Anmerkung zu Flessners Thesen, RabelsZ 59 (1995), S. 229 ff.

— Kollisionsnorm und Sachrecht - Zu Struktur, Standort und Methode des internationalen Privatrechts, Berlin 1981.

Schwarz, Fritz: Die Grundlage der condictio im klassischen römischen Recht, 1952.

Schweizer, Reiner J.: Motive der Rechtssetzung, in: K. Eichenberger u.a. (Hrsg.), Grundfragen der Rechtssetzung, Basel (ohne Erscheinungsdatum).

Seidel, Hans-Jürgen: Die Rechtsstellung des Drittbeteiligten im Reisevertragsrecht, Karlsruhe 1986.

Simshäuser, Wilhelm, Windscheids Voraussetzungslehre redidiva, AcP 172 (1972), S. 14 ff.

Söllner, Alfred: Die causa im Kondiktionen- und Vertragsrecht des Mittelalters bei den Glossatoren, Kommentatoren und Kanonisten, Sav.Z. (rom. Abt.) 77 (1966), S. 182 ff.

Soergel-Bearbeiter: Soergel, T./Siebert, W. (Hrsg.), Bürgerliches Gesetzbuch mit Einführungsgesetz und Nebengesetzen, Band 1-3, 9, 12. Aufl., Stuttgart/Berlin/Köln 1988 ff.

Sohm, Rudolph: Der Gegenstand. Ein Grundbegriff des Bürgerlichen Gesetzbuches, in: Drei Beiträge zum bürgerlichen Recht, H. Degenkolb zum fünfzigjährigen Doktorjubiläum im Auftrag der Leipziger Juristenfakultät dargebracht von R. Sohm, E. Hölder, E. Strohal, Leipzig 1905.

— Institutionen. Geschichte und System des römischen Privatrechts, 13. Aufl., Leipzig 1908.

— Vermögensrecht. Gegenstand. Verfügung, ArchBR 28 (1906), S. 173 ff.

Sonntag, Ansgar: Einheits- und Trennungstheorie im Bereicherungsrecht, NJW 1994, S. XVI f.

Stadler, Astrid: Gestaltungsfreiheit und Verkehrsschutz durch Abstraktion, Tübingen 1996.

Stammler, Rudolf: Theorie der Rechtswissenschaft, (Neudruck der 2. Aufl. Halle a.d. Saale 1923) Aalen 1970.

Stampe, Ernst: Das Causa-Problem des Zivilrechts. Eine rechtspolitische Studie zur § 364 BGB, Greifswald 1904.

— Aus einem Freirechtslehrbuch, AcP 108 (1912), S. 42 ff. = Grundriß der Wertbewegungslehre, 1912.

Stathopoulos, Michael: Bereicherungsherausgabe und Rückabwicklung im Bereicherungsrecht, in: F. Baur/K. Larenz/F. Wieacker, Beiträge zur europäischen Rechtsgeschichte und zum geltenden Zivilrecht - Festgabe für Johannes Sontis, München 1977, S. 203 ff.

Staudinger-Bearbeiter: J. v. Staudingers Kommentar zum Bürgerlichen Gesetzbuch mit Einführungsgesetz und Nebengesetzen, 12. Aufl., Berlin 1983 ff., (§§ 328 - 397; §§ 741 - 822; §§ 2229 - 2264; Beurkundungsgesetz; §§ 2265 - 2385); 13. Bearbeitung, Berlin 1994 f. (§§ 164 - 240; §§ 255 - 292; §§ 293 - 327; §§ 362 - 396; §§ 631 - 651; §§ 812 - 822).

Stierle, Georg: Der Bereicherungsausgleich bei fehlerhaften Banküberweisungen, Frankfurt am Main 1980.

Stoll, Heinrich: Rücktritt und Schadensersatz, AcP 131 (1929), S. 141 ff.

Stolte, Wilhelm: Der Leistungsbegriff: Ein Gespenst des Bereicherungsrechts, JZ 1990, S. 220 ff.

Strohal, Emil: Das deutsche Erbrecht auf der Grundlage des Bürgerlichen Gesetzbuches, 1. Band, 3. Aufl., Berlin 1903.

Strohal, Ernst: Rechtsübertragung und Kausalgeschäft im Hinblick auf den Entwurf eines bürgerlichen Gesetzbuches für das Deutsche Reich, Jherings Jahrbücher 27 (1889), S. 335 ff.

Struck, Gerhard: Interessenabwägung als Methode, in: R. Dubischar u.a. (Hrsg.), Dogmatik und Methode - Josef Esser zum 65. Geburtstag, Kronberg/Ts. 1975, S. 171 ff.

Stürzebecher, Thomas: Rücktritt vom entgeltlichen Erbvertrag, Pfaffenweiler 1987.

— Zur Anwendbarkeit der §§ 320 ff. auf den entgeltlichen Erbvertrag, NJW 1988, S. 2717 ff.

Teichmann, Arndt: Zur Inhaltskontrolle der Allgemeinen Geschäftsbedingungen im Reisevertrag, JZ 1987, S. 751 ff.

Thielmann, Georg: Gegen das Subsidiaritätsdogma im Bereicherungsrecht, AcP 187 (1987), S. 21 ff.

Thieme, Paul: Sicherung des Vertragserben oder Vermächtnisnehmers zu Lebzeiten des Erblassers, JR 1956, S. 292 f.

Thomae, Hans: Motivationsbegriffe und Motivationstheorien, in: H. Thomae (Hrsg.), Enzyklopädie der Psychologie - Theorien und Formen der Motivation, Göttingen/Toronto/Zürich, 1983, S. 1 ff.

Tuhr, Andreas von: Der Allgemeine Teil des Deutschen Bürgerlichen Rechts, Zweiter Band Erste Hälfte/Zweite Hälfte - Die rechtserheblichen Tatsachen, insbesondere das Rechtsgeschäft, (unveränderter Nachdruck der 1914/1918 erschienenen ersten Auflage der ersten Hälfte und der 1918 erschienenen ersten Auflage der zweiten Hälfte), Berlin 1957.

— Der 86. Band der Entscheidungen des Reichsgerichts in Zivilsachen, DJZ 1916, S. 582 ff.

— Zur Lehre von der ungerechtfertigten Bereicherung, in: Aus Römischem und Bürgerlichem Recht - Ernst Immanuel Bekker zum 16. August 1907 überreicht, (Neudruck der Ausgabe Weimar 1907) Aalen 1970, S. 291 ff.

Tiedtke, Klaus: Der Wegfall der Bereicherung nach Rechtshängigkeit des Rückgewähranspruchs, DB 1979, S. 1261 ff.

Ulmer, Eugen: Akkreditiv und Anweisung, AcP 126 (1926), S. 129 ff., 159 ff.

— Urheber- und Verlagsrecht, 3. Aufl., Berlin/Heidelberg/New York 1980.

Wächter, C. G.: Ueber die Frage: Wer hat bei Obligationen die Gefahr zu tragen?, AcP 15 (1832), S. 97 ff., 188 ff.

Wallmann, Friederike: Die Geltung des Subsidiaritätsgrundsatzes im Bereicherungsrecht, Frankfurt a.M. u.a., 1997.

Weintraud, Gerhard: Die Saldotheorie, Breslau 1931.

Weitnauer, Hermann: Der arglistig getäuschte Käufer, NJW 1970, S. 637 ff.

— Die Leistung, in: H. C. Ficker u.a. (Hrsg.), Festschrift für Ernst v. Caemmerer zum 70. Geburtstag, Tübingen 1978, S. 254 ff.

— Nochmals: Zum causa-Problem im Zivilrecht, JZ 1985, S. 555 ff.

— Zum Stand von Rechtsprechung und Lehre zur Leistungskondiktion, NJW 1979, S. 2008 ff.

— Zweck und Rechtsgrund der Leistung, in: Symposium der Juristischen Fakultät der Universität Heidelberg zum Gedenken an Professor Dr. iur. Detlev König LL.M, Ungerechtfertigte Bereicherung - Grundlagen, Tendenzen, Perspektiven, Heidelberg 1984, S. 25 ff.

— Zwischenbilanz im Bereicherungsrecht, DB 1984, S. 2496 ff.

Weitnauer, Hermann/*Ehmann*, Horst, A.: Vorrede der Herausgeber, in: H. Kress, Lehrbuch des Allgemeinen Schuldrechts, (unveränderter Neudruck der Ausgabe München 1929) Aalen 1974, S. XI ff.

Welker, Gerhard: Bereicherungsausgleich wegen Zweckverfehlung? Kritisches zu § 812 Abs.1 S. 2 2. Alt., Berlin 1974.

Wendt (ohne Angabe des Vornamens): Unterlassungen und Versäumnisse im bürgerlichen Recht, AcP 92 (1902), S. 1 ff.

Wennberg, Klaus: Die skandinavische Löftetheorie, Diss. jur. Universität Tübingen, 1968.

Wertheimer, Frank: Bereicherungsanspruch des Haftpflichtversicherers wegen Zahlung an vermeintlichen Zessionar - BGH, NJW 1991, 919, JuS 1992, S. 284 ff.

Wesel, Uwe, Bereicherungsrecht: NJW 1994, S. 2549 f.

Westermann, Harm Peter: Bereicherungshaftung des Erwerbers gestohlener Sachen: Zur „Subsidiarität" der Eingriffskondiktion - BGHZ 55, 176, JuS 1976, S. 18 ff.

— Die causa im französischen und deutschen Zivilrecht, Berlin 1967.

— Doppelmangel bei Bereicherungskette und Dreiecksverhältnis, JuS 1988, S. 17 ff.

Wieacker, Franz: Die Forderung als Mittel und Gegenstand der Vermögenszuordnung, DRW 6 (1941), S. 63 ff.

— Gemeinschaftlicher Irrtum der Vertragspartner und Clausula rebus sic stantibus, in: Festschrift zum 60. Geburtstag von Walter Wilburg, Graz 1965, S. 229 ff.

— Zum System des deutschen Vermögensrechts - Erwägungen und Vorschläge, Leipzig 1941.

Wiegand, Wolfgang: Der Rückerwerb des Nichtberechtigten, JuS 1971, S. 62 ff.

Wieling, Hans: Empfängerhorizont: Auslegung der Zweckbestimmung und Eigentumserwerb, JZ 1977, S. 291 ff.

Wieling, Hans Josef: Die Nutzungen des gutgläubigen Besitzers, insbesondere in fehlgeschlagenen Vertragsverhältnissen, AcP 169 (1969), S. 137 ff.

— Sachenrecht, 3. Aufl., Berlin u.a., 1997.

— Synallagma bei Nichtigkeit und gesetzlichem Rücktritt, JuS 1973, S. 397 ff.

Wieling, Heinrich: Drittzahlung, Leistungsbegriff und fehlende Anweisung, JuS 1978, S. 801 ff.

Wilburg, Walter: Die Lehre von der ungerechtfertigten Bereicherung nach österreichischem und deutschem Recht, Graz 1934.

— Zusammenspiel der Kräfte beim Aufbau des Schuldrechts, AcP 163 (1963), S. 346 ff.

Wilhelm, Jan: Das Merkmal „auf Kosten“ als notwendiges Kriterium der Leistungskondiktion, JuS 1973, S. 1 ff.

— Kenntniszurechnung kraft Kontovollmacht, AcP 183 (1983), S. 1 ff.

— Rezension von Peter Emmerich: Paradigma und Regel, AcP 181 (1981), S. 555 ff.

— Rechtsverletzung und Vermögensentscheidung als Grundlagen und Grenzen des Anspruchs aus ungerechtfertigter Bereicherung, Bonn 1973.

— Sachenrecht, Berlin/New York 1993.

— „Upon the cases“ bei der Leistungskondiktion in Dreiecksverhältnissen?, JZ 1994, S. 585 ff.

Wilhelm, Walter: Begriff und Theorie der Verfügung, in: H. Coing/W. Wilhelm (Hrsg.), Wissenschaft und Kodifikation des Privatrechts im 19. Jahrhundert - Band II, Frankfurt a.M. 1977, S. 213 ff.

Wilutzky (ohne Angabe des Vornamens), Die Verfügungen des BGB, ArchBR 28 (1906), S. 53 ff.

Windscheid, Bernhard: Die Lehre des Römischen Rechts von der Voraussetzung, Düsseldorf 1850.

— Die Voraussetzung, AcP 78 (1892), S. 161 ff.

— Lehrbuch des Pandektenrechts - Bd.1, 9. Aufl. unter vergleichender Darstellung des deutschen bürgerlichen Rechts bearbeitet von Theodor Kipp, (2. Neudruck der Ausgabe Frankfurt am Main 1906) Aalen 1984.

Wittig, Petra/*Reinhart*, Michael: Untreue beim verlängerten Eigentumsvorbehalt, NStZ 1996, S. 467 ff.

Wolf, Christina: Drittleistung und Leistungsmittlung, Berlin 1995.

Wolf, Ernst: Allgemeiner Teil des bürgerlichen Rechts, 3. Aufl., Köln/Berlin/Bonn/ München 1982.

— Lehrbuch des Schuldrechts Zweiter Band: Besonderer Teil, 1. Aufl., Köln/Berlin/ Bonn/München 1978.

— Rücktritt, Vertretenmüssen und Verschulden, AcP 153 (1954), S. 97 ff.

Wolf, Joachim: Der Stand der Bereicherungslehre und ihre Neubegründung, Köln/ Berlin/Bonn/München 1980.

Wolf, Manfred: Neue Literatur zum Synallagma, Juristische Analysen 1 (1969), S. 119 ff.

Wolff, Hans Julius: Dawson J.P., Unjust Enrichment - A Comparative Analysis (Boston 1951), p. X + 201, in: IVRA 3 (1952), S. 382 ff.

— Der Rechtshistoriker und die Privatrechtsdogmatik, in: J. Esser/H. Thieme (Hrsg.), Festschrift für Fritz von Hippel zum 70. Geburtstag, Tübingen 1967, S. 687 ff.

— Grosso G., Il sistema romano dei contratti[2] (Torino 1950) p. VIII + 277, IVRA 2 (1951), S. 257 ff.

Wolff, Hans J.: Verwaltungsrecht I, 7. Aufl., München und Berlin 1968.

Wolff, Lutz-Christian: Sollen impliziert Können: Der Erfüllungsanspruch bei anfänglichem Unvermögen, JZ 1995, S. 280 ff.

Wolff, Victor: Zur Lehre von der Anweisung, JherJb. 84 (1934), S. 105 ff.

Wunner, Sven Eric: Contractus, sein Wortgebrauch und Willensgehalt im klassischen römischen Recht, Köln/Graz 1964.

— Die Rechtsnatur der Rückgewährpflichten bei Rücktritt und auflösender Bedingung mit Rückwirkungsklausel, AcP 168 (1968), S. 425 ff.

Zeiss, Walter: Der rechtliche Grund (§ 812 BGB) für Schuldanerkenntnisse und Sicherheitsleistungen, AcP 164 (1964), S. 50 ff.

— Leistung, Zuwendungszweck und Erfüllung, JZ 1963, S. 7 ff.

Zitelmann, Ernst: Irrtum und Rechtsgeschäft. Eine psychologisch - juristische Untersuchung, Leipzig 1879.

Zöllner, Wolfgang: Die Schranken mitgliedschaftlicher Stimmrechtsmacht bei den privatrechtlichen Personenverbänden, München/Berlin 1963.

Zweigert, Konrad: „Rechtsgeschäft" und „Vertrag" heute, in: E. v. Caemmerer/ S. Mentschikoff/K. Zweigert (Hrsg.), IUS PRIVATUM GENTIUM, Festschrift für Max Rheinstein zum 70. Geburtstag am 5. Juli 1969, Band II - Nationales und vergleichendes Privatrecht, Tübingen 1969, S. 493 ff.

— Seriositätsprinzipien - Rechtsvergleichende Bemerkungen zur Scheidung verbindlicher Geschäfte von unverbindlichen, JZ 1964, S. 349 ff.

Sachwortverzeichnis